DuMont Dokumente:

eine Sammlung von Originaltexten,
Dokumenten und grundsätzlichen Arbeiten
zur Kunstgeschichte, Archäologie,
Musikgeschichte und Geisteswissenschaft

Kultur der Sinne und ästhetische Erziehung

Alltag, Sozialisation, Kunstunterricht
in Deutschland
vom Kaiserreich zur Bundesrepublik

Gert Selle

(unter Mitarbeit von Jutta Boehe)

DuMont Buchverlag Köln

Umschlagvorderseite: Großraumbüro mit 400 Arbeitsplätzen zur Eingabe von Kundenbestellungen in den Computer von QUELLE (GUSTAV SCHICKEDANZ KG in Fürth, 1977)

Umschlaginnenklappe: Lebensgroße Selbstbildnisse (Dispersionsfarben auf Packpapier) der Braunschweiger Pädagogikstudentinnen ELEONORE HOEDTKE, KARIN FLATHMANN und GABRIELE PIETZSCH (aus einer Selbstdarstellungsübung 1980)

Umschlagrückseite (oben): Spiel-Szene aus einer Veranstaltung der Münchener PÄDAGOGISCHEN AKTION e.V.

Umschlagrückseite (unten): Schrebergarten aus einer Diareihe über Gärten von KLAUS SPITZER, hrsg. vom DEUTSCHEN WERKBUND, Darmstadt 1980)

CIP-Kurztitelaufnahme der Deutschen Bibliothek

Selle, Gert:
Kultur der Sinne und ästhetische Erziehung:
Alltag, Sozialisation, Kunstunterricht in Deutschland
vom Kaiserreich zur Bundesrepublik / Gert Selle.
(Unter Mitarb. von Jutta Boehe). – Köln:
DuMont, 1981.
  Erscheint als: DuMont-Dokumente
  ISBN 3-7701-1187-7

Inhalt

Vorwort

Die Kultur der Sinne ist ein historisches Sozialprodukt. Keine kulturpädagogische Theorie, keine ästhetische Erziehungspraxis kommt an dieser Tatsache vorbei. Sie wird allerdings oft verdrängt. In der Regel hat man geglaubt und glaubt man noch, daß die ›Erziehungssubjekte‹ allen gutgemeinten kulturpädagogischen Bemühungen gegenüber offenstünden. Noch ist nicht mit letzter Konsequenz gefragt worden, ob denn ästhetische Erziehung überhaupt ein brauchbares Instrument der Belehrung, Formung und Befreiung der Sinne, des Denkens und des Handelns in der Kultur sein und unter welchen Umständen sie wirksam werden kann. Diese Frage aber muß man heute stellen, gerade wenn man den Anspruch vertritt, ästhetische Erziehung mit ›gesellschaftlichem Bewußtsein‹ zu betreiben. Wir wollen diese Frage bis zum Ende offen halten. Denn trotz der Distanz, die beispielsweise die Kunsterziehung der letzten 80 Jahre zur Wirklichkeit hielt, schien doch eins immer gewiß: daß die gerade aktuelle Didaktik den großen Durchbruch zum nachweislichen Erziehungserfolg bringen werde. In kaum einem pädagogischen Bereich sind Skepsis und Nüchternheit daher notwendiger als in der ästhetischen Erziehung.

Unser Buch fragt nach einigen Voraussetzungen ästhetischer Erziehung. Es fragt unter anderem, ob von den historischen Gestaltungsprozessen der kulturellen Wahrnehmungsfähigkeit noch etwas in die Gegenwart reicht und ob das Wissen um das ästhetische Lernen in der jüngeren Geschichte nützlich für eine pädagogische Praxis in der Gegenwart sein kann, die Einfluß auf den Sozialisationsprozeß der Sinne zu nehmen versucht.

Diese Rekonstruktion freilich ist schwierig. Ästhetisches Lernen als ein sinnlich-emotionaler und weitgehend vorbewußter Erfahrungs- und Verarbeitungsprozeß gesellschaftlicher Wirklichkeit findet überall im Alltag in unzähligen subjektiven Brechungen der unterschiedlichen sozialtypischen Lernverläufe statt. Was dabei wirklich geschieht, ist nicht ohne spekulatives Denken, nicht ohne die Hilfe der theoretischen Abstraktion, nicht ohne soziologische Phantasie und sozialpsychologische Erklärungsversuche der kompakten Alltagswahrnehmung zu erfassen. Zwar ist in den letzten Jahren das Interesse der Kultur- und Kunstpädagogen an der Sozialgeschichte gewachsen. Es hat auch schon Ansätze zum Nachvollzug solcher im weitesten Sinne ästhetischen Lernprozesse gegeben, die den Zeit-

7

genossen in die Kultur einbinden und ihn sowohl zum Empfänger symbolischer Handlungsanweisungen als auch zum Subjekt kulturellen Handelns machen. Es ist sogar schon zu ahnen, daß die in der Bundesrepublik entwickelte politische Kultur etwas mit dem Entwicklungsstand (oder den Defiziten) der Kultur der Sinne in diesem Land zu schaffen hat.

Aber dies ist erst ein Anfang. Damit ist auch die Grenze für dieses Buch gezogen, das in den Problemzusammenhang von Gesellschaft und Sinnlichkeit in Deutschland seit der industriellen Revolution einführen will und dabei vielleicht Auseinanderfallendes zusammentragen und Forschungsarbeit anregen, diese aber nicht vorwegnehmen kann.

Wo es um das ästhetische Lernen geht, dort handelt es sich immer um Einverleibung und Gestaltung kultureller Orientierungsmuster unter bestimmten gesellschaftlichen Bedingungen und von bestimmten gesellschaftlichen Interessenstandpunkten aus. Sie sind in ihrer objektiven d. h. historisch allgemein sinnfälligen Form zu erkunden. Anschaulich und greifbar wird das ästhetische Lernen aber erst im subjektiven Erleben, im biographischen Zusammenhang oder – wo dieser nicht mehr herstellbar ist – in der konkreten Gegenständlichkeit kultureller Produkte: in Häusern, einem Fotoalbum, in Kunstgegenständen, Küchenrezepten, in Möbelstücken oder auch in einer kompliziert entwickelten Romanfigur. (Wir schrecken auch vor Hinweisen auf Rekonstruktionsversuche aus zweiter Hand nicht zurück.) Alle diese Vergegenständlichungen der kulturellen Wahrnehmungs- und Produktionsfähigkeit vermitteln als Zeugen oder durch Nachempfinden den

spezifischen Charakter der historischen Sinnlichkeit.

Warum führt dieses Buch den Leser auf ein so wenig erforschtes, so unordentliches Gelände der Geschichte?

Nach unserer Ausgangshypothese ist die Kultur der Sinne des Menschen ein Produkt seiner historischen Umwelt, auf die er zugleich wahrnehmend und gestaltend, zum Beispiel durch Arbeit, miteinwirkt. In dieser Gleichzeitigkeit des Geformtwerdens und des Formens vollzieht sich ein unablässiger Erfahrungsprozeß, der Menschen nicht nur ›innerlich‹ in ihren Sehweisen und ihrem Denken, sondern auch in ihrer sinnlichen Selbstwahrnehmung prägt. Diese ›Leiblichkeit‹ der Kultur tritt uns in der Geschichte als vollzogene Identifikation, als ›Verkörperung‹ zum Beispiel bestimmter Schönheitsideale entgegen. Der materialistische Philosoph LUDWIG FEUERBACH stellte 1846 fest: »Was du nicht *sinnlich* bist, das *bist* du auch nicht.«

Daher der große Umweg, wenn wir Antworten auf die Frage suchen, welche Wirkungen ästhetische Erziehung als bewußter Eingriff in die Kultur der Sinne geschichtlich haben kann. Eine Geschichte der ästhetischen Erziehung ›für sich‹ zu rekonstruieren wäre wenig zweckmäßig, es sei denn, es ginge darin um die Sicherung oder Systematisierung einzelner Fakten. Vielmehr muß gerade dieser Teilbereich von Erziehung, in dem immer wieder versucht worden ist, in den Kulturprozeß und in die Sozialisationsgeschichte steuernd oder verändernd einzugreifen, in seiner Widersprüchlichkeit oder Ergänzungsfähigkeit zum alltäglichen Lernen außerhalb der Schule oder den Erziehungsinstitutionen dargestellt werden.

Das kann nur gelingen, indem man parallel dazu eine Geschichte des ästhetischen d. h. gesamtsinnlichen Lernens im Alltag entwirft. Alles, was ästhetische Erziehung zu leisten behauptet oder was ihr als heimlicher Lehrplan mitgegeben ist, muß an dem gemessen werden, was ›in der Kultur‹ gelernt, mit allen Sinnen aufgenommen, zugleich ›verkörpert‹ und als Erinnerung der Sinne, als Handlungsorientierung im sozialen Zusammenhang täglich eingesetzt wird. Erst wenn man solche Vergleiche zieht, zeigt sich, ob ein didaktischer Entwurf Sinnlichkeit freisetzt, formt oder unterwirft, Lernenden hilft, zu sich selber zu kommen, oder sie abhängiger macht.

Das heißt, letztlich darf man sich nur einen ästhetischen Erzieher nennen, wenn man das eigene pädagogische Denken und Tun immer wieder neu an diesem Verhältnis zur Kulturgeschichte mißt und wenn man die Biographie der Sinne aller jener Erziehungssubjekte wahrnimmt, denen man als Lehrer, als Hochschullehrer, als Animateur usw. nützlich sein will.

Kunsterziehung zum Beispiel ist allzu lange ohne diese historisch-gesellschaftliche Standortbestimmung und daher blind betrieben worden. Wer also heute irgendeine sozial-, kultur- oder kunstpädagogische Praxis mit dem Anspruch auf gesellschaftliche Folgen betreiben will, muß sich zunächst vergegenwärtigen, was Kultur der Sinne wirklich heißt und welche bescheidene Rolle dabei die schulische Erziehung, darin speziell die ästhetische Erziehung gespielt hat und nur spielen kann.

Unser Buch skizziert Lernräume des Alltags unter sozialgeschichtlicher Perspektive. Es versucht zu vergegenwärtigen, wie Menschen verschiedener Klassen und Schichten

unter sich verändernden historischen Voraussetzungen ihre Kultur der Sinne ausgebildet, ihre Wahrnehmungsmuster entworfen, ihre sozialkulturellen Normen wahrnehmend und handelnd verinnerlicht haben. Es zeigt aber auch parallel dazu, wie Theorie und Praxis der ästhetischen Erziehung im exemplarischen Fall des deutschen Zeichen- und Kunstunterrichts bis zur Gegenwart darauf reagiert oder nicht reagiert haben.

Wir wollen damit die Praxis der ästhetischen Erziehung voranbringen und die kulturpädagogische bzw. kulturpolitische Diskussion beleben. Wir hoffen, daß einige Gedanken aufgegriffen, konkretisiert, differenziert oder widerlegt werden. Dennoch haben wir das Buch nicht für Experten, sondern in erster Linie für den praktizierenden Kultur- und Kunstpädagogen und besonders für alle geschrieben, die einmal ästhetische Erzieher werden wollen. Wir haben daher bewußt vereinfacht, wohl wissend, welche Vorwürfe von seiten der Spezialisten uns das eintragen kann.

Daß Alltag, Sozialisation und Geschichte der ästhetischen Erziehung in der DDR nicht behandelt werden, hat gute Gründe. Dies hätte im letzten Teil den Entwurf einer vergleichenden Kulturgeschichte bedeutet und dazu realer Erfahrungen mit dem Leben in der DDR und intimer Kenntnis der dortigen Erziehungswirklichkeit bedurft. Darüber verfügen wir nicht.

Zum Bildteil allgemein und zu den Beispielen des letzten Kapitels über ästhetische Erziehung in der Gegenwart vor allem ist zu bemerken, daß über abfotografierte Produkte oder über eine Momentaufnahme situativer Aktivitäten natürlich nicht die tatsächlich ablaufenden ästhetischen Lern-

9

prozesse dargestellt werden können. Die einzelnen Fotos appellieren an die didaktische Phantasie oder vermitteln Atmosphärisches. Wir legen aber Wert auf die Feststellung, daß die Bildbeispiele besonders im letzten Teil aus einer keineswegs außergewöhnlichen kunstpädagogischen Praxis stammen, sondern uns von ›gewöhnlichen‹ Lehrern oder Studierenden zur Verfügung gestellt worden sind.

Ohne das Entgegenkommen vieler Leihgeber (siehe Quellenverzeichnis) hätten wir nicht den Versuch einer sinnlichen Vermittlung über die Bildebene betreiben können. Jutta Brüdern und Johanna Faist danken wir für ihre Sorgfalt bei der fototechnischen Aufbereitung des z. T. schwierigen alten Bildmaterials. Wir danken vor allem Brigitte Rosemeyer für Geduld und Findigkeit bei der Literaturbeschaffung. Sie hat auch das Manuskript aus der Sicht der Studentin probegelesen, wie dies ihrerseits Hanne Schillig als Lehrerin getan hat. Bernd Rachel gab kritische Hinweise als Soziologe. Konrad Jentzsch, Kunstpädagoge und Kollege, half uneigennützig, ein möglichst genaues und lesbares Buch für viele zu machen. Daniel Selle, Fachoberschüler, hat es ausprobiert.

Jutta Boehe / Gert Selle

Bremen, im Herbst 1980

Ästhetisches Lernen – Begriff und Funktion

Nicht der Begriff der Sozialisation soll hier ausgebreitet, sondern ein Stück des wirklichen Geschehens im Prozeß der Sozialwerdung von Menschen soll anschaulich werden. Es geht dabei um die Frage, welchen Anteil die Sinne als ›Werkzeuge‹ der Wahrnehmung von Umwelt und zugleich als ›Gegenstände‹ des sozialen Geformtwerdens in diesem historischen Prozeß gehabt haben und wie sie noch immer benutzt werden.

Wie Menschen wahrnehmen und zugleich das Wahrgenommene empfinden und werten lernen, wie sie mit allen Sinnen auf das gegenständliche und soziale Zeichensystem des Alltags reagieren, wie sie einander als sinnlich-soziale Wesen beeinflussen und welche Formen der Sinnlichkeit die historische Umwelt an ihnen erzeugt – dies alles kann unter dem Begriff der Kultur der Sinne zusammengefaßt werden.

Sie ist sowohl sozialer Prozeß, ein anhaltendes Lernen, als auch soziales Produkt, ein Stück Kulturgeschichte und Tradition. Die Sozialisation der Sinne erfolgt unablässig auf der Grundlage sich verändernder Umweltbedingungen, aber auch durch Einbettung der Wahrnehmung in bestimmte Traditionen des ›Sehens‹ und Empfindens.

Alles, was zu einer Kultur der Sinne beiträgt und in welchen Aktivitäten sie sich bestätigt oder verändert, kann man mit dem Begriff des ästhetischen Lernens umschreiben – ästhetisch nicht, weil es dabei um die Wahrnehmung des ›Schönen‹ allein ginge, sondern weil mit allen Sinnen wahrgenom-

men wird und jeder Gegenstand, jede Geste, jedes Symbol des Alltags in diesem Prozeß der Vergesellschaftung des Menschen über die Sinne Bedeutung haben kann.

Dieser Begriff des ästhetischen Lernens soll hier nachfolgend immer die ganze Sinnestätigkeit umschließen. (Sobald – selten – von ›ästhetischer Sozialisation‹ die Rede ist, sind spezielle Teil-Lernprozesse gemeint, in denen es um die Verinnerlichung ästhetischer Normen und Verhaltensweisen im engeren Verständnis, zum Beispiel um Geschmacksfragen, Kunstgebrauch usw. geht. Die ›ästhetische Sozialisation‹ ist jedoch nirgends vom Gesamtprozeß des ästhetischen Lernens als Vergesellschaftung der Sinne abzutrennen, sie spielte zu Zeiten nur eine besondere Rolle in diesem Prozeß, beispielsweise bei der Konstitution des bürgerlichen Subjekts.)

Wir sprechen nachfolgend aber nicht nur vom ästhetischen Lernen, also von den mehr oder weniger bewußten Vorgängen bei der Sozialisation der Sinne und dem Formierungsprozeß von Sehweisen, Anschauungen, Einstellungen und Denkfiguren über die ganze Sinnlichkeit. Wir sprechen auch von ästhetischer Erziehung und meinen damit gezielte Eingriffe in diesen gesellschaftlichen Vorgang.

Die Kultur der Sinne entsteht gleichsam von selbst aufgrund bestimmter materiell-historischer Wahrnehmungsbedingungen und durch Handlungsanstöße aus der Umwelt. Ästhetische Erziehung hingegen muß als ein interessegeleiteter Versuch verstanden werden, den Ablauf dieses Prozesses an bestimmten Punkten zu steuern oder zu beeinflussen.

Ästhetische Erziehung könnte im allgemeinen Sprachgebrauch nichts weiter als Erziehung an den Sinnen heißen, wäre man nicht durch die Geschichte der Erziehung in der Schule voreingenommen, das heißt auf bestimmte Bildungsbereiche und Fächer verwiesen, in denen solche Erziehung traditionell von der gesamten Sinnlichkeit abgetrennt stattfindet. Die Kultur der Sinne, die durch lebenslanges ästhetisches Lernen im Alltag entsteht, kann in ihrer sozialgeschichtlichen und individualgeschichtlichen Dichte und Wirksamkeit von keiner ästhetischen Erziehung in der Schule ersetzt oder erreicht werden. Der Einfluß pädagogischer Maßnahmen wird aber vermutlich um so geringer sein, je vereinzelter die Sinne angesprochen und je abgetrennter die ästhetischen Lernprozesse in den Erziehungsinstitutionen von der gesellschaftlichen Wirklichkeit gehalten werden.

Deshalb hat es schon mehrfach Versuche gegeben, auch in der Schule den gesellschaftlichen Gesamtzusammenhang einer Erziehung an allen Sinnen wiederherzustellen; der letzte Versuch dauert noch an. Wir benutzen den Begriff der ästhetischen Erziehung daher in seiner denkbar weitesten Ausdehnung zur Bezeichnung von Versuchen, Menschen ›sinnlich‹ und zugleich bewußt und selbstbewußt zu machen. Er umfaßt weit mehr als nur die ›künstlerische‹ Erziehung, obwohl wir die Geschichte des Zeichen- und Kunstunterrichts exemplarisch als ein zentrales Feld der ästhetischen Erziehung herausgreifen werden. Gerade hier haben wichtige Erweiterungsversuche immer wieder stattgefunden.

Ein reflektierter Begriff von ästhetischer Erziehung ist nicht denkbar ohne den der Sozialisation und ohne Berücksichtigung dessen, was die Kultur der Sinne darin ausmacht. Unter Sozialisation wird der komplizierte, lebenslange Vorgang der Vergesellschaftung, der Prozeß der Einbindung von Menschen in das für sie gültige soziale und kulturelle Regelsystem verstanden. Man kann dabei kritisch von der »Zurichtung« des einzelnen nach dem herrschenden gesellschaftlichen Interesse (vgl. GOTTSCHALCH u. a. 1971), man kann aber auch von einer »zweiten Geburt« des Menschen als sozial-kulturelle Persönlichkeit sprechen (vgl. KÖNIG 1965), weil ein gelungener Vergesellschaftungsprozeß soziale und kulturelle Handlungsfähigkeit und letztlich auch die Identität des einzelnen vermittelt. Entsprechend dem Verhältnis von Kultur und Subkulturen kann man dabei von Sozialisation oder von »Gegensozialisation« (vgl. SCHWENDTER 1979) reden.

KOHLI (1974) definiert Sozialisation als »Prozeß der relativ überdauernden Änderung von Verhaltens- bzw. Handlungsdispositionen unter dem Einfluß sozialer Interaktionen. Diese Veränderungen stehen in einem engen Zusammenhang mit dem Lebenslauf.« (in: GRIESE 1979, S. 105) Umwelt und Alltag des einzelnen sind also entscheidende Sozialisationsfaktoren.

Man muß sich dabei von der Vorstellung lösen, daß nur die primären und sekundären Sozialisationsphasen (die Vergesellschaftungsprozesse im Kindes- und Jugendalter) von Bedeutung sind. Vielmehr ist davon auszugehen, daß es auch in einem scheinbar längst ›aussozialisierten‹ Erwachsenenleben derartig verändernde, verhaltensprägende Lernprozesse gibt. Unter einer solchen Perspektive ist Sozialisation z. B. für GRIESE »der lebenslange Anpassungs- und Auseinandersetzungsprozeß zwischen einem menschlichen Organismus und sei- ner soziokulturellen Umwelt, in dem durch Interaktion und Kommunikation mit si- gnifikanten anderen Identität aufgebaut, konstituiert und verändert wird«. (1979, S. 217 f.)

Das alles sind aber nur theoretische Um- schreibungen eines Vorgangs, den man in seinem sinnlichen Grundcharakter mehr ahnt als daß man ihn wirklich über die Ab- straktion hinaus nachvollzöge. Man weiß kaum, welche Arbeit der Sinne tatsächlich zu leisten ist, bis ein Mensch sozialisiert ist, d. h. in seiner Wahrnehmungserwartung und Handlungsorientierung einer Kultur angehört und zugleich seine persönliche Identität gefunden hat.

Herauszufinden, wie komplex Gesellschaft und Individuen aufeinander reagieren und welches Geflecht einander beeinflussender Variablen in bestimmten Sozial- und Per- sonwerdungsverläufen entsteht, ist Aufgabe einer noch nicht existierenden umfassenden Sozialisationstheorie (vgl. dazu GEULEN/ HURRELMANN 1980). In den bisher bekann- ten theoretischen Modellansätzen ist die Funktion der Sinnlichkeit je nach Interes- senschwerpunkt unterschiedlich stark her- ausgearbeitet. Offenbar wird die Wahrneh- mungsfunktion der Sinne auch dort als selbstverständlich vorausgesetzt, wo von Sinnlichkeit kaum die Rede ist. Denn die Vergesellschaftung von Menschen – und was auf dasselbe hinausläuft – ihre Person- werdung und Identitätsbildung, sind ohne die tätige Wahrnehmung der gegenständ- lichen und sozialen Umwelt, ohne die Arbeit der Sinne nicht vorstellbar.

Alle sozialisationstheoretischen Paradig- men, das psychoanalytische Grundmodell, die lerntheoretischen Ansätze, rollen- und interaktionstheoretische Modelle und mate- rialistisch-gesellschaftstheoretische Entwürfe (vgl. HURRELMANN/ULICH 1980) sind nicht ohne sinnliche Vermittlung zwischen Indi- viduum und Gesellschaft zu denken. Be- sonders HOLZKAMP (1973) hat in seinem Buch über sinnliche Erkenntnis und die ge- sellschaftliche Funktion der Wahrnehmung auf die materielle und historische Bestimmt- heit der menschlichen Sinnes- und Erfah- rungstätigkeit hingewiesen.

Dabei sind Wahrnehmen und Denken bei aller Verschiedenheit der Vorgänge nicht voneinander zu trennen. HOLZKAMP spricht schon 1967 vom »Eingebettetsein des Wahr- nehmens in das kognitive Gesamtverhalten des Individuums« und davon, daß »Wahr- nehmen als ein kognitiver Vorgang (zu) be- trachten und damit jede Dichotomisierung des Wahrnehmens und ›Denkens‹ i. s. S. zurückzuweisen« sei (in: GRAUMANN 1972, S. 1264 f.).

Mit der Kultur der Sinne d. h. mit der historischen Formung der Sinnlichkeit als Instrument orientierender (und begreifen- der) Erkenntnis sind die rationalen Formen menschlicher Existenzbewältigung, das Den- ken, die Begriffe eng verbunden. Die sinn- liche Wahrnehmungstätigkeit ist aber auch Voraussetzung für jede Erfahrung, die in den Vergesellschaftungsprozessen eine Rolle spielt.

In nahezu allen Alltagssituationen nimmt man handelnd und auf andere reagierend d. h. in der sozialen Interaktion sinnlich wahr. Ohne Wahrnehmung dessen, was die Gegenstände der Umwelt bedeuten, und dessen, ›was die anderen machen‹, wird

14

man nicht vergesellschaftet, nicht zu einem Mithandelnden in einem System gültiger Normen und Verhaltensorientierungen, weder in einer Kultur, noch in einer Subkultur. Dieser im weitesten Sinne ästhetische Lernprozeß bedeutet im Grunde den Aufbau einer Kultur der Sinne zum sozialen Gebrauch. Die Kultur der Sinne umfaßt in einer Person, einer Klasse, einer Epoche jede Sinnestätigkeit und ihre tendenzielle Gerichtetheit, jeden Gegenstand sinnlichsozialer Wahrnehmung und Deutung. Der Aktionsraum dieser Kultur ist die gesamte ›Umwelt‹ mit ihren materiellen und symbolischen Beständen.

Man lernt wahrnehmend an Gegenständen als Ausdrucks- und Bedeutungsträgern, ebenso wie man in Handlungszusammenhängen mit Personen sozialisiert wird. Man ist dabei auch kulturelles Subjekt, das sich selbst wahrnehmend gestaltet und auf andere handelnd einwirkt. Man ist auf diese Weise zugleich Sozialisand und Sozialisator.

Dabei bleibt man auf doppelte Weise historisch gebunden. Niemand, wenigstens kein Erwachsener, betrachtet ein Ding, ein Symbol oder auch eine Person ohne Wahrnehmungserinnerungen und -erfahrungen im Kopf. Die ›Sehweise‹ ist schon durch ›Vorurteile‹ mitgeformt. Man beurteilt alles Wahrgenommene auf der Grundlage lebensgeschichtlicher *und* gesellschaftlich-historischer Erfahrungen, das heißt vorangegangener Prägungen der Sinnlichkeit und des Wertempfindens. Sozialisation und Individuation sind dabei voneinander kaum zu trennen.

Sozialisation der Sinne heißt, daß sowohl individuelle wie gesellschaftliche, sowohl historische wie aktuelle sinnliche Erfahrungen zu einer Einheit verschmelzen, aus der heraus das Individuum wiederum ›ästhetisch‹ agiert, also sich körperlich-gestisch, symbolisch-gegenständlich mitteilt, an der Kultur oder Subkultur sinnlich mitarbeitet. Aber wer oder was bestimmt den ›Plan‹, die Organisation der Wahrnehmung des einzelnen wie der Gesellschaft, in der sich der Lernprozeß vollzieht?

Zunächst ist die Produktions- und Reproduktionswirklichkeit die Grundlage aller sinnlichen Erfahrung oder – wie MARX (1857) sich ausdrückt: »Die Produktion produziert (...) nicht nur einen Gegenstand für das Subjekt, sondern auch ein Subjekt für den Gegenstand.«

Das Subjekt und die Gesellschaft sind nicht frei, sondern in ihren Interessen, ihren Wahrnehmungsbedürfnissen und -erwartungen, ihrer Sinnlichkeit abhängig von der historischen Organisation ihrer Produktionsweise, die formbestimmend und interesseleitend in alle sinnlichen Lernräume hineinwirkt. Gleichwohl kann auf der Suche nach Selbstbestimmung, Ausdruck und Identität auch bewußt an der Kultur der Sinne gearbeitet werden.

Wo das geschieht, ist ästhetische Erziehung beteiligt. Sie kann einerseits als Instrument der Gegensozialisation, also in emanzipatorischer Funktion eingesetzt werden (und hat sich als solches auch schon bewähren können). Sie kann andererseits aber auch als Anpassungsinstrument gebraucht, ja zur Unterwerfung der Sinnlichkeit unter fremde Interessen mißbraucht werden. In dieser Funktion hat sie schon häufig eine Rolle im Prozeß der Produktion falschen Bewußtseins gespielt.

Deshalb gibt es eine Utopiegeschichte ebenso gut wie eine Ideologiegeschichte ästhetischer Erziehung, je nachdem, mit welchen Zielen letztlich dieses kulturpädagogische Instrument eingesetzt worden ist, ob es Sinnlichkeit entfalten oder brechen, ob es bewußtmachen oder anpassen helfen sollte. Ohne die Analyse aller historischen Begleitumstände ist oft nicht mit Gewißheit festzustellen, welche Wirkung ästhetische Erziehung letztlich hat. Zudem lassen sich die Erfolge ästhetischer Erziehungsmaßnahmen kaum je exakt messen. Aber sie lassen sich vermutlich durch das Verhältnis genauer bestimmen, das zwischen solchen Erziehungsmaßnahmen und dem Prozeß der Kultur der Sinne im Alltag besteht.

Dieses Verhältnis ist ein Grundthema unseres Buches.

2 Sinnlichkeit und kulturelle Erfahrung

Kultur ist das, was man zusammen mit anderen leibt und lebt, was man zusammen mit anderen wahrnimmt und produziert und auf welche Weise man das tut. Kultur ist Produktions-, Lebens- und Wahrnehmungsweise in einem, also ein sozialer Prozeß, kein Zustand, und dieser Prozeß ist sinnlich – er wirkt nicht nur *über* die Sinne, er wirkt auch *auf* die Sinne der Menschen ein. Was dabei entsteht, ist im engeren Verständnis die Kultur der Sinne.

Die Kultur der Sinne verwirklicht sich praktisch überall, wo sinnliche Wahrnehmung und symbolische Sinnvermittlung stattfinden. Der lebenslange Erfahrungsprozeß der Sinne beginnt schon in der Kindheit während der Konfrontation mit Gegenständen und Handlungen in der familiären Umwelt. Dabei werden nicht nur sinnlich-soziale Grunderfahrungen gemacht und die fundamentalen psychosexuellen Prägungen erlebt, sondern auch schon ›historische‹ Erfahrungen durch die gegenständliche Umwelt vermittelt.

PAZZINI (1979) hat auf den spezifischen Zusammenhang von sinnlicher Wahrnehmung und historisch-kultureller Gegenstandserfahrung am Beispiel moderner Haushaltsgeräte hingewiesen. Der Eisschrank, die Waschmaschine und der Elektroherd sehen zum Verwechseln ähnlich aus. Nirgends wird ersichtlich, wie sie funktionieren. Am Herdfeuer, am Waschtrog und an dem in die Küche getragenen Eisbarren machten sich unmittelbare sinnliche Erfahrungen fest. Das Kind sah einst das Feuer flackern und Holz verzehren, spürte die Hitze. Die Wäsche dampfte in der Lauge; das kalte Eis konnte man anfassen, bevor es in den Kasten gelegt wurde. Dort schmolz es langsam. Nichts von diesen ›primären‹ (das heißt an eine ›veraltete‹ Produktionsweise historisch gebundenen) sinnlichen Eindrücken wird sich vor den weißen Kästen des modernen Haushalts wiederholen. Warum der eine Kasten heiß wird und der andere kalt bleibt, entzieht sich der unmittelbaren sinnlichen Erfahrung – sie stößt an eine historische Grenze. Die Grundmuster der Gegenstandserfahrung der Menschen sind abstrakter geworden.

16

Historische Veränderungen wichtiger sinnlicher und emotionaler Erfahrungsdimensionen haben sich auch im sozialen Bereich der Familie ergeben. Den Begriff der Kindheit gibt es überhaupt erst auf einer bestimmten gesellschaftlichen Entwicklungsstufe bzw. seit Auflösung der Familie als Produktionseinheit (vgl. ARIES 1975). Eine einschneidende Umgestaltung des Zusammenhangs von sinnlicher Wahrnehmung und kultureller Erfahrung in allen Lernphasen brachte dann die industrielle Revolution. Zu einer Zeit, in der noch handwerklich produziert wurde, machte man gewiß andere sinnliche und soziale Wahrnehmungen und Erfahrungen in der Arbeitswelt als heute.

HOLZKAMP folgert, daß die industrielle Arbeit in ihrem fortgeschrittenen Entwicklungsstadium »unter Ausschaltung von Alternativen andersgearteter wahrnehmungsgeleiteter Tätigkeit« zu einer Verfestigung »rigider Organisationsformen der Wahrnehmung überhaupt« führen könne, und spricht von einem »Verlust vielseitiger Möglichkeiten der sinnlichen Welterfahrung« (1973, S. 280).

Das Problem des Wahrnehmungsverlustes beschäftigt heute die kulturpädagogische Theorie insoweit, als mit den Veränderungen im Arbeitsbereich und in der kapitalistischen Kultur Veränderungen der sinnlichsozialen Wahrnehmungsfähigkeit insgesamt festzustellen sind, aus denen sich weitreichende politische Folgen ergeben. Unterentwickelte Sinnlichkeit und stillgelegte Wahrnehmungsfähigkeit verstärken offenbar im Produktions- und Freizeitbereich wirksame Entfremdungstendenzen oder lassen Täuschung, Anpassung und Abrichtungsmaßnahmen noch wirksamer werden.

In diesem Zusammenhang stellt sich die Frage, ob Menschen wieder verlernen können, was sie einmal unter historisch bestimmten Zwängen wahrnehmend und handelnd mit allen Sinnen aufgesogen und mitproduziert haben. Die Arbeit der Sinne stützt sich ja auf oft lebenslange konkretmaterielle Erfahrung, die den Blick auf gesellschaftliche Ursachen und Verhaltensalternativen verstellen kann. Ideologie als herrschaftsbedingt produziertes falsches Bewußtsein tritt verstärkend und deutend hinzu, um solche Täuschungen als Irrtum unkenntlich werden zu lassen, ja sie zur unumstößlichen Wahrheit zu erklären.

Mit einem unserer Nachbarn ist über das Dritte Reich nicht zu diskutieren. Er sagt: »Damals bekam ich Arbeit. Die Sozialdemokraten haben mir keine gegeben. Ich habe 50 Mark die Woche verdient. Einmal war ich auf KdF-Urlaub im Rheinland. Da kostete die Flasche Wein eine Mark.« Daß auch seine gesamte Sicht der Gegenwart noch von all dem mitgeprägt geblieben ist, was er damals im subjektiv erlebten Geschichtszusammenhang erfuhr, bestätigt sich in vielen seiner Sehweisen, Einstellungen und unerschütterlichen Vorurteile. Könnte man sich nicht eine andere Biographie der Sinne von Anfang an vorstellen?

Welche Chancen bestehen für die Aufrichtung des Subjekts an neuen Erfahrungen, wenn nicht nur die Bedingungen am Arbeitsplatz, die gleichermaßen entfremdete Freizeit, der Warenkonsum und die massenmediale Zerstreuung bestimmte ›alte‹ Erfahrungen sinnlich verstärken, sondern auch der Lebenslauf der Sinne sich als einzige Verblendung, als unbewußte Unterwerfung unter fremde Interessen darstellt? Ist Gegensozialisation hier noch denkbar,

17

ästhetische Erziehung möglich? Der Zusammenhang von Sinnlichkeit und kultureller Erfahrung mit dem politischen Bewußtsein einzelner wie ganzer Schichten und Klassen ist wohl eines der wichtigsten kulturpädagogischen Forschungsprobleme überhaupt.

Für eine politisch verstandene ästhetische Erziehung läuft alles auf die Frage zu, ob es Situationen gibt, in denen das historisch geprägte Subjekt mit allen seinen getäuschten Sinnen, seiner beschädigten Wahrnehmungsfähigkeit noch Agent seiner eigenen Bedürfnisse und Interessen sein kann. Immerhin – wer wahrnimmt, reagiert mit allen Sinnen auf die ihn umgebende Kultur, er *wird* geformt, aber zugleich schafft er diese Kultur auch real als Produzent mit, ohne sein Zutun existiert sie nicht.

Die hellen Tenöre der dreißiger Jahre, der rasche Sprechgestus, die sportlich-dynamische Körpermotorik der Filmstars, die stromlinienförmigen Cabriolets, die Stahlrohrmöbel, das straff anliegende kurze Haar waren damals sinnliche Vergegenständlichungen der fortgeschrittenen Produktionsweise, die Dinge und Menschen formte. Sie waren auch Ausdruck des in gewisser Weise in den Faschismus hinübergleitenden Lebensgefühls dieser ›sachlichen‹ Epoche. Aber sie bildeten ohne Alternative das symbolische System, in dem die Zeitgenossen geradezu körperhaft ihre historische Identität suchten und fanden, in dem sie sich ›kultivierten‹ und das sie handelnd selber mitschufen, indem sie sich darin genußvoll sinnlich reproduzierten.

Auch heute sind die zeitgemäßen Formen der Körpersinnlichkeit, der Mode, der Schönheitsideale und der Warenästhetik fremdbestimmte Mittel der kulturellen Erfahrung von Menschen an sich selbst. Aber die Menschen erfahren sich darin. Eine ästhetische Erziehung, die frontal gegen eine solche Kultur der Sinne vorginge, würde gegen die Menschen vorgehen, gegen ihr Ausdrucksbedürfnis und ihre – sei es noch so entfremdete – Identität. Sie müßte scheitern, weil sie abgelehnt werden würde.

Deshalb ist es wichtig, die Entstehungsgeschichte sozialtypischer Kulturen der Sinne zu verfolgen und herauszufinden, wo Menschen hinter allem Schein sich als Subjekte dennoch sinnlich verwirklicht sahen, sich bei aller Anpassung und Unterwerfung der Sinne unter fremde Interessen behauptet haben. Manchmal erkennt man dann, daß sich fast unbemerkt in einer herrschenden Kultur eine zweite oder dritte usw. bildete, die nicht mehr nur Anpassung bedeutete. So war das proletarische Wohnen oberflächlich immer ein Imitat des kleinbürgerlichen und hat dennoch eine eigene Sinnlichkeit hervorgebracht. Diesen kultursoziologischen Blick muß jeder ästhetische Erzieher, der mit seinen Zielsetzungen nicht blind an der Wirklichkeit vorbeioperieren oder sich für fremde Interessen funktionalisieren lassen will, in gesellschaftlichen Situationsanalysen, in der teilnehmenden Beobachtung und im Mitlernen üben.

Praktisch ist das ein Einfühlungsvorgang in das Sehen, Fühlen, Wollen und Denken anderer, wobei man nicht die eigenen Bedürfnisse und kulturellen Erfahrungen zum Maßstab machen darf. Es gibt ganz andere Formen von Sinnlichkeit. Dem ästhetischen Erzieher ist dorthin oft der direkte Zugang durch die eigene Sozialisationsgeschichte der Sinne versperrt. Er muß sich diesen Zugang erst verschaffen lernen.

18

Freilich ist ein solcher Auftrag an ästhetische Erzieher leichter zu vergeben als auszuführen. Einmal ist die Sozialisation der Sinne ein gesellschaftlicher Prozeß in einem übergreifenden soziohistorischen Bedingungs- und Interessenrahmen. Ästhetisches Lernen verläuft klassen- und schichtenspezifisch. Zum anderen wird dieser Prozeß individuell gelebt und erfahren, d. h. in einzelnen Lebens- und Lernläufen innerhalb der Klassengeschichte verwirklicht. Es gibt also eine biographisch-historische und eine gesellschaftlich-historische Dimension des ästhetischen Lernens. Beide sind zusammen zu betrachten. Dabei kann keine Rede davon sein, daß etwa Sozialisationstheorien oder die Kulturgeschichtsforschung schon ein Instrumentarium bereitgestellt hätten, mit dem sich in der Praxis zuverlässig arbeiten ließe. Was ästhetisches Lernen wirklich heißt, bleibt weitgehend im Dunkel nicht rekonstruierbarer Sozialbiographien.

Auch wir sind hier nicht in der Lage, vollständige Funktionsmodelle des ästhetischen Lernens abzuleiten. Wir können lediglich vorfindliche Einzeltheorien zur Erklärung individueller und gesellschaftlicher Formungsprozesse der Sinnlichkeit nutzen und versuchen, zerstreutes kulturgeschichtliches Material zur Veranschaulichung unserer Annahmen und Folgerungen einzusetzen. Das heißt, wir sind auch nicht in der Lage, eine Strategie der ästhetischen Erziehung im Kontext einer gesellschaftlichen Emanzipationstheorie zu entwerfen. Wir können lediglich zum vorläufig besseren Verständ-

nis einer Realgeschichte beitragen, die voller beziehungsreicher Andeutungen und verschlüsselter Botschaften für den praktizierenden ästhetischen Erzieher steckt.

Hier sei nur vorausgeschickt, unter welchen Voraussetzungen wir das ästhetische Lernen nachvollziehbar machen wollen. Zunächst gehen wir von der sozialisationstheoretischen Übereinkunft aus, daß die Vergesellschaftung des Menschen ein lebenslanger Prozeß ist – folglich auch das, was die Kultur der Sinne konstituiert oder verändert. Unter diesem Aspekt lassen sich grob drei Abschnitte unterscheiden, die auch schon bestimmte Lernräume und ›Gegenstände‹ umfassen:

1 die Phase der primären Sozialisation der Sinne des Kindes in der Familie mit ihrem zwar eingeschränkten, aber psychisch sehr wirksamen sinnlich-sozialen Grunderfahrungsfeld. (LORENZER [1977] spricht von den »Niederschlägen sinnlich-unmittelbaren Miteinander-Umgehens« in der Familie, die zum Nährboden späterer menschlicher Handlungsformen werden können. Sogar politische Grundorientierungsmuster sind in der familialen Sozialisationsphase angelegt.)

2 die sekundäre Phase der Weiterentwicklung sinnlicher Wahrnehmungsfähigkeit und kultureller Handlungsorientierung, beginnend mit dem Schulalter einschließlich der in dieser Phase außerhalb von Schule und Ausbildung ununterbrochen sinnlich weiterverarbeiteten Alltagswirklichkeit. (Besondere Beachtung verdient

hier die Ich-Entwicklung in der Adoleszenz; denn in dieser Phase kommt es zu einer »Überbesetzung der Sinnesorgane«, die zu einer »außerordentlichen Sensibilisierung der Wahrnehmung«, zu einer in »späteren Lebensabschnitten [...] kaum mehr reproduzierbaren Erlebnisintensität« [ZIEHE 1975] führt.)

3 schließlich der weitere (›tertiäre‹) Lernprozeß in allen Wahrnehmungs- und Aktionsräumen der Produktionssphäre, der Öffentlichkeit und der Freizeit.

Die Lernorte sind verschieden, aber das verbindende Element ist immer ›der Alltag‹. Er ist das zeitliche und räumliche Kontinuum des Lernens über die Sinne. Hier wird Geschichte wirklich. Hier werden auch die Menschen wirklich.

Je nachdem, welcher Klasse oder Schicht jemand angehört, in welche Umwelt, in welchen Familientypus, in welchen Gruppenzusammenhang usw. jemand hineingeboren wird und hineinwächst, ist Alltag etwas sehr Unterschiedliches und unterschiedlich Wahrgenommenes. Zugleich gibt es Bestimmungsmomente des historischen Alltags, die in allen Klassen oder Schichten, von jedem Zeitgenossen wahrgenommen und verarbeitet werden. Dann ist Alltag gleichsam ein Großlernraum der Sinne für alle sich darin bewegenden Menschen, dessen historische Veränderung alle betrifft und die sinnliche Struktur aller verändert.

Mit der industriekapitalistischen Produktionsweise hat beispielsweise eine Alltagswirklichkeit angefangen, die sowohl eine grundlegende Veränderung der Sinnlichkeit aller, als auch große Unterschiede in der klassen- und schichtenspezifischen Brechung neuer sinnlich-sozialer Lernprozesse gebracht hat.

Wir gehen daher von der Grundannahme aus, daß es sowohl eine historische Gesamtentwicklung der sinnlichen Wahrnehmung entlang der Entwicklungstendenz des Produktionssystems gibt, als auch innerhalb dieser Entwicklung unterschiedliche Kulturen der Sinne, die sich aus den unterschiedlichen sozialen Wahrnehmungsbedingungen und -interessen ergeben.

Freilich sind *der* Bourgeois oder *der* Proletarier weitläufige Abstraktionen. Sie gelten für die Gesamtgeschichte des Industriekapitalismus, die ja in Deutschland einen bestimmten Verlauf genommen hat. Wir gehen daher auch davon aus, daß im Laufe der deutschen Geschichte sich besondere soziale und kulturelle Traditionselemente herausgebildet haben.

So hat sich beispielsweise im Typus des deutschen Bildungsbürgers eine unverkennbar eigene Tradition des Sehens, Fühlens, Wollens und Denkens niedergeschlagen. Aufgrund solcher spezieller Färbungen des Kulturprozesses darf man vom ästhetischen Lernen der Deutschen und seinen besonderen Folgen sprechen und nicht bloß von einer allgemeinen Klassenkultur der Sinne im Kapitalismus.

Schließlich verfolgen wir eine weitere Grundhypothese. Danach erscheint uns jede Kultur der Sinne unauflöslich verknüpft mit der politischen Sozialisation. Die politische Sozialisationstheorie spricht beispielsweise von »indirekten Lernmechanismen« wie dem »interpersonale(n) Transfer, der familiale Autoritätsbeziehungen generalisiert«, oder von der »Lehrzeit als unpolitische(r) Tätigkeit in einem politischen Kontext« (GÖRLITZ 1978). Was sinnlich unmittelbar erlebt wird – auch in scheinbar völlig politikfreien Räumen – kann in Form von

20

sozialen Erfahrungen politische Gestalt und Wirkung in der tendenziellen Verhaltensorientierung und der allmählichen Zurichtung von Wahrnehmungsfähigkeiten annehmen.

Solche Erkenntnis hat letztlich dazu geführt, daß unter ästhetischer Erziehung heute eine weiträumig und langfristig angelegte, politisch reflektierte Erziehung verstanden werden muß, die an der Kultur der Sinne, an den Primärstrukturen latent politischer Verhaltensorientierung ansetzt. Sie operiert gleichsam im Vorfeld der politischen Sozialisation, ehe Sehweisen und Einstellungen schon fixiert sind oder wo sich im Vorbewußten, noch an den Sinnen, mit dem Subjekt arbeiten läßt. Gerade dieser Zusammenhang macht ästhetische Erziehung heute unverzichtbar.

Wer immer sich einen solchen Entwurf ästhetischer Erziehung mit emanzipatorischem Auftrag zu eigen macht, der muß sich auch mit den »expressiven Symbolen«, die »gefühlsmäßige (affektive) Beziehungen zu Personen und Objekten« vermitteln (THOMAE 1972, in: GRAUMANN), auseinander-

setzen – also mit elementaren Prozessen der symbolischen Vermittlung und Formung im Lebenszusammenhang der Menschen. Wir wollen und können allerdings nicht mit dem Historiker oder dem Sozialwissenschaftler wetteifern.

Wir können hier nur versuchen, in ganz groben Umrissen und in Form von Hypothesen darzustellen, was wir für die Ursachen, Ziele und Formen jener Arbeit an den Sinnen halten, die im Alltag und in der ästhetischen Erziehung geleistet werden mußte, damit bestimmte Wahrnehmungs- und Verhaltenstraditionen entstehen konnten.

Wir skizzieren daher zunächst die epochalen Alltagslernräume, und erst am Schluß jedes der großen Kapitel (mit Ausnahme des einführenden ersten) fassen wir die Erziehungsziele im Zeichen- und Kunstunterricht zusammen. Das heißt erst dann fragen wir – unter Rückbezug auf die skizzierte historisch-sinnliche Realität – nach den Wirkungen, die eine engere oder weitergefaßte ästhetische Erziehung auf den Kulturprozeß der Sinne ausüben konnte und wem sie nützte.

Kapitel I (1790–1870)
Sinnlichkeit und Produktion

1   CARL FRIEDRICH DEMIANI, Familienbildnis, 1806

1 ›Verkörperung‹ und ›Vergeistigung‹ der bürgerlichen Existenz an der Schwelle zum Industriezeitalter

Die bürgerliche Kultur der Sinne hat ihre unverwechselbare Gestalt in einer Epoche der gesellschaftlichen Umwälzungen zwischen Absolutismus und Industrialisierung angenommen. Damals reagierte das Bürgertum im Bewußtsein seiner Produktivkraft mit allen Sinnen auf die Veränderungen der historischen Situation. Es fand dabei in Deutschland zu eigenem kulturellen Ausdruck, ehe die ökonomische Macht voll erreicht und die politische angestrebt werden konnte.

Zu diesem Ausdruck der aufsteigenden Klasse gehörte der Griechenkult und zunächst alles ›Klassizistische‹ in der Abkehr vom höfischen Rokoko. Die Kultur der Sinne erschöpfte sich aber nicht in dem, was man heute als ›Kulturprodukt‹ im engeren Verständnis bezeichnen würde. Sie erfaßte die Menschen selbst in ihrer Natur, sie wurde wahrnehmbar und wiederum wirksam im Lernprozeß an ihrer körperlichen Erscheinung, am gestischen Ausdruck und im Verhalten. Ein neuer sozialer *und* ästhetischer Typus entstand.

Der Sittenhistoriker EDUARD FUCHS hat festgestellt, daß nun die körperliche und die geistig-seelische Schönheit eine untrennbare Einheit, ein neues Kulturideal zu bilden begannen: »Dem höheren Lebenszweck, der sich nicht mehr bloß im parasitischen Genießen erschöpft (...) ziemen auch entsprechende Züge (...). Durch die Verbindung dieser Linien des Physischen und des Seelischen unterschied sich der bürgerliche Mensch ganz auffällig von dem

Typ des Absolutismus.« (1912, S. 135) In diesen neuen Typus war die Produktivkraft symbolisch eingebunden. Die Gestaltung des kommenden Zeitalters verlangte den »klaren energischen Blick, aufrechte und straffe Haltung, willensbewußte Gesten, einen selbstbewußten Klang in der Stimme, Hände, die nicht nur zum Zugreifen, sondern auch zum Festhalten des einmal Ergriffenen geeignet sind, Beine zum energischen Ausschreiten und zum sicheren Stehen in einer einmal errungenen Position. Und alles schließlich beherrscht und reguliert von einer ruhigen Sicherheit.« (FUCHS, S. 134)

Damit sind zwei Ausdrucksmomente der bürgerlichen Existenz angedeutet: die in die Zukunft der Produktionsgeschichte weisende Verkörperung entwickelter Sinne und Fähigkeiten der Daseinsbewältigung (wie sie bald im Auftreten des frühindustriellen Unternehmers besonders auffällig wurden) und die Entfaltung einer neuen Selbstwahrnehmungsfähigkeit, die eine Art Emanzipation nach innen darstellte und im gemeinsamen Interesse am veredelten Gefühlsausdruck die bürgerlichen Subjekte auf eine besondere Weise geistig-kulturell vergesellschaftete.

Es kam die Zeit der ›griechischen‹ Gewandung der Frau. Bei den Männern schuf sie den »bequemen Frack, den lose um den Hals gelegten Schal, die prall ansitzende Hose, die Stulpenstiefel und den weichen Filzhut.« (FUCHS, S. 191) Das war mehr als eine ›Mode‹, nämlich Ausdruck einer in die

Kleider gefahrenen Körpersinnlichkeit und Körpersprache, die dem Selbstbewußtsein der sich als produktiv begreifenden Klasse angemessen war.

Zu dieser in Erscheinung gebrachten ›Außensinnlichkeit‹ trat eine besondere Betonung der künstlerischen und intellektuellen Kultur. Das bürgerliche Selbstbewußtsein gründete sich auch auf die Übernahme einer Rolle, die einmal dem Adel vorbehalten war. Bildung, künstlerisch sensibilisierte Wahrnehmung und Lebensart, eine kultivierte, beherrschte, hochentwickelte Emotionalität, die über das Alltagsleben hinaushoben, wurden zu Leitbildern der bürgerlichen Erziehung jenseits des Nützlichkeitsdenkens und der gesellschaftlichen Realität. Die Kunst in jeder Gestalt der Wahrnehmung und Ausübung war damit zum zentralen Sozialisationsmedium geworden, ästhetische Erziehung zur wichtigsten Maßnahme bei der Entwicklung und Integration des bürgerlichen Ich.

Als GOETHE 1766 an der Leipziger Universität Zeichenunterricht bei ADAM OESER erhielt, tat er nichts Ungewöhnliches. Er verkehrte in künstlerisch gebildeten Familien, hatte Anteil an der geistigen Geselligkeit, übte den Austausch der Empfindungen wie viele Bürgersöhne seiner Zeit. So entstand auch bei anderen eine soziale Wahrnehmungsfähigkeit und sensible Emotionalität, welche die bürgerlichen Subjekte in Bedürfnis und Interesse verband. Eine Zeit der sentimentalen Freundschaften und der intensivsten Briefkultur kam herauf. Aber neben dem Lernraum der identitätsstiftenden Kunst, die man genießend und im Gedankenaustausch betrachtete oder in der man sich dilettierend übte, formte sich auch ein Symbolbestand bedeutungsvoller

2 GOTTFRIED SCHADOW, Marianne v. Paulsdorf (geb. Schlegel), 1824

Gegenstände und Rituale im Alltag aus. GOETHE – Repräsentant dieser Klasse gebildeter Subjekte – hatte sich um 1800 einen ästhetischen Lebensrahmen geschaffen, in dem die künstlerischen und die sozialen Ausdrucksformen nahtlos vereinigt waren: »Sein Haus wird ein Museum. Er sammelt Kupferstiche, Münzen, Majoliken, Handschriften. Er legt Wert auf gute Küche, schöne Tafeldekoration. Er gibt ein elegantes Abendessen, als die alte Jugendbekannte La Roche in Weimar zu Besuch erscheint, und lädt dazu auch Charlotte von Stein, die darüber berichtet: ein empfindsames Diner, die Namen auf den Couverts, sorgfältig zur ge-

genseitigen Unterhaltung ausgesucht, Blumentöpfe mit seltenen Gewächsen auf der Tafel, zum Dessert eine unsichtbare sanfte Tafelmusik, Früchte und schön vom Konditor geformte Kuchen . . .« (FRIEDENTHAL 1963, S. 424) Die Anklänge an aristokratische Sitten verdecken nicht, daß das kulturelle Ritual ganz im bürgerlichen Selbstdarstellungsinteresse funktionierte.

Für einen Menschen von feiner Bildung und Empfindung zu gelten und sich in der vergeistigten Existenz bei aller äußeren Unfreiheit als Mensch zu verwirklichen, war nicht nur das von privilegierten Subjekten vorgelebte, sondern von vielen Zeitgenossen angestrebte Prinzip. Anton Reiser, der Held des autobiographischen Romans (1785–90) von CARL PHILIPP MORITZ, kennt trotz drückender Armut und Aussichtslosigkeit, sein Dasein zu verändern, kein anderes Ziel, als sich am Theater als Dramatiker und Schauspieler zu verwirklichen. Die Pflege des Schönen verhieß weit mehr als bloß den ästhetischen Genuß; SCHILLER deutete dies in seinen ›Briefen über die ästhetische Erziehung‹ (1795) an: »Es gehört zu den wichtigsten Aufgaben der Kultur, den Menschen auch schon in seinem bloß physischen Leben der Form zu unterwerfen und ihn, so weit das Reich der Schönheit nur immer reichen kann, ästhetisch zu machen, weil nur aus dem ästhetischen, nicht aber aus dem physischen Zustande der moralische sich entwickeln kann.« (1869, S. 606)

Den feinen Geschmack, die »edeln Seelen« (SCHILLER) und die entwickelte Kultur der bürgerlichen, geistig überhöhten Sinnlichkeit fand man freilich im historischen Sein, in der Alltagswirklichkeit des Erwerbs- und Untertanendaseins nicht wieder. Spießrutenlaufen und Soldatenverkauf

fanden gleich vor der bürgerlichen Haustür statt. Aber gerade daraus erhielt SCHILLERs Utopie der ästhetischen Erziehung, auf das Ideal der Gleichheit aller Menschen bezogen, ihre stille revolutionäre Überzeugungskraft. Sie schien eine »Methode, durch welche der gegenwärtige, glücklose, unfreie und unreife Zustand der Gesellschaft auf ebenso kontinuierliche wie humane Weise in sein Gegenteil verkehrt werden« (KERBS 1978, S. 731) konnte.

So hat der Wahrnehmungsbereich des Kunstschönen einen idealen Lernraum dargestellt, den man sich für das historische bürgerliche Subjekt bedürfnisgerechter und konzentrierter kaum vorstellen kann. Das bürgerliche Selbstbewußtsein war auf einen derartigen Reproduktionsraum der Empfindsamkeit und sinnlichen Entfaltung angewiesen. Dies war der Raum der Selbstwahrnehmung, Selbstgestaltung und des intersubjektiven Austauschs schlechthin, ein Übungsfeld der Sinne in persönlichen und gegenständlichen Beziehungen, die niemand sonst produzierte, die niemand verbieten oder korrumpieren konnte, ein Lernraum voller Ideale, scheinbar jenseits aller unfreundlichen Zeitläufe. Daraus erklärt sich die Wertschätzung einer deutlich ›ästhetischen‹ Sozialisation der Sinne, die sich praktisch in einem verbreiteten Kunst-Dilettantismus niederschlug. Freilich bedeutete dies langfristig auch einen Rückzug in die Innerlichkeit, der in merkwürdigem Gegensatz zur ökonomischen Existenz stand. Im künstlerischen Dilettantismus entlud sich die »Spannung zwischen Lebenstätigkeit und Lebensideal« (KEMP 1979), der Widerspruch wurde durch praktische oder rezeptive Beschäftigung mit Kunst erträglich, ja fruchtbar gemacht. Zum Beispiel: FRIEDRICH

3 GEORG FRIEDRICH KERSTING, Mann am Sekretär, 1811

JUSTIN BERTUCH ließ in seiner ›Hausfabrik‹ junge Mädchen Stoffblumen für den Modebedarf der Residenzstadt Weimar nähen und verdiente (nach FRIEDENTHAL) als Großverleger von Modejournalen, illustrierten Zeitschriften, Kinderbüchern und Landkarten. Aber er war auch ein gebildeter Mann, der bei GOETHEs Liebhaberaufführungen mitwirkte, sich dabei ›verwirklichte‹ im Sinne des höheren Lebensideals.

Die nach innen verlegte kulturelle Selbstverwirklichung entsprach der historischen Situation des bürgerlichen Subjekts, das damit seine eigene Form von Emanzipation betrieb. H. MARCUSE hat diese Emanzipation nach innen als Weg in eine »affirmative Kultur« beschrieben: »Auf die Not des isolierten Individuums antwortet sie mit der allgemeinen Menschlichkeit, auf das leibliche Elend mit der Schönheit der Seele, auf die äußere Knechtschaft mit der inneren Freiheit, auf den brutalen Egoismus mit dem Tugendreich der Pflicht.« (1973, S. 236)

Schon früh hat sich das deutsche Bürgertum gleichsam die kulturellen Zügel angelegt und auf eine ästhetisch-moralische Ebene verlagert, was politisch hätte ausgetragen werden müssen. Daß man noch unter der Fürstenherrschaft lebte, konnte man um so besser verdrängen, je glücklicher die Innenausstattung des eigenen kulturellen Wahrnehmungsraumes gelang. Literatur, Baukunst, Plastik und Malerei, die Sprechbühne und das Musikleben, die Sitten, die Mode, das Wohnen waren bald vollständig von bürgerlichen Werthaltungen und Anschauungen bestimmt.

Deutschland war – in lauter kleine, absolutistisch regierte Territorialstaaten zerstückelt – zwar am Ende des 18. Jahrhunderts

ein »Land des Mittelstandes, in dem die Aristokratie sich als immer unproduktiver erweist, das Bürgertum hingegen trotz seiner politischen Ohnmacht sich geistig durchsetzt« (HAUSER 1967). Aber diese Durchsetzung trug nirgends den Stempel der Herrschaft. Das deutsche Bürgertum war weder politisch so selbständig wie das französische, noch ökonomisch so weit aufgestiegen wie das englische. Deutschland befand sich in einer Phase der wirtschaftlichen Stagnation. Es war industriell unterentwickelt, die Geschäfte gingen eher schlecht als recht. Der kleine, krisengefährdete Familienbetrieb herrschte noch lange vor, dazu kamen die Wirren der napoleonischen Kriege. Erst nach der Gründung des Deutschen Zollvereins (1834) ging es aufwärts. Der Vergeistigungstendenz des individuellen bürgerlichen Seins stand also eine gebremste Entwicklung der Produktivkräfte gegenüber. Das deutsche Bürgertum sollte erst recht spät seine ›Gründerzeit‹ erleben.

Die »Selbstverständigung über die neuen Erfahrungen der Subjektivität« (HABERMAS 1971) gelang in den sich entwickelnden Formen des literarischen Austauschs und des Kunstgenusses in Lesezirkeln, Freundeskreisen, nicht nur in den Salons, in einer Sphäre zurückgezogener bürgerlicher Öffentlichkeit, fast familiär. In dieser »publikumsbezogenen Privatheit« (HABERMAS) konnte sich jene Idee von Humanität und künstlerisch veredelter Sinnlichkeit ausbreiten, die zum Entfaltungsideal der bürgerlichen Persönlichkeit vor Eintritt in die Epoche der großen industriellen Umwälzung wurde. Ästhetische Erziehung vollzog sich hier in unmittelbarer Anbindung an den gesamten Sozialisationsprozeß der Sinne und des Denkens. Die Individuen vergesellschafteten sich auf der Ebene ›geistiger Interessen‹, im freundschaftlich-intellektuellen Verkehr, beim Gespräch, im Briefwechsel, im gemeinsamen Literatur-, Musik- und Kunstgenuß, in der Betrachtung der Natur.

Mehr durch Nachahmung als durch Unterweisung verwirklichte sich ein bedürfnisgerechter ästhetischer Lernprozeß, der einerseits das Individuum zum Ausdruck seiner Subjektivität und Empfindungsfähigkeit brachte, andererseits die Individuen unter einem verwandten Bedürfnis und Bewußtsein vergesellschaftete. Individuation und Sozialisation erfolgten als Einheit im gleichen Akt veredelter sinnlicher Wahrnehmung.

4   Kanne aus Steingut, um 1820

Derselbe Sozialisationsprozeß vollzog sich ›geschmacksbildend‹ (das Wort ist nicht zufällig dem Bereich der Sinne entlehnt) im Design des Alltags, in den bedeutungsvolleinfachen Gebrauchsgegenständen und Möbeln, aber auch ganz körperlich in der Kleidung, in der Gestik und Mimik, im ›klassischen‹ Schönheitsideal, das von der bürgerlichen Humanität zeugen sollte. Die Abgrenzung gegen die Aristokratie war damit erreicht, ja diese begann sogar bald, den ›Stil‹ der bürgerlichen Klasse zu übernehmen. Aber auch nach unten verlief eine Grenze.

Im Vierten Stand herrschten Lernbedingungen ganz anderer Art. Allein der harte, lange Arbeitstag, kümmerliche Existenzformen, ländliche Dumpfheit oder die frühproletarische leibliche Not in den Städten stellten eigene Erfahrungszusammenhänge jenseits der kultivierten bürgerlichen Wahrnehmungsfähigkeit her. Kaum ein Handwerksbursche, Tagelöhner, Arbeiter, Kleinbauer oder Soldat kam jemals in ein Theater, in eine Kunstsammlung oder las eine literarische Zeitschrift. Seine sinnlich-sozialen Lernprozesse waren an Existenzformen gebunden, die der bürgerlichen Sphäre geistiger Selbstverwirklichung fernlagen. Es gab hier auch keine allgemeine Öffentlichkeit des Klassenausdrucks, ebenso wenig eine vergleichbare Form von bewußter Subjektivität.

Der Dritte Stand entwickelte sich kulturell in aller Breite, ehe der Vierte zu sich selber kommen konnte – auch wenn im Vormärz und in der Revolution von 1848/49 schon Ansprüche erkennbar werden sollten, die über das bloß bürgerliche Vergesellschaftungsinteresse hinauswiesen.

»Die Klassen der Bürgerlichen falten sich zwar (. . .) gleich einem Fächer vielfach auseinander, aber sie sind doch durch einen

28

Griff verbunden«, schreibt HEINRICH LAUBE um 1835. Dieser »Griff« bestand im wesentlichen aus einem für alle bürgerlichen Schichten verbindlichen System kultureller Codes, einer ausgeprägten Sinnlichkeit und Gegenwärtigkeit gemeinsamer Ideale und

Symbole. Was sich in der Einheit von Körper und Geist gestalthaft ausdrückte und im Kunsterlebnis gipfeln konnte, war eine Klassenkultur der Sinne, die nach unten verteidigt werden mußte, sobald das Industriezeitalter begonnen hatte.

2 Die Familie des Biedermeier als Lernort – Intimität und Industrie

»Eine ununterbrochene politische Bewegung, ein stetes Ankämpfen gegen die Regierung, gegen Zensur, Presse und Polizei, autokratische Regierungsform füllt (. . .)

diese ganze Epoche«, so kennzeichnet der Kulturhistoriker HERMANN (1913, S. 14) jene Zeit, in der sich die bürgerliche Familie in ihrer spezifischen sozialen Sinnlichkeit

5 Die Werkstatt von BORSIG in Berlin, 1837

29

und in ihren ästhetischen Symbolen zu einem Lernort verdichtete, den man mit dem Begriff der Idylle keineswegs erschöpfend beschreiben kann.

Daß es zu Beginn dieser Epoche eine ›Studentenbewegung‹ gegeben hatte und die Burschenschaftler 1817 auf ihrem Wartburgfest Uniformstücke und reaktionäres Schrifttum verbrannten, daß vaterländisch gesinnte Turner mit einem neuen Körperbewußtsein und abenteuerlich historisierender Kleidung und Haartracht aufgetreten waren, daß eine starke demokratische Strömung existierte, die 1832 auf dem Hambacher Fest »Volkssouveränität, republikanische Staatsform, nationale Einheit Deutschlands und einen Bund der republikanischen Staaten in Europa« (TREUE 1978) forderte, ja daß in diese Zeit die bürgerliche Revolution in Deutschland fällt, will nicht in das Spitzwegbild passen, das man sich vom Biedermeier gemacht hat.

In Wirklichkeit ist dies eine Epoche der politischen und ökonomischen Umwälzungen mit unabsehbaren Folgen für die Zukunft. Auch die Familienkultur, so unbeeindruckt sie davon scheint, wird davon indirekt mitgestaltet und verändert sich als sozialer, politischer und ästhetischer Lernzusammenhang.

HERMANN grenzt die Epoche des Biedermeier von 1815 bis 1847 – also von NAPOLEONS Sturz bis zur Revolution – ein, aber sozialisationsgeschichtlich beginnt sie eher und dauert sie länger an. Selbst nach der gründerzeitlichen Beschleunigung des Industrialisierungsprozesses wirkten noch die Reste dieser spezifischen Bürgersinnlichkeit als sozialisierende Traditionselemente fort.

Die Erinnerung an das politisch beunruhigte Frühbiedermeier verblaßte rasch. Was

6   CARL PHILIPP FOHR, Selbstbildnis, 1816

blieb, war der überzeugende Eindruck des nachrevolutionären Konservativismus, der Inbegriff bürgerlicher Gemütlichkeit. Mochten die Burschenschaftler sich in ihrer ›altdeutschen‹ Tracht am Anfang noch so revolutionär gebärdet haben, mochte sich wie beim Sturm auf die Frankfurter Hauptwache (1833) immer wieder die Revolution angekündigt, mochten noch so viele Freigeister die Demokratie gefordert haben, am Ende stand allemal nicht der jugendliche Revolutionär als Symbolfigur des bürgerlichen Fortschritts, sondern der würdige, geschäftetreibende Biedermeiervater im Frack, die konservative Autoritätsperson schlechthin. Und bei den Frauen stand am Ende nicht die Intellektuelle im Salon, sondern die bescheiden-züchtige Hausfrau im Kreise

30

ihrer Kinder. Die Damen trugen wieder Korsett.

Vor der eigenen Familiengründung durchlief der junge Mann eine politisch-ästhetische Sozialisation zwiespältiger Art, vom Revolutionsgeist beispielsweise der Turnerschaften weniger beeinflußt als vom modischen Element. So fanden sich die ästhetischen Attribute des frühen Aufbegehrens später im Familienalltag nicht wieder: »Das lange ungekämmte Haar, der (...) entblößte Hals des freien deutschen Mannes, der wunderlich geschnittene ›altdeutsche‹ Rock, jene burleske Turnvaterkostümierung« (H. MAYER 1972, S. 116) aus der Zeit der Freiheitskriege.

Die bürgerliche Kleinfamilie mit der Vaterfigur an der Spitze und der besonders definierten Rolle der Mutter entwickelte sich vielmehr zu einem Reproduktionsraum privatisierter Sinnlichkeit und intimer Sozialbeziehungen. In diesem Rahmen fand die Verinnerlichung des Tugendkatalogs von Fleiß, Disziplin, Sparsamkeit, Ordnungs-

sinn, Reinlichkeit und Ehrfurcht statt. Weniger das Politische als die Produktion ragte in diesen grundlegenden Lernraum mit aller Macht hinein und schuf eine langfristig politisch wirksame Kultur der Sinne. Dabei wurde der Lebens- und Organisationszusammenhang der Familie durch die sich immer schärfer vollziehende Trennung zwischen Arbeit und Familienleben bestimmt. Derart in der vorindustriellen Zeit unbekannt, wurde dieser Zustand zur »entscheidende(n) neue(n) Lebensform des industriellen Zeitalters« (WEBER-KELLERMANN 1974).

Die »Ausdehnung der Kindheit« (ARIES 1965) über das Stadium des Kleinkindalters hinaus, die mit langfristigen Strukturveränderungen in der ehemaligen Produktionseinheit Familie in der Neuzeit begonnen hatte, fand nun ihre Ergänzung durch den biedermeierlichen ›Familiensinn‹, ein spezielles Klassenmerkmal der bürgerlichen Alltagskultur während des 19. Jahrhunderts. Aber noch war die bürgerliche Familie ein

7 Eröffnung der Eisenbahnlinie Nürnberg-Fürth 1834

31

relativ offener Lernraum mit einer viel größeren sinnlich-sozialen Erlebnisdichte als heute. Das Bürgerhaus mit den Kaufmannsgewölben, Kontoren und Höfen, aber auch der Alltag in aufstrebenden Unternehmerfamilien, wo sich die mechanische Werkstatt, die Vorform der Fabrik, im gleichen Haus oder auf dem Grundstück befand, ließen noch die Erfahrung der Produktionswelt und soziale Wahrnehmungen jenseits der Elternbindung zu.

Zug um Zug entstand die Anschauungs- und Reproduktionswirklichkeit eines rational planenden Erwerbsbürgertums, dessen Wahrnehmungshorizont durch den Geschäftsgang abgesteckt wurde, durch Kontor, Börse, Fabrik, Eisenbahn und Dampfschiffahrt, durch ein gesteigertes Interesse an den Naturwissenschaften und der Technik als Grundlagen der produktiven Entwicklung. Das Maschinenzeitalter begann.

Mit ihm entstand auch ein Realsystem neuer kultureller Symbole, das sich bereits von dem des vorindustriellen Bürgertums unterschied, obwohl die ›Sprache‹ der Dinge immer noch klassizistisch war. Es muß ein gewaltiger, auch die Sinne mitgestaltender Lernprozeß gewesen sein, als die Industrialisierung begann. Das ›Innenleben‹ der Familie schien auf den ersten Blick von alledem unberührt.

Was den mit bedeutungsvollen Gegenständen und Ritualen besetzten, physischen und psychischen Lernraum der frühbiedermeierlichen Familie auszeichnete, hat KARL GUTZKOW in seinen Lebenserinnerungen mit großer Einfühlung beschrieben: »In der traulichen Geselligkeit eines gebildeten Hauses liegt ein unendlicher Reiz. (...) Die Ordnung und die Pflege verbreiten eine Behaglichkeit, die ebenso das Gemüt

wie die äußeren Sinne ergreift. Die kleinen Arbeitstische der Frauen am Fenster, die Nähkörbchen mit den kleinen Zwirnrollen, mit den blauen englischen Nadelpapieren, den buntlackierten Sternchen zum Aufwickeln der Seide, die Fingerhüte, die Scheren, das aufgeschlagene Nähkissen des Tischchens, nebenan das Piano mit den Noten, Hyazinthen in Treibgläsern am Fenster, der gelbe Vogel im schönen Messingbauer, ein Teppich im Zimmer, der jedes Auftreten abmildert, an den Wänden Kupferstiche, das Verweisen alles nur vorübergehend Notwendigen auf entfernte Räume, die Begegnungen der Familie unter sich voll Maß und Ehrerbietung, kein Schreien, kein Rennen und Laufen, die Besuche mit Sammlung empfangen, abends der runde, von der Lampe erhellte Tisch, das siedende Teewasser, die Ordnung des Gebens und Nehmens, das Bedürfnis der geistigen Mitteilung. (...) Im Zusammenklang aller dieser Akkorde liegt eine Harmonie, ein sittliches Etwas, das jeden Menschen ergreift, bildet und veredelt.« (1852, S. 160) Draußen hatte der Industriekapitalismus bereits begonnen, seine eigenen Formen sozialer Sinnlichkeit zu entwickeln. Für die bürgerliche Sozialisation der Sinne aber blieb der von der Produktionswirklichkeit abgetrennte häusliche Erfahrungsbereich noch lange bedeutungsvoll.

Bürgerliche Salons wie der von RAHEL VARNHAGEN in Berlin waren einmal Treffpunkte der fortschrittlich-republikanischen Intelligenz, halböffentliche Bühnen des bürgerlichen Geisteslebens und geselligen Verkehrs gewesen. Aber auch das schlichte Wohnzimmer intellektuell weniger anspruchsvoller Bürger blieb lange ein Ort der besonderen sinnlichen Reproduktion.

32

8 KARL FRIEDRICH ZIMMERMANN, Berliner Wohnzimmer des Klassizismus, 1816

Bei aller Einfachheit »im rechtwinkligen Kastenstil der Zeit, den man griechisch nannte« (VON KÜGELGEN 1899), vollzog sich in diesen Stuben eine Sozialisation der Sinne, die vom »Klima der Geselligkeit« (DISCHNER 1978) bestimmt wurde. Auch die Kinder hatten daran teil. Aber auf dieser Familienstruktur und der in ihr zunächst produzierten sinnlich-sozialen ›Lebensqualität‹ lag schon der Schatten der neuen Produktionsweise. Die Intimität war nicht nur ein Gegenbild zur Industrie, sondern auch ihr Produkt, Ausdruck der Arbeitsteilung und Lebensorganisation im Industriekapitalismus.

Nach ELIAS waren einst in der höfisch-aristokratischen Gesellschaft selbst Vorgänge scheinbar privater Natur wie »die geistvolle Durchführung einer Unterhaltung oder

33

auch einer Liebesbeziehung (...) lebenswichtige Erfordernisse der gesellschaftlichen Position«. Das gesellschaftliche Ritual beispielsweise des Wohnens war für den Aristokraten der öffentlich wahrnehmbare Beweis seiner Führungsposition.

Anders beim Bürgertum, das seine kulturellen Ausdrucksformen aus der eigenen Ökonomie entwickeln mußte: »Nun bilden Gelderwerb und Beruf die primären Angriffsflächen der gesellschaftlichen Zwänge, die den Einzelnen modellieren. (...) Die Formen der Geselligkeit, die Ausschmükkung eines Hauses, die Besuchsetikette oder das Ritual des Esssens, sie alle fallen jetzt in die Sphäre des Privatlebens.« (ELIAS 1969, S. 417) So sollte sich auch der zunächst noch offene ›gesellschaftliche‹ Lernort Familie zum abgetrennten Raum des Privaten und Intimen hin entwickeln, wobei auch der freie geistige Austausch, wie er in den Salons des Vormärz noch geherrscht hatte, zurückging. »Wohnzimmer und Salon befinden sich unter einem Dach« (HABERMAS 1962) – das galt einmal für die häusliche Umwelt des Gelehrten, des Schriftstellers, aber auch für die Wohnung des höheren preußischen Staatsbeamten mit Reformideen, für den gebildeten, politisch durchaus liberalen Kaufmann oder Bankier. Was immer in dieser Halböffentlichkeit diskutiert oder sinnlich aufgenommen, als Grundhaltung verinnerlicht werden konnte, spielte nach der gescheiterten Revolution, in der langen Restaurationsphase und im beschleunigten Entwicklungstempo der industriellen Klassengesellschaft bald keine Rolle mehr.

Auch auf den Begriff von ästhetischer Erziehung mußte diese Entwicklung abfärben. Schon der frühindustrielle Erwerbs-

bürger konnte ästhetische Erziehung nur noch weitgehend abgetrennt vom alltäglichen Sozialisationsprozeß der Sinne planen, nämlich im Teilbereich der freien Zeit seiner ökonomischen Existenz. Die häusliche Musikpflege, das Dilettieren in der Malerei waren im Spätbiedermeier längst ›Liebhaberei‹. Das war so teilweise schon in der Goethezeit, aber die Freundeskreise der Gelehrten und Literaten in den romantischen Salons ließen sich noch ernsthaft auf den künstlerischen Gegenstand ein. Noch der nervöse, intellektuelle Typ des Republi-

9 Preußische Prinzen beim standesgerechten Spiel (Scherenschnitt, 1802)

34

kaners konnte weit mehr künstlerische Sensibilität entwickeln (und darin Ansprüche und Ideale, die sich auch auf das Politische bezogen), als jener nach 1848 sich rasch entfaltende Typus des unverbindlich musisch interessierten Freizeit-Dilettanten.

Die bürgerliche Identität wurde nun deutlich von Fabrik und Kontor als Lebensinhalt grundiert. Konsequent begann der Abbau des einst politisch bedeutsamen ästhetischen Erziehungsgedankens, wie ihn SCHILLER vertreten hatte. MENZE (1971) diagnostiziert in diesem Zusammenhang einen charakteristischen »Übergang von der ästhetisch-politischen zur literarisch-musischen Bildung«. Die ästhetische Erziehung trennte sich also nicht nur immer weiter vom Sozialisationsprozeß ab, sie verlor auch den eigenartig emanzipatorischen Anspruch. Während ein Teil des deutschen Bürgertums einmal in der Halböffentlichkeit der geselligen Familie nicht nur schöngeistig, sondern auch politisch räsonniert hatte, trat allmählich immer mehr »verklärte Innerlichkeit mit musischen Interessen« (MENZE) an die Stelle einer sinnlichen Entfaltung des Subjekts im Kunstgenuß.

Von den idealistisch-kritischen Grundhaltungen und Selbstverwirklichungshoffnungen der vorindustriell-bürgerlichen Epoche blieben nur ideologische Restbestände, das heißt eine blasse Erinnerung an die versittlichende, kultursymbolische Kraft des Schönen zurück. Die ›Klassiker‹ verstaubten im Bücherschrank oder dienten Generationen von Gymnasialprofessoren zur Einweisung ihrer Schüler in die höhere bürgerliche Kultur.

Was den Beitrag des Zeichenunterrichts zur ästhetischen Erziehung an Elementar- und Volksschulen wie an den höheren Schulen betraf, so dachte W. v. HUMBOLDT um 1810 als Anreger der Reformen im preußischen Unterrichtswesen noch an umfassend-bildende Wirkungen des Zeichnenlernens weit über bloße Nützlichkeit hinaus. Aber in der praktischen Auslegung der Tradition des PESTALOZZIschen Elementarunterrichts und im ›Schulförmig-Werden‹ des Zeichnenlernens (vgl. KEMP 1979) wurde bald jede Erinnerung an die ästhetische Erziehung im Sinne SCHILLERs verdrängt. An die Stelle künstlerisch-emanzipatorischer Verwirklichungsbedürfnisse und der Veredelung der ganzen menschlichen Natur traten die Interessen einer mit der Industrialisierung sich verändernden Klasse und der staatlichen Macht an entsprechend verwertbaren Fähigkeiten und Sozialisationsergebnissen.

Wie sich die kulturellen Symbole schon recht früh ihrer ursprünglich emanzipatorischen Bedeutung entfremden ließen, kann man auch an den gegenständlichen Elementen des Alltags nachvollziehen. Anfangs bemächtigte sich der ›griechische Stil‹ sogar der emporkommenden Maschinenwelt, das Kulturideal unterwarf sich für einen Augenblick ästhetisch, was ökonomisch bald alle Ideale überwinden sollte. In seiner strengen Schlichtheit und Würde war der Klassizismus zunächst Ausdruck einer bürgerlichen, ja demokratisch-revolutionären Ästhetik gewesen. Schließlich war dies einmal der ›Stil‹ der französischen Revolution. Aber dieser Code, der als Symbolsystem das bürgerliche Identitätsmuster transportierte, wurde von neuen Herrschaftsinteressen unterlaufen. Preußen und der Klassizismus waren bald eins; die staatliche Identität fand in der architekturöffentlichen Übernahme des Klassizismus ihren sinnlich wirksamen Halt.

FONTANE beschreibt 1861 nicht ohne Ironie, wie sich Handwerk und Kunstindustrie des ›Griechentums‹ in Gestalt SCHINKELscher Vorbilder bemächtigten, bis auch Öfen, Blumentöpfe und Grabkreuze aussahen wie der preußische Staatsklassizismus. Was FONTANE beobachtend überliefert, ist die Tatsache, daß das Kultursymbol zugleich klassenspezifische wie nationalstaatliche Identität zu stiften vermochte, und zwar in einer Phase der ökonomischen Konsolidierung und der politischen Restauration.

Mit der Industrialisierung nahm die Bedeutung der Klasse zu, aber zunehmend lastete auf der bürgerlichen Familie auch der Druck des ökonomischen Lebenskampfes, der durch eine immer stärker kultivierte Privatisierung kompensiert wurde. Dem gegenwärtigen Verständnis bietet sich das Bild dieser ›alten‹ Familie oft in Formen sehnsuchtsvoller Verfälschung an. Es wirkt so stark nach, daß noch 1979 eine mäßig verfilmte Version der Buddenbrooks im Fernsehen traumhafte Einschaltquoten erzielte. Aber hinter dieser scheinbar heilen, heute nostalgieschwangeren Welt, hinter den schönen Bürgerhausfassaden und hinter der im Spätbiedermeier entwickelten Genußfähigkeit versteckten sich die Widersprüche des bürgerlichen Seins: »Der schneeweiß gewirkte Damast auf dem runden Tische war von einem grüngestickten Tischläufer durchzogen und bedeckt mit goldgerändertem und so durchsichtigem Porzellan, daß es hie und da wie Perlmutter schimmerte. Eine Teemaschine summte. In einem dünnsilbernen, flachen Brotkorb, der die Gestalt eines großen, gezackten, leicht gerollten Blattes hatte, lagen Rundstücke und Schnitten von Milchgebäck. Unter einer Kristallglocke türmten sich kleine, geriefelte

10 Aus dem ›Lindauer Kochbuch‹ der CHRISTINE CHARLOTTE RIEDL (4. Auflage 1865)

Butterkugeln, unter einer anderen waren verschiedene Arten von Käse. (. . .) Es fehlte nicht an einer Flasche Rotwein, welche vor dem Hausherrn stand, denn Herr Grünlich frühstückte warm. Mit frisch frisierten Favoris und einem Gesicht, das um diese Morgenstunde besonders rosig erschien, saß er, den Rücken dem Salon zugewandt, fertig angekleidet, in schwarzem Rock und hellen, großkarierten Beinkleidern, und ver-

36

speiste nach englischer Sitte ein leicht gebratenes Kotelett« – so beschreibt THOMAS MANN in den Buddenbrooks (1911[55], S. 249) das Frühstück eines Mannes, dem schon klar ist, daß er auf schlimmste bürgerliche Weise versagt, nämlich Bankrott gemacht hat.

war der pflichtbetonte, ungemütliche und gefährliche Bereich des bürgerlichen Daseins, und die neue Produktionsweise, die Sinnlichkeit des Erwerbs und des Eigentums waren es, die das Sozialisationsinteresse letztlich auch in der Familie bestimmten.

11a/b   LOUIS KREVEL, Bildnisse Heinrich Kraemer und Henriette Kraemer (geb. Röchling), 1838

Bürgerliche Biographien berichten von geschäftlichen Sorgen, entwendeten Fabrikationsgeheimnissen, Preisstürzen, Verlusten, Betrügereien. Das Erwerbsleben war ein einziger Kampf (vgl. z. B. MÜLLENSIEFEN 1931). Schon im Kleinbetrieb der Übergangsepoche oder im bescheidenen Handelskontor des beginnenden Eisenbahn- und Dampfschiffahrtzeitalters galten die Regeln des Konkurrenzkapitalismus. Das

Die Organisation der Produktion schied klar zwischen Arbeitszeit und freier Zeit. Pflichtbetont bis zur Askese, oft sorgenerfüllt, wenn die Pleite drohte, war der bürgerliche Familienvater dem Produktionssystem auf seine Weise untertan, ob selbständig oder abhängig arbeitend.

Seine vom Arbeitsprozeß abgespaltene private Sinnlichkeit entwickelte er im Familienleben, in der kompensatorischen Zerstreuung, im oralen Genuß und im unverbindlichen Gebrauch von Kunst- und Bildungsgütern. Am Arbeitsplatz übte er seine Rolle ein, die er aber auch nach Hause, in die Familie mitbrachte: Konsul Buddenbrook »schritt durch das Kontor, wo die Leute an den Pulten bei seinem Erscheinen sich tiefer über die Rechnungen beugten, in sein Privatbureau ...« (S. 399). Die Familie begann, den Vater als verkörperte Tugend und Pflicht zu erleben. Gehorsam gegenüber dem Vater entsprach einem Interesse, das die autoritäre Struktur der Sozialbeziehungen und Verkehrsformen in der Arbeit vorwegnahm. Dort war entweder Verfügungsgewalt auszuüben oder auszuhalten.

Zeichneten sich anfangs im gesellig-liberalen Familienklima des bürgerlichen Hauses noch Tendenzen einer freien sinnlichen Entfaltung der Kinder und Jugendlichen ab, so mußten diese Chancen sich zunehmend aufgrund der inneren Ökonomieverbundenheit des familiären Lernraums verringern. INGEBORG WEBER-KELLERMANN faßt diese langfristig bedeutsame Veränderung des sinnlich-sozialen (und politischen) Charakters der Familie zusammen: »Die wechselseitige Beeinflussung von häuslich reduzierter Mutter und einem arbeitnehmerisch abhängigen Vater, der zugleich aus der gesellschaftlich öffentlichen Verantwortung weitgehend ausgeschaltet war, kennzeichnete die Situation der bürgerlichen Familie des 19. Jahrhunderts. Es erklärt sich damit das Phänomen, daß bürgerliches Denken als Kampf gegen die Autorität der Tradition *beginnt,* ja: ihr die Vernunft in jedem Individuum als Quelle von Recht und Wahrheit entgegenstellt – und *endigt* mit der Anbetung absoluter Autorität.« (1974, S. 105 f.)

Die Innigkeit wurde mehr und mehr Reflex auf den steigenden Außendruck. So verdeckt noch heute die Nostalgie, welche Sozialisationsaufgaben die Familie tatsächlich übernehmen mußte. Dazu gehörte das Einüben der Geschlechterrollen einschließlich der verschieden ausgeprägten sinnlichen Wahrnehmungsfähigkeit und des Wahrnehmungsinteresses im frühen Lernen der ›gesellschaftlichen Aufgaben‹, beispielsweise durch das Spielzeug, das (selbst als Massenprodukt oft von Kindern des ländlichen Heimarbeiterproletariats hergestellt) in der primären Sozialisation eine immer größere Rolle spielte. Dazu gehörte auch die Erfindung von Hilfsfiguren: Der Weihnachtsmann drang als Übervater strafend oder belohnend in die Kinderwelt ein.

Der am Lernort der Familie bei aller Intimität sich verwirklichende sinnlich-soziale Gestaltungsprozeß der bürgerlichen Persönlichkeit mußte um so unaufhaltsamer voranschreiten, je weniger die Durchsetzung der demokratischen Ideale aus dem Vormärz im politischen Leben gelang. In der Restauration konnte, während der wirtschaftliche Aufstieg sich abzeichnete, das Wahrnehmungsinteresse ganz allgemein sich nur in einer Form entwickeln, die geprägt blieb vom Fühlen und Denken der »neuen Feudalität«, des »Herrn der Fabrik« (BÖHME 1973). Darauf arbeitete schließlich der gesamte Sozialisationsprozeß hin, hierauf wurden die Sinne des unternehmenden, geschäftetreibenden Bürgers in allen ihren Gestaltungsphasen gelenkt. Der Fixiertheit des bürgerlichen Mannes auf die Vaterrolle entsprach spiegelbildlich die Ausschaltung der Frau aus den Bereichen Arbeit und Politik. Ihre Funktionen wurden auf innerfamiliäre Aufgaben (Kirche, Kinder, Küche) ein-

38

geschränkt. So bilden Industrie und Familie einen frühen Geschichtszusammenhang mit Folgen bis in die Sozialisationsproblematik der Gegenwart.

Auch das Verhältnis zur Kunst wurde von der Gewalt der neuen Ökonomie und entsprechenden Bedürfnisveränderungen entscheidend beeinflußt. Das vorindustrielle bürgerliche Subjekt brauchte die Kunst als Medium der zweckfreien Vergegenständlichung von sinnlich-geistigen Fähigkeiten

des freien Menschen zur Verdichtung seiner Identität und zum Aufbau einer Innerlichkeit, die nicht nur Ausflucht, sondern auch Widerstandsfähigkeit oder gar ein Sprengen von existentiellen Fesseln verhieß. In der Kunst war gleichsam die gesellschaftliche Utopie des freien, gleichen Menschen versinnbildlicht. Der neue Typus des »Herrn der Fabrik« hingegen begann die Kunst als Mittel der Zerstreuung und zum Vorzeigen der schon erreichten Macht zu nutzen.

12

39

Kapitel II (1870–1918)

Alltag der Nachgründerzeit und die Vergesellschaftung im Klassenstaat

13   Die BORSIGsche Fabrik am Oranienburger Tor, 1858/60

1 Die demonstrative Lebens- und Wahrnehmungsweise der wilhelminischen Bourgeoisie

Das Kaiserreich – ein »erweitertes Preußen«, in dem »das Bürgertum zwischen biedermeierlicher Privatheit, wirtschaftlichem Großmannstum und aggressivem Militarismus« (GREIFFENHAGEN 1979) schwankte, wurde in weniger als drei Jahrzehnten nach der Reichsgründung und dem verspäteten wirtschaftlichen Aufschwung zu einem verdichteten Lernraum des autoritären Verhaltens und der herrschaftsorientierten Wahrnehmungserwartungen ausgebaut. In diesem Gesamtlernraum fand die mehr oder weniger zwangsweise Einbindung der Sinne in das System der Kultur des Wilhelminismus statt.

Damit sind bestimmte Grundlinien und Tendenzen des ästhetischen Lernprozesses und der gesamten Sozialisation nach 1870 angedeutet. Freilich sorgten Entwicklungen innerhalb des Produktionssystems und der sozialen Struktur auch für Widersprüche und Brüche in diesem durch besondere ideologische Klammern zusammengehaltenen System.

Auf der einen Seite wurde der Wahrnehmungsraum der Kleinfamilie weiter zu einer Idylle ausgestaltet, die – gemessen an den objektiven Funktionen und gewaltförmigen Ritualen der frühen Sozialisation – durchaus zweifelhaft wirkt. Die Spiegelungen der Familienkultur der Nachgründerzeit in Bildern oder Literatur zeigen nicht selten einen Hang zur Verniedlichung der innerfamiliären Beziehungen und zur Übertreibung der häuslichen Intimität. Sehr deutlich kommt dies auch in der anhalten-

den Beliebtheit LUDWIGS RICHTERs, dem »innigtrauten Dichtermaler der Kinderstube« und »Malerpoeten des deutschen Hauses« (ERLER 1897), zum Ausdruck.

Auf der anderen Seite wird gegenüber der bescheidenen Lebensführung des frühindustriellen Bürgertums ein geradezu zwanghaft demonstrativer Stil der symbolischen Vermittlung und Selbstdarstellung hervorgetrieben, der die gesamte Öffentlichkeit zu beherrschen beginnt und auch in die scheinbare Familienidylle hineinwirkt. Die behauptete Intimität will schon zu den bombastischen Möbeln nicht passen, die in Mode kommen – viel weniger noch zu den starren Regeln des konventionellen gesellschaftlichen Verkehrs. Die Risse gehen mitten durch die bürgerliche Wohnung und den Lebensstil.

Aber kann man überhaupt noch von ›der‹ bürgerlichen Familie als einem einheitlichen, unverwechselbaren Lernraum sprechen? Inzwischen waren wirtschaftliche und sozialstrukturelle Umwälzungen großen Ausmaßes erfolgt. Nach dem Gründungsaufschwung 1871 und der ersten Krise 1873 hatte sich das Produktionssystem weiterentwickelt. Das Zeitalter der Aktiengesellschaften und Großbanken war angebrochen. Der kleine Familienbetrieb der ersten Industrialisierungsepoche war überholt. Die industriellen Löhne liefen den landwirtschaftlichen davon. Die Ost-West-Wanderung hatte mit der Zusammenballung von Arbeitskräften in den industriellen Zentren nicht nur das Städtewachstum

14 Die Börse nach einer Lexikonillustration von 1894

schlagartig in Gang gesetzt, sondern auch die Verschärfung der sozialen Gegensätze durch die Wohnungsnot der arbeitenden Massen noch deutlicher hervortreten lassen. Kapital und Arbeit standen sich unversöhnt gegenüber, ein großer Teil der BISMARCKschen Innenpolitik diente der Neutralisierung die-

ses Widerspruchs, sei es durch vorsorgliche Sozialgesetzgebung, sei es durch die Sozialistenverfolgung.

Aber auch innerhalb der bürgerlichen Klasse selbst hatte der wirtschaftliche Wachstumsprozeß seine Spuren hinterlassen. Was BORN (1976) den Prozeß der »Zersplitterung

42

15

43

des Bürgertums in einzelne Gruppen« nennt, hatte sich in der Nachgründerzeit beschleunigt. Dabei mußten sich auch, entsprechend den unterschiedlichen Reproduktionsbedingungen schichtenspezifische Wahrnehmungsweisen und Sozialisationsinteressen ausdifferenzieren. Aber die ›soziale Frage‹ (so nannte man auf bürgerlicher Seite den Klassengegensatz) stand allen drohend vor Augen und verdeckte die Interessenunterschiede in den eigenen Reihen. Sich unter einer demonstrativen, gesellschaftlich voll legitimierten Hochkultur zusammenzufinden, bedeutete für alle bürgerlichen Schichten scheinbare Teilhabe an der Macht, ja Identifikation mit ihr und ihren Symbolen. Ein gemeinsames ästhetisches Lernen, das alle bürgerlichen Schichten kulturell zusammenbrachte, schien der sicherste Weg zur gesellschaftlichen Stabilisierung und zur Neutralisierung der Ansprüche von unten.

Die erste große Welle des wirtschaftlichen Wachstums hatte eine großbürgerliche Oberschicht entstehen lassen, die mit dem aus dem Handwerkerstand aufgestiegenen Kleinunternehmertum der frühen Industrialisierungsepoche nur noch die Namen gemeinsam hatte. Diese Schicht koalierte mit der Aristokratie und produzierte die Leitbilder des gesellschaftlichen Verhaltens.

Zugleich aber waren Mittelschichtenstrukturen neuer Art entstanden. Neben den industriellen ›Privatbeamten‹, wie man die Angestellten nannte (die zwischen 1882 und 1907 um 400 Prozent zunehmen sollten), existierte ein Teil des alten Mittelstandes weiter, daneben ein Kleinbürgertum, das heftig, unter Aufbietung aller symbolischen Mittel, die Zugehörigkeit zur führenden Klasse reklamierte.

Innerhalb der Mittelschichten nahm vor allem das Bildungsbürgertum mit seiner besonderen Bindung an geistige und künstlerische Traditionen Aufgaben der Ideologieproduktion wahr. Was verlief innerhalb dieser bürgerlichen Kultur unterschiedlich, was war am Ende gemeinsame Erfahrung?

Unternehmersöhne wuchsen unter dem Eindruck bestimmter Rituale in ihre spätere Rolle als Erben der Fabrik oder des Teilhaberkapitals hinein. Die Fabrikantenvilla oder die Beletage wuchtiger Stadtpaläste mit entsprechendem Inventar und ›Personal‹ waren der Rahmen großbürgerlicher Familiensozialisation. Die Töchter bildungsbürgerlicher Schichten wuchsen in der ›geschmackvoll‹ ausgestatteten Mietwohnung auf und vertrieben sich vor der Heirat die Zeit mit musischen Aktivitäten am Stickrahmen, am Klavier oder an der Staffelei. Kinder und Heranwachsende in kleinbürgerlichen Verhältnissen nahmen mit allen Sinnen die Lebensweise zwischen Laden, Werkstatt, Wohnküche und Guter Stube in sich auf. Solche schichtenspezifischen Primärerfahrungen mußten gleichsam ein Dach finden, unter dem sie sich zu einer Art

16 Das Frankfurter Opernhaus, 1873–80

44

Gesamtsinnlichkeit der bürgerlichen Kultur zusammenfügen konnten.

Wie aber entstand diese gemeinsame Basis des Sehens, Denkens, Fühlens und Handelns? Was hieß ästhetisches Lernen in der komplexen Sozialisationsgeschichte der wilhelminischen Bourgeoisie, an der ja mehrere Generationen und unzählige einzelne als Sozialisanden und Sozialisatoren beteiligt waren?

Sicher reicht ein Hinweis auf die bombastische Architektur, die Siegesfeiern und Zeremonien, die leitbildhaften Funktionen der monumentalisierenden Kunst usw. nicht aus, um den Gestus zu erklären, mit dem der chauvinistische Deutsche am Ende dieses Lernprozesses auftrat. Auch wenn der wilhelminische Staat mit seiner Öffentlichkeit und seinen Institutionen einen allgegenwärtigen sozialen Gesamtlernraum der Sinne darstellte, konnte ein solcher Sozialisationstypus des autoritären (d. h. sowohl unterwürfigen wie herrschaftausübenden) Deutschen quer durch die Schichten nicht entstehen ohne eine entsprechende Tiefenfundierung der Sinnlichkeit, der Wahrnehmungserwartung, der Persönlichkeitsstruktur.

ELIAS geht davon aus, daß das bürgerliche Erwerbsleben eine besondere »Anspannung« und vor allem die »Stabilität der Über-Ich-Bildung, die Intensität der Triebregulierung und -verwandlung« (1978, S. 418) fordere. Dies drückte sich nun nicht nur in den rigiden Erziehungsnormen aus, sondern auch darin, wie die sinnlich-soziale Wahrnehmung kanalisiert und die Kultur der Sinne tendenziell organisiert wurde.

Im Alltag der Familie entstand eine merkwürdige Zweigleisigkeit. Beispielsweise war ein Teil der bürgerlichen Wohnung,

17   Blumenarrangement um 1890

wirkungsvoll dekoriert, der Öffentlichkeit zugewendet, während ein anderer Teil wie Schlafzimmer, Küche und Kinderzimmer zu nichtöffentlichen Räumen erklärt wurden, die Besucher nicht zu betreten hatten: »Im Zentrum (der) Wohnpaläste steht wie im Barock oder Rokoko der Salon. Alles ist auf das Gesellschaftliche zugeschnitten: auf das Sehen und Gesehen-Werden. Hier lebte man, tanzte, machte Konversation, schloß Geschäfte ab.« (HAMANN/HERMAND 1977, S. 23)

Unmittelbare sinnliche Bedürfnisse wurden in den Hintergrund gedrängt, alles was sich davon hätte äußern können, war nicht

45

›gesellschaftsfähig‹. Nach ELIAS ist das »Vorrücken der Scham- und Peinlichkeitsgrenze« mit einer »Zunahme der inneren Ängste, der Zwänge, die der einzelne nun auf sich selbst ausübt«, verbunden. Fast alles, was schon im Rahmen einer primären Sozialisation der Sinne geschah, war von Rücksichten, Verdrängungen, Tabus und Verzichten gekennzeichnet. Diesen Rückgang unmittelbarer Sinnlichkeit zugunsten einer in gesellschaftlichen Konventionen erstarrten Aneignungstätigkeit zeichnete den bürgerlichen Verhaltensalltag fast überall aus, von der Unterdrückung bzw. Nichtwahrnehmung kindlicher Sexualität bis zu den Tischsitten; in ihrem ›Vornehm-Werden‹ zeigte sich der Verlust: »Auch in Deutschland und Österreich verliert sich allmählich die sogenannte Gemütlichkeit bei Tisch, das hastige Zugreifen, das Aufstützen der Ellbogen, das Vorbinden der Serviette unter dem Kinn. Das allmähliche Verschwinden dieser letzten Biedermeiergewohnheit unterstützt auch der Umschwung in der Mode, nach der die Servietten immer kleiner werden, in jüngster Zeit sogar durchbrochen gestickt und spitzenbesetzt.« (GLEICHEN-RUSSWURM 1909, S. 416)

Der Bankier FÜRSTENBERG berichtet, wie sich das Essen zu einem gesellschaftlichen Ritual verfestigte: »In Berlin hatte stets die Sitte des Diners vorgeherrscht. (. . .) Obgleich wir manchen Diners aus dem Wege zu gehen suchten, war es doch bald soweit, daß wir während der Wintermonate für jeden Abend eine und meist sogar mehrere Dinereinladungen hatten und täglich eine solche befolgten. Man aß um acht Uhr ein offiziell gesetztes, nach heutigen Begriffen unheimlich langes und nicht immer kulinarisch befriedigendes Mahl und erhob sich

um halb zehn übersättigt. Erst gegen halb elf kam eine gemeinschaftliche Unterhaltung zwischen Damen und Herren zustande, deren Anfang aber auch schon das erste Anzeichen zum Aufbruch zu bedeuten pflegte.« (1931, S. 396)

Die zwanghaften Regulierungen der Sinnlichkeit begannen schon in der primären Sozialisation mit der frühen Reinlichkeitserziehung und der Tabuisierung alles Sexuellen als Gegenstand kindlicher Erfahrung, sie spiegelten sich aber auch insgesamt in einem gebrochenen Verhältnis zur Natur, die einerseits Gegenstand wissenschaftlicher Entdeckung und industrieller Ausbeutung, andererseits Gegenstand der Verniedlichung und Trivialisierung wurde.

W. REICH nennt die bürgerliche Familie eine »Struktur- und Ideologiefabrik« des autoritären Staates, vor allem weil die »moralische Hemmung der natürlichen Geschlechtlichkeit des Kindes (. . .) ängstlich, scheu, autoritätsfürchtig, gehorsam« mache. »Die autoritäre Strukturierung des Menschen erfolgt (. . .) zentral durch Verankerung sexueller Hemmung und Angst am lebendigen Material der sexuellen Antriebe.« (1971/1933, S. 55f.)

Triebverzicht wurde aus Gründen der Existenzsicherung der bürgerlichen Lebensweise und des Herrschaftssystems früh gefordert. Doch war mit der bürgerlichen Lebensweise noch eine andere Einschränkung der sinnlichen Erfahrungstätigkeit verbunden. Sie bestand in der sich durchsetzenden Warenform aller Beziehungen, wie sie zum Beispiel auch in der Institution der bürgerlichen Ehe zum Ausdruck kam. Ohne Verhandlung über eine angemessene Mitgift war eine bürgerliche Ehe nicht denkbar. Das bürgerliche Recht spricht von der Ehe

46

noch heute als einer ›Zugewinngemeinschaft‹. Die Warenform menschlicher Beziehungen aber bedeutete eine allgemeine Einschränkung sinnlich-sozialer Wahrnehmungsfähigkeit. Sie war Ausdruck der Aneignungsweise des Kaufs und nicht der lebendigen, gemeinsamen Arbeit. Arbeit war zur Sinnlichkeit des Geldes geschrumpft, mit dem der Ernährer der Familie ›arbeitete‹, oder das er ›arbeiten ließ‹ als Bankier, als Aktienpaketbesitzer, als Wohnungsvermieter, oder das er im Tausch gegen seine Arbeitskraft als Gehalt empfing.

Für die Bourgeoisie wurde alles »Geld, Ware, Arbeitskraft – die Börse das eigentliche Zentrum des Lebens« (HAMANN/HERMAND 1977), je fortschrittlicher die industrie-

18   Anzeige einer Kunstmöbelfabrik, 1890

kapitalistische Produktionsweise sich organisierte. War der frühindustrielle Werkstattgründer noch mitten im Betrieb, mit wenigen Arbeitskräften durch ein patriarchalisches Verhältnis verbunden, so nahm die Funktion des ›Arbeitgebers‹ in der großen Industrie einen von der lebendigen Arbeit gänzlich abgetrennten Charakter an. Aber auch die Kultur des Alltags samt ihren Gegenständen veränderte sich. War ein Stuhl im Biedermeier noch leicht zu rücken und geeignet, daß man sich bequem, durchaus mit Haltung und Grazie, aber freizügig jemandem im Gespräch zuwenden konnte, so wurde dieses Möbel (im Wortsinn ein bewegliches Ding) zu einem unverrückbaren Bühnenausstattungsstück, das steife Haltung, bewußt ertragene körperliche Anstrengung abverlangte. Das Essen wurde zum Zeremoniell, zu dem auch in mittelständischen Kreisen der Auftritt des servierenden Dienstmädchens gehörte.

Sichtlich durchlief das Bürgertum der Nachgründerzeit einen Prozeß der kulturellen Re-Feudalisierung. Die ästhetisch besonders ausgeprägte Lebensform der Aristokratie wurde nachgeahmt; vielfach erwarb man ob seiner wirtschaftlichen Erfolge selbst den Adelstitel. In diesem Zusammenhang hatte schon in den siebziger Jahren ein imaginärer Lernraum besonderer Art sich zu entwickeln begonnen, der den Identitätssehnsüchten der neuen Industriebourgeoisie entsprach. Wie das vor- und frühindustrielle Bürgertum die Vorstellungen seiner kulturellen Identität auf das ›Griechentum‹ (das die Einheit des Schönen, Wahren, Guten versprach) projizierte, so schuf sich die wilhelminische Industriebourgeoisie ihr kulturelles Selbstbild durch Rückgriffe in die nationale Geschichte:

19   Wohnzimmer gehobener bürgerlicher Kreise um 1890

»Dieser bürgerliche Renaissancismus verdeckte die geschichtliche Ratlosigkeit einer Schicht, deren zunehmende ökonomische Macht in keinem vorgezeichneten Verhältnis zum neuen Reich stand. Ja, dieser Verlegenheitshistorismus war in einem noch tieferen Sinne wurmstichig, weil er zugleich mit der politischen Funktionslosigkeit des neuen Bürgertums die völlig neuartige, im eminenten Sinne traditionslose Erwerbsart des Kapitalismus und Industrialismus zu verdecken hatte. Er konnte darum auch gar nicht auf Baukunst und Inneneinrichtung beschränkt sein, sondern war eine Antwort auf das ganze Leben, die das Selbstbewußtsein des Bürgers in romantischen Kategorien festhalten wollte.« (PLESSNER 1966[4], S. 85)

Der altdeutsche Butzenscheibenstil erinnerte an die bürgerliche Blüte in den deutschen Städten des 16. Jahrhunderts, die Renaissance-Palastarchitektur und der Stilmischmasch der Mietzinshäuser und Geheimratsvillen ergänzten diesen Historismus in der Richtung des Pompösen und Aristokratischen.

48

20 Herren-Frühjahrsmode 1890

ELIAS erklärt dieses Verhalten als eine »Amalgamierung der Codes der alten und der neuen Oberschicht«. Indem man sich die Symbole der einst führenden Kulturen aneignete, wies man sich selber als führend aus. Diese Verschmelzung strebten die restlichen bürgerlichen Schichten wiederum mit ihrer Oberschicht an. So entstand ein heute noch nachvollziehbarer ästhetischer Lernzwang unter starkem sozialen Konkurrenzdruck, der sich bis in nebensächliche Bereiche des alltäglichen Verhaltens erstreckte und weitgehend auch das Kleinbürgertum mit seinen Identifikationsbedürfnissen erfaßte. Vor allem hatten diese Verhaltenszwänge Folgen für die Lebensweise der Mittelschichten: »So wurde es in den sogenannten ›besseren Kreisen‹, in dem, was man ›die Gesellschaft‹ nannte, geradezu zur Manie, sich bei (...) Festen gegenseitig zu überbieten – an Pracht und Arrangements, Üppigkeit der Tafelrunden, durch das Zeremoniell der Sitzordnung, die Mannigfaltigkeit der Menüs, die soziale Stellung der Geladenen oder das sich Hervortun der Damen in ihren Festroben. Glücklich, wer einen Renommierbaron vorweisen konnte. Berühmte Künstler und Schauspieler verzierten die Feste wie die Aufsätze auf den Tafeln. (...) Wer nicht so gut situiert war wie die Hochfinanz, die sich mit Militärs, Adligen oder hohen Verwaltungsbeamten umgab, sparte das ganze Jahr, um für diese Höhepunkte des Daseins gerüstet zu sein.« (HAMANN/HERMAND, S. 28)

Die Schwierigkeit, durch demonstrativen, ästhetisch-rituellen Aufwand der sozialen Konkurrenz standzuhalten, ist vielfach belegt. Man kennt genaue Budgetberechnungen bürgerlicher Familien über Jahre hinweg, die zeigen, wie diszipliniert die ge-

hobenen Mittelschichten leben und rechnen mußten, um z. B. die Einladungen pflicht- und standesgemäß ausrichten zu können (vgl. z. B. v. LEIXNER 1894; FÜRTH 1907).

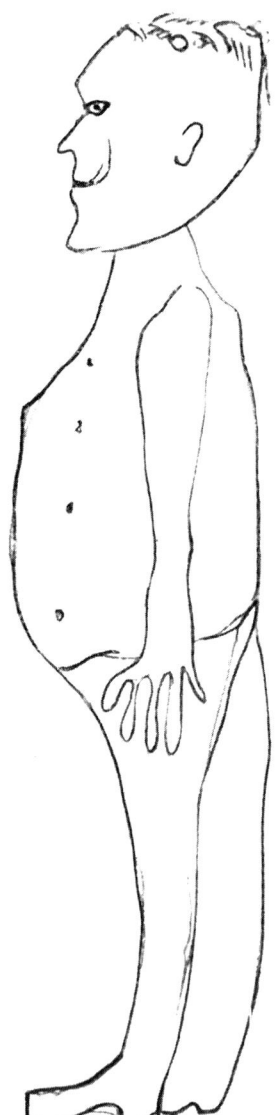

50

Das Konkurrenzgebaren kleinbürgerlicher Kreise schrumpfte auf die Ausstattung der Guten Stube mit teuer erscheinenden Möbeln, die ängstlich geschont wurden, und auf die den höheren Schichten abgelauschte Konversation am Kaffeetisch auf verschnörkelten steifen Stühlen zusammen.

In einer solchen gegenständlichen und sozialen Umwelt lernten nicht nur Kinder und Heranwachsende, sich in die gesellschaftlichen Regeln und Normen zu schikken. Auch die Erwachsenen bezogen aus der rituellen Tätigkeit und stets wiederholten sozialen Wahrnehmung immer wieder

21 a/b Der wilhelminische Mann im Spiegel von Kinderzeichnungen (aus GEORG KERSCHENSTEINER, ›Die Entwicklung der zeichnerischen Begabung‹, 1905)

aufs neue das Gefühl ihrer Identität, ihrer Bedeutung im Ganzen der Gesellschaft. Einerseits bildete sich hier ein alle verbindendes Element der Klassenkultur und ein gemeinsames Sozialisationsinteresse ab. Andererseits aber mußten die sozialstrukturellen Unterschiede doch zu unterschiedlichen Wahrnehmungsweisen und Reproduktionsformen innerhalb des einen großen bürgerlichen Wahrnehmungsraumes führen. Vor allem in der Arbeitswelt, in der sozialen Gliederung des Unternehmens, der Bank, des Warenhauses, des Fabrikbetriebs oder im Subordinationssystem der staatlichen Beamtenhierarchie herrschten ästhetisch vermittelte Verhaltensregeln, in die jeder eingeübt wurde.

Der Landarbeiter FRANZ REHBEIN (1911) beschreibt einen Gutsbesitzer und Rittmeister a. D., der von seinen Arbeitern verlangte, sechs Schritte vor ihm stehen zu bleiben und die Anrede abzuwarten, während der Vorarbeiter den Herrn auf der linken Seite mit einem Abstand zu begleiten hatte, den der Gutsinspektor etwa um die Hälfte reduzieren durfte. Es gab viele solcher unmittelbar sinnlich wirksamen Situationen des sozialen Lernens. Die Begegnung mit dem Vorgesetzten oder Untergebenen glich in der Regel einem ausgefeilten Ritual der Nuancierung des Herrschafts- und Statusgefälles.

Das hierarchische System gleichsam militärischer Rangzuweisungen in allen Bereichen der Produktion und Verwaltung mit seinen für die Zeitgenossen sofort deutbaren Merkmalen in Gestik, Sprache, Haltung, Kleidung usw. übte unablässig in das autoritäre soziale System des Wilhelminismus ein. Jedermann lernte auf den ersten Blick zu erfassen, ob er einem ›Herrn‹ oder

51

einer ›Dame‹ begegnete oder nicht. CLAES-SENS (1973) hebt hervor, welche starke Bedeutung gerade die nichtsprachlichen Kulturelemente in der sinnlich-sozialen Kommunikation zwischen oben und unten bzw. für die »Zweifrontenschicht« des Kleinbürgertums hatten. Auf bürgerliche Etikette mußte vor allem derjenige achten, dessen Zugehörigkeit zur herrschenden Schicht nicht gesichert war.

Die führenden Schichten hingegen mußten ein Interesse daran haben, ihre Sehweisen und Einstellungen zu allgemeinen zu machen. Diese Verallgemeinerung konnte nur über Sozialisation und Erziehung, über die Verinnerlichung gemeinsamer Gegenstandsbedeutungen und Identitätssymbole gelingen – ein Lernprozeß, der offensichtlich in früher Kindheit begann und lebenslang andauerte.

Neben der gleichsam unmerklichen Sozialwerdung der Sinne gab es auch bewußte Gestaltungsarbeit an der Sinnlichkeit: in der Formung des Benehmens (der ›guten Kinderstube‹), in der Schuldisziplin, im Komment der studentischen Verbindung, beim Drill auf dem Kasernenhof. Sozialisation der Sinne und ästhetische Erziehung in solchen außerschulischen Räumen bildeten eine Interesseneinheit in diesem Prozeß der Einbindung in die führende Klassenkultur.

In ›Der Untertan‹ von HEINRICH MANN wird ein solcher Lern- und Anpassungsprozeß in vielen vorstellbaren Einzelschritten von der literarischen Phantasie entworfen. Schon im Modell der primären Sozialisation des Helden Diederich Heßling spürt dieser Roman das autoritäre Syndrom auf, das später ADORNO und andere zur »Theorie eines pathogenen Erziehungsstils bei der Bildung antidemokratischer, nämlich faschi-

stischer Orientierungssysteme« (BAYER-KATTE 1972) angeregt hat.

Diederich lernt von klein auf mit allen Sinnen und mit dem ganzen Körper. Die Züchtigungen, die er vom Vater empfängt, richten ihn her für die spätere Rolle als Nachfolger des Vaters, in der er selbst als Fabrikbesitzer seine Arbeiter und seine Familie in die Zucht nehmen, aber vor den staatlichen Autoritäten buckeln wird. Seine fiktive Gestalt zeigt, was man (vgl. KOHLI 1979) »antizipatorische Sozialisation« nennt, das schrittweise Vorausüben späte-

22

52

Zur Erinnerung an meine
· Dienstzeit ·

Vor Nachbildung wird gewarnt.

23

24 Im Modesalon GERSON, 1912

ren Verhaltens und sinnliche Vorweglernen der späteren, gesellschaftlich auferlegten Rolle. Was im primären Sozialisationsraum zu ersten Unterwerfungsgesten und zugleich zu ersten aktiven Unterdrückungsversuchen an anderen führt, setzt sich im sekundären Sozialisationsprozeß fort, als Diederich, der Corpsstudent, in das autoritäre Syndrom weiter eingesponnen wird. Schließlich gelingen ihm später die Verwandlungen vom Untertan in eine Autoritätsperson und umgekehrt je nach auslösendem Reiz ohne Schwierigkeit.

Lernhilfen sind ihm vor allem Symbole und das Ritual der herrschaftsorientierten Interaktion. Dabei spielen alle Sinne, die vorgeformte soziale Wahrnehmungsfähigkeit und bereits gesammelte sinnlich-soziale Erfahrungen eine größere Rolle als jedes gesprochene Wort, ja am Wort ist eher der Tonfall entscheidend als Inhalt oder Begriff. In vielen nonverbalen, aber alle Sinne mobilisierenden ästhetischen Interaktionen (Diederich ist zum Beispiel hingerissen vom »starken männlichen Duft« einer Vorbildfigur) wird soziale Orientierung vermittelt,

54

darüber hinaus – mit anderen Wahrnehmungsprozessen verbunden – auch eine politische Verhaltensdisposition. Manches spricht dafür, daß man bei solchen ästhetischen Lernprozessen von *zwei* sich ergänzenden Wahrnehmungsräumen ausgehen kann. Einmal vom realen Aktionsraum der Sinnlichkeit, also der von Dingen und Gesten besetzten konkreten Umwelt, dann aber auch von einer Phantasietätigkeit im Kopf, in der sich zwanghafte Wunschträume erfüllen und sich eine Art antizipatorische (gleichwohl in der kindlichen Vergangenheit verankerte) Sinnlichkeit imaginativ ausbreiten kann.

25 Damen-Typus in einer Kinderzeichnung (KERSCHENSTEINER, 1905)

Bei Diederich ist es die früh geweckte Sehnsucht, selbst eine Autoritätsfigur wie der Vater zu sein, zugleich aber sich stärkeren Autoritäten unterwerfen zu dürfen. Begierig nimmt er alle Situationen wahr, in denen sich beides erleben läßt. Der Roman stützt auch die Hypothese, daß sich das Wahrnehmungsinteresse an Gegenständen, Personen und Handlungen bindet, die schon eine auf die erlernte Sehweise und vorangegangene Orientierung bezogene Bedeutung haben. Es gibt vermutlich viele Stufen in einem solchen Sozialisationsprozeß, in dem sich die gesamte sinnliche Wahrnehmungsstruktur gesellschaftlich formiert. Die Wahrnehmung ist offenbar niemals neutral und niemals erinnerungsfrei. Vielleicht ist sie auch niemals projektionsfrei, das heißt ohne Verlängerung in eine vorgestellte Zukunft.

GIBSON stellt mit Verweisen auf wahrnehmungsorientierte Lerntheorien fest, daß niemand genau sagen könne, wo die Wahrnehmung aufhöre und das Gedächtnis beginne: »Ähnlich ist es auch nicht möglich, Wahrnehmung und Erwartung scharf voneinander zu trennen. Für das Individuum verschmilzt die bewußte Gegenwart (. . .) mit der Vergangenheit und mit der Zukunft.« (1973, S. 339)

Das Identifikationsbedürfnis eines deutschen Untertanen, wie ihn HEINRICH MANN vorstellt, hatte offenbar seinen Rückhalt sowohl in den realen Wahrnehmungsräumen der Epoche als auch in den imaginären Vorstellungsräumen gefunden, die jene Kultur ebenfalls offenhielt. Für das mitherrschende, gleichwohl nicht emanzipierte Bürgertum des Kaiserreichs ging es um eine kollektive antizipatorische Sozialisationsleistung – um die Vorwegnahme oder ein

55

Hineinträumen in ein Machtgefühl, das die wenigstens wirklich auskosten konnten. Denn man darf nicht vergessen, daß die Scheineinheit der Kultur des Wilhelminismus die tatsächlich wahrnehmbaren sozialen Unterschiede nicht verdecken konnte. Wer nicht wirklich zur führenden Schicht im Kaiserreich zählte, hatte ständig mit Unterlegenheitsgefühlen zu kämpfen oder kompensierte sie auf wahrnehmbare Weise. Das Parvenübewußtsein verließ im Grunde auch unsere literarische Beispielfigur Diederich Heßling nie (es sei denn, er übte gerade selber Macht aus): »Wiebel war Jurist, was ihm allein schon Diederichs Unterordnung gesichert hätte. Nicht ohne Selbstzerknirschung sah er die englischen Stoffe an, in die Wiebel sich kleidete, und die farbigen Hemden, von denen er immer mehrere abwechselnd trug. (...) Das Beklemmendste aber waren Wiebels Manieren. Wenn er mit leicht eleganter Verbeugung Diederich zutrank, klappte Diederich (...) tief zusammen, verschüttete die eine Hälfte und verschluckte sich mit der anderen. Wiebel sprach mit leiser, arroganter Feudalstimme: Man kann sagen, was man will (...) Formen sind kein leerer Wahn.« (1964[4], S. 34 f.)

»Formen« und »Manieren« waren das unmittelbare Medium des bürgerlichen ästhetischen Lernens im sozialen Raum. Man befindet sich mit diesem Beispiel gleichsam im Zentrum eines zwischenmenschlichen Wahrnehmungs- und Lernprozesses mit dem Resultat eines anhaltenden Nachahmungsbedürfnisses.

Man kann sich die imaginären Lernräume bürgerlicher Phantasie- und Projektionsfähigkeit mit klassentypischen Vorerfahrungen und zugleich mit Symbolerinnerungen der nationalen Identität besetzt vorstellen.

Aus diesem Bestand heraus erschloß sich das konkrete Wahrnehmungsangebot der aktuellen Umweltsymbole immer wieder aufs Neue: ein Kaiserbild oder ein Justizpalast, eine Opernaufführung, eine Militärparade, ein steifer Kragen oder eine leichte Verbeugung.

Man muß sich auch immer vor Augen halten, daß dies ein doppelbödiger Wahrnehmungsraum war, ebenso real wie irreal. In der Vermischung von Schein und Wirklichkeit hat es die Bourgeoisie, aber auch das Bildungs- und Kleinbürgertum unter WILHELM II. zu größter Fertigkeit gebracht.

Der öffentliche Realraum der Umwelt war wie die private Sphäre von Wahrnehmungen der nationalen Bedeutung dieser Klassenkultur bestimmt. Die imaginären Räume der Phantasietätigkeit waren dies ebenso. Das alle bürgerlichen Schichten im Geiste vereinende Symbol- und Identifikationssystem bestand keineswegs nur in der Architektur oder im Denkmalkult der Epoche. Die scheinbar neutrale Öffentlichkeit der Straße, des Caféhauses, der Rennbahn, des Theaters war voller bedeutungsvoll handelnder und Bedeutung wahrnehmender, in normative Regelsysteme eingebundener Personen.

Lernen, sich sinnlich-sozial und politisch-ästhetisch auszurichten, konnte der Zeitgenosse bereits durch die bloße Teilnahme an Interaktionsprozessen im Alltag. Dabei war die »leibliche Kopräsenz«, also z. B. Körperhaltung, Kleidung, Blickkontakt, Bewegung, Gestik und Ausdruck der sich begegnenden Menschen (vgl. dazu GRAUMANN 1972, S. 1220ff.), vermutlich wichtiger als die sprachliche Kommunikation. Der adelige Offizier und die Dame von Welt beherrschten den Raum als konkrete Figuren wie als vorgestellte Leitbilder des gesellschaftlichen

26 Beim Pferderennen, 1907

Seins. Teilnahme an dieser Öffentlichkeit bedeutete Einübung in die herrschende soziale Kultur. War man doch immerhin wenigstens wandelnde Komparserie, wenn schon nicht handelndes Subjekt in der sinnlich wahrnehmbaren Herrschaftsöffentlichkeit mit ihren verbindlichen Kultursymbolen. Daß man in irgendeiner Funktion teil hatte an dieser Herrschafts- und Kulturöffentlichkeit, blieb ein Bedürfnis. Es gab freilich auch ein solches Angebot für sinnliche Identifikation mit der Macht, das die Phantasie anspornte. Denn je weniger eine nationale historische Identität der Deutschen nach 1871 wirklich vorhanden war,

um so opernhafter mußte sie bei entsprechender Gelegenheit inszeniert werden. Eine dieser herausragenden Gelegenheiten war die Einweihungsfeier für das Niederwald-Denkmal (1883), das 1,2 Millionen Goldmark gekostet hatte: »Der Kaiser, der Kronprinz, der König von Sachsen, alle Fürsten und Generäle in großer Uniform, geschmückt mit den höchsten militärischen Ehrenzeichen; die Minister, die hohen Hof- und Staatsbeamten in größter Gala (. . .) Stern reiht sich an Stern, Gold an Gold, und die ganze höfische Pracht (. . .) ist über die Höhen des Niederwaldes gebreitet. Dazwischen sieht man vor und auf den Tri-

57

27 Die ›Germania‹ des Niederwalddenkmals (1883)

bünen Herren in schwarzem Gesellschaftsanzuge, in Frackrock und Cylinder, Damen in eleganter Salontoilette; weiterhin die Vertreter des Volkes: deutsche Krieger, deutsche Turner, deutsche Sänger; Fahnen, soweit das Auge schaut; die blinkenden Reihen der Truppen in Paradeaufstellung, unter ihnen die martialischen Gestalten der Gardegrenadiere in ihrem historischen Helmschmucke, Elitetruppen der deutschen Armee – und das alles überragt von dem ehernen Bilde der Germania (...).« (TITTEL 1979, S. 27, nach einem zeitgenössischen Pressebericht) Wer nicht dabei war, konnte sich das Denkmal ›en miniature‹ als Briefbeschwerer kaufen.

Mit Beginn der neunziger Jahre waren alle Lernräume der wilhelminischen Bourgeoisie bis in den letzten Winkel ästhetisch wirksam ausgestaltet. Die »Phantasie der putzenden Künste« (FRIEDELL 1948[22]) wurde auf das äußerste angespannt. Nichts in den Wohnungen, nichts an der öffentlich wahrnehmbaren Architektur, was nicht vom Ornament des geborgten Scheins überzogen wurde. Überformte, verdrängte, verheimlichte Bedürfnisse gab es allerorten. Dem Verleugnen der körperlich-sinnlichen Existenz entsprach die Schwüle schlecht verhüllter erotischer Phantasie, den strengen Ritualen des gesellschaftlichen Verkehrs das Aufatmen, wenn man die Einladungen hinter sich hatte. Die unterdrückte Sinnlichkeit ließ sich jedoch kollektiv kanalisieren. Überall in Europa hatte sich eine demonstrative bürgerlich-chauvinistische Klassenkultur ebenso bombastisch wie bedrückend ausgebreitet. Die deutsche Variante aber war besonders anspruchsvoll und aggressiv. Zwischen der militärisch-kultischen Öffentlichkeit und dem wilhelminischen Kapitalis

mus, der noch vor der Jahrhundertwende seinen entscheidenden Aufschwung nahm, gab es Verbindungen. Die bildhaften Träume der historisierenden Monumentalkunst der PILOTY-Ära, die großbürgerlichen Interieurs im altdeutschen Stil trugen schon Züge einer ideologisch überhöhenden Nationalkultur. Der Typus des adligen Offiziers wurde am Ende Zielscheibe liberalen Spotts in der fortschrittlichen Karikatur. Für die Mehrheit blieb er Vorbild. Der Corpsstudent stand als nationaler Sozialisationstyp einzigartig da.

DAHRENDORF (1965) bezeichnet das kaiserliche Deutschland als »industrielle Feudalgesellschaft«, und in der Tat blieb das Kapital Herr im Haus. Es hatte sich nicht nur eine Interessengemeinschaft zwischen Aristokratie und bürgerlicher Oberschicht, sondern auch ein dichtes Symbolsystem für eine entsprechende Sozialisation der Sinne aller Untertanen entwickelt. Neben der sozialen Konkurrenz bestand der Hang zur deutlichen Abgrenzung nach unten. Die Klassenschranken blieben trotz neuer sozialpolitischer Bestrebungen und der Wiederzulassung der Sozialdemokratie geschlossen. Die kulturelle Abgrenzung – eine Art Ersatz für die politische Unmündigkeit großer Teile des deutschen Bürgertums – ging so weit, daß selbst mittelständische Eltern danach trachteten, die Dienstboten von den Kindern bzw. umgekehrt diese von jenen fernzuhalten.

Schon zu Beginn des Jahrhunderts war der bürgerliche Haushalt auf die Arbeit von Dienstboten gegründet. Selbst der romantische Salon war nur aufgrund der Tatsache denkbar, daß die gebildete Hausfrau und Mutter von einem großen Teil ihrer Alltagspflichten entbunden und für geistige oder repräsentative Aufgaben freigestellt werden konnte. Aber damals war der Umgang der Kinder mit den Dienstboten kein Problem, er hatte eher integrative Funktionen. Denn ein Teil der Kultur der Sinne, ein Teil der Lebenserfahrung und der Phantasietätigkeit des bürgerlichen Kindes beruhte auf dem ständigen Kontakt mit dem Gesinde. (vgl. ENGELSING 1973, S. 185 ff.) Hier entstand eine sozusagen ›natürliche‹ soziale Wahrnehmungsfähigkeit in der Überschneidung kultureller Orientierungsmuster. Nun aber wurden subkulturelle Einflüsse und Erfahrungen stark eingeschränkt. An ihre Stelle trat das kühle Verhältnis zu spezialisierten, das heißt auf die Klassennormen verpflichteten Erziehern – zum Beispiel in Gestalt der Gouvernante – und die Verlagerung des sinnlich-sozialen Abrichtungsprozesses in die bürgerliche Klassenschule, vor allem in das Gymnasium.

Der Mehrheit blieb der Traum ihrer nationalen Bedeutung, zugleich das Trauma ihrer politischen Bedeutungslosigkeit in einem von Junkern, Hocharistokratie und Industriellen geleiteten Obrigkeitsstaat, der gleichwohl auf ihre Identifikationsbereitschaft und auf ihr Wohlverhalten angewiesen war. Die Identifikation erfolgte über die Verinnerlichung von Leitbildern, und je imperialistischer der Anspruch des Kaiserreichs als Wirtschafts- und Militärmacht wurde, um so aktueller wurde die Projektion der Erwartungen und Gefühle des durchschnittlichen Deutschen auf starke Führerpersönlichkeiten. Der Kaiser selber gab durch Auftreten und markige Sprache ein Vorbild dieser Selbstwahrnehmung, die von Idealen des Starkseins und der Machtausübung beherrscht war.

HAMANN/HERMAND haben an der Art der künstlerischen Darstellung von Personen, meist Leitfiguren aus der deutschen Geschichte, diesen Grundzug der Wahrnehmung herausgearbeitet: »Viele der einprägsamsten Bilder der großen Maler dieser Zeit sind solche Bilder von Einzelgestalten, die in repräsentativer Frontalität oder in klarem, bedeutenden Profil, gewichtig in der Haltung, groß entfaltet, in ganzer Figur dem Beschauer entgegentreten.« (S. 48)

Das muß einer epochalen Sehnsucht entsprochen haben. Auch im Kunstgebrauch bildete sich das Bedürfnis nach Identifikation mit einem besonderen Selbstbild ab. Gerade das Kunstwerk war im Stande, die irreale, phantasiegeleitete Komponente des sinnlich-sozialen Lernprozesses zu verstärken. Kunstgenuß dieser Art öffnete die Vorstellung und verdichtete das Selbstverständnis, das aus dem wirtschaftlichen Aufstieg und der nationalen Bedeutung erwachsen war. Kommerzienräte, Firmeninhaber und Professoren ließen sich lebensgroß in gravitätischer Pose wie die Fürsten zur Zeit des Absolutismus malen.

Von einer ideellen Verwirklichung des Menschen durch ästhetische Erziehung und einer davon mitgeprägten sozialen Sinnlichkeit wie in der vorindustriellen Epoche war keine Rede mehr. Das moralisch erhebende Kunsterlebnis im Sinne der ästhetischen Erziehung SCHILLERs gab es ebenso wenig mehr wie das frühbürgerliche Subjekt, das sich daran aufrichtete. Wohl aber gab es einen komprimierten Wahrnehmungs- und Selbstdarstellungszusammenhang, in dem die Gegenstände und Gesten

28 In der Kunstausstellung
(Illustration aus der ›Gartenlaube‹, 1886)

60

H. Schlittgen
1886.

29 Bildnis eines deutschen Professors, um 1900

30 Enthüllung des Hamburger Bismarckdenkmals von HUGO LEDERER, 1906

des Alltags wie die Kunstwerke zur Ideologie in Form von Symbolen geronnen waren – Ausdruck einer herrschenden Klasse, die sich in ihrem Herrschaftsanspruch kulturell bestätigte.

Vom Kunstbereich hatte sich mit der Entwicklung der Fotografie und neuer industrieller Reproduktionstechniken ein massenmedialer Trivialsektor abgespalten, in dem mit gleicher Tendenz ästhetisch gelernt werden konnte. Wer nicht zur Führungsschicht der Industriellen, Reeder, Bankiers, hohen Beamten und Vertreter der Wissenschaft gehörte, konnte sich mindestens so fotografieren lassen, als gehörte er dazu. Der Gebrauch künstlerischer Medien erfolgte im gleichen Vergesellschaftungs-

interesse wie die öffentliche Architektur oder die private Wohnkultur.

In der Stadtwohnung dominierte die »Nachahmung fürstlichen Lebenszuschnitts. Man will möglichst viele ineinander gehende Zimmer haben, eine Enfilade, wie sie in Schlössern angestrebt wurde«, schreibt LICHTWARK (1899, S. 13). Raumaufteilung und Wahrnehmung standen hier in einem unmittelbaren gesellschaftsfunktionalen Kontext. Daneben drückte sich die »Nobilitierung des Kapitals« (DAHRENDORF) für die Oberschicht im Doppelbesitz einer Stadtresidenz und eines ›Landhauses‹ am Stadtrand aus.

Der Bankier FÜRSTENBERG ließ sich im Grunewald 1897 von dem Modearchitekten

32 ›Villa mit Doppelpappdach‹ zu 6000 Mark
(Entwurf aus einer illustrierten Zeitung, 1890) ▷

31 a/b Fassade eines Stadthauses in Dresden
und Villa in Berlin, um 1890

64

Geheimrat v. IHNE eine Villa, die er ›außerhalb der Saison‹ (also in der Sommerpause der gesellschaftlichen Verpflichtungen) benutzte, auf ein Parkgrundstück von gut zehn Morgen bauen. In der Stadt besaß er noch ein Haus für seine ›gesellschaftlichen Bedürfnisse‹ in entsprechender Größe, Ausstattung und Lage.

Nahezu jeder Lernraum war zu einer Bühne zwanghafter Selbstdarstellung geworden. Im stufenweisen Übergang von spätbiedermeierlichen zu nachgründerzeitlichen Ausdrucksformen hatte sich ein weitgehen-

der Umorganisationsprozeß des sinnlich-sozialen Lernens und seiner wesentlichen Gegenstände, Räume und Rituale vollzogen. So stellt sich das bürgerlich-ästhetische Lernen der Nachgründerzeit bis zum Vorabend des Ersten Weltkrieges als ein anhaltender Prozeß des »Einübens in die Klassengesellschaft« (HUCH 1972) dar, in dem über die Gestaltung der Sinnlichkeit auch soziale Normen und politische Einstellungen vermittelt wurden. Prägend wurde ein autoritäres Wahrnehmungs- und Verhaltensmuster, das gleichsam in Fleisch und Blut überging.

65

Seine Erinnerbarkeit in nachfolgenden historischen Situationen liegt auf der Hand.

Man muß sich dabei auch vor Augen führen, daß die bloße Anhäufung von Symbolen im Grunde noch wenig bewirkt. Der Wahrnehmende muß vielmehr ein besonderes Interesse und Bedürfnis in einer besonderen historischen Situation entwickeln, wenn diese Symbole in der beabsichtigten Weise wirken sollen. Die sinnliche Matrix muß darauf vorbereitet, die Wahrnehmungserwartung auf bestimmte Inhalte und Bedeutungen gerichtet sein – Symbole des Alltags sind historisch bestimmte und wirksame Sozialisationshilfen.

Die demonstrativen Selbstdarstellungen des Wilhelminismus mit den Stapelläufen, Sedanfeiern, Denkmalsenthüllungen und Kaisergeburtstagen ragten als besondere ästhetische Verdichtungen lediglich aus einem Gefüge ähnlich gerichteter, sozusagen absichtsloser Alltagsrituale heraus. Schließlich produzierte jeder bürgerliche Deutsche unauffällig einen sozialen Alltag mit, der ihm eine Rolle in diesem System von Herrschaft und Ideologie und damit seine soziale und politische Identität innerhalb der Klasse sicherte. Das Lernen der Identifikation mit der Macht hatte einen Sozialisationstyp des Deutschen entstehen lassen, der quer durch alle bürgerlichen Schichten, ja am Ende noch durch die Sozialdemokratie ging, und auf den die Machtelite des Kaiserreichs zuverlässig bauen konnte. Aus dem deutschen Bürgertum mit einstmals politischem Insubordinationsinteresse war eine herrschende Klasse mit angepaßtem Subordinationsinteresse geworden. Sie hat dieses Interesse für sich schließlich ›verkörpert‹ und selbst ästhetisch handelnd verwirklicht.

66

»Zum Begriff Kapitalismus fehlt jedes Verständnis«, stellt CLAESSENS fest. Die bildungsbürgerliche Familie sei ein Sonderfall: »Ein Unikum, das die gesamte politische Atmosphäre in Deutschland bis heute stärker beeinflussen sollte als Klassentheoretiker je wahrhaben wollten.« (1973, S. 218) Äußeres Kennzeichen großer Teile dieser Schicht war die Staatsabhängigkeit: Juristen, Lehrer, Mediziner, Professoren und höhere Verwaltungsbeamte bildeten den Kern.

Daß sich diese von der kapitalistischen Produktionswirklichkeit abgehobene Schicht innerhalb der bürgerlichen Klasse sehr wohl politisch verhielt und über eigene Symbolsysteme mit weitreichendem politisch-ästhetischen Wirkungshintergrund verfügte, muß hier vorausgeschickt werden. Gerade weil sich in der ›Mittelstandskultur‹ um die Jahrhundertwende so etwas andeutet wie eine Alternative zur Ausdrucksform der wilhelminischen Großbourgeoisie, ist z. B. den ausgeprägten ästhetischen Sozialisationsinteressen des Bildungsbürgertums besondere Aufmerksamkeit zu widmen.

Die soziologischen Befunde scheinen widersprüchlich. Auf der einen Seite heißt es: »Inmitten der Neuformierung der Gesellschaft, inmitten der organisierten wirtschaftlichen und sozialen Interessen blieb das Bildungsbürgertum eine Gruppe von Nichtorganisierten (. . .).« (BORN 1976,

S. 283 f.) Bezogen auf die geringe politische Macht und die ökonomische Abhängigkeit gibt der kulturelle Führungsanspruch des Bildungsbürgertums zunächst auch wenig Sinn. Auf der anderen Seite aber konnte keine bürgerliche Schicht ästhetisch-kulturell und weltanschaulich so geschlossen auftreten. Und gerade die gewisse Unabhängigkeit von der Ökonomie ließ hier ein Reformbürgertum entstehen, das noch einmal die biedermeierlichen Tugenden der Schlichtheit, der sublimierten Bescheidenheit und die geistigen Werte beschwören konnte. Eine kulturelle Kapitalismusreform deutscher Art war das verschwommene Ziel, ein »dritter Weg« (VONDUNG 1976), bei dem das Medium der Kunst eine besondere Rolle übernehmen sollte.

Hinzu kam ein besonderer Anspruch. Es war vor allem das Bildungsbürgertum, das seine Anschauungen, seine Ästhetik verallgemeinerte und militant vertrat. So offensiv verbreitete die Großbourgeoisie ihre Kultur nicht nach unten. Sie vertraute mehr auf das allgegenwärtige Beispiel, auf die Nachahmung und den sehnsuchtsvollen Blick nach oben, also auf den quasi selbstverständlichen Transport der Werte durch die tägliche Wahrnehmung der öffentlich wirksamen Herrschaftssymbole und -rituale. Es waren Vertreter des Bildungsbürgertums, die um die Jahrhundertwende dafür sorgten, daß eine nationale Kunstgewerbebewegung

33 Kollegium eines Frankfurter Gymnasiums, um 1895

34 ›Zimmer eines Kunstfreundes‹, Entwurf von RICHARD RIEMERSCHMID für die VEREINIGTEN WERKSTÄTTEN MÜNCHEN, gezeigt auf der Weltausstellung in Paris 1900

35 Vorhalle der deutschen Abteilung auf der 1. Internationalen Ausstellung für dekorative Kunst 1902 in Turin (Entwurf PETER BEHRENS) ▷

DAS DEUTSCHE REICH.

GERMANIA

Deutsche Zukunfts-Architektur auf der Turiner Ausstellung.

und eine Kunsterziehungsreform begannen, und damit eine besondere politische Arbeit an den Sinnen.

Kunstgewerbe-Erneuerung, dazu Erziehung zur Kunst oder Erziehung durch Kunst sind die Stichworte dieser Reformepoche. Ein neuer sensibler Künstlertypus trat auf, eine neue Form von Innerlichkeit breitete sich aus. Sichtbar wurde eine Grenze zwischen Gebildeten und Nichtgebildeten durch die Art der betont ästhetischen Lebensführung gezogen. Zunächst konnte nur ein kleiner, wohlhabender Teil der Gebildeten ein spezielles Wahrnehmungsinteresse entwickeln, sich den privaten Lebensrahmen künstlerisch durchgestalten lassen und sich damit von der imitativen Ausstattungskultur der Großbourgeoisie abheben, die als nicht mehr angemessen, als kulturell veraltet empfunden wurde. Insoweit hat das Bildungsbürgertum das ästhetische Sozialisationsinteresse des modernen wilhelminischen Kapitalismus mit seiner neuen Warenkultur am Ende besser vertreten als die Großbourgeoisie.

Im Jugendstil kündigte sich eine individualistische Ästhetisierung der industriellen Lebenswelt an, aber je mehr sich der ›Aufbruch in die Moderne‹ als eine »Gebildeten-Revolte« (LINSE 1976) mit kleinbürgerlichen Einschlüssen artikulierte, um so weniger ging es im Grunde um eine Befreiung der Sinne oder um ein neues Gebrauchswertverständnis oder um eine gesellschaftlich wirksame Erneuerung der Lebensweise. Völkisch-nationale, rassistische und sektierisch-lebensreformerische Komponenten

steuerten schließlich den kulturellen Orientierungsprozeß in eine andere Richtung. Nicht die im internationalen Jugendstil symbolisierten Genußbedürfnisse und bürgerlichen Phantasmagorien, sondern das ›Deutsche‹ in jedem Winkel der Umweltgestaltung sollte zum führenden Prinzip erklärt werden.

›Führung‹ hieß die Devise – der Gebildete war zur geistigen Führung bestimmt. Bei allen Vorbehalten gegenüber den Auswüchsen der kapitalistischen Warenkultur, bei allem Reformeifer war das Bildungsbürgertum in die wilhelminische Gesellschaft als wichtiger Funktionsträger integriert. Es war auch von der nationalen Kapitalismusentwicklung nicht so weit innerlich entfernt, wie es selbst glaubte. Gerade in der langen industriellen Aufschwungphase von 1895 bis 1914 hatte die Gebildeten-Reformbewegung ihre große Zeit. Sie war politisch keineswegs bedeutungslos.

CONZE (1964) erklärt die »geräuschvollfestliche Einweihung« des KAISER-WILHELM-Kanals 1895 zu einem Symbol des in die Weltpolitik strebenden Reichs und der innenpolitischen Selbstbekräftigung. Im gleichen Jahr gründete FRIEDRICH NAUMANN den NATIONALSOZIALEN VEREIN, der erheblichen Einfluß auf das bildungsbürgerliche Denken gewann, wie schon der 1894 gegründete ALLDEUTSCHE VEREIN: »Mit seinem überspannten Nationalismus, der sich alsbald mit Darwinismus und Rassenideologie verband, war er (. . .) ein Spiegelbild des optimistisch expandierenden Kapitalismus.« (CONZE S. 29)

Dies war auch die Kunstgewerbe-Bewegung, jener vom Bildungsbürgertum gefeierte Aufbruch in die Moderne, bald geworden. Der 1907 gegründete DEUTSCHE

36 ›Der Sieg‹, Farbholzschnitt von PETER BEHRENS, um 1900

71

37 Lichthof im Kaufhaus WERTHEIM von ALFRED MESSEL (erster Bauabschnitt, um 1898)

 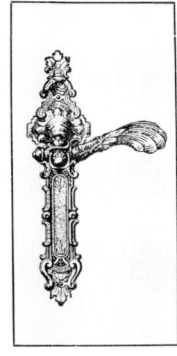

38 Aus ›Der Geschmack im Alltag‹, von J. A. LUX, 1910

WERKBUND empfing seine Impulse aus der technischen Konsumgüterindustrie und veredelte deren Exportinteresse mit einer nationalen, schließlich militanten Philosophie der funktionalen Gebrauchsform. Die Warenproduktion war um 1908 an einen Punkt

gelangt, der eine kulturelle Rechtfertigung nach innen und außen erforderlich machte. Im Wirtschaftsleben und im kulturellen Bereich standen die Zeichen auf Konjunktur.

GÖHRE (1905) berichtet von 3200 Beschäftigten allein beim Berliner Kaufhaus WERTHEIM. Das Unternehmen machte im gleichen Jahr 60 Millionen Goldmark Umsatz. (WERTHEIM war das Kaufhaus der »guten Gesellschaft« – von der anspruchsvollen Architektur ALFRED MESSELs bis zur Auswahl des Warenangebots. Einzige Konkurrenz war das elegante KAUFHAUS DES WESTENS – KDW, während TIETZ das Haus des »behaglichen Mittelstandes«, JANDORF das der »besseren Berliner Arbeiter« war.) Obwohl die eigene Kaufkraft meist bescheiden blieb, gehörten Bildungsbürgertum und Warenkultur zusammen. Hier fand die Kulturreform ihren vielfach ökonomisch, aber auch stark ideologisch motivierten Ansatz.

39 Formschönes Kriegsspielzeug, um 1908

73

Man glaubte fest an die kulturelle Reformierbarkeit des nationalen Kapitalismus zum Wohle aller Klassen. In der Veredelung des Konsums ließen sich die sozialästhetischen Ideale mit dem kunstindustriellen Produktions- und Absatzinteresse vereinen. Noch in jedem Löffel, jeder Türklinke sollten Wahrheit und Schönheit für alle ausgedrückt werden und sollte die gestaltete Umwelt den reformbürgerlichen Stempel tragen.

Der einfachste politische Grundnenner aller dieser Deutungen vom Design der Kaffeetasse bis zum Wohnungsbau und zu den Aufgaben der ästhetischen Erziehung aber war das ›Deutsche‹ daran, das sich mit einer durchgängigen Echtheits- und Schlichtheitsideologie verband, auf die sich auch der kulturelle und geistige Führungsanspruch des gebildeten Mittelstandes gründete: »Deutsche Natur und deutsche Kunst dem deutschen Volke! Das ist unser Losungswort. Darin liegt das Geheimnis der künstlerischen Erziehung eingeschlossen«, rief der Pädagoge W. REIN 1902. Die Geschmackspädagogik und die Reform der ästhetischen Erziehung wurden gleichsam zu geistigen Waffen erklärt, mit denen der gebildete Deutsche für eine nationale Hochkultur kämpfte, die für alle Klassen verbindlich sein sollte, zugleich Ausdruck der Führungsposition des Deutschen Reichs auf dem Weltmarkt für Industriegüter und Kultur, für das ›Wesen‹ des Deutschen. Nach außen war dies, wie die Werkbundpolitik zeigte, Wilhelminismus in der kulturellen Potenz. Aber auch nach innen sollte die Ästhetisierung allen ästhetischen Lernens politische Ziele einlösen helfen.

Eine der großen Illusionen der Epoche bestand in der Hoffnung, daß die neue ästhetische Kultur die sozialen Gegensätze ausgleichen und den Klassenkampf stillegen würde, wenn es nur gelänge, den ›kunstsozialen‹ Gedanken zu verwirklichen. »Den Lehren der Sozialdemokratie den Boden unter den Füßen wegziehen« (LANGE 1895) war innigster Wunsch vieler durch die politisch-ökonomische und soziale Entwicklung beunruhigter Gebildeter. Geschmackserziehung, die ästhetische Sozialisation im engeren Verständnis, erhielt daher eine zentrale Funktion im Abrichtungsprozeß der Sinne eingeräumt. In den siebziger und achtziger Jahren hatte trotz herber Kritik am ästhetischen Standard deutscher Industrieprodukte (vgl. z. B. REULEAUX 1876) mit der Promiskuität des historisierenden Geschmacks so etwas wie das Recht auf freie Aneignung der industriellen Kulturgüter existiert. Das hatte jetzt ein Ende. Erstmals kann man im vollen Wortsinne von einer repressiven ästhetischen Sozialisation des Konsumenten sprechen. Das Bildungsbürgertum nahm sich dabei selbst nicht aus.

Wenn man einer These von ELIAS folgt, so wird jeweils jener Bezirk des Verhaltens intensiv durchmodelliert, dessen Funktion für die betreffende Schicht von zentraler Bedeutung ist. Das war für die gebildeten Schichten unverkennbar der private Wohnbereich, entsprechend der tatsächlich vollzogenen Abtrennung der Funktion dieser Schichten von der unmittelbaren Produktion. An der Grundtendenz des bürgerlichen Rückzugs ins Private hatte sich nichts geändert. Auch das Interieur des Reformbürgers war mit Fetischobjekten gefüllt wie die muffigen Salons der Kommerzienräte der älteren Generation. Häufig blieb die Grenze fließend, aber der Anspruch ging

74

40 Vorbildliches Kinderzimmer (›Das Buch vom Kinde‹, 1907)

mehr in Richtung ›zukunftweisender‹ Selbstdarstellung. Man antizipierte erwartungsvoll eine neue Erfahrung oder ein Wunschbild: »Da wird es schön, da wird es heiter und ernst zugleich, da bietet Freude am Schönen die Farbe und Form. Edel und rein stimmt sich der Mensch zu Edlem und Reinem, das ihn umgibt. Viel Glück spinnt dort durch Thür und Fenster, wo einfache Schönheit den nüchternen Zweck adelt (...)« – das hoffte der Stilkünstler OLBRICH (1900, S. 366 f.).

Diese Art von privater Glückserwartung kontrastierte nicht nur eigenartig mit der sozialen Wirklichkeit des Wilhelminismus. Sie konnte auch nur zum Schein in einer eigenartig gestalteten Wohnumwelt verwirklicht werden. Außerdem entsprach diese private Umwelt dem ökonomischen Status des Bildungsbürgers ziemlich genau. Seine Wohnungen waren nicht wie die Zimmerfluchten Berliner Bankiers um 1880/90 für anspruchsvolle Feste und Diners geeignet. Mit dem bescheidenen Wohnzimmer nebst Klavier und Bücherschrank, bald auch mit den schlichten ›Maschinenmöbeln‹ der DEUTSCHEN WERKSTÄTTEN eingerichtet, entsprach man den eigenen Einkommensverhältnis-

75

sen und wandte man sich zugleich bewußt vom lauten großbürgerlichen Auftreten ab. Die Erwartungen richteten sich auf das im KUNSTWART propagierte pseudobiedermeierlich-gemütvolle Heim, aber – durch dasselbe Wahrnehmungsinteresse aufgesogen – kamen auch die deutschtümelnden und rassistisch interpretierten Symbole gleich mit in dieses Heim hinein. Dort gab es lauter Gegenstände mit symbolischem Charakter, das schlichte Mobiliar (Werkstätten-Serienprodukte z. B. nach Entwurf von RIEMERSCHMID, das DÜRER-Bild in einer guten Reproduktion, im Bücherschrank NIETZSCHE, LANGBEHN, den KUNSTWART und SCHULTZE-NAUMBURGs ›Kulturarbeiten‹.

Den zentralen Lernraum bildete immer noch die bürgerliche Kleinfamilie. In das, was sie an sinnlicher Kultur, Emotionalität, Geschmack und Sehweisen produzierte, redeten zwar immer mehr Professoren, Publizisten und Vereine hinein. Aber es waren die eigenen Verhaltensnormen, die Identität mit sich selbst, die hier zum Ausdruck kam. Äußere Beschränktheit wurde durch ›inneren Reichtum‹ ausgeglichen. Mehr sein als scheinen hieß hier – im Gegensatz zur nichtgebildeten Bourgeoisie – die das Selbstgefühl stützende Devise.

»Der beamtete Bildungskünstler war (...) ohnmächtig und mächtig zugleich. Als Bürger angesehen, seinen Einfluß und seine Einflußmöglichkeiten in seinem ›Wirkungskreis‹ (d. h. am Arbeitsplatz) wohl spürend, konnte er sich als ›Arm der Gerechtigkeit‹ (...) oder die Weisheit in Erziehung und Wissenschaft überhaupt fühlen. Da er sozusagen gar nicht zum kapitalistischen System gehörte, konnte er in besonders unbefangener Weise seine Identität wahren. Diese Unbefangenheit gegen-

41   Reform-Hauskleid, um 1908

über der gesellschaftlichen Realität teilte sich seiner Frau und den Kindern mit. Ein durch und durch gutes Gewissen wurde der dünn vergoldete Hintergrund der gehobenen deutschen Gemütlichkeit. Der tägliche Lebensrhythmus war durch den Weggang des Vaters, den Schulgang der Kinder, das Eintreffen aller zum Mittagessen,

76

Wiederweggehen des Vaters und seine Wiederkehr gegen 6 Uhr nachmittags und die nachmittäglichen Schularbeiten der Kinder bestimmt. Die Familie war oft am Eßtisch vereint; das Wochenende gehörte ihr.« So kennzeichnet CLAESSENS (S. 220) den Rahmen des Lebens in der Familie, den man sich allerdings nicht ohne Dienstmädchen und Kinderzimmer denken konnte. Die Hausangestellte setzte die Hausfrau selbst in bescheidenen Beamtenfamilien für die Rituale frei, ohne die eine bildungsbürgerliche Familie nicht existierte.

»Diese Weihnachtswelt war fern von Fabrik, fern von der ›schmutzigen‹ Politik, von der wachsenden Maschinerie der kapitalistischen Industrie. So wurden die Kinder in den Familien dieser gehobenen Gemütlichkeit dazu erzogen, denselben Zustand wieder anzustreben, was ihnen nicht

42 Buchschmuck von FIDUS, um 1907

nur über Gymnasium und Studium gelang, sondern auch dadurch, daß sie Partner kennenlernten und heirateten, die eben demselben Milieu entstammten und dieselben Erinnerungen und Bedürfnisse hatten. Das Milieu reproduzierte sich von selbst und ständig aufs neue. Es war ein Milieu von hohem persönlichen ›Gebrauchswert‹,

daher hatte es eine Attraktion und Faszination, die bis heute in Deutschland durchgehalten hat. Ihr Preis war die in Kauf genommene Staatsabhängigkeit und politische Entmachtung im Sinne aktiven und kritischen politischen Tätigseins.« (CLAESSENS, S. 222 f.)

Das im Familienleben, im häuslichen Kunstgenuß und in der Bildungsbeflissenheit entstehende Privatmilieu, in dem man sich Politik vom Leibe hielt, konnte leicht zum Stauraum für langfristig politisch wirksame Anschauungen werden. So war man, bestimmt von kulturellen Erwartungen und Wertvorstellungen, sehr gern bereit, sich von großen Künstlern und Denkern geistig führen zu lassen. Dem Künstler maß man die Funktion des ›Sehers‹ zu, mindestens war er eine Autorität, der man sich willig unterwarf. Im Amt übte man die Unterwerfung unter die Autorität des Vorgesetzten, letztlich des Staates, und das Geführtwerden war dem einst liberalen, im Vormärz noch republikanisch gesonnenen Bildungsbürgertum schließlich eine ganz natürliche Sache, zumal auch die Primärsozialisation des bildungsbürgerlichen Sohnes von der allgewaltigen Gestalt des Vaters beherrscht wurde.

Der größere Teil der bildungsbürgerlichen Familien lebte in beengten kleinen Verhältnissen. Um so wichtiger schien das Ausleben der Bedürfnisse nach innen. Aber in einer engen Mietwohnung und bei schmalem Gehalt konnten nur bestimmte Formen des geselligen Verkehrs gepflegt werden. Der Aktionsrahmen von Kindern und Erwachsenen war beschränkt. Das Ausweichen in die geistige Existenz – in das ›gute‹ Buch oder in die Klavieretüde – war sozialökonomisch ebenso erzwungen wie

77

die Schlichtheit der Wohnungseinrichtung und der Lebensführung. Die Stilisierung der ökonomischen Schwäche und der politisch-gesellschaftlichen Bedeutungslosigkeit zur Tugend lag nahe, und damit auch eine verklemmte Kleinbürgerlichkeit. Die Verengung des Wahrnehmungshorizonts auf das Amt, die Kleinfamilie, die städtische Mietwohnung provozierte Fluchtbewegungen, vor allem ein sentimentales Verhältnis zur Natur; selbst der KUNSTWART mußte sich mit dem Phänomen der Sommerfrische auseinandersetzen. In der jüngeren, von den Familienritualen wie von der erstarrten Schule eingeengten Generation brach sich das vielfach unterdrückte Bedürfnis nach Unmittelbarkeit im WANDERVOGEL Bahn.

Hier schien nicht nur die Entfremdung von der Natur aufhebbar.

Die Jugendkulturbewegung war ein »typisch bildungsbürgerliches Phänomen« (LINSE 1976), der WANDERVOGEL unverwechselbar deutsch, vom internationalen Pfadfinderwesen durch die raunenden, germanisierenden Töne unterschieden. »Die deutsche Jugendbewegung (. . .) war nie ein exportfähiger Artikel«, schreibt HELWIG (1960). Naturmystik, eine künstlerisch-musische Interessenbindung, die Ideologie des Gemeinschaftserlebnisses, der Siedlungsgedanke, die Landschulheimidee, Freikörperkultur, Reformkleidung und -ernährung und vieles, was damals unter Gebildeten Hoffnungen auf eine Lebensreform weckte, ver-

43 ›Wandertag‹, um 1907

78

44 WANDERVOGEL-Mädchengruppe

banden sich zu einem Komplex von Wahrnehmungserwartungen und Projektionen, mit deren Hilfe man die beunruhigende gesellschaftliche Wirklichkeit zu bewältigen hoffte.

Nicht das ganze Bildungsbürgertum, aber ein bestimmter Teil konnte sich in der Lebensreform- und Jugendkulturbewegung sinnlich-sozial und politisch regenerieren. HELWIG beschreibt das gegenständliche Ambiente, in dem dieser Sozialisationstyp zu Hause lernte: »Man konnte sich wohlfühlen in diesen hellen, spärlich möblierten Zimmern. Handgewebte Stoffe allenthalben; man schätzte Keramik, Zinn, buntes Geschirr, und auch die Reformküche hatte ihre Vorteile (...). Ich sehe so ein damaliges WV-Wohnzimmer innerlich noch vor Augen. (...) Da standen auf dem Bücherbord: BURTEs ›Wiltfeber‹, der Roman des ewigen Deutschen, DE COSTERs ›Ulenspiegel‹, POPERTs ›Helmut Harringa‹, die ersten Bücher von HERMANN HESSE und FRIEDRICH HUCH, LANGBEHNs ›Rembrandt als Erzieher‹, die Jahrgänge der ›gelben Zeitung‹. An der

Wand hing das Lichtgebet von FIDUS. Aber das paßte gut zu der Kluft aus Rippelsamt, zum Kleid aus Beiderwand.« (S. 189)

Diese Kleinbürgerwelt mit Reformanspruch hatte nichts mehr mit dem vorrevolutionären intellektuellen Bürgertum, nichts mehr mit den ›jungdeutschen‹ Gebildeten zu tun, wie sie in den Romanen von GUTZKOW und LAUBE auftraten: »(...) nervös, immer strebend nach Idealen in Staat und Gesellschaft, dabei noch Menschen, für die der äußere Glanz des Lebens, der vornehme Duft des Salons und eine künstlerisch verbrämte Sinnlichkeit unwiderstehliche Reize besaßen.« (v. LEIXNER 1897, S. 951) Es war eher ein Typus von merkwürdiger Gedrücktheit und moralischer Strenge. Nichts wirklich revolutionäres lag dieser lehrerhaften Generation im Sinn, als sie sich schon 1892 in der GESELLSCHAFT FÜR ETHISCHE KULTUR, im GOETHEBUND (1900), im DÜRERBUND (1902), im MONISTENBUND (1906), im DEUTSCHEN WERKBUND (1907) zusammenfand. Die »Wiedereroberung einer harmonischen Kultur« (F. SCHUMACHER

79

46 ›Kindervilla‹ der DRESDNER WERKSTÄTTEN FÜR HANDWERKSKUNST

47 Halle eines von HERMANN MUTHESIUS 1914 gebauten Landhauses ▷

45 Architekten-Entwurf, um 1908

1907 vor dem WERKBUND) war das Gesamtziel der Gebildeten-Reformbewegung. Sie hatte die zerstörte Natur und die gestörte Kultur des Hochkapitalismus vor Augen, spürte die soziale Verunsicherung, nahm auch die Klassenstruktur des Kaiserreichs wahr.

Doch der Glaube an die innere Reform der wilhelminischen Gesellschaft war unerschütterlich. Kampf gegen die ›Unkultur‹ war die Devise, die zu einer vergeistigten Wahrnehmungsweise zurückführen sollte. Der Erwachsene sollte dazu wieder auf gutgestalteten Möbeln sitzen, das Kind mit schönen Spielzeugen seine Sinne verfeinern.

Der Körper sollte vom Zwang modischer Kleidung befreit, zur ›natürlichen‹ Beweglichkeit gebracht, die Großstadt in Gartenstädte aufgelöst werden.

SCHULTZE-NAUMBURGs vielbändiges Werk der ›Kulturarbeiten‹ (1901–1917) rief zur Wachsamkeit gegenüber den zerstörerischen Folgen des Industriekapitalismus und der Kulturbarbarei in der Baukunst und Landschaftsgestaltung auf. Man beklagte das »Verschwinden der Traulichkeit des deutschen Hauses«, die »Verunstaltung der Straßenbilder durch Reklameschilder«, das »Aussterben alter Waldbestände«, die »Schädigung der Landschaft durch Eisenbahnen«,

80

die »Störung natürlicher Wasserläufe durch Elektrizitäts-Anlagen« und forderte die »Einschränkung fabrikmäßiger Betriebe« – so der Heimatschutzmann ERNST RUDORFF 1901, einer der ersten ›Grünen‹.

Auf diese Weise formierte sich eine propagandistisch-kulturelle Gegenbewegung innerhalb derselben Klasse, welche die rigorose Ausbeutung von Natur und Menschen betrieb und plötzlich merkte, daß alte Stadtbilder und Kulturlandschaften im Schwinden begriffen waren. Das gleiche Bedauern galt der Verschärfung sozialer Widersprüche, die man mit einer Demokratisierung des Kunstgenusses und einer Neugestal-

tung des Arbeiterwohnens in den Griff zu bekommen trachtete. »Die Gesamtheit dieser Maßnahmen sollte durch Bildung des einzelnen und durch Reformen im Sinne einer ethischen Kultur die vom ›kapitalistischen Geiste‹ bewirkte Zerspaltung der nationalen Gemeinschaft überwinden und die Kooperation der Sittlichen und Vernünftigen herbeiführen.« (KRATZSCH, S. 39)

Viele gegenständliche Symbole und vorgestellte Werte des Bildungsbürgertums waren schon in der Stilkunstepoche und ihren hoffnungsvoll-volkskünstlerischen und deutschtümelnden Selbstinterpretationen produziert worden. Das neue Wertgefühl konnte

81

in der darauf folgenden Versachlichungs-
periode der ›Werkbundform‹ an verbilligte,
aus der Rationalität industrieller Massen-
produktion gewonnene Gebrauchswerte gegenständlich gebunden werden. Vor allem
aber schlug die schlicht-innige, neobieder-
meierliche Geschmacksnorm durch, die der
KUNSTWART verbreitete.

Eine Lebensreform hatte man einleiten
wollen, ohne die gesellschaftlichen Bedingungen anzutasten. »So blieb nur der Weg
einer Gesellschaftsreform durch Reform der
Kultur und ihres sinnlich faßbaren Ausdrucks in Kunstgewerbe und Architektur,
eine Erneuerung des Lebens durch die Reform seiner Formen und Gefäße.« (PLESSNER
1962, S. 38) Daher kam das besondere Gewicht aller Maßnahmen zur ästhetischen
Sozialisation, ja der Grundzug einer Ästhetisierung aller sinnlichen Bedürfnisse, der
Vorherrschaft von Kunst über das Leben
seit Beginn der Jugendstilepoche kurz vor
der Jahrhundertwende.

Das neue Wertgefühl bezog sich aber
nicht nur auf die Umweltgestaltung. Es
gehörte die Ablehnung von Rang- und Stan-
deskundgabe, Couleurstudententum, Offi-
ziershochmut, Geldprotzerei, Adelsdünkel
und Künstlergehabe, aber auch alles ›Krankhaften‹ der Kultur dazu. MAX NORDAU (auf
den der Begriff »Entartung« zurückgeht)
forderte schon 1893: »Ein Verein, dem die
Führer und Lehrer des Volkes, Professoren,
Schriftsteller, Abgeordnete, Richter und
hohe Beamte angehören, hat die Macht,
einen unwiderstehlichen Boycott zu üben.
Die ›Gesellschaft für ethische Kultur‹ möge
es unternehmen, die künstlerische und
schriftstellerische Hervorbringung auf ihre
Züchtigkeit zu prüfen.« (Bd. 2, S. 503) Ein
besonderes Führerideal, eine Art Kreuzung

von »Professor, Lehrer und Offizier« (LICHT-
WARK 1901), sollte die Reinheit der Anschauung und des Gedankens garantieren.

Welche Lichtgestalten damals aus der
sich verdunkelnden gesellschaftlichen Szene
herausführen sollten, zeigt der Held des
von dem Hamburger Amtsrichter HERMANN
POPERT verfaßten Romans ›Helmut Harringa‹
(1912). Er wird – abgestoßen vom Komment
und Bierkonsum seiner Verbindung – zum
Abstinenzler. Der Autor stilisiert ihn zu
einem makellos ästhetisierten Leitbild des
allseits sinnlich beherrschten, aufrechten
Deutschtums. Der DÜRERBUND empfiehlt das
Buch.

Das Führerprinzip ist aus der Wahrnehmung und dem Fühlen, Denken und Wollen des deutschen Bildungsbürgertums, das
sich selbst als ästhetisch-kulturell und
ethisch führend begriff, ebensowenig fort-
zudenken wie der Kaiser aus der Vorstellung eines durchschnittlichen Untertan.
LANGBEHN (›Rembrandt als Erzieher‹) und
NISSEN (›Dürer als Führer‹) schufen mit
Rückgriffen in die Geschichte einen Projek-
tionsraum, in dem das Bewußtsein des
sicher Geführtwerdens gedeihen konnte.
Das ästhetische Lernen, in seinem gegen-
ständlich-materiellen Rahmen meist sehr
eingeschränkt, konzentrierte sich auf diesen
Innenraum der Vorstellungen, Hoffnungen
und Illusionen.

»Ernsthafte ästhetische Kultur ist eine
Form sittlicher Kultur«, sagte 1906 F. AVENA-
RIUS (Herausgeber des KUNSTWART). Er nannte
sie noch »Ausdruckskultur«. Aber schon 1900
schien ihm die Zeit gekommen, »wo der
germanische Geist der Kultur (. . .) als Ausdruck in Dichtung und Musik und selbst in
bildender Kunst erobernd durch die Welt
vordringt.« AVENARIUS erklärte daher, wie

82

viele Gebildete seiner Zeit, die Deutschen zum »ersten Kunstvolk der Zukunft« (KUNST-WART 14,1 S. 1–7).

Unverhüllt trug das Bildungsbürgertum diesen Anspruch deutscher Kunst und Kultur dem Volke und der Welt vor. Der Gebildete war in seiner Rolle politischer Sozialisator und ästhetischer Erzieher in einer Figur. Er lebte diese kulturelle Einheit in der eigenen sinnlich-sozialen, ästhetisierten Existenz der ganzen Nation vor, er beschrieb und lehrte sie. Die Stellung im Produktionsprozeß (oder die Entfernung dazu), der Ort und die Funktion in der sozialen und politischen Struktur des Kaiserreichs (man war quasi zum nationalen Erzieher bestellt) und das spezifisch kulturell gefärbte Klassenbewußtsein mit Erinnerungen an einstige geistige Größe und kulturelle Gestaltungskraft schufen die dazu notwendige Überzeugung. SCHULTZE-NAUMBURGs ›Kulturarbeiten‹ sind eine einzige Anspannung der Wahrnehmung in die ästhetische Kultur der bürgerlichen Vergangenheit, zugleich eine Projektionsleistung konservativer Kulturauffassung.

Nicht nur in der Warenöffentlichkeit, auch wo die Wahrnehmung privat beschränkt war oder sich auf einen sehr begrenzten Raum verengte, wie z. B. in einer Lehrerwohnung, erhielten die gegenständlichen Symbole und gesellschaftlichen Rituale ein besonderes Gewicht. Nicht der Preis der Möbel oder die Anzahl der Bücher war entscheidend für das Selbstwertgefühl, sondern welche man hatte. Es kam nicht darauf an, daß man mehrere Gänge aß, sondern daß man das einfache Mahl an einem gedeckten Tisch im Familienkreis unter Einhaltung präziser Regeln – Spruch oder Gebet vor dem Essen – rituelle Hand-

reichungen während der Mahlzeit – gemeinsame Beendigung – einhielt, nicht schmatzte, als Kind nicht ungefragt redete, sich den Mund mit der Serviette wischte, Besteck und Geschirr (empfohlen von der WERKBUND-DÜRERBUND-GENOSSENSCHAFT) zivilisiert handhabe, den Blick auf ein gutes Landschaftsbild gerichtet.

Sowohl das Moment der Verstärkung als auch das der tendenziellen Orientierung dieser spezifischen Kultur der Sinne ist vielfach z. B. in den Kunstgewerbezeitschriften, in den DÜRERBUND-Flugschriften, im KUNST-WART nachgewiesen. Dazu aber kam eine entsprechend interpretierbare ›ästhetische Öffentlichkeit‹ durch das Ausstellungswesen und die Kulturindustrie im weitesten Sinne. Was Erinnerung, was Sehnsucht, was gelebtes Ritual, was vorgestellter Wert im gesamten Sozialisationsprozeß des Bildungsbürgertums gewesen ist, läßt sich zuverlässig nicht mehr feststellen. Wahrnehmung, Erinnerung und Projektion müssen auch hier in untrennbarer Einheit den Gesamtprozeß des Erlebens bestimmt haben. Die Dinge, Räume und Handlungen, die man als angemessen zu betrachten lernte, dienten zugleich der Wiederentdeckung alter Erfahrungen, der Stillung gegenwärtiger Deutungs- und Identitätsbedürfnisse und dem Traum von einer helleren Zukunft.

Dabei hielt die Gebildetenreformbewegung ihre präfaschistischen Züge nicht verdeckt. Fast unbegreiflich wirkt heute die Borniertheit des Kulturbegriffs. Der ›Ein-Kulturen-Standpunkt‹ galt als unerschütterlich, und die eine wahre Kultur war die eigene. Der Massenkonsum und das Wohnen der Arbeiterbevölkerung, aber auch der nichtgebildeten kleinbürgerlichen und bürgerlichen Schichten waren durchweg Gegen-

WOHN·ZIMMER·N⁰ 45   ENTWURF·H·TESSENOW

48a/b   Bildungsbürgerliche Wohnvorstellungen 1912 und 1930

stände arroganter Kritik (und erfolgloser ästhetischer Erziehung). Nicht selten wurden die Feldzüge gegen Schmutz und Schund, gegen den Kitsch (was immer darunter verstanden wurde) und gegen die Auswüchse der kapitalistischen Warenkultur mit sektiererischem Eifer geführt. Geschmackserziehung bezog sich auf nahezu jeden Gegenstand und Alltagsbereich: Wandschmuck zu Hause und in der Schule, Wohnungseinrichtung, Unterhaltungsliteratur, Spielzeug, Hausmusik, Fotografie. ›Echte‹ deutsche Volkskunst war das Gegenteil scheinverhafteter ›Salonkunst‹. Dabei hatte ein verzerrtes Geschichtsbild die Kulturtheorie zu beherrschen begonnen. Für H. ST. CHAMBERLAIN war GOETHE »unser größter Germane« (1900). Der gebildete Deutsche war am Ende nicht weniger chauvinistisch als der ungebildete. Er war es nur viel ›innerlicher‹, in seinen sinnlichen Ausdrucksformen und emotionalen Strukturen differenzierter. Er war gundsätzlich bereit, sich der ›Form‹ zu unterwerfen, wo immer diese als Wert ausgewiesen war: »Kultur ist ohne eine bedingungslose Schätzung der Form nicht denkbar, und Formlosigkeit ist gleichbedeutend mit Unkultur«, stellte MUTHESIUS (1912) fest.

In der Hoffnung auf die Herrschaft der Form lag die Utopie dieser bildungsbürgerlichen Kulturreform der Sinne und Anschauungen. In der Form sollte die Differenz zwischen Sein und Schein, zwischen Wirklichkeit und Erwartungen aufgehoben werden. Deshalb die konsequente Ästhetisierung des gesamten ästhetischen Lernprozesses, deshalb stand die Kunst im Mittelpunkt der Sozialisation der Sinne in allen Bereichen, deshalb auch die unnachgiebig normative Ausrichtung der gesamten Wahrnehmungstätigkeit auf vorgestellte, niemals hinterfragte Leitwerte dieser Kultur.

Nichts durfte mehr dem gesellschaftlichen Zufall überlassene Wahrnehmung sein. Immer mußte das Wahrnehmungsinteresse bewußt auf eine bedeutungsvolle Gestaltung des Lebenszusammenhangs gerichtet sein. Daran erkannten die Gebildeten sich gegenseitig. Darin sahen sie auch eine Garantie für die Entwicklung einer harmonischen Volkskultur über alle Klassengegensätze hinweg. Die ästhetische Repression diente damit einem vorgeblich guten sozialen Zweck, hinter dem die politische Absicht verschwand.

Wie beiläufig aber hatten sich politische Begleitinhalte an den kulturellen Werten festgemacht. Schließlich gipfelte das vorbildliche Design der neudeutschen Industrieform nicht in den schlichten Kochtöpfen und Möbeln des ›Deutschen Warenbuches‹ der WERKBUND-DÜRERBUND-GENOSSENSCHAFT, sondern in den wegen ihrer vollendeten Formgebung für schön erklärten Schlachtschiffen und Torpedobooten des Flottenbauprogramms. Der noch vor 1914 vollzogene Umschlag des sozialästhetischen Denkens in den ›Kunstimperialismus‹ einer zweiten Phase der Werkbundpropaganda ist vielfach belegt.

Den ästhetischen Volkserziehern gelang die Identifikation mit den industriellen Interessen und der Weltmachtpolitik des Kaiserreichs auf der Grundlage eines aus unterschiedlichen Motiven gespeisten »imperialen Machtwillens des Bildungsbürgertums« (HAMPE 1976). Daß das Bildungsbürgertum im Sumpf der betrogenen Erwartungen und Gefühle stecken blieb, daß die Hoffnungen auf eine kulturelle Lebensreform in der Kata-

85

strophe des Weltkriegs zerstoben, hat diesem Sozialisationstyp nichts anhaben können. Sein bleibendes Wahrnehmungsinteresse, seine Sinnlichkeit, seine Affekte sollten gerade auf dem Gebiet der ästhetischen Erziehung immer wieder neu in Aktion treten. Welche Formtendenz aber in dieser speziellen, ästhetisierten Kultur der Sinne schon vor der Jahrhundertwende angelegt war, liest man in der Erstausgabe von LANG-

BEHNs ›Rembrandt als Erzieher‹: »Das neue geistige Leben der Deutschen ist keine Sache für Professoren oder gar für Juden; es ist eine Sache der deutschen Jugend; und zwar der unverdorbenen, unverbildeten, unbefangenen deutschen Jugend. (. . .)

Bescheidenheit, Einsamkeit, Ruhe, Individualismus, Aristokratismus, Kunst – das sind die Heilmittel, welche der Deutsche auf sich anwenden muß. (. . .)« (1890, S. 356)

3 Proletarische Lebenswirklichkeit und kulturelle Erfahrung

Das Proletariat konnte sich als Klasse in Deutschland erst später als beispielsweise in England formieren. Aber mit der nachgeholten Industrialisierung entwickelte sich die neue politische Kraft unaufhaltsam. Nach der ›Allgemeinen deutschen Arbeiterverbrüderung‹ STEPHAN BORNs von 1848, einer ersten Vereinigung von Arbeitern aus allen Produktionszweigen, konstituierte sich auf Betreiben FERDINAND LASALLEs 1863 der ALLGEMEINE DEUTSCHE ARBEITERVEREIN, 1869 folgte die Gründung der SOZIALDEMOKRATISCHEN ARBEITERPARTEI BEBELS und LIEBKNECHTs in Eisenach, 1875 kam der Zusammenschluß der konkurrierenden ›Eisenacher‹ und der Lasalleaner unter dem Gothaer Programm.

Die Klassenauseinandersetzung hatte begonnen und fand 1878 mit dem ›Gesetz gegen die gemeingefährlichen Bestrebungen der Sozialdemokratie‹ ihren vorläufigen Höhepunkt. Doch gerade der subkulturelle

Alltag, die gelebte Solidarität und die Arbeit im Untergrund bis zur Aufhebung des Sozialistengesetzes 1890 begünstigten das Entstehen einer zweiten Kultur. »Die deutsche Arbeiterschaft erhielt so gewissermaßen ihr – wenn auch positiv verstandenes – Getto.« (GREBING 1977)

Als die Sozialdemokraten schließlich 1912 über 34 Prozent der Stimmen erhielten und mit 110 Abgeordneten in den Reichstag zogen, zeugten Arbeiterbildungs-, Sport- und Gesangvereine, Konsumgenossenschaften und eine Vielzahl von partei- oder gewerkschaftseigenen Presseorganen von der lebendigen Gegenwart des längst zu Selbstbewußtsein und eigenen Organisationsformen gelangten deutschen Proletariats. Aber über Sinnlichkeit und Kultur der Klasse, die den Mehrwert schuf, aus dem der privat angeeignete Reichtum der Bourgeoisie wie auch das regelmäßige Gehalt des gebildeten Staatsdieners kamen,

86

49a/b Zusammensetzungssaal und Eisengießerei der Maschinenbauanstalt BORSIG (nach einer Darstellung von 1848)

50 Aussperrung (Illustration, 1893)

war wenig bekannt. Fast alles, was unter dem Stichwort Arbeiterkultur hätte gesammelt und überliefert werden müssen, hat die kulturgeschichtliche Forschung lange nicht interessiert.

Aus bürgerlicher Sicht waren deutsche Arbeiter zu Beginn des 20. Jahrhunderts noch kulturlos. Ironisch schildert E. REICH die Entstehung des von Pfarrer GÖHRE herausgebrachten Buches ›Drei Monate Fabrikarbeiter‹ (1891): Der Autor sei »thatsächlich verkleidet« ausgezogen, »um wie ein Afrikareisender unter mancherlei Beschwerden diese wilden Stämme förmlich zu entdecken« (1892, S. 173).

Die Absichten solcher Entdeckungsreisen nach der in der BISMARCK-Ära verwirklichten Sozialgesetzgebung, die integrative Funktion hatte, waren vieldeutig. Sozialästhetisch engagierte Reformer nach 1900, wie beispielsweise der Architekt RICHARD RIEMERSCHMID, knüpften Hoffnungen der sozialen Beruhigung und sittlichen Veredelung an eine ästhetische Durchgestaltung des Reproduktionsraumes der Arbeiterfamilie: »Wenn alles so gedacht und gemacht ist, dann müßte das Ergebnis sein, daß die Wohnstätten außen wie innen dieselben Eigenschaften zeigen, die wir auch an ihren Bewohnern finden möchten; ehrlich und anständig, schlicht, genügsam und dazu stolz und ruhig selbstbewußt, heiter und treu.« (1906, S. 58) Auch der Wirtschaftswissenschaftler HEINRICH WAENTIG sprach von der »vollkommenste(n) und edelste(n) Überbrückung der Klassengegensätze« durch den geschmacklichen Aufstieg des »kleinen Mannes« (1909, S. 414).

Das Fehlen eigener »Kulturäußerungen« der Arbeiterklasse (MUTHESIUS 1906) war eine Folge bürgerlicher Optik und des er-

51 ›Arbeiterhäuschen‹ mit 40 qm Wohnfläche (Musterentwurf aus einer Illustrierten, 1890)

klärten ›Ein-Kulturen-Standpunktes‹ und eine Folge der Arbeits- und Lebensbedingungen des Arbeiters, der sich Kultur als genußvolle Ästhetisierung des Lebenszusammenhangs oder als ethische Forderung nach einer Überhöhung des materiellen Seins nicht leisten konnte. Abgesehen davon, daß der bürgerliche Kulturbegriff nicht geeignet war, hier Fragen zu stellen und Antworten zu finden, war das Wahrnehmungsinteresse des Arbeiters eher von den Zwängen der Existenzsicherung als von den Formen des Genusses und Kulturkonsums bestimmt.

Es herrschte Wohnungsnot vor allem in den Ballungszentren, es gab ständig Preissteigerungen bei Grundnahrungsmitteln und Heizmaterial. Fleisch war oft einfach unbezahlbar, Ernährung, Kleidung, Gesunderhaltung und das Wohnen der Arbeiterfamilie blieben weit unter jedem bürgerlichen Standard. Zeitgenössische Erhebungen und Dokumente belegen die unzureichenden, teilweise katastrophalen Lebensbedingungen der deutschen Arbeiterbevölkerung Anfang bis Mitte der neunziger Jahre und darüber hinaus.

Der sozialdemokratische Reichstagsabgeordnete EMANUEL WURM hat 1892 eine Art Mindesthaushaltsbudget einer Arbeiterfamilie mit zwei Kindern errechnet. Dieses vorgestellte Budget von jährlich 2000 Mark sollte ein einigermaßen erträgliches Leben garantieren, es umfaßte alle Ausgaben von der Miete bis zur Sonntagszigarre des Vaters einschließlich 80 Mark für Bildungszwecke. Aber WURM stellte gleichzeitig fest, daß noch 67 Prozent der im Königreich Sachsen erwerbstätigen Bevölkerung zur »unbemittelten Klasse« d. h. zu den Jahreseinkommensgruppen zwischen 300 und 800 Mark zählten. Rund 70 Prozent der preußischen Bevölkerung mußten mit weniger als 900 Mark im Jahr auskommen (S. 111/114).

Ein bürgerlicher Autor, OTTO V. LEIXNER, verglich 1894 drei unterschiedliche Haushaltsbudgets, den einer Familie der ›feineren Schichten‹, den eines mittleren Beamten und den eines Facharbeiters. Dieser letztere nimmt 1700 Mark ein und gibt sie (bei zwei vermuteten Kindern, nähere Angaben fehlen) bis auf 80 Mark Ersparnisse aus. Er dient als Beweis für die Behauptung, auch Arbeiter könnten bei ordentlicher Haushaltsführung ihr Auskommen haben. Der Haushalt des »Staatsdieners mit Hochschulbildung«, des beamteten Bildungsbürgers also, mit zwei Söhnen in der Schule und einer zu Hause künstlerisch nebenerwerbstätigen Tochter nimmt jedoch 9000 Mark an Gehalt und Zinsen ein. Und der großbürgerliche Haushalt mit zwei Töchtern und einem studierenden Sohn verfügt über Einnahmen aus preußischen Staatspapieren von 23 000 Mark im Jahr.

6000 Mark Beamtengehalt im Jahr waren nicht viel; aber man konnte davon leben. Doch eine Näherin brachte am Ende der Woche keine 10 Mark nach Hause, nur hochqualifizierte Facharbeiter schafften bis zu 30 Mark. Hinzu kam der lange Arbeitstag. Seit der Neufassung von Arbeitsschutzvorschriften in der Reichsgewerbeordnung von 1891 sollten Frauen nicht mehr als elf Stunden täglich arbeiten. Für Männer galt diese Begrenzung nicht. Dies bei überwiegend schwerer körperlicher Tätigkeit, an gefährlichen Maschinen, in abstoßender Umgebung und bei fast immer stumpfsinnigem Arbeitsvollzug.

Über die industriellen Arbeitsbedingungen, d. h. über Arbeitsweise, Belastung, Unfallgefährdung usw. ist viel geschrieben worden (vgl. HENNING, in: REULECKE/WEBER 1978). Am eindringlichsten aber schildern Arbeiter selbst in ihren Lebenserinnerungen (vgl. BROMME, FISCHER, REHBEIN u. a.) die wirklichen Arbeitsverhältnisse und ihre Folgen. Immer wieder beschreiben sie das existentielle Ausgeliefertsein an krankmachende, geisttötende, eintönige und schwere Arbeit. Sie vor allem setzte der sinnlichen Wahrnehmung ihre Grenzen und bestimmte die Sehweise, das Wollen und Denken über Tag und Jahr.

Das waren materielle Sozialisationsbedingungen weitreichender Art, unvorstellbar für Angehörige der Ober- und Mittelschichten, obwohl dies die Alltagsrealität großer Bevölkerungsteile war. Umgekehrt konnten der Glanz der bürgerlichen Kultur, ja noch das bescheidene kleinbürgerliche Dekor einer Beamtenwohnung, die Auslagen der neuen Kaufhäuser oder das Auftreten sauber gekleideter Commis, der kleinen kaufmännischen Angestellten, ihre Wir-

90

52 a/b   C. O. CZESCHKA. Illustrationen aus der Arbeitswelt, 1908

kung nicht verfehlen. Dies waren die wahrnehmbaren Leitbilder des ›besseren Lebens‹, das sich ganz real in einer offenbar menschlicheren Form vollzog. Unmißverständlich demonstrierte die bürgerliche Kultur ständig ihre Überlegenheit. Sie konnte wahrgenommen werden, materiell aber blieb sie unerreichbar.

Kaum eine Dokumentation oder kritische Analyse der Lebensbedingungen aus dieser Zeit, die nicht das Recht des Arbeiters auf Teilhabe an der bürgerlichen Kultur schlußfolgernd als Forderung neben die nach besserer materieller Versorgung und Arbeitszeitverkürzung gestellt hätte. Der Bereitschaft eines Teils der wilhelminischen Bourgeoisie, diesen Zugang zu gestatten oder aus sozialpolitischen Gründen zu fördern, entsprach ein anhaltendes Bedürfnis der Aneignung der bürgerlichen Kulturideale von unten: »Der vierte Stand hat sich mündig erklärt. Er will mitessen am Tisch freier Lebensbethätigung«, heißt es bei PUDOR (1902, S. 307), und der Sozialist REICH drängte: »Wir fordern Brot für das wahre, arbeitende Proletariat allerorten, und gleichberechtigt stellen wir neben dies Begehren den Anspruch auf Anteil an dem, was das Leben schmückt, an der Kunst. (...) Soll demnach den Besitzlosen ihr Recht werden, so lautet unser Schlachtruf: Achtstundentag und Kunstreform!« (1894, S. 263)

»Ästhetische Sozialpolitik« (REICH) war eine Forderung der Sozialdemokratie wie des Bildungsbürgertums. Sie bezog sich auf die Demokratisierung des Theaters – in der Volksbühnenbewegung – ebenso wie auf die Öffnung der Museen zu Zeiten, die auch Arbeitern den Besuch ermöglichten, auf Volksbüchereien und auf billige Konzerte. Objekt des sinnlichen Zugriffs war immer die ferne bürgerliche Kultur. Sie sollte gleichsam in Billigausgaben zur Verfügung stehen. Dieses Aneignungsinteresse hatte bedingt emanzipatorische Züge. Man versuchte endlich sich zu nehmen, was lange vorenthalten worden war. Am einfachsten schien das noch im Bereich der schönen Literatur.

Das Verhältnis des Arbeiters zur Hochkultur und Kunst kann man aber mit den Selbstverwirklichungsbedürfnissen und -formen des Bürgertums früherer Jahrhunderte oder des Zeitalters der Aufklärung und des beginnenden Industrialismus nicht gleichsetzen. Dazu waren die Ausgangsbedingungen zu verschieden, unter denen die sinnliche Wahrnehmung und kulturelle Ausdrucksfähigkeit entwickelt werden konnte. Die Geschichte der proletarischen Sinnlichkeit und Kultur ist durch den eigenen Sozialisationsrahmen von der bürgerlichen Emanzipationsgeschichte der Sinne weitgehend abgehoben. Zwar waren die Interessen des Dritten und des Vierten Standes zeitweise einmal identisch gewesen. Man zweifelte noch 1890 in dieser Erinnerung nicht daran, »daß ein Lessing, ein Schiller, um 100 Jahre später geboren, die Sache des Proletariats zu der ihren gemacht hätten« (REICH, S. 181). 1848/49 hatten Bürgerliche und Arbeiter noch gemeinsam gekämpft. Doch hatte es für den Arbeiter in seiner Geschichte keine Familie im biedermeierlichen Sinne, keine bürgerliche Wohnkultur, keine mit sinnlich-sozialen Reizen gesättigte ›ästhetische‹ Lebens- und Lernumwelt einer eigenen Öffentlichkeit, keine Teilhabe an der geistigen Kultur, sondern fast ausschließlich die frühe, oft schon im Kindesalter beginnende, zerstöre-

92

53 Eine Wahlrechts-Demonstration der Sozialdemokraten in Brandenburg/Hafel am 6. 3. 1910

rische Erfahrung entfremdeter Arbeit gegeben.

So war die bemühte Aneignung bürgerlicher Kulturwerte zweischneidig. »Nicht wenige Arbeiter hingen noch der Illusion an, durch bürgerliche Bildung, bevorzugt klassischer Prägung, Freiheit und Gleichberechtigung mit der Bourgeoisie zu erlangen.« (EMMERICH 1974, Bd. 1, S. 164) WILHELM LIEBKNECHT (»Wissen ist Macht, Macht ist Wissen«, 1872) hatte zwar die Aneignung von Wissen der »Bourgeoislüge von Bildung« entgegengesetzt. Aber er hatte nicht mit Anpassungseffekten und dem sehnsuchtsvollen Blick nach oben in die ›bessere‹, die bürgerliche Kultur gerechnet. Arbeitszeit-

verkürzung und bessere Löhne mußten diesen Vorgang ebenso beschleunigen wie die sozialdemokratische oder gewerkschaftliche Bildungsarbeit. Sie erzog zu einer mehr oder weniger ehrfürchtig-rezeptiven Haltung und nahm kaum Bezug auf die produktiven Fähigkeiten und Fertigkeiten, auf die Sprache und die Kultur von Arbeitern.

Dem »Trostfinden in einem Buche« (BROMME 1905) entsprach im Wohnen besser gestellter Arbeiter um 1900 die Nutzung kleinbürgerlicher Einrichtungsstücke und Kultursymbole, so weit die Kaufkraft reichte. Lebensbedingungen und Wahrnehmungsinteresse der Arbeiter waren keineswegs gleichförmig geblieben. Es gab

93

erhebliche Lohnunterschiede. Hinzu kam die Ausformung einer ›Arbeiterbürokratie‹ von Parlamentariern, Partei- und Gewerkschaftsfunktionären, und in der Folge der zunehmende Verzicht auf Klassenkampf zugunsten von Reformen, was ebenfalls einer Annäherung an bürgerliche Wahrnehmungsinteressen und kulturelle Reproduktionsformen förderlich war. Der Sittenhistoriker OTTO RÜHLE (vgl. S. 310ff.) hat die Verkleinbürgerlichungstendenzen des deutschen Proletariers beschrieben. Trotz solcher später immer sichtbarer werdenden Anpassungstendenzen war aber schon in der Zeit des Sozialistengesetzes eine eigene Alltagskultur entstanden, der Wahrnehmungsraum einer ›subkulturellen‹ proletarischen Öffentlichkeit, in dem sich besondere Formen der sozialen Sinnlichkeit ausbilden konnten: »Der sozialdemokratische Arbeiter trank sein Bier in einer von einem Parteigenossen betriebenen Kneipe; er bezog seinen Tabak im Zigarrenladen eines Genossen; seine Frau kaufte die Lebensmittel der Familie bei einem sozialistischen Ladenbesitzer; er kegelte, sang, schwamm oder turnte in einem aus Parteianhängern gebildeten Verein (...).« (RITTER 1976, S. 15) Allmählich hatten »Abkapselung von der bürgerlichen Gesellschaft und Aufbau einer eigenen Lebenswelt« (RITTER) eine ›zweite‹ Kultur in der herrschenden bürgerlichen entstehen lassen. Hinzutraten die Erfahrungen des Arbeitskampfes und der politischen Organisation im Untergrund, die eine neue Sinnlichkeit der Gemeinschaft und der Subkommunikation begründen halfen. Arbeiterbiographien berichten immer wieder von der gescheiterten oder gelungenen gemeinsamen Durchsetzung von Interessen im Arbeitskampf. Schließlich waren wenige,

aber starke Symbole und Rituale in der roten Fahne, in der Hymne, im Festtag des 1. Mai, in der Anrede- und Verkehrsform, im eigenen Vereinsleben, in der selbstbewußten Körpersinnlichkeit des Arbeitersports ausgebildet worden. Die Kultur der Arbeiterbewegung war in der wilhelminischen Öffentlichkeit nicht mehr zu übersehen, als MUTHESIUS 1905 davon sprach, sie liege noch »in den Windeln«. Sie bestand für sich im Alltag, auch in den Formen der politischen Organisation, und stellte so einen besonderen Wahrnehmungs- und Lernraum der Sinne dar. Zugleich aber bediente sie sich auf verwirrende Weise der Elemente der anderen, der ›ersten‹ Kultur. In der gegenständlichen Aneignungsform des Arbeiterkonsums kam einerseits eine kulturelle Anpassungsleistung zustande. Andererseits mußte das durch besondere Lebensbedingungen ausgeprägte Wahrnehmungsinteresse zu einem Gebrauch der Dinge führen, der auch die Gegenstands- und Handlungsbedeutungen veränderte. Nähmaschine und Fahrrad wurden unter großen Opfern angeschafft, damit der Mann seinen Weg zur Arbeit verkürzen und die Frau die Kleidung der Familie wenden konnte. In bürgerlichen Familien der unter sozialem Konkurrenzdruck lebenden Mittelschichten diente die Nähmaschine der Hausschneiderin oft zum selben Zweck. Aber das sportliche Fahrrad war für die Töchter Symbol ihrer Emanzipation (für Pädagogen sogar Anlaß, von einer »Ästhetik des Radfahrens« zu reden), während es für den Arbeiter ein notwendiges Fortbewegungsmittel, einen Gebrauchswert darstellte. (Auf diesen Unterschied in den Objektbeziehungen kommen wir noch zurück.) Ohne den Charakter der Lohnarbeit auf-

94

54 Arbeit im Eisenbahnschienen-Walzwerk bei KRUPP (nach einer Zeichnung von 1890)

zuheben und die Verfügungsverhältnisse über Menschen und Sachen zu verändern, mußte der von den bürgerlichen Reformern angestrebte Ausgleich zwischen beiden Kulturen durch »ästhetische Sozialpolitik« scheitern. An der Lebenswirklichkeit, an den Sozialisationsbedingungen und an der darin sich entwickelnden Wahrnehmungsweise der Arbeiter konnte sich wenig ändern. Diese Wirklichkeit war – anders als die der Bourgeoisie – durch den unveränderten Charakter der industriellen Arbeit und die Ausbeutung der Arbeitskraft gekennzeichnet.

Die Arbeit war und blieb stärkste Sozialisationsmacht auch in der Entfernung von der Fabrik, und zwar viel unmittelbarer als bei der Formung der Sinnlichkeit bürgerlicher Sozialcharaktere, die sich immerhin zu großen Teilen außerhalb des Arbeits- und Erwerbslebens, nur unter indirektem Einfluß der Produktionsweise, vollzog. Hier gestatteten lange Schulzeit und Studium, ausgedehnter Freizeit- und Kulturgenuß, Reisen, eine abgeschirmte Familienatmosphäre, die Sommerfrische, das Landhaus im Grünen usw. einen Lernprozeß ohne die

unmittelbare Einwirkung entfremdeter Arbeit. Die Sinnlichkeit des Arbeiters aber war bestimmt durch seine Funktion als menschliche Arbeitsmaschine.

Die Kultur der Sinne ist vor allem an das Verhältnis des Menschen zur Arbeit gebunden, in der er nicht nur die Gegenstände, sondern auch sich selbst produziert. MARX bezeichnet im Zusammenhang mit der industriekapitalistischen Produktionsweise dieses Verhältnis als gestört. Er spricht von der Entfremdung bzw. Entäußerung des Arbeiters unter zwei Gesichtspunkten, nämlich unter dem Gesichtspunkt des Verhältnisses zu den *Produkten* der Arbeit und dem Gesichtspunkt des *Vollzugs der Arbeitstätigkeit*. Unter beiden Aspekten wird die Sinnlichkeit des Arbeitenden in spezifischer Weise beansprucht und geformt. Einmal entsteht ein Verhältnis zum Produkt der Arbeit »als fremden und über ihn mächtigen Gegenstand«, zum anderen wird die Arbeit selbst im Vollzug zu einer »wider ihn selbst gewendete(n), von ihm unabhängige(n), ihm nicht gehörige(n) Tätigkeit«. (1844/1971, S. 55)

MARX spricht von der »Selbstentfremdung« wie von der »Entfremdung der Sache« im

95

industriekapitalistischen Produktionsprozeß. Die eigenen Produkte begegnen dem Arbeiter als fremde Sachen, er selber sei zu einer Sache, zu einer Ware in seiner Eigenschaft als verfügbare Arbeitskraft geworden. »Zu Hause ist er, wenn er nicht arbeitet, und wenn er arbeitet, ist er nicht zu Hause«, d. h. nicht bei sich. In der MARX eigenen Dialektik der Wirklichkeitserkenntnis widerfährt dem Arbeiter, »welcher sich durch die Arbeit die Natur aneignet, die Aneignung als Entfremdung«.

Wenn man davon ausgeht, daß in dieser Form entfremdeter Arbeit auch eine entsprechende Kultur der Sinne entsteht, dann ahnt man die Schwierigkeiten, die das kulturelle Subjekt des Arbeiters, über die bürgerliche Kultur zu sich selbst zu kommen, haben mußte. Die sensibilisierte Selbstwahrnehmung z. B. des bürgerlichen Ich, in der Distanz zur Produktionswirklichkeit vollzogen, war unter den Bedingungen entfremdeter Arbeit nicht möglich. Auch konnte der bürgerliche Begriff der subjektiv empfundenen Identität, wie er sich im klassenspezifischen Kulturgüter- und Kunstgenuß manifestierte, für Arbeiter nicht gelten. Sie hatten und suchten eine durch die Arbeit bedingte andere Identität.

Schon die Arbeitsplatzsituation war nicht die eines Subjekts, sondern die eines verfügten Objekts, über das Fremde nach Belieben bestimmten. Die Abhängigkeit vom Fabrikanten, das Herumgeschubstwerden vom Meister und die vielfachen Demütigungen gehörten zu den traumatischen Erfahrungen eines Arbeiterlebens; von ihnen wird in Arbeiterautobiographien immer wieder berichtet.

Zwei Momente sind an ›nichtentfremdeten‹ Formen der Arbeit von Bedeutung:

die freiwillige Bewußtheit d. h. Selbstbestimmtheit der Arbeit und ihres Ziels und die wahrnehmbare gesellschaftliche Form, in der dieses Ziel in einer Gemeinschaft von Menschen erreicht wird. »Schaufelt man in schwerem Boden und mit schlechtem Werkzeug, dann werden Lehm, Schaufelkante, Schaufelstiel zu persönlichen Gegnern. Der nur schwer vom nächsten Einstichort zu lösende Blick gilt höchstens dem Nachbarn und dessen Leistung (. . .).« Man ist »reduziert (zurückgeführt) auf das Unmittelbarste« (CLAESSENS, S. 193).

NEGT/KLUGE sprechen von der »Blockierung gesellschaftlicher Erfahrung im proletarischen Lebenszusammenhang«. Sie weisen auf die Reduzierung des räumlichen Erfahrungsfeldes hin: »Für die erdrückende Mehrheit der Arbeiter ist der Platz, an dem sie den größten Teil ihrer wachen Zeit eines Tages verbringen, durch einen fest umrissenen und eingeschränkten Bewegungsspielraum bestimmt. Der innerhalb ihrer Fabrik aufgeteilte Raum entzieht sich als ganzer ihrer Wahrnehmung. (. . .) Die Maschinerie, die ihm nur in Fragmenten entgegentritt, nimmt gerade deshalb, weil sie als ganze nicht wahrgenommen wird, die Form einer mystifizierten Gegenständlichkeit an. Der Schritt von dieser eingeschränkten Erfahrungsbasis zu der als blinden Mechanismus erlebten Waren- und Kapitalmystifikation ist klein.« (1973, S. 61)

Die Sinnlichkeit des Arbeiters und damit seine kulturelle Grunderfahrungsfähigkeit ebenso wie das ›Verstehen‹ des gesellschaftlichen Zusammenhangs, in dem die Arbeit vollzogen wird, sind zusätzlich durch andere Momente seines Lebenszusammenhangs außerhalb der Arbeit eingeschränkt. HOLZKAMP, der betont, daß die »Wahrnehmung

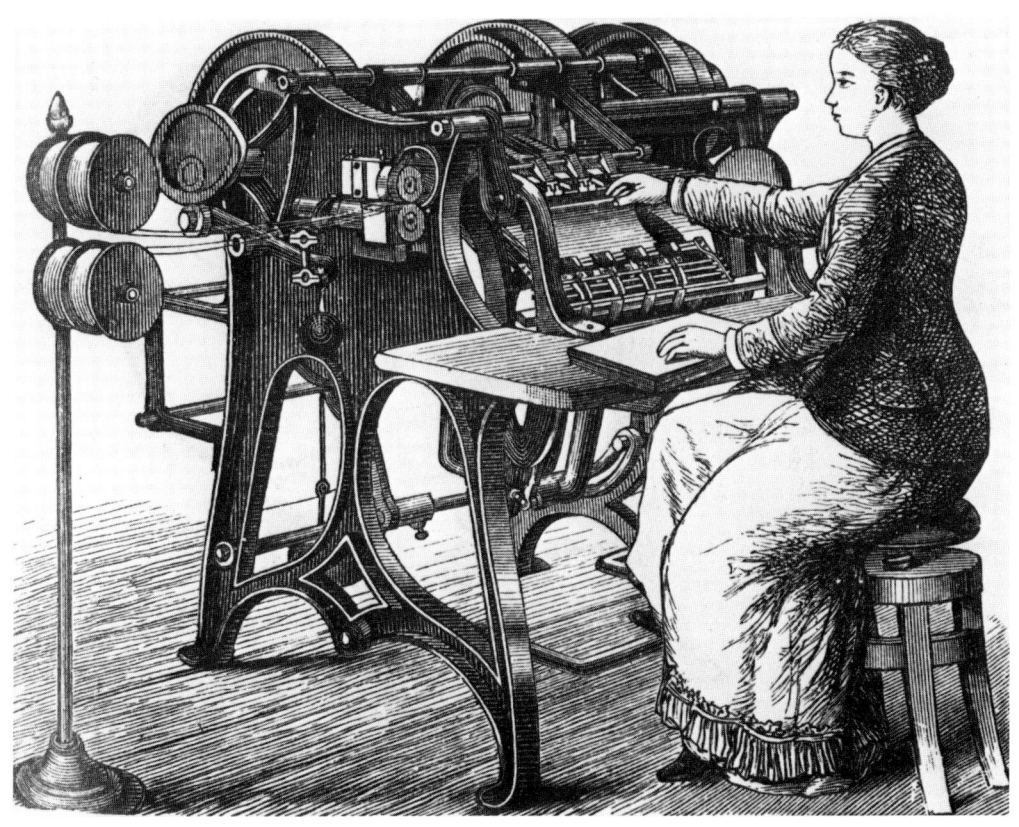

55   Arbeiterin an einer Buchbindereimaschine (Lexikondarstellung, 1894)

als sinnliche Erfahrung (. . .) die Basis jeder Art von Erkenntnis« (1973, S. 370) sei, führt »den Verlust vielseitiger Möglichkeiten der sinnlichen Welterfahrung« auf die »erzwungene Detailarbeit« und auf die »Abtrennung von der bewußten gesellschaftlichen Planung der Arbeit« (S. 280) zurück. Nicht bloß die Sachen, auch die Menschen und ihr Verhalten werden eingeschränkt wahrgenommen und in ihrer Gegenstands-

bedeutung bzw. in ihren Handlungsweisen beurteilt.

Auch Arbeiterwohnung und Arbeitersiedlung – um 1900 Hebel bürgerlicher Sozialästhetik und Sozialpolitik schlechthin – waren Orte der Einschränkung. Ein Villenviertel spiegelte die ästhetischen Übereinkünfte von Architekten und bürgerlichen Bauherren wider, ›Bauherren‹ ihrer Viertel und Häuser waren die Arbeiter nie. Sie fan-

97

den die Mietskasernen, auch die besseren Sozialsiedlungen großer Unternehmen fertig vor und mußten froh sein, ein Dach über dem Kopf zu haben oder gar einen Garten und einen Schweinestall dazu. Die gegenständliche und soziale Kreativität der Bewohner von Arbeitersiedlungen (heute oft Anlaß nostalgischer Bewertungen der Reste solcher Anlagen) mußte sich auf das Einrichten, auf das »Sich-Zurechtfinden«, »Sich-Abfinden« (HOLZKAMP) begrenzen, um aus dem Vorgegebenen durch eingeschränkte Akte der Aneignung einen wirklich eigenen kulturellen Wahrnehmungs- und Reproduktionsraum langfristig zu schaffen.

Neben dem Bereich der Arbeit, in dem selbst der dem Proletarier noch am nächsten stehende kleine Angestellte mit Schlips und Kragen sich sinnlich und sozial scheinbar besser verwirklichen konnte, und neben dem Wohnbereich, dem der fremde Hausbesitzer den Stempel aufdrückte, gab es noch einen dritten eingeschränkten Lernraum der Sinne: die proletarische Familie. Auch dies war ein widerspruchsvoller sinnlich-sozialer Wahrnehmungsraum. Oberflächlich gesehen schien auch hier die Nachahmung der bürgerlichen Familienkultur zu herrschen. Schließlich gab es über die Klassengrenzen hinweg objektiv wirksame ›moderne‹ gesellschaftliche Grundbedingungen der familialen Sozialisation. NEGT/KLUGE sprechen vom »Terrorzusammenhang der modernen Kleinfamilie«, der allerdings den Arbeiter in einer besonderen Weise betraf. »So vollzog sich auch sein Familienleben nach bürgerlichen Mustern, nur enger, bedrückter und bedrückender. In den Arbeiterfamilien ging es nicht weniger autoritär zu als in den bürgerlichen Familien. Frauen und Kinder wurden hier

häufig noch härter unterdrückt als dort.« (GOTTSCHALCH 1979, S. 90)

BROMME berichtet in der ›Lebensgeschichte eines Fabrikarbeiters‹ von den Belastungen seiner Frau durch die Kinder bei gleichzeitiger täglicher Heimarbeit: »So verzweifelt sie manchmal und schreit dann die Kinder an wie ein Feldwebel die Rekruten. Aber auch wenn sie nachts still sind, hat die Frau doch keine rechte Nachtruhe. Denn es schlafen zwar drei Kinder in einem Bett, ein Knabe schläft mit mir, aber die zwei kleinsten mit der Mutter, selbst wenn diese hochschwanger ist. Es ist einmal nicht anders möglich. Man schafft nicht früher ein Bett an, bis die allerhöchste Not da ist. Denn bar bezahlen kann man es doch nicht. Dabei sind meine Betten nicht etwa zweischläfrige, sondern sie sind nur 90 Zentimeter breit.« (1905, S. 395)

Entscheidend für die Sozialisation in der Arbeiterfamilie war nicht nur die materielle Not, sondern auch die durch die Arbeitsplatzsituation bedingte Verhaltensorientierung des Vaters. »Verhaltensweisen, die am Arbeitsplatz, also letztlich für den Arbeitgeber (. . .) wertvoll sind, konstituieren (. . .) das persönliche, private ›Wert‹-System des Individuums, an welchem sich die Sozialisation seiner Kinder orientiert.« (HUCH, S. 118) Eine Folge konnte die »Entstehung fatalistischer, resignativer und apathischer Grundhaltungen« (MILLHOFFER 1973) sein. »Obwohl von einer bewußten Einübung in die Klassengesellschaft keine Rede sein kann, bringt die Gewalt, die diese Gesellschaft über ihre an den Produktionsapparat geketteten Mitglieder hat, es mit sich, daß sie ihre Kinder so sozialisieren, als ob sie deren bewußte Einübung in das bestehende System betrieben« – so faßt HUCH (S. 119) die Folgen der Rückbin-

98

dung des Erziehungsverhaltens an abhängige Arbeit zusammen.

In der bürgerlichen Kleinfamilie war zwar auch nicht wirklich das »Jahrhundert des Kindes« (ELLEN KEY 1902) ausgebrochen, aber man konnte sich doch eine gewisse Großzügigkeit in der Erziehung leisten und dem Wahrnehmungsinteresse und der Neugier des Kindes bewußt entgegenkommen. Das familiäre Erfahrungsfeld war hier mit vielfältigen sinnlich-sozialen Reizen ausgestattet, die auch lustvolle Erfahrung vermitteln und zum Aufbau persönlicher Identität beitragen konnten. Aber ein bürgerliches Familienfest wie Weihnachten konnte in einer proletarischen Familie einfach nicht in dieser Weise gefeiert werden. Die proletarische Mutter hatte auch etwas anderes zu tun als ihren Kindern Märchen vorzulesen oder mit ihnen Geburtstagsnachmittage zu gestalten. Wenn MAX REINHARDT mit Kindern der Villenbewohner in Berlin-Nikolassee auf dem Gartengrundstück von MUTHESIUS den ›Sommernachtstraum‹ probte, dann spielten zur selben Zeit Arbeiterkinder des Wedding im dritten Hinterhof mit Lumpenpuppen, beaufsichtigt von wenig älteren Geschwistern, während die Mutter auf Arbeit war. Der Arbeitsalltag wirkte überall unmittelbar in das Familienleben hinein, der Vater, oft auch die Mutter blieben den ganzen Tag fort. Die Wohnung war viel zu eng, zusätzlich noch von Schlafgängern belegt, ein Käfig, den man als Kind gern mit Hof oder Straße tauschte, sobald das Wetter den Aufenthalt im Freien erlaubte und nicht Schule oder Erwerbsarbeit anstanden. Kamen die Eltern müde von der Arbeit zurück, fing auch kein Familienleben im bürgerlichen Sinne an: »Die affektive Atmosphäre, in der die Kindererziehung

in Familien unterer Schichten abläuft, ist häufiger als anderswo durch Ablehnung, Ungeduld und Gleichgültigkeit gekennzeichnet, wobei dieses Verhalten eher auf den Vater als auf die Mutter zutrifft.« (MILLHOFFER, S. 168) »Das große (. . .) sozialistische Ideal ist ständig außer Haus. In der Versammlung, bei der Wahl, bei der Maifeier, überall, nur nicht dort, wo die kleinen Klassengenossen heranwachsen« – so beschreibt KANITZ noch 1925 (S. 44) das Sozialisationsklima der proletarischen Familie. Das blieb also ein Problem.

Zwar fanden Arbeiterkinder und -jugendliche früher und häufiger andere Lernorte außerhalb der Familie als bürgerliche Kinder und Heranwachsende. An die Stelle der Geborgenheit und jenes typisch bürgerlich-privilegierten Moratoriums, der Schonfrist vor Eintritt in das Erwerbsleben, traten hier oft die Straße als Lernraum und die frühe Erfahrung der Produktionswirklichkeit. Trotzdem blieb die primäre Sozialisation in der proletarischen Familie bedeutsames Stadium sinnlich-sozialer Vorprägung. Die Folgen hier erlebter Härte und Entbehrungen mündeten in einen Mechanismus der Verstärkung, sobald die Schule und das Arbeitsleben begannen.

Manche Benachteiligung des Arbeiters war den bürgerlichen Reformern dumpf bewußt. Eine vor allem im Kreise des WERKBUNDES diskutierte Idee war die Hebung der Arbeitsfreude. »Qualitätsarbeit« war ein Schlagwort der Reformepoche nach 1900. Es bezog sich sowohl auf das Ergebnis der Arbeit, auf das Produkt (das aus Gründen der Weltmarktkonkurrenz mit hohen Gebrauchswertversprechen ausgerüstet sein mußte), als auch auf die »Vergeistigung der deutschen Arbeit« (vgl. JESSEN 1912) im Sinne

56   Wohnzimmer eines der Arbeiter-Musterhäuser auf der Hessischen Landesausstellung in Darmstadt 1908

einer Kultivierung und Humanisierung des Arbeitsprozesses. Da die Reformer mit vagen Erinnerungen an das frühmarxistische Vorbild WILLIAM MORRIS und dessen Kritik an der kunstlosen entfremdeten Arbeit in der Fabrik keinen Einfluß auf die Produktionswirklichkeit hatten, wurde nichts aus der Reform. Die entfremdete Arbeit konnte ebenso wenig aufgehoben werden wie der Warencharakter der Produkte.

Mit langsam zunehmender Kaufkraft versuchten Arbeiter sich wenigstens den für sie erreichbaren, sehnsuchtsvoll betrachteten Teil des Arbeitsprodukts anzueignen. Hier glaubten die bürgerlichen Reformer, über die Konsumentenerziehung den kulturel-

len Ausgleich herstellen und Anpassungseffekte erzielen zu können. Wo immer man Arbeiterwohnungen betrat, fiel schon damals der Hang zum Kleinbürgerlichen und Billig-Dekorativen auf.

Ungeachtet der immer noch herrschenden Wohnungsnot setzte die bürgerliche Geschmackspädagogik, bald auch vereint mit kulturpädagogischen Bestrebungen auf gewerkschaftlicher Ebene, ihren Hebel an: »Man muß versuchen, vor allem das Arbeiterheim, in dem der Arbeiter lebt und atmet, in dem alle seine sittlichen und ethischen Empfindungen entstehen, wachsen und sich bilden, zu einem Künstlerischen zu gestalten.« (PUDOR, S. 190) SCHULTZE-

100

NAUMBURG stellte, an die Sozialdemokratie gerichtet, warnend fest: »(...) gerade sie, denen die Sorge um die Zukunft der Arbeiterbewegung am meisten am Herzen liegt, übersehen zumeist vollkommen die umbildende Wirkung, die die äußere Formensprache der Umgebung auf die innere Artung des Menschen ausübt.« (1906, S. 41)

Die »innere Artung« des Arbeiters unterlag allerdings formbestimmenden Tendenzen widersprüchlicher Art. Ihr sinnlicher Charakter wurde im Alltag der Fabrik, im Existenzkampf, in der Gemeinschaft von Partei und Verein, aber auch in den vor Augen liegenden Vorbildern der höheren Kultur und des möglichen Lebensgenusses, also durch Wunschprojektionen, bestimmt. In den kleinbürgerlich-proletarischen Surrogaten der bürgerlichen Ausstattung war diese Sehnsucht gleichsam dingfest geworden.

Hinter der Zähigkeit, mit der die Arbeiterfamilie an den kärglich angeeigneten Symbolen der höheren Kultur festhielt – und zwar bis hin zum ›Cocktailsessel‹ und zum ›Gelsenkirchener Barock‹ der sechziger Jahre – muß sich ein besonders starkes Aneignungsinteresse verborgen haben. So hat der konsumfähiger gewordene Teil der deutschen Arbeiter vor 1914 auch der Geschmackserziehungskampagne des DEUTSCHEN WERKBUNDES und der Gewerkschaften widerstanden. Man kaufte lieber das »Muschelmöbeldreckzeug der Ramschbasare« (HEUSS) als die 1911/12 im Berliner Gewerkschaftshaus ausgestellten und zu günstigen Teilzahlungsbedingungen angebotenen schlichten Arbeiter-Mustermöbel (vgl. S. GÜNTHER 1976).

Solche Angebote waren einerseits gegen die warenästhetische Täuschung und den Gebrauchswertbetrug durch die Möbelindustrie gerichtet, andererseits sollte muffig-reaktionäres Kleinbürgertum in den eigenen sozialdemokratischen Reihen bekämpft werden, das sich in den Sofas und Vertikos gegenständlich ausdrückte. Man glaubte, mit klaren, einfachen Formen und praktischen Möbeln eine progressiv-proletarische Sinnlichkeit im Wohnbereich zu fördern. Aber das propagierte Schlichtheitsideal war historisch durch und durch Produkt einer bürgerlichen Selbstdisziplinierung der Sinne und Bedürfnisse. Seine ursprüngliche Quelle lag im Frühkapitalismus, als der aufstrebende Erwerbsbürger Gewinne investieren mußte und dabei selbst einfach und sparsam lebte. Das Prinzip schlichter Gebrauchswertgestaltung geriet dann in der Blüte des Hochkapitalismus angesichts ausgeprägter Genuß- und Selbstdarstellungsbedürfnisse der Bourgeoisie in Vergessenheit. Erst das Bildungsbürgertum hatte die biedermeierliche Schlichtheit unter dem Eindruck besonderer gesellschaftlicher Entwicklungstendenzen als sozialtypische Ausdrucksform wiederentdeckt. Die Verallgemeinerung dieses Prinzips nach unten aber mußte mißlingen.

Denn daß Arbeiter außer unter dem Zwang der Not sich jemals freiwillig für ein karges System kultureller Bedeutungen und eine asketische Sinnlichkeit des Wohnens entschieden hätten, ist nirgends belegt und auch nicht vorstellbar. Arm und ›einfach‹ war man selber zur Genüge. Das war keine Tugend, sondern schwer erträgliches Schicksal. Das Ausgeschlossensein von der höheren Kultur war eine negative Erfahrung und hatte ja gerade einen starken Anreiz zur Entwicklung des Bildungsgedankens in der Geschichte der Arbeiterbewegung dargestellt. Die gepriesenen schlichten Formen mußten wie Hohn auf die Tatsache wirken, daß die bürgerlichen Schichten in der Regel keineswegs schlicht wohnten. Da wurde je nach Einkommen und individueller Sozialisationsbiographie mit dekorativ ausschweifenden Möbeln oder mit vornehm zurückhaltenden Werkstättenprodukten ein Wohnaufwand zelebriert, den sich keine Arbeiterfamilie leisten konnte. Die sachlichen ›Maschinenmöbel‹ aber stellten für Arbeiterkonsumenten eine Art Zurückweisung in die Grenzen der eigenen Klasse dar.

Daß Arbeiterfrauen eine Vorliebe für Marmor auf Waschtischen statt des Linoleums auf den Mustermöbeln bekundeten (vgl. U. HENNING 1978) ist leicht nachzuvollziehen. Die Konfrontation mit der höheren bürgerlichen Kultur, von der man immer nur einen Zipfel erhaschen konnte, mußte ein anhaltendes Bedürfnis des Selber-Haben-Wollens erzeugen. Dennoch hat ein reines Imitationslernen, eine bloße Anpassung an die kulturellen Wahrnehmungsmuster der höheren Schichten wahrscheinlich nicht stattgefunden. Dazu war das spezielle Gebrauchswertinteresse des Arbeiters viel zu ausgeprägt. Die Wahrnehmung und Deutung des Symbolbestandes der Arbeiterumwelt von den Arbeitern selbst mußte – auch wo ›bürgerliche‹ Symbole scheinbar im Mittelpunkt der sinnlichen Aneignung standen – zu abweichenden Ergebnissen kommen.

So wurde die Arbeiterwohnung von viel mehr Personen viel intensiver genutzt als die immer noch weit größere Wohnung des bescheiden lebenden mittleren Beamten oder Angestellten. Waren erst einmal die nötigsten Einrichtungsgegenstände zusam-

57 Aus STUKENBROOKs Versandhandelskatalog, 1912

58 Arbeiterwohnküche und Schlafkammer um 1910 (Rekonstruktionsversuch aus dem Film zur Geschichte der Arbeiterwohnung von JONAS GEIST und JOACHIM KRAUSSE im WDR, 1978) ▷

102

mengestoppelt, wurden sie auch schon auf das Heftigste strapaziert und verbraucht. Wer als Familienvater pro Kopf über ein eigenes Bett verfügte, war schon ein richtiger ›Arbeiteraristokrat‹. Man muß sich von sozialromantischer Nostalgie, von einer Vergoldung sozialgeschichtlicher Fakten freihalten: So schön gemütlich und sinnlich-warm war die Arbeiterwohnküche nie; schon damals war das Heizen zu teuer. Auf dem Herd wurde unter Zeitdruck mit wenig schlechten Grundstoffen eine möglichst große Menge Essen für viele Familienmitglieder gekocht und davon noch der Henkelmann für den Vater am nächsten Tag gefüllt. Es stank. Es war eng und laut. Da stand vielleicht ein geblümtes Sofa, auf dem ständig jemand zu schlafen versuchte, ein krankes Kind, der Vater nach der Schicht; nachts lag ein Untermieter, ein Schlafbursche darauf. Es war zwar ein ›bürgerliches‹ Sofa, aber es wurde nicht bürgerlich genutzt. An der Wand hing eine Uhr. In STUKEN-BROOKs Versandhandelskatalogen sind diese Regulatoren in allen Stilrichtungen für das Massenpublikum abgebildet. Diese bürgerliche Uhr teilte den proletarischen Tagesablauf ein, und dies tat sie auch noch trapezförmig, elfenbeinfarben, lindgrün abgesetzt, mit Messingzeiger und -zahlen, an einer geflochtenen Goldkordel aufgehängt, bei den Nachkommen dieses Proletariats in den fünfziger und sechziger Jahren. Die Uhr, markantes Symbol des proletarischen Arbeits- und Lebenszusammenhangs, regierte hörbar und sichtbar den Alltag, das zwischen Frühaufstehen, Frühinsbettgehen eingespannte, ausgebeutete Leben. Ein Dekorationsstück aus der Welt der ›besseren‹ Kultur war sie erst an zweiter Stelle. Wenn heute Museen beginnen, Gegen-

stände aus der Geschichte der Arbeiterkultur zu sammeln und auszustellen, so liegt immer eine Augentäuschung des Betrachters nahe. Man steht stummen Zeugen einer offensichtlichen Imitationskultur gegenüber, deren bloßer Anblick nichts weiter beweist als die Gültigkeit der banalen These, daß Arbeiter eben früh begonnen haben, kleinbürgerliche Sehnsüchte zu befriedigen. Die Dinge standen aber nie so herum wie im Museum. Sie wurden benutzt, vernutzt, angefaßt, angeschaut, in ganz bestimmten Lebensvollzügen, in ganz bestimmten Wahrnehmungszusammenhängen, mit ganz bestimmten Nutzenerwartungen. Die Arbeiterstube war eben nicht die Gute Stube des Kleinbürgertums, trotz aller Anleihen bei den Gegenständen und beim Ritual. In der Guten Stube des Kleinbürgertums schlief keiner, sie wurde nur selten benutzt, sie war ein ›kalter‹ Klassenausweis in doppeltem Wortsinne, denn geheizt wurde sie ebenso selten. Der wesentliche Unterschied lag also in der konkreten Sinneserfahrung des Gebrauchs der Umwelt. Die Dingbeziehungen des Arbeiters waren gleichsam unter dem Tarnnetz des kleinbürgerlichen Dekors verschwunden. Er nutzte dieses Dekor zusätzlich um der symbolisch vermittelten Teilhabe an der Kultur willen.

Aber die anderen Dingbeziehungen hatten sich darum nicht aufgelöst. Wir vermuten, daß dabei ein der historischen Rekonstruktion schwer zugängliches Feld einander widersprechender sinnlicher Erfahrungen entstanden ist und eine entfremdende und zugleich anheimelnde Identifikation stattgefunden hat. Noch heute fällt es aufgrund der eigenen Lerngeschichte schwer, sich in die sinnlich-symbolische

Verhaltenswirklichkeit und in die kulturellen Wahrnehmungserwartungen von Unterschichtenfamilien einzufühlen, die stolz in einem Ritualraum warenästhetischer Absurditäten residieren. Für sie hat dieser Raum eine andere sinnliche Qualität als für jemand, der (in seiner Wahrnehmung anders sozialisiert) ein Buch darüber schreibt.

Bis zum Ersten Weltkrieg war es trotz der langen Tradition des Arbeiterbildungsgedankens und entsprechender Forderungen der Sozialdemokratie und der Gewerkschaften aufgrund eingeschränkter Lebensumstände der lohnabhängig arbeitenden Bevölkerung nur zu einer teilweisen, gebrochenen Aneignung bürgerlicher Kulturwerte gekommen. Vor allem mußte die Ästhetisierung des häuslichen Alltags, wie sie das Bildungsbürgertum aus klassengebundenen Motiven heraus betrieb und auch ›für das Volk‹ propagierte, an der proletarischen Lebenswirklichkeit abprallen. Bildungserwartungen und der Ruf nach »Kunstreform« (REICH) wurden wohl eher von der selber gebildeten sozialdemokratischen Funktionärselite als von der im Produktionsprozeß stehenden Mehrheit formuliert. Daß es ein breites Bedürfnis beispielsweise nach bürgerlicher Kunsterziehung bei Arbeitern gegeben haben könnte, ist höchst unwahrscheinlich. Bedürfnis und Interesse waren gewiß von anderen Motiven als vom Wunsch nach Verfeinerung der künstlerischen Wahrnehmungs- und Produktionsfähigkeit beherrscht.

4 Sozialisation durch Zeichenunterricht nach 1870 und die deutsche Kunsterziehungsbewegung bis 1914

Mit der Gründerzeit begann in Deutschland nicht nur endgültig das Industriezeitalter. Auch die Kultur der Sinne formte sich nun anders aus. Das Alltagsleben, die Wahrnehmung bis hin zum Kunstgenuß und -gebrauch veränderten sich mit den ökonomischen, politischen, sozialen und kulturellen Entwicklungen im Kaiserreich. Künstlerische Empfindsamkeit, einst Ausstattungsmerkmal des bürgerlichen Ich, wurde beiläufig und eine emanzipatorisch-ästhetische Erziehung entbehrlich. Die Entwicklung im Produktionsbereich, aber auch das politische Herrschaftsinteresse förderten formal disziplinierende Lernprozesse selbst und gerade dort, wo es einmal galt, den Menschen in das Reich der Freiheit zu geleiten. Dies spiegelt sich auch im Zeichenunterricht, soweit er in der deutschen Schule stattfand, im Gymnasium, der Bildungsanstalt der herrschenden Klassen mit ihrer neuhumanistischen Tradition, und in den heraufkommenden differenzierten Schultypen des Industriezeitalters.

Mit der Industrialisierung waren die Real- und höheren Bürgerschulen entstanden, und »entsprechend der neuen Zweiteilung zwischen ›Gebildeten‹ und ›Volk‹ bürgerte sich für die Elementarschule die Bezeichnung ›Volksschule‹ ein« (CONZE 1976). Sie

105

59

hatte für eine gewisse Mindestqualifikation der industriellen Arbeitskraft zu sorgen. Der Besuch dieser Schulen wurde daher um die Jahrhundertmitte in den deutschen Ländern zur Pflicht gemacht. In Preußen ordnete 1839 ein Regulativ zum Beispiel an, daß Kinder nicht ohne vorherigen dreijährigen Schulunterricht in Fabriken und Bergwerken beschäftigt werden durften.

KEMP (1979) betont zwei historische Grundmotive, die zu Beginn des Jahrhunderts den Zeichenunterricht zu einem Schulfach werden ließen: das produktionsorientierte Nützlichkeitsdenken und die Vorstel-

lung einer »generellen Entfaltung allgemein-menschlicher Anlagen«. Beide Motive fanden sich beispielsweise im pädagogischen Denken PESTALOZZIs durchaus noch ohne Widerspruch vereint. Mit dem Industrialisierungsprozeß aber verlagerte sich das gesellschaftliche Interesse an den Funktionen des Zeichnenlernens zum Nützlichkeitsstandpunkt hin. In der Berufsvorbereitung des in die Defensive gedrängten Handwerkerstandes, aber auch zur Abdeckung ›kunstindustrieller‹ Wettbewerbsinteressen im Zeitalter der Weltausstellungen und der internationalen Industriegüterkonkur-

106

renz erhielt das Zeichnen – wenigstens in der Theorie – einen eigenen Stellenwert. Berufsqualifizierende Absichten und volkswirtschaftliche Erwartungen drängten notwendig auf eine Rationalisierung und ›Verwissenschaftlichung‹ des Zeichenunterrichts beziehungsweise seiner Methoden.

Schon im ersten Drittel des Jahrhunderts hatte eine Elementarisierung eingesetzt, die diesem neuen Interesse entgegenkam: »Den älteren Methoden (. . .) fehlte es an dem gehörigen Stufengange, wie überhaupt das Kind, nach ihnen unterrichtet, nicht denkend zeichnen lernt (. . .).« (MEHL 1833, S. 3) Die lerntheoretisch begründeten Experimente zur Förderung kindlicher Wahrnehmungs- und Erkenntnisfähigkeit in der Nachfolge PESTALOZZIs, dessen Anhänger mit dem Zeichnenlernen weniger ästhetische Erziehung als intellektuelle Übung betreiben wollten, bereiteten den Boden für eine neue Form der sinnlichen Abrichtung und Disziplinierung der Schulpflichtigen durch den Zeichenunterricht vor. Als 1872 das Zeichnen als Fach an den preußischen Volksschulen eingeführt wurde, schlug sich diese Tendenz bereits in einer durchgehenden Schematisierung des Lernprozesses nieder.

Vom Standpunkt reformpädagogischer Erkenntnisse späterer Epochen gesehen ist die Methodengeschichte des Zeichenunterrichts seit PESTALOZZI und seinen Nachfolgern als eine Verödungsgeschichte der sinnlich-praktischen Aneignungstätigkeit anzusehen. Das Zeichnen war nicht zu jener universellen sinnlichen Zeichensprache geworden, wie sie sich noch W. v. HUMBOLDT um 1820 vorgestellt hatte. Neben der unsystematischen Kopierpraxis gab es lediglich ein Linearzeichnen mit abstrakten, mecha-

nischen Vollzügen von Arm-, Hand- und Fingerbewegungen – eine Art »Zeichenturnen« (JOSEF SCHMID 1809, vgl. KEMP). Diese Auffassung von Zeichenunterricht hatte Zukunft, und sie hatte ›Methode‹. KEMP erklärt die »weitgehende Stagnation (. . .) auf dem Sektor von Fachtheorie, Unterrichtsorganisation und Methoden seit der Pestalozzischen Reform« auch aus der Tatsache, daß die um Anerkennung ihres Faches bemühten Zeichenlehrer ganz besonders stark »auf das Pädagogische, Strenge, Überprüfbare« im Methodenangebot setzten (S. 276).

Aber dahinter standen allgemeine gesellschaftliche Zwänge. Der Zeichenunterricht hatte nun einen Beitrag zur Sozialisation der Sinne und der Fähigkeiten des neuen industriellen ›Gesamtarbeiters‹ zu leisten. Der pädagogische Fortschritt, der im systematischen Entwurf der Lernprozesse beim Zeichnen lag, wurde durch den hohen Abstraktionsgrad nahezu aller elementaren zeichnerischen Stufenlehren wieder zunichte gemacht. Gemeinsam mit der Elementarisierung war der Zwang zum Massenunterricht aufgetreten. Die Form der Lehre wurde mitbestimmt von der Nachfrage nach in gewissen Kulturtechniken qualifizierten Schulabgängern, von der Schulpflicht. Man mußte immer mehr Schüler gleichzeitig auf ein gleichmäßiges Niveau kontrollierbarer Handfertigkeit und Leistungsfähigkeit bringen. Die Zerlegung in kleinste elementare Schritte »meist unterhalb der Sinngrenze« (KEMP 1976) ging in der Regel so weit, daß solche Einzelelemente nicht mehr als Zeichen mit einer Bedeutung verstanden werden konnten. Die Schüler übten die Motorik der Hand und den Gesichtssinn abstrakt. Solche Übungen hätten für das Subjekt der bürgerlichen Emanzipationsepoche

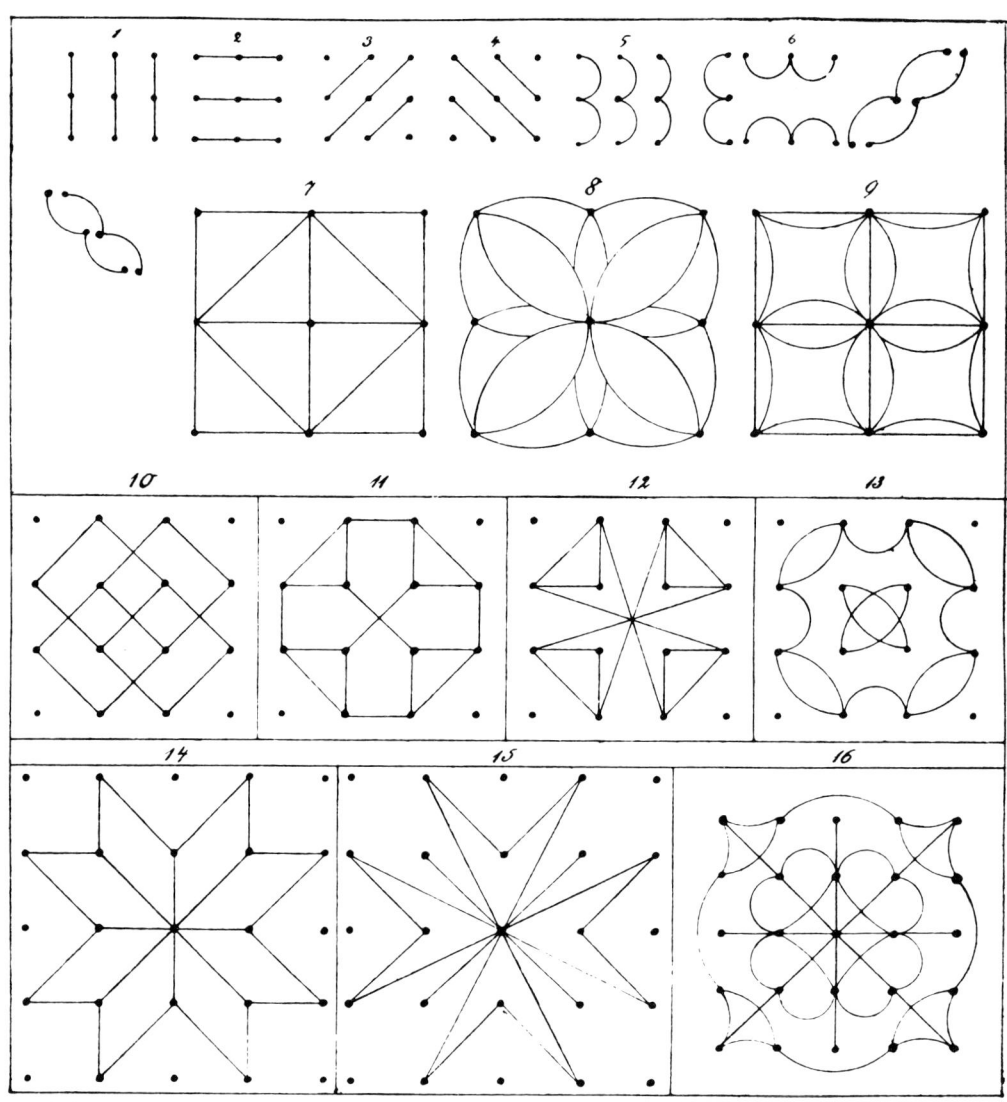

60 Zeichnen nach Punktvorlage, 1818

mit seinem Anspruch auf Identifikation mit dem Gegenstand seines künstlerischen Interesses keinerlei Sinn gegeben. In der

Dilettantenausbildung, wie sie der junge GOETHE noch genossen hatte, war es einst Aufgabe und selbstgestecktes Ziel gewesen,

108

mit Hilfe des Zeichenstifts Gegenstände, Figuren und Landschaften nach vorbildlichen Idealtypen konkret darzustellen. Die Zeichner vollzogen einen kompletten Aneignungsprozeß unter Anstrengung eines großen Teils ihrer sinnlichen Fähigkeiten d. h. dieser Aneignungsvorgang bezog sich auf Charakteristik und Bedeutung der ›ganzen‹ Gegenstände ebenso wie auf alle Handfertigkeiten, die man in der Beherrschung eines künstlerischen Mediums entwickeln konnte. In der Kopiermethode hatte sich dies im Ansatz erhalten.

Die Elementarisierung der Zeichenlehre im Industriezeitalter bedeutete aber im Grunde die vollständige Abkehr vom Prinzip der künstlerischen Aneignung als Form sinnlich-produktiver Wahrnehmung. Auch jene Zeichenlehren, die zu plastischer Gegenständlichkeit vordrangen, wie z. B. PETER SCHMIDs Methode des Körperzeichnens, blieben letztlich abstrakt. KEMP notiert, »Naturzeichnen« sei »Zeichnen nach Holzklötzen«, nach stereometrischen Zeichenvorlagen geblieben. Doch soweit kamen die meisten Schüler nicht einmal. Ihre Unterrichtung und Abrichtung fand im Vorfeld der Elementargymnastik, dem »Zeichenturnen« statt.

Der Pestalozzianhänger J. RAMSAUER empfahl 1821 Lehrern, den Takt zu zählen und mit dem Kommando »Setzt an! Zie-het!« die Schüler zu motorischen Automaten beim Linienzeichnen zu machen. Er begründete das mit dem Prinzip der Verstärkung – wie bei »dem Soldaten, der bei dem Takte der Trommel (. . .) kühner vorwärtsschreitet«. Wo immer später elementarisiert wurde, kam dieser disziplinierende Grundzug regelmäßig zur Geltung. Die Folge, wenn auch nicht ausdrückliche Absicht des

elementaren Zeichenunterrichts war die schulmäßige Ausführung von Handgriffen und Lernschritten, deren Sinn den Schülern verborgen bleiben mußte, weil sie die vielen Stufen nicht überblicken konnten, und weil diese Übungen ohne Bezug zu ihren Aneignungsbedürfnissen blieben.

In der Ausdifferenzierung der Methoden (die etwa das bezeichneten, was heute Didaktik heißt!) machten sich neue Funktionsaufträge der Schule bemerkbar. Schon bei PESTALOZZI, folgert KEMP (1976), »wird Zeichnen zum Mittel und Teil der formalen Bildung, es verliert seinen spezifischen Qualifikationsgehalt«. Während die zahlreich publizierten Vorlagenwerke, Musterblätter, Wandtafeln und Modelle, die es seit dem ersten Jahrhundertdrittel für den Zeichenunterricht gab, nebenbei für eine Fortsetzung der Kopiermethode sorgten und in ihrer Gegenständlichkeit noch eine gewisse Anschaulichkeit besaßen, bewirkten die Methodenlehren nicht nur die sinnliche Verarmung des Unterrichts, sie wurden gleichsam zu ihrem eigenen Inhalt. Denn der wichtigste Sozialisationsbeitrag des elementaren Zeichenunterrichts lag in der Methode selbst.

Der strenge Lehrgang verpflichtete Lehrer und Schüler zu einem regelhaften, mechanischen Ablauf und übte damit bestimmte, vom Produktionssystem verlangte Tugenden ein. Trotz Kritik an der »mechanischen Handfertigkeit« (WUNDERLICH 1892) wurden das Netzzeichnen und das stigmographische Zeichnen lange bevorzugt, wobei jeweils von einem Liniennetz oder einem System vorgegebener Punkte für die zeichnerische Darstellung ausgegangen werden mußte. »Man ließ auf den Schiefertafeln der Kinder Punkte eingraben, die

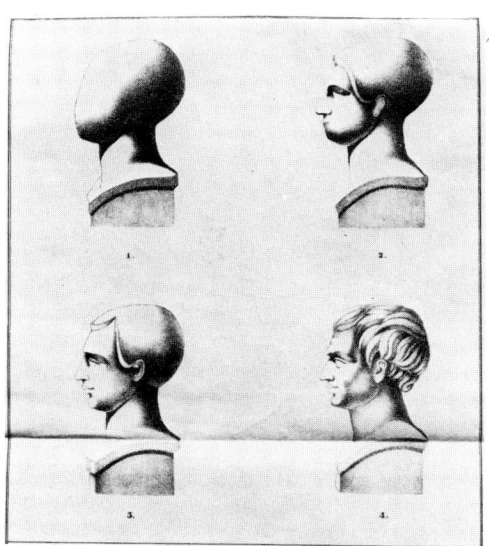

61 Gips-Zeichenmodelle, von den Gebrüdern FERDI-
NAND und ALEXANDRE DUPUIS in den dreißiger
Jahren in Paris entwickelt, später auch in Deutsch-
land verwendet

62 Handhabung des Zeichenstiftes nach STUHLMANN
(1897)

diese nach Wandtafelvorlagen miteinander
verbinden mußten. Allmählich ließ man
die Punkte weg, und die Figuren wurden
nach dem Augenmaß gezeichnet.« (LANGE
1893, S. 106) Unter »Figuren« sind beileibe keine Gegenstände, sondern allenfalls abstrakte Konfigurationen oder Flachornamente zu verstehen. Zu gegenständlichen Darstellungen gelangte man erst viel
später, in den Volksschulen oft überhaupt
nicht.

TH. WUNDERLICH, der erste Historiker des
›modernen‹ Zeichenunterrichts, hält fest,
daß man auf diese Methoden nach dem Er-
laß der sogenannten FALKSchen Bestimmungen, (die den Zeichenunterricht für die

preußische Volksschule obligatorisch machten), zurückkam. Solche Verfahren konnten von künstlerisch völlig unqualifizierten
Lehrkräften angewendet werden. Die in
vorgeschriebene Teilschritte zerfallenden
Lehrgänge zerstückelten und abstrahierten
die visuelle Wahrnehmung und den Pro-
duktionsvorgang derart, daß man durchaus
von einer systematischen Vorbereitung auf
die entfremdete Teilarbeit in der Fabrik
sprechen kann. Aber der Zeichenunterricht
diente wohl letztlich einer »Pädagogik der
sekundären Tugenden« (GREIFFENHAGEN
1979), d. h. nicht der unmittelbaren Qualifikation für den Arbeitsprozeß, sondern zur
Einübung bestimmter Grundfertigkeiten,

110

Einstellungen und Verhaltensweisen. Formale Bildungsergebnisse wie Fleiß, Ordnung, Disziplin waren sowohl für die industrielle Arbeit, als auch für das politische Verhalten erwünscht: »(...) indem die Schule durch Disziplinierung die Bedingungen (...) ihres Wirkens schafft, arbeitet sie an den großen Sozialisationsaufgaben der Zeit, die heißen: formale Qualifikation der Massen für die qualifikationsarmen Prozesse der großen Industrie durch Erziehung zu Pünktlichkeit und Arbeitsethos, frühzeitige physische und psychische Abrichtung der Schüler als Vorbereitung des Militärdienstes, intensive Einübung von Gehorsam und Autoritätshörigkeit als Zurichtung für den Obrigkeitsstaat.« (KEMP 1976, S. 27)

Man würde natürlich übertreiben, wollte man allein dem Zeichenunterricht diese

63 Elementare Zeichenübung im quadratischen Liniennetz (STUHLMANN, 1897)

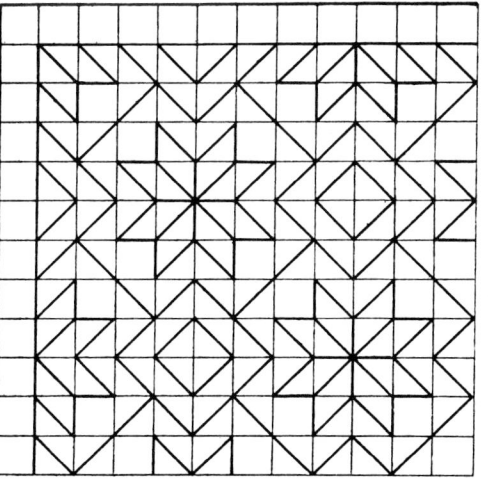

Wirkung unterstellen. Sie lag im Charakter des gesamten Schulsystems und der von ihm produzierten Sinnlichkeit. Aber gerade der Zeichenunterricht läßt bis zu den Anfängen der Kunsterziehungsbewegung deutlich erkennen, daß sozialisiert und nicht qualifiziert werden sollte. Arbeiter, Handwerker, Ingenieure, kaufmännische Angestellte und auch die zukünftigen Akademiker lernten im Zeichenunterricht der Volksschule oder im Gymnasium nichts, was sie im Berufsleben hätten brauchen können, obwohl die Fachpädagogen immer wieder betonten, welchen großen Beitrag der Zeichenunterricht zur unmittelbaren Produzenten- und Konsumentenerziehung leiste. Viel bedeutsamer als solche Qualifikationsversprechen waren die jahrzehntelang im Zeichenunterricht tatsächlich erbrachten Sozialisationsleistungen.

Noch 1893 beschreibt KONRAD LANGE den von Zeichenlehrern gewöhnlich gewahrten Aufbau des Unterrichts im Gymnasium: »Nachdem sie in der Sexta und Quinta zwei volle Jahre gerade und krumme Linien, grad- und krummlinige Flachornamente haben zeichnen lassen, verwenden sie den größten Teil der Zeit in der Quarta auf die Ergründung des stereometrischen Körpers. Die Unterweisung beginnt mit dem Drahtmodell eines Würfels und geht vom Drahtmodell zum Vollmodell über. Sie bewegt sich vorwiegend in mathematischen Begriffsbestimmungen, die dann in die Zeichnung übertragen werden. Die einen wählen dazu große Modelle, die an der Wandtafel oder an einem von der Decke hängenden Faden oder auf einem Statif befestigt und in der Form des Massenunterrichts von der ganzen Klasse kopirt werden. Die anderen ziehen kleine Modelle vor, welche die Schüler ein-

111

zeln oder gruppenweise zugeteilt erhalten und aus größerer Nähe kopiren können. (...) Erst gegen Schluß der Quarta tritt – wenn dazu überhaupt noch Zeit bleibt – das Zeichnen nach einfachen Geräten, Tischen, Stühlen, Schränken, Vasen, Kannen, zuletzt Architekturteilen auf.« (S. 147 f.) Gleichzeitig hatte der Zeichenunterricht auch die Aufgabe, geschmacksbildend zu wirken und – in der Tradition des bürgerlichen Bildungsbegriffs – die moralische Persönlichkeit aus der Anschauung des Schönen hervorgehen zu lassen. SCHILLER und HERBART vor Augen, schrieb W. REIN noch 1899 im ›Encyclopädischen Handbuch der Pädagogik‹: »Das Ziel des Zeichenunterrichts für unsere Erziehungsschulen kann nur dies sein: Bildung des Geschmacks, des Schönheitssinnes. Es steht deshalb der Zeichenunterricht im Lehrplan der Erziehungsschule dicht neben dem Gesinnungsunterricht. Letzterer stellt sich als Ziel: Bildung des sittlichen Geschmacks. Der Geschmack bethätigt sich auf beiden Gebieten in Werturteilen. Darum können wir auch sagen: Es handelt sich im Gesinnungs- und Zeichenunterricht um die Bildung der Werturteile, einmal immer des Sittlichen, das andere Mal auf dem Gebiet des Schönen. Beide Urteile stammen aus der gleichen Quelle, insofern der reinen Anschauung des Schönen eine ähnliche Beseligung innewohnt, wie der des Guten.« (Bd. 7, S. 759)

In der Praxis blieb den Zeichenlehrern nichts anderes übrig, als ihre trockenen Methodenlehren und ihre Dressurakte für einen sowohl ästhetisch wie moralisch sozialisierenden Bildungsbeitrag zu erklären.

Das Zeichendiktat, von GLINZER (1868) als »allein mögliche Unterrichtsmethode im eng zugemessenen Raum der Volksschule«

genannt, begann folgendermaßen: »1. Zur Handhabung strenger Ordnung und Disciplin werden den Schülern Zeichenbücher (...) gegeben, welche (...) in Pappumschlag gut geheftet sind, wobei ein glattgewalztes Stück blaue Pappe zur Unterlage für das Blatt dient, worauf gezeichnet wird. Jeder Schüler muß sein Zeichenmaterial (...) vollständig besitzen, weil alles und jedes Borgen oder Verleihen ausgeschlossen ist. 2. Zur Bewältigung von Unbeholfenheit, schwerer Hand und Unreinlichkeit wird (...) auf angenehme, Sinne und Geist fesselnde Weise über diese Stufe hinausgeholfen durch leicht faßliche Umrisse bekannter Gegenstände (...) deren durchstochene Winkelpunkte den Kindern auf das Zeichenbuchblatt punktiert werden, mit der Aufgabe, diese Punkte blaß und sauber durch gerade Linien zu verbinden (...).« (nach GRASSMANN 1888, S. 117)

Es liegt auf der Hand, daß so niemals das Zeichnen gelernt und auch keine Geschmacksbildung vermittelt, sondern antizipatorische Sozialisation für ein stumpfsinniges Arbeitsleben betrieben wurde, wenn es denn überhaupt ein Ergebnis festzuhalten gibt. Die Kritik muß sich auf den historischen Zusammenhang gesellschaftlich mächtiger Interessen mit der planvollen Behinderung sinnlicher Aneignungsfähigkeiten im staatlichen Schulsystem richten.

Neben den namenlosen Zeichenlehrern mit schlechter Ausbildung, die allesamt Beispielen und Vorschriften zu folgen gewohnt waren, gab es herausragende Methodiker, die das wilhelminische Klassenmodell der Schule auf den Lehrplan des Zeichenunterrichts übertrugen. Der ›Stoff‹ wurde entsprechend den Aufgaben des Gymnasiums, der Mittel- oder Realschule und der Volksschule abgestuft. Einer der bekanntesten Methodiker war FEDOR FLINZER, Schüler bei SCHNORR VON CAROLSFELD und LUDWIG RICHTER, selbst als Illustrator tätig. Er leitete 1875 die Erstausgabe seines mehrfach wiederaufgelegten ›Lehrbuchs des Zeichenunterrichts an deutschen Schulen‹ u. a. mit dem Hinweis auf die »äußerste Sorgfalt« und »größte Genauigkeit in der Ausführung einer jeden Schülerarbeit« ein und erklärte die Erziehung zum »ernsten, fleißigen und gewissenhaften Arbeiter, der mit Selbstvertrauen und Liebe seine Aufgabe erfüllt« (S. VI), zu einem Leitziel seines für damalige Verhältnisse schon modernen »Freihand-Zeichen-Unterrichts«.

Seine Vorschläge zur »rationellen Betreibung« dieses Unterrichts umfaßten einen strengen Übungskanon als geschlossenen Lehrgang und dazu Anweisungen für die Leistungskontrolle, wie FLINZER sie als Leipziger Zeicheninspektor von den ihm unterstellten Fachlehrern verlangte. Seine Methode wies jedem Schultyp streng abgezirkelte Aufgaben zu. Die Volksschule kommt am schlechtesten weg. Die Vielecke und Kreise, die der Schüler dort freihändig exakt zeichnen lernen sollte, konnten im Effekt nichts anderes als Mittel einer öden mechanistischen Abrichtung auf disponible Tugenden sein. Das Arbeitsleben verlangte vor allem Ausdauer und stumpfsinnige Disziplin.

Der »speziellen Stellung des Weibes« hatten es die Mädchen zu verdanken, daß sie sich mit ornamentalen Flachmustern für Handarbeiten beschäftigen durften. Für die ›höheren Mittelschüler‹, d. h. für die Vorbildung des »höheren Handwerkers, des niederen Beamten u. dergl.« forderte FLINZER eine »strenge Schule für das geistige Auge

64 a/b   Zeichnungen von FEDOR FLINZER

und die gewandte Hand«, weil hier auch »die intelligenten Vertreter des Kunstgewerbes« erzogen werden sollten (vgl. S. 65 ff.). FLINZER versäumt auch nicht den Hinweis auf den Wehrdienst, der »die sichere Hand des Soldaten« um so besser ausbilden könne, je geschulter das Auge sei.

Bei der Realschule und vor allem beim Gymnasium gerät der Methodiker ins Schwärmen; denn dort ging es um das »feinere, edlere Sehen«. Hier konnte erst der Begriff des Künstlerischen Verwendung finden, ohne den »die formal-bildende Kraft des Gymnasiums« nicht denkbar schien (aber der Zeichenunterricht war an Gymnasien

113

nicht obligatorisch und die Zeichenlehrer rangierten in der Hierarchie der Fachlehrkräfte ganz unten).

Konkret nennt FLINZER die Ziele seines Lehrgangs nur bei den Fachschulen, die sich an beruflichen Qualifikationszielen ausrichten mußten. So betont er – 30 Jahre vor dem DEUTSCHEN WERKBUND – den Wert ästhetischer Erziehung für den Kaufmann.

Seine Freihand-Zeichenmethode ohne technische Hilfe weist bereits auf die kommende Kunsterziehungsreform hin. Dennoch entsprach dieses Training von Fertigkeiten und seine Legitimation dem alten Prinzip. Der Lehrgang stieg von Elementarübungen in der Volksschule zu Gegenstands- und Raumdarstellungen im Gymnasium oder zu gewerblichen Ornamentalentwürfen in der Fachschule auf – aber der Volksschüler, der lernen mußte, freihändig auf der Spitze stehende gleichschenklige Dreiecke zu zeichnen, erfuhr nicht, wozu man das üben sollte.

Es machte kaum einen Unterschied, ob nach der Freihandmethode oder auf Netz- und Punktgrundlage Zeichendisziplin geübt wurde, wie sie ein anderer einflußrei-

66 Körperhafte Darstellungsübung nach FLINZER, 1882

cher Methodiker, der Gewerbeschuldirektor ADOLF STUHLMANN, erfolgreich propagierte, der im ministeriellen Auftrag einen »Leitfaden für den Zeichenunterricht in den preussischen Volksschulen mit drei oder mehr aufsteigenden Klassen« entwickelte. Dieser amtliche Lehrplan entsprach den staatlichen »Anweisungen für die Erteilung des Zeichenunterrichts« von 1887. Er umfaßte Netzzeichnen, Freies Zeichnen ebener Gebilde, Freies Zeichnen nach körperlichen Gegenständen, Zeichnen altdeutscher Kreuzstiche – dazu Wandtafeln und Modelle, alles in allem

65 Ornamentale Pflanzenstudie nach FLINZER, 1882

67 Grundübung aus einer Reihe geometrisch-körperhafter Darstellungsschritte bei STUHLMANN, 1897

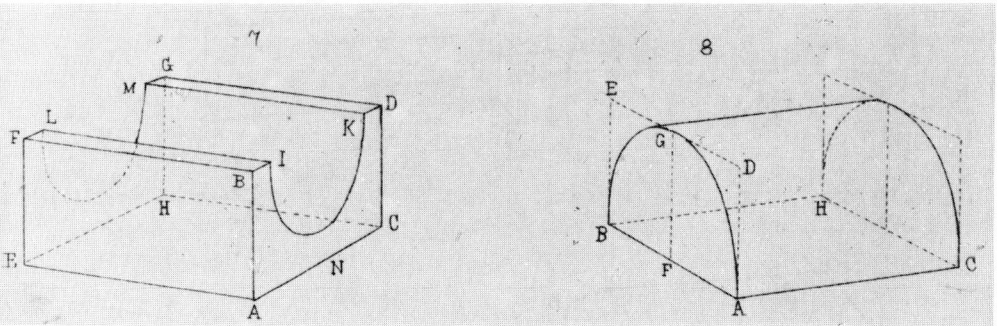

115

ein Lehrwerk, das die preußischen Volksschullehrer in gewohnter Pflichttreue übernahmen.

Schon STUHLMANNs 1875 erschienenes Lehrbuch über den Zeichenunterricht in der Volks- und Mittelschule enthielt einen solchen »methodisch geordneten Lehrgang« und ließ nicht den geringsten Spielraum der Abweichung vom Drill des Einübens von Ordnungsmustern. Auch die STUHLMANNsche Methode abstrahierte von aller Lebenswirklichkeit und den Bedürfnissen der Schüler. Erst LANGE (1893) kritisierte entsprechende Methoden des Körperzeichnens im Gymnasium.

Noch zu Beginn der neunziger Jahre gab es kaum eine Alternative zu den erstarrten Elementarmethoden. Doch dann entwickelte sich sehr rasch binnen weniger Jahre eine regelrechte Reformbewegung. Freilich müssen diese schulpädagogischen Neuansätze im Rahmen gesamtgesellschaftlicher Entwicklungstendenzen gesehen werden. Teile der ›modernen‹ wilhelminischen Bourgeoisie konnten, im Bewußtsein, eine Elite der Nation darzustellen, auch einen neuen Bildungsanspruch formulieren, dem die ›alte‹ Schule nicht mehr genügte. Gleichzeitig schlugen sich wirtschaftspolitische und kulturpädagogische Erwartungen in künstlerischen Reformideen des Zeichenunterrichts nieder. Die wirtschaftliche Konjunktur und die Geschmackserziehung sah man als Einheit. Das Produktionssystem war in eine Phase der Expansion eingetreten. Zugleich hatten sich Hoffnungen auf einen kulturellen Ausgleich der Klassengegensätze belebt, d. h. der schon lange im bürgerlichen Bewußtsein nistende ›kunstsoziale‹ Ausgleichsgedanke wurde aktuell. Fragen der verbesserten Teilhabe des Prole-

tariats an der bürgerlichen Kultur legten es nahe, über eine Neuorientierung der ästhetischen Erziehung bis in die Volksschule hinab nachzudenken. Die Kunsterziehungsbewegung entstand also nicht in einem luftleeren Raum plötzlich entdeckter pädagogischer Ideale.

Für die moderne Industriemacht zeichneten sich mit der industriellen Konjunktur seit Mitte der neunziger Jahre neue Sozialisationsinteressen ab. Die Tendenz zur gleichzeitigen »Ausbildung von Auge und Hand«, wie KERSCHENSTEINER (1901) und andere sie zur »Grundforderung der gewerblichen Erziehung« erhoben, war darauf eine Antwort ebenso wie die schon vorher erhobenen Forderungen nach einer künstlerischen Bildungsreform.

Kunsterziehungs- und Arbeitsschulgedanke entsprachen in ihrer Einheit durchaus der ökonomischen und politischen Entwicklung. Über die »Bedeutung der Kunst für die Erziehung« schrieb WOLGAST 1903: »Vorderhand wissen wir nichts anderes als dem seelisch verwüstenden Einfluß der fabrikmäßigen Teilarbeit einen erhöhten geistigen Lebensinhalt entgegenzusetzen. Den umfassendsten Lebensinhalt aber geben wir dem Einzelnen, wenn wir ihn fähig machen, innerlichst am Leben der Nation teilzunehmen. Der Zugang zum nationalen Leben ist aber am leichtesten und erfolgreichsten von der Seite der Kunst. Mehr als je ist die Kunst Ausdruck der geistigen und physischen Arbeit der Nation (. . .). Wenn dem Arbeiter der Blick geöffnet ist für den monumentalen Ausdruck eines künstlerisch empfundenen Fabrikgebäudes, so ist ihm zugleich ein Gefühl aufgegangen für die Bedeutung seiner Arbeit (. . .).« (S. 5) In der Pflege der »Handgeschicklichkeit« hatte

116

68 Metallarbeiten in einer Leipziger Schülerwerkstatt (›Das Buch vom Kinde‹, 1907)

sich schon der 1886 gegründete DEUTSCHE VEREIN FÜR KNABENHANDARBEIT eine funktionstüchtig machende Breitenbildung durch Schülerwerkstätten versprochen. Obwohl im Zuge der industriellen Expansion an sich mehr mechanische Fabrikarbeit und weniger handwerkliche Tüchtigkeit gefragt war, beeindruckte die Argumentation mit Erfordernissen des Produktionsbereichs.

Im Blick auf Qualifikationsansprüche hochentwickelter Exportindustriezweige galt im Reich der Satz, daß »das verfeinerte Werkzeug auch eine verfeinerte Hand erfordert« (PABST 1907). Solche Argumente stützen indirekt Ideen einer erneuerten Kultur des Lernens. Nach LIBERTY TADD (1909) sollte es in der »wahren Handfer-

tigkeit« keine Unterscheidung zwischen »Hand- und Gehirnarbeit« mehr geben. Freilich blieb dieser Aufbruch in ein sinnlich-praktisches Erfahrungslernen um 1900 noch an die herrschenden gesellschaftlichen Ausbildungs- und Sozialisationsziele gebunden. Auch die Vorschläge für eine Umwandlung des formalen Zeichenunterrichts in eine freiere Form der künstlerischen Erziehung waren widersprüchlich. TEBBEN (1979) weist darauf hin, daß dieser Schritt erst historisch vollzogen werden konnte, als sich das berufsbildende und das allgemeinbildende Schulwesen voneinander trennten. Zeichenunterricht mit gewerblich qualifizierender Absicht und der reformierte Zweig kunstpädagogisch orientierten Zeich-

117

nens fielen infolge fortschreitender Arbeitsteilung im Bildungs- bzw. Ausbildungsbereich auseinander. Bereits vor 1914 stand diese Tendenz im Grunde einer kulturpädagogisch praktizierbaren Ganzheit von sinnlichem Erfahrungslernen und denkender Erkenntnis, also der Einheit von Produktion und Bildung entgegen. Das Auseinanderfallen berufsbildender Qualifikationsansprüche und allgemeinbildender Sozialisationsansprüche, das sich z. B. in der Trennung vom Zeichnenlernen an den berufsorientierten Fachschulen und der reformkunstpädagogischen Praxis an den allgemeinbildenden Schulen niederschlug, wurde aber noch durch starke ›Allgemeininteressen‹ des wilhelminischen Industrialismus

überdeckt. Erst in der Weimarer Republik erscheint dann die Kunstpädagogik völlig autonom und vom Produktionsbereich abgetrennt.

Deutschland stand vor der Eroberung des Weltmarkts für technische Industrieerzeugnisse. »Für die großen wirtschaftlichen Kriege des nächsten Jahrhunderts brauchen wir neben dem Körper auch Hand und Auge«, führte JESSEN 1899 (S. 6) auf dem XV. Kongreß für erziehliche Knabenhandarbeit aus. Handgeschicklichkeit, ein geschultes Auge, d. h. ein durch Anschauung erkenntnisfähig gemachter, praktischer Verstand, sicherer Geschmack und nicht zuletzt eine auf das Bewußtsein solcher Fähigkeiten gegründete Aufstiegsmentalität sollten – neben

118

71 Plastisches Gestalten (TADD)

69 Zeichnen und Aquarellieren vor dem Objekt
(TADD, 1900/1903)

70 Beidhändiges Zeichnen (TADD)

der Arbeitsdisziplin – zu Eigenschaften des deutschen Industriearbeiters werden. Der »gelernte Arbeiter mit scharfen Augen und sicherer Hand« (JESSEN) war der gewünschte neue Sozialisationstyp – beinahe noch so wie bei FLINZER (1875). Auch ein neuer Konsument sollte herangebildet werden. Die Kulturpädagogik hatte ihre Stunde. »Pflege der produktiven künstlerischen Gaben« und die »freie Pflege der Handgeschicklichkeit« (RICHTER) schienen auch Gewähr zu bieten für eine Verwirklichung der Werkbundformel von der »Qualitätsarbeit«.

Die Kunstgewerbereform, der kunstsoziale Gedanke waren Importartikel, auch die Kunsterziehungsbewegung konnte sich auf englische und amerikanische Vorbilder

beziehen. Dennoch kam es zu einer eigenständigen Entwicklung in Deutschland.

Die Reform des Zeichen- und Kunstunterrichts wurde ebenso wie die Kunstgewerbe-Erneuerungsbewegung vor allem von solchen bürgerlichen Gruppierungen begrüßt und unterstützt, die selbst spürten, daß der moderne Wilhelminismus als wirtschaftliche, politische und gesellschaftliche Macht sich auch kulturell weiterentwickeln und legitimieren mußte. Die technischästhetische Intelligenz, vertreten durch Museumsdirektoren wie JESSEN und LICHTWARK, durch Werkbundmitglieder wie MUTHESIUS und KERSCHENSTEINER, machte sich auch aus diesem Grund zum Anwalt einer neuen umfassenden ästhetischen Erziehung.

119

A. Lineare Anordnung des Raumes.

Darstellung längs einer oder mehrerer gerader oder krummer Linien.

1

2

3

Darstellung eines Schneeballgefechts. Faksimile nach dem Original.

72   Aus GEORG KERSCHENSTEINER, ›Die Entwicklung der zeichnerischen Begabung‹, 1905

So zeichnet das Kind vor dem Besuch der Schule.

So setzt die alte Lehrweise mit dem Kinde fremden Stoffen ein.

So knüpft die neue Lehrweise an die Natur des Kindes an.

73 Der Reformfortschritt (von KUHLMANN 1902 visualisiert)

Noch bis weit in die neunziger Jahre hinein hatte die »Verhinderung und Ächtung der freien Kinderzeichnung« (KEMP 1979) gedauert, obwohl ihre Bedeutung schon 1887 von dem italienischen Kunsthistoriker RICCI entdeckt worden war. Systematische Untersuchungen (z. B. SULLY 1897, KERSCHENSTEINER 1905, LEVINSTEIN 1905) des Phänomens der Kinderzeichnung und Ausstellungen schärften den Blick für den Zusammenhang kindlicher Darstellungsformen mit affektiven und kognitiven Leistungen. Hier lag die Funktion sinnlicher Aneignungstätigkeit theoretisch offen, ebenso wie im

Gedanken der praktischen Werktätigkeit im Handfertigkeitsunterricht. Allmählich begannen fortschrittliche Pädagogen das Zeichnen als Niederschlag kindlicher Welterfahrung und emotionaler Verarbeitung ernstzunehmen. Zwar trug dies erst in den zwanziger Jahren allgemein sichtbare Früchte, aber schon um die Jahrhundertwende bildete sich damit ein Stück Erziehungsreform ab.

Sie galt zunächst dem Gymnasium (vgl. JOERISZEN 1979). KONRAD LANGE forderte: »Gerade beim Kunstunterricht vermeide man möglichst alles Uniformieren. Ein Gymna-

74 Zeichenstunde höherer Töchter im Freien (›Das Buch vom Kinde‹, 1907)

122

75   Zeichnen auf dem Schulhof (SEINIG, 1914)

siast ist keine Kompanie Rekruten, ein Zeichensaal kein Exerzierplatz. Zeichnen kann nicht durch Zwang und Drillen, sondern nur durch Erweckung des Interesses und durch Anpassen an die persönliche Begabung gelernt werden.« (1893, S. 110)

Naturwissenschaftliche Kapazitäten beklagten öffentlich den Mangel an grundlegenden Wahrnehmungsfähigkeiten bei Abiturienten. Auch für den Niedergang des deutschen Kunstgewerbes und für die schlechte Architektur wurde das Gymnasium verantwortlich gemacht, das die wirklich künstlerische Erziehung verfehlt habe: »Der Grund für den Verfall des Zeichenunterrichts auf den Gymnasien und Mädchenschulen liegt in dem gewaltsamen Zurückdrängen alles Künstlerischen, in der übertriebenen Betonung des Mathematischen (. . .). Was die neuen Methodiker Zeichenunterricht nennen, hat mit der Kunst nichts zu tun.« (LANGE, S. 114)

Das Qualifikationsdefizit der entwicklungstragenden und kulturvermittelnden Schichten des Kaiserreichs wurde zum Motor eines Reformdenkens, das künstlerisches Sehen und die allgemeine Sinnestätigkeit als Einheit auffassen konnte: »Das Fundament unserer Arbeit ist die Anschauung. Die künstlerische Erziehung will nichts anderes, als dieses Fundament tiefer begründen. Mehr als der Intellekt und das sittliche Handeln hält sich die künstlerische Tätigkeit wie das künstlerische Genießen in der Sphäre der Sinne (. . .). Die künstlerische Erziehung will (. . .) dem Kinde feinere Augen und Ohren geben, indem sie es anleitet, künstlerisch zu sehen und zu hören.« (WOLGAST 1903, S. 6)

Solche Theorie hatte praktische Folgen, nicht nur für Gymnasiasten. Nun gingen Lehrer mit ihren Schülern vor die Natur, übten Wahrnehmen am Gegenstand, ließen produktive Aneignungstätigkeit in Grenzen wieder zu.

Aber es ging in diesem Reformversuch nicht nur um die »harmonische Ausbildung aller Kräfte« (WOLGAST 1903), sondern auch

123

um eine Ausrichtung auf die vorgestellten Werte einer neuen nationalen Kultur. Das von der kunstpädagogischen Reformbewegung produzierte oder verstärkte Wahrnehmungsinteresse war keineswegs wertneutral. Der ›Rembrandt-Deutsche‹ JULIUS LANGBEHNs, die kulturtheoretischen Schriften PAUL DE LAGARDEs und NIETZSCHEs elitäre Philosophie bezeichneten die geistige und ideologische Position vieler Reformer.

Das interessengeleitete Reformziel war nicht die sensibilisierte Wahrnehmung schlechthin, sondern die Empfänglichkeit für die ›echte‹ deutsche Kunst und Kultur. Schon die Auswahl der Beispiele zur Bildbetrachtung, die z. B. LICHTWARK (1897) für den Unterricht in einer höheren Töchterschule vornahm, läßt diesen Schluß zu. Wie die Kunstgewerbereform und die Handfertigkeitserziehung war die Reform des Zeichen- und Kunstunterrichts ein internationales Phänomen. Aber es gab »keine Variante, die in ihrer Wirkung nur annähernd so regressiv ›aristokratisch‹ und nationalistisch ausgeformt« war wie die Kunsterziehungsbewegung in Deutschland (NEUKÄTERHAJNAL 1977). Das lag an ihrer spezifischen Ausgestaltung vor dem zeitgeschichtlich-soziologischen Hintergrund, aber auch an ihrer breiten Angriffsfläche für Ideologien.

Nie zuvor hatte es ein so umfassendes ästhetisches Erziehungsprogramm für die staatliche Schule mit dem Versuch allseitiger sinnlicher Bildung gegeben wie in der Epoche der Kunsterziehungstage. In Dresden 1901 (Bildende Kunst), in Weimar 1903 (Sprache und Dichtung) und in Hamburg 1905 (Gymnastik und Musik) wurde das Programm entwickelt und diskutiert; es ging über die Reform des Zeichen- und Kunstunterrichts weit hinaus und zielte auf

eine ganzheitliche ästhetische Erziehung, so wie die enge Verbindung von musikalisch-künstlerischer Bildung, Tanz und Gymnastik von der Einheit körperlich-geistigen Erlebens ausging. Es wurde auch durchaus praktisch experimentiert, zum Beispiel in den neugegründeten Landerziehungsheimen.

76   Relief an einem Schulneubau

Naturerleben, Handarbeit, Landwirtschaft, soziales Lernen in der ›Schulgemeinde‹ und künstlerische Tätigkeit sollten die Einheit von Wissen, Fertigkeiten, Körper- und Charakterbildung garantieren. PAUL GEHEEB oder HERMANN LIETZ versprachen sich von dieser sinnlichen Verdichtung des Lernprozesses besondere Erfolge; und in der Tat entstand dort ein neuer Typus: »Kein Schüler nimmt Alkohol. Einige leben vegetarisch. Die Tracht ist eine kurze Hose, Sweater und rote Flanellmütze. Eine Spezialität der Schulen sind die sehr ausgedehnten, zu Fuß oder auf dem Rade unternommenen Ferienreisen, wobei unter freiem Himmel biwakiert und die Selbständigkeit und Selbstverantwortung der Knaben erprobt wird.« (TH. LESSING 1907, S. 190)

124

77 1907 veröffentlichtes Foto einer Tanzgruppe der Schule von ISADORA DUNCAN in Berlin

Wo solche pädagogischen Experimente an der Sinnlichkeit ihre zeitgemäßen Grenzen fanden, zeigte allerdings nicht nur die Diskussion um die Koedukation als Prinzip einiger Landschulheime. Der einschlägigen Reformenzyklopädie ›Das Buch vom Kinde‹ (1907) galt Onanieren noch als psychisches Krankheitssymptom.

Ins Künstlerische hinein aber waren die Reformen unbegrenzt denkbar. Im Tanz und in der Übung theatralischer Darstellungsformen sah man Möglichkeiten einer Verbindung des neuen Körpergefühls mit dem Ausdruck veränderter Geisteshaltung, getreu der Devise SCHULTZE-NAUMBURGs, daß »die Harmonie eines ethischen Weltbildes (. . .) durch die Kunst vermittelt wird« (1906). Eine besondere Wirkung versprach man sich von der Musik, die seit der Roman-

tik ein Medium bürgerlicher Emotionen war und dem Dilettantismus weit offenstand: »Alle Kunst ist Gefühl, die Musik aber ist unmittelbare Gefühlsäußerung (. . .). Musikpflege bedeutet Pflege des Seelenlebens (. . .). In diesem Sinne ist Beethoven der größte Volks- und Menschheitserzieher und der Konzertsaal ein Tempel, eine Art ethische Kirche.« (PUDOR 1902, S. 204) Zugleich sei »der Gesang dazu angethan (. . .), die nationalen und patriotischen Empfindungen zu verstärken« (S. 101) und komme das »verbindende (socialisierende) Moment« des Gesangs, der die »Kameradschaftlichkeit« verstärke, zum Zuge.

Trotz aller ideologischen Belastung und einem zweifelhaften Sozialisationsinteresse im Hintergrund der Reform wurde ein wirklicher Fortschritt dort greifbar, wo die junge Psychologie der Kinderzeichnung, das Bedürfnis nach einer modernen, sinnlich-praktischen Bildung und das Fortbildungsinteresse der Lehrerschaft zusammentrafen. So wurde vor allem die 1896 gegründete Hamburger ›Lehrervereinigung für die Pflege der künstlerischen Bildung‹ mit ihren Vorträgen und Ausstellungen (vgl. GÖTZE 1898) zur treibenden Kraft und progressiven Spitze der Kunsterziehungsbewegung.

CARL GÖTZE brachte den Stellenwert der freien Kinderzeichnung (1901) auf die Formel: »Indem durch Zeichnen (. . .) die in bildlichen Ausdruck umgesetzten Vorstellungen geäußert werden, gestaltet, erweitert und vertieft sich das Bild, in welchem sich der Geist die durch sinnliche Bearbeitung der Außenwelt erworbene Kenntnis vorstellt und merkt.« (in: PALLAT, 1929, S. 38)

Auch in Hamburg ging es nicht nur um eine Erneuerung der künstlerischen Erzie-

125

hung, sondern um eine allgemeine »Wiedergeburt der Erziehung und des Unterrichts aus dem Geiste der Kunst«. RICHTER schreibt über die Hamburger Lehrervereinigung: »Sie verstehen darunter die Verdrängung des bloß gewußten Wissens (. . .) durch das angeschaute und gefühlte Wissen.« (1909, S. 176) Für GÖTZE stand fest, daß sich »neben dem Wort als begrifflichem Symbol« das Bild »als sinnlich wahrnehmbare(s) Zeichen zum Ausdruck der den Geist beherrschenden Vorstellungen und Gefühle« behaupten müsse. Seine Forderung, der Zeichenunterricht solle ein Hauptfach in der Schule werden, zeigt an, daß man nicht nur vor der Ablösung des alten Zeichenunterrichts durch freie künstlerische Erziehung stand, sondern vor einem reformpädagogischen Durchbruch zu neuen Formen des sinnlichen Erfahrungslernens. BRANDI faßte die Diskussion auf dem ersten Kunsterziehungstag 1901 deshalb dahingehend zusammen, daß es sich »nicht um die Erziehung zu irgendeiner künstlerischen Befähigung der Jugend (. . .) als vielmehr um ein Prinzip (handele), das den Gesamtbereich des erziehenden Unterrichts durchdringen soll, von der Kinderstube bis zur Universität einschließlich« (in: PALLAT, S. 63).

Nicht nur die Schüler privilegierter Landerziehungsheime, auch die Kinder in der Volksschule sollten anders lernen dürfen. »Produktive Aufgaben wecken wie nichts anderes das innere Anschauungsvermögen, bewirken deshalb auch wie nichts anderes eine tiefgehende und umfassende Klärung der kindlichen Vorstellungswelt«, stellte SCHARRELMANN 1913 (1928, S. 17) fest.

Die Hamburger Reform enthielt ein großes gesamtpädagogisches Versprechen: »Die Herrschaft des Wortes und des Buchsta-

78 Freihandzeichnungen aus der Volksschule (LUCKOW, 1914)

bens« sollte gestürzt, »Schauen und Erleben« (RICHTER 1909) sollten zu Prinzipien des Lernens werden. Dazu schien der Erlebnis- und Lernraum der künstlerischen Wahrnehmung und Produktion geeigneter als jeder andere. WOLGAST (1903) bezeichnet die Kunst »als die umfassendste und sinnfälligste Darstellung der inneren und äußeren Welt«.

Künstlerische Erziehung war aber auch aus Gründen der nationalen Geschmackserziehung (das Hauptmotiv LICHTWARKs) oder

126

aus der Hoffnung heraus zu betreiben, daß eine allgemeine Teilhabe an der künstlerischen Kultur den sozialen Frieden sichern und jeden in das »Zukunftsland der Schönheit« (RICHTER 1909) führen werde. Reformer wie WOLGAST gingen zwar davon aus, daß die künstlerische Erziehung die »Lebenstüchtigkeit der Jugend« (S. 22) steigere, indem sie Prinzip des gesamten Lernprozesses und einer besonderen Erkenntnisfähigkeit werden könne. Aber der lebensreformerische Gebildetenidealismus hing allen als Klotz am Bein. Auch GÖTZE wollte »durch Emporbildung aller menschlichen Kräfte das Wachstum einer befreienden und beglückenden Kultur« fördern. Vom Klassenstaat war keine Rede dabei. Die Vermischung reformpädagogischer und idealistisch-utopischer Grundzüge ist unverkennbar.

Realistisches Wissen um Funktionen sinnlicher Wahrnehmung im Erkenntnisprozeß vermischte sich mit Sehnsüchten. Der praktisch-pädagogische Durchbruch konnte auf breiter Front ohnehin nicht gelingen. Das

79   Arbeit eines Elfjährigen aus Ton (›Das Buch vom Kinde‹)

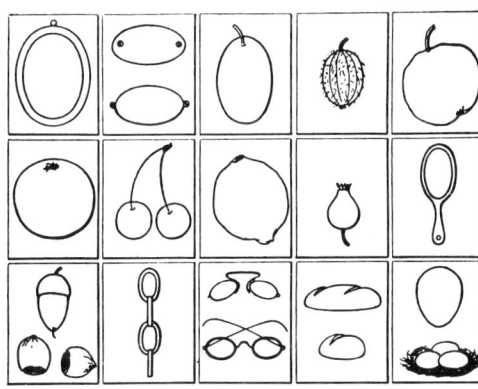

80   Aus einem Musterblatt für die Volksschule (LUCKOW, 1905/1914)

wilhelminische Schulsystem, auch die meisten Fachlehrer, reagierten nicht, die fortschrittliche Tendenz wurde in der Praxis kaum sichtbar: »Trotz der Hamburger Reform des Zeichenunterrichts wird auch heute noch einfach gedrillt. Es wird Technik gelehrt, nach welcher das Kind noch kein Bedürfnis hat, es werden Aufgaben gestellt, die dem Kinde von sich aus noch völlig fernliegen. Man täusche sich doch ja nicht! Ob man eine Klasse zwingt, stundenlang nur gerade Linien zu zeichnen, oder ob man ihnen Apfelsinen und Zitronen zum Abzeichnen hinlegt, das ist vom Standpunkte der Kinder aus ziemlich gleich langweilig (. . .).« (SCHARRELMANN, S. 11 f.)

»Das Zeichnen soll (. . .) vor allem die Vorstellungskraft des Kindes wecken und stärken« – nicht einmal diese einfache Forderung (SCHARRELMANN), eine in der Reformbewegung gewonnene Grunderkenntnis, wurde überall eingelöst. Außerdem blieb vieles an der Theorie dieser Reform irrational. Nach RICHTER hieß ihr letztes Ziel »Vertiefung des Individuums und Einigung

127

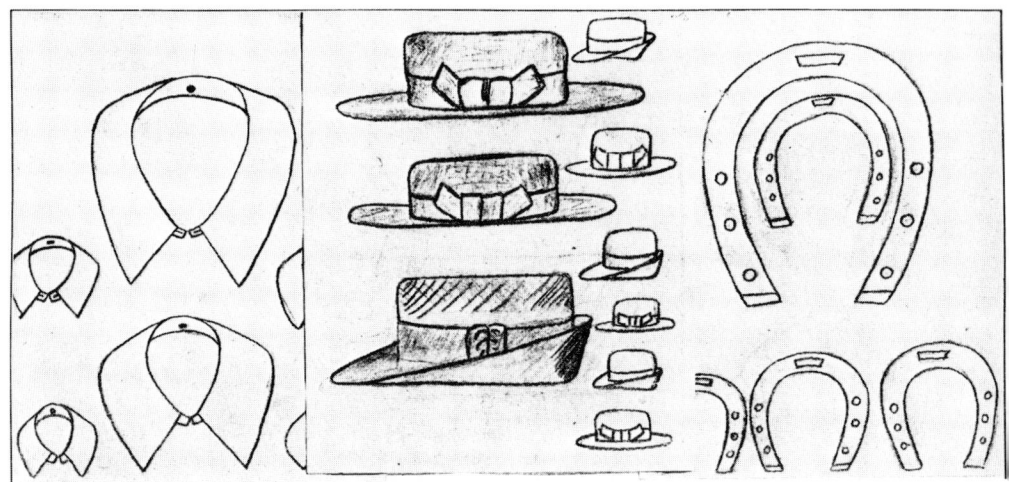

81 Aus einem ›Lehrbuch für den neuzeitlichen Zeichenunterricht in den Volksschulen‹ (HEINRICHSDORFF, 1909)

des Volksganzen und schließlich der Menschheit« (1909, S. 9), und das in der Klassengesellschaft der imperialistischen Ära. Die ideologischen Leitmotive der deutschen Kunstpädagogik (vgl. KERBS 1976, S. 126 ff.) haben sich gerade während der Reformperiode gebündelt. Hinzu kam die fundamentale Selbsttäuschung vieler Kulturpädagogen und Kunsterziehungsreformer über die gesellschaftlichen Auswirkungen ihres Denkens und Tuns – eine spezifische Berufskrankheit bis heute.

Was über Schule und Alltag im Kaiserreich wirklich zu den Sinnen kam, konnte durch eine neue ästhetische Erziehung nicht einmal neutralisiert, geschweige denn zugunsten einer veränderten Anschauungsweise und Emotionalität umgeformt werden. Auch hätten die Erzieher selbst – weit über das von ihnen errungene Maß an pädagogischer Einsicht hinaus – neu sozialisiert, vom Wilhelminismus befreit werden müssen.

Kultur der Sinne – das war nichts ›Natürliches‹, wie der WANDERVOGEL glaubte, der in einen mit nebelhaften Gemeinschaftsidealen besetzten Naturraum auswich. Kunsterziehung war nicht jene »Vertiefung des Individuums«, sondern eine Konfrontation mit Kultursymbolen, deren Interpretation im herrschenden Interesse zu erfolgen hatte. Und die Geschmackspädagogik befreite nicht vom Zwang der Gegenstände und Rituale, sondern brachte nur neue zur Geltung.

Alle Tatsachen, die der moderne Industriekapitalismus geschaffen hatte, die Großstadt, die Warenästhetik, die entfremdete Arbeit, die zerstörte Zwischenmenschlichkeit, den Klassenwiderspruch – das sollte die ästhetische Kultur- und Erziehungsreform vergessen machen oder überwinden helfen. Kunsterziehung als Erziehung zur Kunst oder durch Kunst war und blieb eine uneingelöste Hoffnung. Es blieb vorläufig

128

82 Volksschulklasse 1914/15, den Sieg in Ostpreußen nachvollziehend

auch bei einer theoretischen Reform, die sich weitgehend in der didaktischen Literatur abspielte (vgl. dazu JOERISZEN 1979, S. 184).

Das Prinzip ›vom Kinde aus‹ (vgl. z. B. bei ELLEN KEY 1902) beeindruckte zwar das Denken der Reformer und wurde auch in Versuchen praktiziert. Es eröffnete aber keinerlei realistische bildungs- oder sozialpolitische Perspektiven auf eine Veränderung wilhelminischer Alltagssinnlichkeit und Mentalität.

Am Ende der Reformperiode bildete sich nicht nur die Möglichkeit der Umwandlung des Zeichenunterrichts in ein künstlerisches Gestaltungs- und Erziehungsfach ab. Die Aktualisierung des Knabenhandfertigkeitsgedankens und die neue Arbeitsschulbewegung signalisierten auch eine denkbar gewordene Einheit von künstlerischer, werktätiger und technischer Erziehung im sinnlich-praktischen Erfahrungslernen. Dieser Entwurf war eine theoretische Errungenschaft der Epoche, in ihm lag der pädago-

129

gische Fortschritt auf der Hand. Aber dieser Fortschritt erreichte nicht nur kaum die Praxis, er wurde auch ideologisch eingebunden und aufgehoben. Das Bildungsbürgertum fand in der Kunstgewerbe- und Kunsterziehungsreform und in der durchgehenden Pädagogisierung der Epoche seine große Aufgabe und seinen Existenznachweis. Über die eigene Klasse wirkte diese Reform nicht hinaus. Sie stagnierte noch vor dem Kriege und offenbarte schließlich ihre moralische und politische Wirkungslosigkeit in der Tatsache, daß auch im Kunstunterricht übelste Kriegspropaganda getrieben werden konnte.

Die Träger der Reform hatten keine Chance, die von formalen Abrichtungsritualen beherrschte Schulwirklichkeit verändernd aufzubrechen, geschweige denn das autoritär-chauvinistische Lernklima am Vorabend des Ersten Weltkriegs zu verändern.

Kapitel III (1918–1945)
Die Kultur der Sinne als Hebel der Politik

83 Foto in einer bürgerlichen Illustrierten, 1924

1 Wahrnehmung im Arbeiterleben –
Ausgestaltung der zweiten Kultur in der Weimarer Republik

Die Vergesellschaftung der Sinne ist ein langfristig wirksamer und andauernder Lernprozeß. Durch ihn überliefern sich gesellschaftliche Orientierungsmuster. Mit welcher Überlieferung konnte man nach 1918 rechnen?

TH. GEIGER hat 1932 in seiner Analyse der Schichtung des deutschen Volkes gut 50 Prozent dem Proletariat zugerechnet, Handwerkern und Kleinkaufleuten etwa 12 Prozent, dem ›neuen Mittelstand‹ der Be-

amten und Angestellten 18 Prozent, dem ›alten Mittelstand‹ etwa ebenso viel und der kapitalistischen Schicht knapp ein Prozent. Er schreibt diesen Schichten »Figuren der Mentalität« zu und gibt damit einen Hinweis auf Prägungen, wie sie in den unterschiedlichen Sozialisationsprozessen auf der Grundlage von Tradition, aktuellem Bedürfnis und sozial-kultureller Wahrnehmungserwartung erfolgt sein müssen. Der Begriff der Mentalitätsfigur verweist auf

84   Aus ›Der Arbeiterfotograf‹, 1928

132

85 STAHLHELM-Treffen (1933 in einer bürgerlichen Illustrierten veröffentlichtes Foto)

einen gestalthaften Gesamtkomplex des Sehens, Empfindens, Wollens und Denkens, aus dem heraus wiederum die sinnlich-soziale Wahrnehmungsfähigkeit beeinflußt und die sozialen, politischen und kulturellen Verhaltensmuster entworfen bzw. bestätigt werden. Eine Theorie des ästhetischen Lernens wird immer danach fragen müssen, was Tradition und Erwartung in ihrem Verhältnis bedeutet haben und wodurch aktuelle Ausdrucksbedürfnisse beeinflußt worden sind. Dieses Verhältnis war für die Arbeiterkultur in der Weimarer Republik durchaus widersprüchlich, die Entwicklung der zweiten Kultur verlief keineswegs ungestört.

Mit der Novemberrevolution schien es in Deutschland zwar erstmals möglich, den proletarischen Kulturzusammenhang als Lernraum ungehindert zu entfalten, aber radikaldemokratische Ansätze wurden brutal unterdrückt, das Erbe des Kaiserreichs wog schwer. Praktisch war es den bürgerlich-kleinbürgerlichen Schichten nicht möglich, die Revolution mitzuvollziehen. Der Zusammenbruch war für die Generation, die im Wilhelminismus ihre Identität gefunden hatte, nur zu bewältigen durch eine Verhaltensorientierung am alten Bestand. Man lehnte alles ab, was sich in der Republik an politisch revolutionären und kulturell umwälzenden Tendenzen regte. Die

133

86   GEORGE GROSZ, Grauer Tag, 1921

»konservative Revolution« (MOHLER 1950) formierte sich früh. Für viele, die die Niederlage als Katastrophe erlebten und den Versailler Vertrag als nationale Schande empfanden, konnte es kein Verlernen oder Umlernen geben. Die Republik, verachtet und ungeliebt, eine »Demokratie aus Verlegenheit« (SONTHEIMER 1962), war auf einen Bestand an Anschauungen und Wertorientierungen gebaut, der ihr Ende beschleunigen mußte.

Wenn SONTHEIMER den intellektuellen Vertretern der »gestürzten Schichten« die Verstärkung antidemokratischer Einstellungen zuschreibt, konnte diese Verstärkung nicht nur das Ergebnis politischer und ideologischer Propaganda gewesen sein. Nur was einmal von den Sinnen in Besitz genommen und damit Bestandteil des Bewußtseins geworden ist, was an sozialer Erfahrung und kultureller Bedeutung erinnert werden kann, wird auch Antrieb neuen Handelns. Was die »gestürzten Schichten« mitbrachten, war die präzise erinnerte, einst unbestritten herrschende Klassenkultur. Sie war mit dem völkisch-nationalen Elitedenken und den konservativ-bürgerlichen Ressentiments unlösbar verknüpft. Allein die im DEUTSCHEN REICHSBUND KYFFHÄUSER organisierten Kriegervereine hatten über vier Millionen Mitglieder, im Offizierskorps der Reichswehr gab es mehr Adlige als im kaiserlichen Heer (vgl. ZORN 1976), die Justiz war erzkonservativ.

»Konservative Revolution« und »Revolutionärer Nationalismus« bezeichnen historisch vorgeprägte Sehweisen, Einstellungen und Identifikationssehnsüchte. Vieles im Alltagsverhalten und im bürgerlichen Dekor bezog sich darauf und half, Traditionen des Sehens und Wertens zu überliefern.

Letztlich war das ›Dritte Reich‹ (MOELLER VAN DEN BRUCK 1923) eine Projektionsleistung der Wahrnehmung und Erinnerung in einen politischen Wunschtraum wiederhergestellter Herrschaft. Das Sehen, Fühlen, Denken und Wollen bürgerlicher und kleinbürgerlicher Schichten blieb in die Vergangenheit gerichtet, reproduzierte sich aus Erinnerungsbruchstücken.

Dies galt um so mehr, je unfreundlicher die Wirklichkeit war. Inflation und politische Bedrohung durch eine starke Arbeiterbewegung beschleunigten die Formierung reaktionärer »Figuren der Mentalität«. Die ästhetischen und politischen Wahrnehmungsmuster bürgerlich-kleinbürgerlicher Schichten konnten sich in gut erhaltenen Lernräumen entwickeln. Der Klassentypus der Familie existierte weiter, kaum einer der wichtigen Lernräume der Sinne wie Schule, Berufsalltag und Wohnbereich hatte sich grundsätzlich verändert – eine Tatsache, die man leicht übersieht, wenn man die zwanziger Jahre mit ihrem ›Tempo‹, ihrer ›Sachlichkeit‹ und ihrem Amerikanismus an der Oberfläche betrachtet. Der bessere bürgerliche Geschmack schwankte immer noch zwischen Werkbundbiederkeit und Angeberei. An der Wand hingen noch die DÜRER-Reproduktion oder das Landschaftsbild. Die Töchter lernten immer noch Klavier, die Söhne trugen Verbindungsfarben. In diese Vorstellungswelt konnte allenfalls der Nationalsozialismus, beileibe kein wirklicher Sozialismus dringen. Die reiche künstlerische Produktion der zwanziger Jahre mit ihrer kritischen und kulturrevolutionären Tendenz, die PISCATOR-Bühne, der ›Russenfilm‹, die Malerei eines GROSZ oder DIX mußten bei vielen Unverständnis oder Abscheu erwecken. Die Öffnung der sinn-

135

lich-sozialen Wahrnehmung zur anderen Klasse hin gelang nur den linksorientierten Intellektuellen.

Dennoch war die Arbeiterbewegung noch nie so stark, in ihren sinnlichen Ausdrucksformen und kulturellen Manifestationen so selbstbewußt wie zur Zeit ihrer Kämpfe in der Weimarer Republik. Dabei waren die Reproduktionsbedingungen der zweiten Kultur nicht die besten.

Zwar gab es endlich den Achtstundentag, aber das Recht auf Arbeit blieb ungesichert. Selbst außerhalb der Krisenzeiten war die Arbeitslosenquote hoch, die Reallöhne erreichten erst 1928 den Vorkriegsstand. Am materiellen Sozialisationshintergrund hatte sich kaum etwas verbessert, eine Reihe von Bedingungen verschlechterten sich sogar. Die Rationalisierung der industriellen Arbeit in der Stabilisierungsphase ab 1924 (Taylorismus, Fließband, Refa-System) brachten neue Formen der Ausbeutung, der sinnlichen Verarmung und Entfremdung. Erst wenn man in Rechnung stellt, daß die Arbeiterbevölkerung die Hauptlast des Krieges getragen hatte, daß sie nach wie vor Not litt, daß die proletarische Familie immer noch einen Lernraum darstellte, in dem Unterdrückung herrschte, daß geringeres Einkommen und Wohnungsnot jeden ›Entfaltungsluxus‹ illusorisch machten und daß auch die Schule letztlich ein klassisches Disziplinierungsinstrument für das Arbeiterkind blieb, kann man die eigenständigen Kultur- und Sozialisationsleistungen der deutschen Arbeiterbewegung dieser Zeit würdigen.

In nicht einmal anderthalb Jahrzehnten zusammengedrängt konnte sich, trotz unterschiedlicher, oft konkurrierender Parteiaktivitäten, in vielen Wahrnehmungsfel-

dern des proletarischen Alltags ein Stück »dauerhafter kollektiver Erfahrung« (NEGT/ KLUGE) bilden. Man weiß heute nicht, welche Tradition der Sinnlichkeit, welche in die Zukunft gerichtete Erinnerungsleistung sich daraus hätte entwickeln können, hätte der Faschismus gerade diese klassenspezifischen Formen der kulturellen Handlungsorientierung nicht gewaltsam unterdrückt oder entstellt.

Zum Teil aus dem »Stau der Zeit vor 1914« (PLESSNER 1962), aus dem auch der Expressionismus neu auflebte, zum Teil durch das Kriegserlebnis motiviert, hatten parteinehmende Intellektuelle und Künstler schon unmittelbar mit der Novemberrevolution begonnen, die gesellschaftlichen Funktionen von Kunst und Architektur neu zu bestimmen und über eine neue Kultur und Lebensweise nachzudenken. Während die Arbeiterbewegung noch in die politischen Kämpfe verwickelt war, begann eine kurze Zeit der revolutionären ästhetischen Utopien in der NOVEMBERGRUPPE oder im ARBEITSRAT FÜR KUNST. Vereinzelt erinnern Experimente wie die von HEINRICH VOGELER 1919 auf seinem Worpsweder Barkenhoff gegründete Produktionskommune und Arbeitsschule daran, daß es geradezu um einen Neubau der menschlichen Gesellschaft, um neue Produktions-, Erfahrungsund Verkehrsformen ging, um eine neue soziale Sinnlichkeit, die es in der künstlerischen Praxis und im kollektiven Lernen anzustreben galt.

Aber die gesellschaftliche und politische Wirklichkeit der Republik stand solchen vereinzelten Aktivitäten entgegen. Idealistische Umwälzungsversuche der gesamten sinnlich-sozialen Wahrnehmungsfähigkeit mußten inmitten der weiterexistierenden

136

kapitalistischen Umwelt und Gesellschaftsformation scheitern. Aussichten auf dauer-
hafteren Erfolg hatten nur Neuorientie-
rungsversuche, bei denen die Kultur der
Sinne innerhalb der Klassentradition von
unten und in historisch gewachsenen Orga-
nisationsstrukturen der Arbeiterbewegung
weiterentwickelt werden konnte. Hier wurde
an den Erfahrungsbestand und die Erinnerung einer Generation von Arbeitern an-
geknüpft, die noch die Zeit der Sozialistenverfolgung und die Arbeitskämpfe im Kaiserreich miterlebt hatte.

Aus den rivalisierenden Arbeiterparteien
heraus entwickelte sich eine neue Form von
Jugendpflege. Die bewußte Klassenerzie-
hung im Sinne einer nichtbürgerlichen Vergesellschaftung von Kindern, Jugendlichen
und Erwachsenen konnte trotz ideologischer
Uneinigkeit aufgenommen werden und soll-

te verstärken, was die Sozialisationsinstanz
des proletarischen Alltags an klassenbewußter Menschenbildung schon vorausgeschaf-
fen hatte. Vor allem aber wurden die neuen
Massenmedien als Mittel der Gestaltung der
Sinne genutzt. Daneben gelang es, traditionelle künstlerische Medien zu Trägern des
kulturellen Selbstausdruckswillens und zu
Waffen in der politischen Auseinandersetzung zu machen.

Die Kulturgeschichtsforschung hat inzwischen nachweisen können, daß es in der
Weimarer Republik weit mehr angeeignete und durchgestaltete Lernräume proleta-
risch-bewußter Lebensweise gegeben hat,
als nach der gewaltsamen Tilgung aller Erinnerung an diese emanzipatorische zweite
Kultur durch den Nationalsozialismus und
im Klima der Geschichtsverdrängung nach
1945 zu ahnen war. (Vgl. vor allem die über-

87 ›Kreuzzug der Maschine‹ von ARTHUR WOLFF (am 1. Mai 1930 vom KULTURKARTELL DER MODERNEN ARBEITER-
BEWEGUNG in der Frankfurter Festhalle zur Aufführung gebracht)

sichtlichen Gesamtdokumentationen in WEM GEHÖRT DIE WELT und WEIMARER REPUBLIK, 1977.)

Die große Leistung der Arbeiterkulturbewegung bestand darin, daß sie die proletarische Identität verstärkte, indem sie traditionelle Lernräume weiterentwickelte und moderne Sozialisationsfelder hinzugewann. »Als Sozialisationsfeld wird (...) ein sozialer Interaktionsraum verstanden, innerhalb dessen durch konkrete (tätige) und symbolische (sprachliche) Interaktion gesellschaftlich relevante Verhaltensmuster gelernt werden.« (BRANDECKER 1976) Man brauchte solche Felder, um Wahrnehmungsfähigkeiten und Ausdrucksvermögen im eigenen Klasseninteresse auszubilden.

In der Öffentlichkeit der Massenveranstaltungen, in der politischen Aktion, in produktiv erfüllter Freizeit und in der Ästhetik des Leibes beim Sport konnte sich die soziale und persönliche Identität entwickeln – jene Identität mit sich selbst als kulturellem Subjekt, die in der abstrakten Organisation ausgebeuteter Arbeit nicht zustande kommen wollte und die der Faschismus später durch die ästhetische Blendung der um ihre Geschichte und ihr Bewußtsein gebrachten Lohnabhängigen ersetzen sollte.

Wer sich heute in die Kulturpraxis der heroischen zwanziger Jahre zurückträumt, darf allerdings nicht übersehen, wie schwierig die proletarische Kulturarbeit in einer Wirklichkeit blieb, die von ideologischen Gräben zerfurcht und von der Sinnlichkeit der Kultur des Kapitalismus stigmatisiert war. Oft blieb die Wahrnehmung von den Vorbildern der in den Medien und der Vergnügungsöffentlichkeit kunstvoll aufbereiteten, scheinbar demokratisierten ersten

Kultur befangen. Jeder Gegenentwurf bedeutete eine Leistung; oft sind diese Leistungen erst bei genauerem Hinsehen erkennbar, nicht jede kam allein ›von unten‹.

Auch auf dem Gebiet der bildenden Kunst gelang eine Reihe von Aneignungsleistungen und Funktionsneubestimmungen. Die ASSOZIATION REVOLUTIONÄRER BILDENDER KÜNSTLER DEUTSCHLANDS (ARBKD), 1928 gegründet, setzte »Agitationsgraphik, Bildtransparente, Propagandaplakate, Straßendekorationen« (vgl. KRAMER 1977) neben die traditionelle Bilderproduktion, entwarf Wahlkampf-Propaganda-Wagen für die KPD, Demonstrationsobjekte für die ROTE HILFE, befaßte sich mit der Gestaltung von Handzetteln und mit Karikaturen für die Arbeiterpresse. Neben einer neuen Form der kollektiven künstlerischen Produktion mit aktuellem politischen Situationsbezug wurden hier schon nahezu alle Möglichkeiten einer subversiven visuellen Kommunikation erprobt, wie sie Ende der sechziger Jahre im Studentenprotest oder später bei der Anti-AKW-Bewegung wiederentdeckt werden sollte.

In der künstlerisch-politischen Organisation entwickelte sich ein dem proletarischen Wahrnehmungsinteresse entgegenkommender sozialer Realismus, der geeignet war, ideologische Gegensätze innerhalb der Arbeiterparteien zu überbrücken. Daneben bestand die Tradition des lesenden Arbeiters, es gab z. B. die UNIVERSUM BÜCHEREI FÜR ALLE mit 40 000 Mitgliedern 1932. Auch die BÜCHERGILDE GUTENBERG und der BÜCHERKREIS boten seit 1924 Literatur zu billigen Preisen an. Aber waren bildende Kunst und Literatur weitgehend rezeptive Medien der Klassensozialisation, so gab es auf anderen

138

88   Eine Titelmontage des ›Magazin für alle‹ (Zeitschrift der UNIVERSUM BÜCHEREI), 1929

Gebieten auch Gelegenheit zur produktiven Mit- und Selbstgestaltung. Laien auf der Agitationsbühne oder in der Arbeitersinggruppe konnte es durchaus gelingen, sich die nötigen Fähigkeiten zusammen mit den Genossen selbst zu erarbeiten. Sie konnten sich in dieser produktiven Selbstdarstellung von der Faszination durch die industrialisierte Massenunterhaltung lösen, sich mit eigenen Durchsetzungs- und Darstellungsinteressen identifizieren und sich als handelnde und gestaltende Personen im Einklang mit ihrem Publikum erleben. Wie klar sie sich oft ausdrückten, beweisen die zahlreichen Aufführungsverbote roter Theatergruppen. Der Berliner Polizeipräsident empfahl gleich grundsätzlich, alle derartigen Auftritte in ganz Preußen zu verbieten, »da durch sie eine maßlose Verhetzung breiter Bevölkerungskreise in systematischer Weise« (WEM GEHÖRT DIE WELT, S. 461) erfolge und Vorzensur keinen Zweck habe, da die Spieler sich nicht an die vorgelegten Rollentexte hielten.

Ein ähnliches Selbstbewußtsein entwickelte sich in der Arbeiterfotografie. Als »Auge der Arbeiterklasse« (HOERNLE) hatten die Arbeiterfotografen die wahrnehmbare Lebenswirklichkeit zum Motiv. Fotografie galt immer schon als ein zuverlässiges Medium der Dokumentation. Wie man damit im eigenen Interesse für sich und andere die Wirklichkeit in Bildern festhalten konnte, lernte man in der Ortsvereinsgruppe und an den Vorbildern im ARBEITERFOTOGRAF oder an der ARBEITER ILLUSTRIERTEN ZEITUNG (AIZ), für die meist Professionelle, darunter der ›Monteur‹ HEARTFIELD, Bilder lieferten.

Besonders wichtig war es, ein Gegengewicht zur bürgerlichen Presse, vor allem zur Illustrierten, zu entwickeln. MÜNZENBERGs

Neuer Deutscher Verlag mit seiner umfangreichen Buch- und Zeitungsproduktion hatte zwar nicht die Reichweite der marktbeherrschenden Konzerne ULLSTEIN, MOSSE und SCHERL, aber die Arbeiterpresse, voran die Illustrierte als bewußt parteilich redigierter Bilderspiegel der gesellschaftlichen Verhältnisse, wurde als Instrument der Aufklärung verstanden. Die AIZ hatte 1925 bei vierzehntätigem Erscheinen eine Auflage von 200 000, DER WEG DER FRAU war ein bewußt gestaltetes Medium der Sozialisation und Emanzipation der proletarischen Frau durch Bild und Text.

Freilich wurde hier vor allem passiv wahrgenommen, ähnlich wie im Film. Nirgends war das Verhältnis proletarischer und nichtproletarischer Medienöffentlichkeit so ungleich wie im Kino. Filmzensur, durch Artikel 118 der Weimarer Verfassung legitimiert, und die Programmherrschaft der kommerziellen Lichtspieltheater bzw. des schon 1917 zu Kriegspropagandazwecken gegründeten UFA-Konzerns behinderten die Entwicklung des proletarischen Films. Die PROMETHEUS-Filmverleih- und Vertriebsgesellschaft brachte zwar die beispielhaften ›Russenfilme‹ zum Verleih oder produzierte selbst auf der politischen Linie der KPD-nahen INTERNATIONALEN ARBEITER HILFE (IAH) unter MÜNZENBERGs Einfluß. Ökonomisch war dieser Produzent aber ein Zwerg mit einem Stammkapital 1928 von 200 000 Mark – die UFA hatte 1917 mit 25 Millionen angefangen.

Der proletarische Film hatte mit dem kapitalistischen Kino gemeinsam, daß er ein professionelles Produkt blieb und zur passiven Rezeption zwang. ›Kuhle Wampe oder Wem gehört die Welt‹ (1932) war eine Koproduktion von DUDOW, BRECHT, EISLER und

140

89 Aus der Maifestnummer der ›Münchener Post‹ der SPD, 1930

anderen. Der Stummfilm ›Mutter Krausens Fahrt ins Glück‹ (1929) wurde vom Regisseur P. JUTZI mit Berufsschauspielern in den Hauptrollen gedreht. Für Arbeiterakteure blieb im proletarischen Film die Massenkomparserie. Der Qualität tat das vielleicht keinen Abbruch, aber es macht deutlich, wie entfernt man auf dem Gebiet des Films noch vom Idealbild der Klasse als Eigenproduzentin ihrer sinnlichen und künstlerischen Kultur geblieben ist. Auch stand die Schmalfilm-Laienproduktion, an die Praxis der Arbeiterfotografie angelehnt, erst am Anfang. Der proletarische Film versuchte aber, dem massensuggestiven Kommerzkino der zwanziger Jahre das Bild der Revolution und der Wirklichkeit entgegenzuhalten.

Die Wirkungsbereiche der proletarischen Kulturbewegung in der Weimarer Republik sind in den letzten Jahren ausführlich und kompetent in Sammel- und Einzelpublikationen dokumentiert worden. Vielfach ist dadurch der Nachweis erbracht, daß diese Arbeit über die politisch-ideologischen Unterschiede hinweg gerade in der spezifisch-sinnlichen Vergegenständlichung sozialisierende Elemente einer zweiten Kultur enthielt. Dabei kommt offensichtlich den Bereichen, die das Mitmachen oder Selbergestalten erlaubten, besondere Bedeutung zu. Sich selbst als Produzent der eigenen Kultur zu erleben und eigene Identität für sich wahrnehmbar zu machen, war für viele Arbeiter eine neue Erfahrung. Vor allem ein im bürgerlichen Alltag verschüttetes Element trat hervor: das Zusammen-etwas-tun, die Gemeinsamkeit des Ausdrucksbedürfnisses und seine produktive Bestätigung im Kollektiv. Das war die Sinnlichkeit der Solidarität, die in der Kulturarbeit auf

90 Der Arbeiter Max in ›Mutter Krausens Fahrt ins Glück‹ (dargestellt von FRIEDRICH GNASS), 1929

einer freien, spielerischen Ebene der ästhetischen Aktivität zustande kam, auch wo Inhalt und Form zum Beispiel der künstlerisch-kulturellen Produktion noch an traditionellen bürgerlichen Mustern orientiert blieben. Solche Produktion stand im Gegensatz zur warenförmigen Kultur, sie hatte auch einen anderen Zweck als die Produktion von Kulturwaren. Es gab keinen Personenkult, keine Genies.

Besonders auffallend war der Entwurf einer Gegensozialisation im Bereich des Sports, der in den zwanziger Jahren mehr und mehr zu einem Symbol der modernen kapitalistischen Leistungs- und Konkur-

142

renzkultur wurde. Aus dem Auftrag der 1926 eröffneten Bundesschule des ARBEITER-TURN-UND-SPORTBUNDES (ATSB) geht hervor, daß der Arbeitersport der Körperfreude und kollektiven Leistungsfähigkeit, nicht aber der Züchtung einzelner Spitzenleistungen dienen sollte (vgl. UEBERHORST 1973). Noch in den eigenen Sportfesten und Arbeiterolympiaden ging es um eine festlich-versöhnende Vereinigung im Sport, nicht um die Konkurrenz.

Neben der von Parteiorganisationen und Gewerkschaften geförderten Arbeiterkulturbewegung gab es einen gleichsam natürlichen, sinnlich-sozialen Wahrnehmungsraum im Produktionsalltag, in der politischen Öffentlichkeit, im Vereinsleben und der arbeitsfreien Zeit, der nicht von spezifisch dafür angesehenen kulturellen Eindrücken und Aktivitäten gefüllt war. Auch hier bestanden Chancen zur Ausgestaltung der zweiten Kultur (und wiederum zu einer Sinnlichkeit, die aus ihr Impulse erhielt) – zweite Kultur deshalb, weil auch hier innerhalb der ersten, der bürgerlichen, ein in vielem abweichender, eigener Kulturzusammenhang entstand.

Wo immer Arbeiter zusammen lebten, entstanden klassenspezifische Alltagsorientierungsmuster: die Produktionsweise bestimmte die Lebensweise, sie beherrschte sie aber nicht nur, sie ließ auch besondere, eindeutig nicht-bürgerliche Verhaltensstile entstehen. Gleichzeitig war die proletarische Lebensweise auch mit einem bestimmten Daseinsgefühl, mit bestimmten Wahrnehmungsfähigkeiten, Sehweisen und Verkehrsformen verbunden, die als kollektive Eigenschaften auftreten konnten. Die FORSCHUNGSSTELLE EISENHEIM für das Arbeiterwohnen im Ruhrgebiet hat solche

Bestände noch Mitte der siebziger Jahre in einer geschlossenen Siedlung Oberhausens nachweisen können (vgl. z. B. J. GÜNTHER 1980).

Die Arbeit beeinflußte Bedürfnisse und Lebensweise, aber auch den sinnlichen Erscheinungstyp des Arbeiters. Harte Arbeit mußte ein Selbstbewußtsein besonderer Art erzeugen, den Stolz auf Körperkräfte und Ausdauer, wie er sich auch in bestimmten Körpertypen des proletarischen Films, in Haltung, Gestik, Kleidung sichtbar niedergeschlagen hat. Das kragenlose Hemd, die Schirmmütze, die ausgebeulten Hosen und schweren Schuhe entsprachen ästhetisch durchaus einem jenseits von Textilmoden und bürgerlichen Bewegungsformen entwickelten Charakter, der unverkennbar proletarisch wirkte.

Während bürgerliche Jugendliche ihr körperliches Ich-Ideal eher im sportiv-modischen Selbstdarstellungsbereich suchten und fanden, war das Körperbewußtsein des Arbeiterjugendlichen kein Freizeitprodukt, sondern Ergebnis und Erfordernis der frühen Eingliederung in den Produktionsprozeß. Stark und gesund zu sein war existentielle Grundbedingung, Ausdruck eines ganz und gar nicht spielerischen oder sportlichen Kampfes, aber auch körperlicher Ausdruck des Klassenbewußtseins. Das Messen von Körperkräften hatte für Arbeiterkinder und -jugendliche eine besondere Bedeutung – vergleichbar etwa der Demonstration sprachlich-kultureller Kompetenzen bei bürgerlichen Kindern und Jugendlichen.

Im Klassenalltag der Republik galt jedoch der selbst eroberte, selbst ausgedeutete proletarische Kulturbegriff längst nicht als das, was er war, als eine über die Arbeits- und Lebensbedingungen in die Zukunft hinausweisende Leistung der nichtprivilegierten Klasse. Das Arbeiterkind erhielt die Rechnung für seine abweichende Sozialisationsbiographie und Sinnlichkeit schon mit dem Eintritt in die Schule. Trotz der bildungspolitischen Diskussion nach 1918 war sie eine Klassenschule bürgerlichen Charakters geblieben, in ihrer Dreigliedrigkeit vom Entwurf einer sozialistischen Einheitsschule weit entfernt. Obwohl in den wenigen Versuchsschulen, in denen reformpädagogisch im Sinne der sozialistischen Einheits- und Arbeitsschule gelehrt wurde, auch ein neuer, politisch engagierter Lehrertypus wirksam wurde, war das Sozialisationsfeld der Schule insgesamt für Arbeiterkinder eher identitätszerstörend. Der Umgang der Lehrer mit den Schülern von oben herab und die Sprache des Unterrichts, der auch inhaltlich wenig mit der Lebenssituation des Arbeiterkindes zu tun hatte, wirkten nicht anders als früher im Kaiserreich. Während zu Hause, auf der Straße und später am Arbeitsplatz in einer vertrauten Sprache geredet wurde, entfremdete die Schule von der eigenen Sprache und Erfahrung. Die soziale und politische Wirklichkeit war selten Anlaß und Gegenstand von Unterricht. Davon stand nichts in den Fibeln und wenig in den Geschichtsbüchern.

Die Kritik am klassenfremden Schulsystem führte sowohl bei den Sozialdemokraten als auch bei der KPD zu Entwürfen einer bewußten Gegensozialisation. Sinne und Bewußtsein von Arbeiterkindern sollten in eine bessere sozialistische Zukunft gerichtet sein. Dazu brauchte man im eigenen Interesse organisierte Sozialisationsfelder für Kinder und Jugendliche, zumal

man die Problematik des Erziehungsklimas der proletarischen Familie sehr wohl erkannte.

Kommunistische Kindergruppen hatte es schon 1920 gegeben. 1922 waren etwa 25 000 Arbeiterkinder in circa 300 Gruppen der KKG organisiert (vgl. SIEPMANN 1976). 1924 wurden sowohl die SPD-nahe Reichsorganisation der KINDERFREUNDE als auch der JUNGSPARTAKUSBUND der KPD gegründet. Den größeren Zulauf hatten die KINDERFREUNDE mit etwa 200 000 Kindermitgliedern (FALKEN) 1930.

Die politische Arbeiterkinder- und -Jugendkulturszene entsprach den Parteigegensätzen. Aber rückblickend eröffnet sich heute (vgl. z. B. den Katalog zur Frankfurter Ausstellung über die Arbeiterjugendbewegung 1978) der Reichtum an klassenbewußter Bildungsarbeit dieser Zeit. Zum Beispiel zeigt die Arbeit der KINDERFREUNDE, wie zahlreiche Kinder neue Sozialformen des Wahrnehmens und Handelns außerhalb der Schule, ja gegen die Schule und die dahinterstehende staatliche Autorität üben konnten. Orientierungsmodelle waren sowohl der einst aufsässig-bürgerliche WANDERVOGEL als auch die traditionelle Arbeiter-Jugendkulturbewegung. Aber der sozialintegrative, selbständigmachende Erziehungsstil und der Übergang vom Führer- und Funktionärsprinzip zur Gruppenautonomie waren neu. Vor allem die Versuche mit den Kinderrepubliken – große Zeltlager der ROTEN FALKEN – mit ihren gewählten Parlamenten, mit Selbstverwaltung und Koedukation stellten Lernfelder dar, die in dieser Form weder in der Schule, noch in der Familie, noch in den peer groups, den Gruppen Gleichaltriger im Wohnviertel, bestanden.

144

DIE ERSTE
KINDERREPUBLIK
WIRD GEBAUT!

Die Betreuer waren vorwiegend junge pädagogische Laien. Der Lernort selbst entstand in gemeinsamer Anstrengung: »Hier konnten sich die Kinder im buchstäblichen Sinne des Wortes ihren eigenen Staat bauen, eine Art naives Mikromodell einer klassenlosen, selbstverwalteten Gesellschaft. Wenn die Kinder ankamen, stand nichts außer den technischen und hygienischen Einrichtungen. Sie mußten erstmal ihre Wohnungen, die Zelte und die gesamte übrige Einrichtung des Lagers selbst aufbauen. So entstand vor ihren Augen und unter ihren Händen ihre eigene Welt.« (BRANDECKER, S. 181)

Die von Jungen und Mädchen bewohnten Zeltlager provozierten nicht nur klerikale Kritik, sondern auch linke Einwände gegen den ›Parlamentarismus‹ der Kinderrepubliken, denen man eine Sozialisationstendenz zur Anpassung an den bestehenden Staat unterstellte, nicht zuletzt wegen der SPD-Nähe der KINDERFREUNDE, deren aktivster Förderer der Berliner Stadtschulrat KURT LÖWENSTEIN war. Die Kritik hatte recht, wenn sie die große Entfernung der Kinderrepubliken im Ferienlager von der Wirklichkeit des Klassenstaats bemängelte. Dennoch war dies ein Ort ungewohnten, ja revolutionierenden Lernens. Hier unter ihresgleichen, nicht irgendwelchen Autoritäten und dem Leistungsprinzip unterworfen, in gemeinsamer praktischer Arbeit, konnten Kinder etwas für sich selber tun, was durchaus Züge einer konkreten Utopie und des sinnlich erlebten Probehandelns aufwies. Zu Hause oder in der Schule der Republik konnten sie das nicht.

Man ist versucht zu glauben, daß sich an den verschiedenen Lernorten im Zusammenhang mit den Überlieferungen der Ar-

beiterkultur vor 1918/19 und auf dem Boden der sinnlichen Dichte und Kontinuität des gelebten proletarischen Alltags ein Sehen, Fühlen, Wollen und Denken herausbilden konnte, das ganz und gar klassenbewußt proletarisch, ganz anders als das bürgerlich-kleinbürgerliche war.

Wer das glaubt, vergißt, daß eine derart glatte Reproduktion der zweiten Kultur kaum möglich war. Zwar konnte in vielen Bereichen Gegensozialisation über den Weg des ästhetischen Lernens, über die Formung einer bewußten proletarischen Sinnlichkeit getrieben werden. Aber dies war nur ein Teil dieser zweiten Kultur, die in ihrem Alltag vielfach von den formbestimmenden Tendenzen der entfremdeten Arbeit und von der Sehnsucht nach der Teilhabe an der vor Augen liegenden kapitalistischen Warenkultur bestimmt blieb.

Die proletarische Kultur der Sinne müßte, realistischer als dies die parteiliche Rekonstruktion vielfach getan hat, in ihrer ganzen Widersprüchlichkeit erfaßt werden, vor allem, wenn man heute wieder versucht, erzieherisch an einer sinnlich stabilisierten Unterschichtenidentität mitzuarbeiten. Niemand weiß nämlich genau zu sagen, welcher Prozentsatz der lohnabhängigen Bevölkerung in den zwanziger und frühen dreißiger Jahren tatsächlich von der proletarischen Kulturarbeit erfaßt und beeinflußt worden ist. Um Fehleinschätzungen vorzubeugen, muß man sich die alltäglichen Sozialisationsfelder und die objektiven Arbeits- und Lebensbedingungen realistisch vor Augen führen.

In nahezu jeder Alltagssituation waren Arbeiter, und zwar in fast allen Phasen der Sozialisation, fremden Einflüssen ausgesetzt. Das heißt, jeder sinnlich-soziale und

146

ästhetische Lernraum war entweder von Merkmalen abhängiger Arbeit gekennzeichnet, von Leitbildern der kompensatorischen Konsumkultur besetzt, oder es redete jemand von oben hinein.

Die Verhältnisse am Arbeitsplatz bestimmten das Verhalten des Vaters, dessen Autorität nur zu Hause etwas galt. Die sprichwörtliche harte Hand des Arbeitervaters machte den sozialistischen Pädagogen zu schaffen, wenn sie über die primäre Sozialisation in der Familie nachdachten. »Kinderprügeln ist gleich Streikbruch«, hämmerte KANITZ (1925) Arbeitereltern wohl vergeblich ein, im Bewußtsein, daß die pro-

letarische Erziehungsmoral alles andere als sozialistisch war. Ihm ging es um die Massenbefreiung des proletarischen Kindes aus dem Repressionsraum der Familie, der ungeachtet aller Fortschritte der zweiten Kultur weiterexistierte.

Die Erwachsenen mußten, um sich von der Arbeit und von bedrückenden Wohnverhältnissen erholen zu können, in den Konsum der dafür angebotenen Unterhaltungsprodukte ausweichen. Mehr als zur aktiven Mitgestaltung der eigenen zweiten Kultur führte dieses Leben zur passiven Teilnahme an den Massenvergnügungen in den Sportarenen und Kinopalästen der Epoche. RÜHLE

92   Aus KURT TUCHOLSKY, ›Deutschland, Deutschland über alles‹, 1929

147

93 Kinopalast in der Ära der ›Neuen Sachlichkeit‹

spricht von der entnervenden Wirkung der Arbeit, die eine ihr entsprechende Art der Vergnügung und Erholung diktierte. »Das Kino kommt dem müden, abgespannten Arbeiter, der dort etwas erleben will und nach Aufregung lechzt, wunderbar entgegen. Es überläßt ihn absolut seiner Erschöpfung, seinem Ruhebedürfnis, stellt keinerlei körperliche oder geistige Ansprüche an ihn und überschüttet ihn doch mit Sensationen und Überraschungen, bietet ihm alles, was an Schönheit, Sehenswürdigkeit, Leistung und Abenteuer überhaupt geboten werden kann.« (1930, S. 290f.)

Keine Rede davon, daß die Mehrzahl der Arbeiter den klassenbewußten proletarischen Film bevorzugt hätte. Allein schon aus Gründen der Unverhältnismäßigkeit des Angebots wurden die sinnverwirrenden Produkte der profitorientierten Film- und Unterhaltungsindustrie erwartungsvoll konsumiert. Die künstliche, entlastende Medienwirklichkeit begann im Verbund ein Sozialisationsklima eigener Art zu entwickeln: »(...) die Masse des Proletariats, vor allem der Arbeitermütter, blieb von der Arbeiterkultur, die eine Kultur der Arbeiterbewegung war, ebenso unberührt wie von der bürgerlichen. Ihr Weltbild orientierte sich an dem bürgerlichen Kulturabfall der Massenmedien: Boulevardzeitung, Trivialliteratur und Kino, in denen entweder der Traum von der heilen Welt, von Schönheit, Macht und Reichtum ›kultiviert‹ wurde oder sich bürgerliche Weltuntergangsstimmung mit den konkreten Existenzängsten des Proletariats zu Grusel-, Grauen- und Gewaltepen verbanden. In

148

zahllosen Filmen der Ufa spiegelten sich nicht nur die unbewußten Ängste und Sehnsüchte der Massen, die hier ihrer realen Bedingheit entkleidet, als Monster oder Schicksalsmächte auftraten, durch sie wurden diese Ängste und Sehnsüchte auch noch geschäftsfördernd verstärkt, so daß

der Ufa-Chef Hugenberg damit auch noch Hitler finanzieren konnte.« (BRANDECKER, S. 46)

Auch wo nicht eindeutig das Klassenbewußtsein unterlaufen, die proletarische Sinnlichkeit kompromittiert und die Bedürfnisse entfremdet werden konnten wie

94a/b   (aus TUCHOLSKY, 1929)

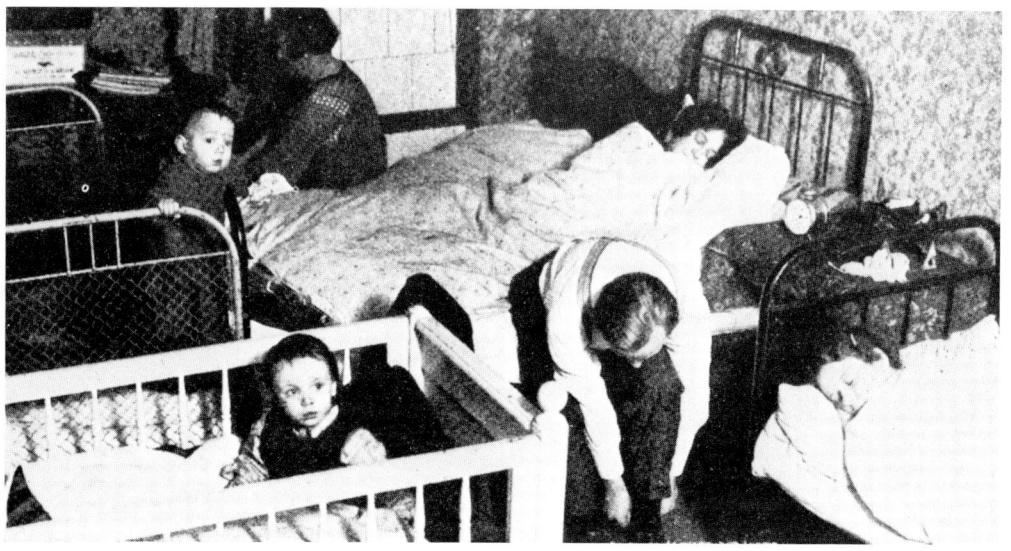

149

im Medienkonsum, sondern sozialpolitische Maßnahmen zur Lösung lange bestehender Mangelsituationen ergriffen wurden wie im staatlich geförderten sozialen Wohnungsbau, entstanden kaum auflösbare Widersprüche zur Tradition der zweiten Kultur.

Wo sich im räumlichen Lebensbereich der Arbeiterfamilie etwas änderte, lag der Fortschritt so offensichtlich auf der Hand, daß kaum Kritik aufkam. Die Städtebau- und Wohnungspolitik der Republik antwortete auf das vom Kaiserreich geerbte Wohnungselend und die Folgen der Bauspekulation in den Großstädten. In großflächig geplanten, industriell rationalisierten Siedlungsbauprogrammen, entworfen von den fortschrittlichsten Architekten der Republik, wollte man die Alternative zur Mietskaserne, Licht, Luft und Hygiene, dazu die Privatheit des Wohnens in den eigenen vier Wänden einer abgeschlossenen kleinen Wohnung und genügend Freiräume, kurzum ein menschenwürdiges Wohnen verwirklichen. Dessen funktionale Organisation und Ästhetik freilich behielten sich die Planer selber vor. Sie verwirlichten darin ihr eigenes, funktionalistisches Wohnideal, das gleichzeitig – unerkannt – auch den Sachzwängen der Sozialplanung und untergründig einem nichtproletarischen Sozialisationsinteresse verbunden war.

Zur Form des Wohnens und zur Gestalt der Häuser und Siedlungen wurden die Bewohner nicht befragt. Der von der öffentlichen Hand geförderte Klein- und Kleinstwohnungsbau entsprach in seiner Produktionsform dem Fließband und in seiner Wirkung dem Gestaltcharakter der abstrakten Arbeitsorganisation der Fabrik. Das

durch die Verhältnisse erzwungene Ideal der Planer war es, Häuser so zahlreich und billig zu bauen, wie Ford Autos baute – ›Wohnfords‹ für jedermann. Doch Arbeiter, die in den Genuß solcher moderner Kleinwohnungen kamen, mußten nicht nur relativ hohe Sozialmieten zahlen, sondern sahen sich auch mit ihren Bedürfnissen, mit ihrer Art zu wohnen und ihrem Geschmack am falschen Ort. Einerseits hatten sie nun eine eigene Wohnung, trocken, warm, sogar ein Gartenstück hinter dem Haus oder einen Streifen öffentliches Grün zwischen den Zeilen. Das war nicht zu unterschätzen. Andererseits war damit ein traditioneller Produktionsort proletarischer Sinnlichkeit mit der besten Absicht der Planer gleichsam enteignet worden. Das Arbeiterviertel mit seinen sozial-historisch-gestalthaften Erinnerungen, der Identitätsrahmen des Stadtteils, in dem Arbeiter seit je zu wohnen pflegten, wurde durch einen sterilen, anonymen Siedlungstypus ersetzt, der dazu bestimmt schien, soziale Aufsteiger in die Angestelltenmentalität zu beheimaten.

Das fremde Aussehen der kubischen Häuser war nicht das Schlimmste. Bedenklicher war, daß oft die alten Möbel nicht hineingingen und die Architekten sich über die Verschandelung ›ihrer‹ funktionalistischen Innenräume beschwerten. Es gab nichts mehr in dieser Wohnumwelt, was die Erinnerung irgendwie hätte anregen können. Schon die Grundrißstruktur stand der proletarischen Wohnform entgegen. Die »Frankfurter Küche« – unerreichtes Vorbild aller rationalisierten Kleinküchen der Folgezeit und überdies billig – verfügte gleich-

95 Aus BRUNO TAUT, ›Die neue Wohnung‹, 1924

150

Abb. 45. Umgestaltung eines Arbeiterwohnzimmers.
Alle Möbel beibehalten, Korrektur der Stühle durch Schwarzleinenbezug, Spiegel-
glas am Kleiderschrank im Schlafzimmer angebracht, Regulator durch Taschenuhren
überflüssig, Wände mit klarer Farbenaufteilung (dunkle Ecken hell), Sofa mit
Leinenbezug, oberer Vertikoteil hell gestrichen, Lampe niedriger mit Papierschirm

Jahre gab es kaum etwas wegzurationalisieren: »(...) im proletarischen Notquartier hat es das Problem der langen Flure, der zeitfressenden Wege, der Verschwendung von Arbeitskraft und das Problem des Überflüssigen nicht gegeben. Auch dann nicht, wenn in der guten Stube, dem Rudiment von Repräsentation und Selbstdarstellung, des Aneignens des besseren Lebens,

96 (aus TUCHOLSKY, 1929)

97 Siedlung Westhausen in Frankfurt / Main, um 1930

wohl das Verhängnis über die Familie, niemals in dieser Küche beisammensitzen zu können. Dafür war kein Raum, nur für die Hausfrau, die hier ihren durchorganisierten industriellen Arbeitsplatz finden sollte.

Die Festlegung des Bewohners auf Funktionen und Bewegungsabläufe im zweckmäßigen Grundriß entsprach zwar dem Prinzip der taylorisierten Arbeit in der Fabrik, nicht aber unbedingt der Tradition des Wohnens und dem erwarteten räumlich-gegenständlichen Rahmen sozialer Interaktionen in der Arbeiterfamilie. Die Rationalisierung und Taylorisierung des Wohnens blieb ein nur den Planern einsichtiges Motiv. Für den proletarischen Haushalt war dies alles kaum notwendig, allenfalls für das bürgerliche Wohnen; denn in den üblichen Arbeiterwohnungen der zwanziger

überflüssige Surrogate bürgerlicher Lebenshaltung erschienen (...).« (STAHL 1977, S. 104f.)

So war der sozialpolitische Aufbruch in eine neue Hygiene und Ästhetik des kollektiven Wohnens in sich vielfach widersprüchlich. Er war ein deutlicher Eingriff in die Tradition der zweiten Kultur, ein Steuerungsversuch auch in die falsche Richtung.

Was die gesellschaftliche Formbestimmtheit und Fremdorientierung des neuen Wohnens besonders unter Beweis stellte, war der Idealtypus der »Standardfamilie«, des Ehepaars mit zwei Kindern, der für die Mehrzahl der Bauten zugrundegelegt wurde. »Die Wohnbedürfnisse aller anderen Familienformen werden von dieser Grundannahme her kalkuliert.« (STAHL, S. 88)

152

Kinderreichtum, das Zusammenwohnen von mehr als zwei Generationen oder gar Formen des kollektiven Wohnens waren durch die auf die Standardfamilie zugeschnittenen Wohneinheiten ausgeschlossen. Der private sinnliche Erfahrungsraum der Wohnung des Lohnabhängigen unterlag so einer Vorausgestaltung durch gesellschaftliche Sozialisationsinteressen. Das wiederholte sich in

Orte einer langen kollektiven sinnlichen Erfahrung des Beieinanderwohnens gewesen, in denen man sich eingerichtet hatte. Hinterhof und Straße waren sinnlich-soziale Lernorte der Kinder. Die Erwachsenen bewegten sich zwischen Konsumladen, Kneipe und Partei- oder Vereinslokal in einem Territorium, dessen Aneignung traditionell geleistet war, obwohl das Viertel profitorien-

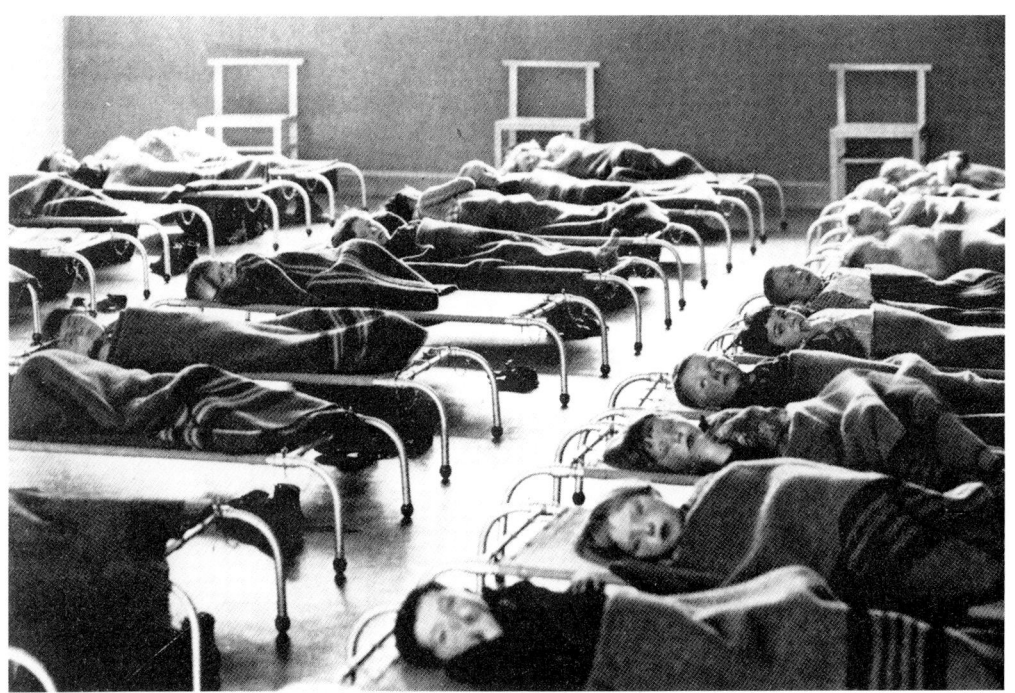

98   In einem von FERDINAND KRAMER ausgestatteten Frankfurter Kindergarten, 1928

der Gestaltung des Wohnumfeldes dieser frühen und in mancher Hinsicht durchaus besseren Vorbilder des modernen sozialen Wohnungsbaus.

Die alten Mietskasernenquartiere waren überbelegt und ungesund, doch immerhin

tierten Hauseigentümern gehörte. Nichts mehr davon blieb in den neuen Siedlungen für das ›Existenzminimum‹. Dort sollte – nach dem Vorbild der intakten bürgerlichen Kleinfamilie – adretten Kindern und gesitteten Erwachsenen einer scheinbar klas-

153

senlosen Gesellschaft eine garantiert glückliche Reproduktion der Arbeitskraft gesichert werden.

Nur in wenigen Fällen ist es den bürgerlichen Planern und Architekten gelungen, an die Erfahrungstradition und die Bedürfnisse des Arbeiterwohnens und -lebens anzuknüpfen, in Wien etwa, wo große, um Höfe gelagerte Wohnblöcke entstanden, die in Kampfzeiten festungsartigen Charakter erhielten, oder in Berlin, wo der utopische Architektursozialist und Mitbegründer des revolutionären ARBEITSRATES FÜR KUNST, BRUNO TAUT, im hufeisenförmigen Plan der Siedlung Britz symbolisch wahrnehmbar etwas vom Kollektivgedanken ahnen ließ, dem auch FERDINAND KRAMERs Entwürfe für Frankfurter Kindergärten verpflichtet waren.

Mit dem Eingriff in das Arbeiterwohnen ist der Sachverhalt exemplarisch angesprochen, den BRONFENBRENNER berührt, wenn er die alltägliche Umwelt des Kindes als »soziale Ökologie menschlicher Entwicklung« beschreibt und in verschiedene Wirkungs- oder Lernebenen einteilt: in die »unmittelbare Umgebung« wie Haus und Straße mit den Dingen, Räumen und handelnden Personen, auf die das Kind Bezug nimmt, in die »sozialen Netzwerke« der Nachbarschaften und peer groups, in die »Institutionen«, die in die Umwelt hineinragen, und in die »ideologischen Systeme«, die sie mitprägen (vgl. BRONFENBRENNER 1976, S. 203f.).

Welche starke Rolle die sinnlich erlebte und verarbeitete »soziale Ökologie« der Kindheit für die frühen Prägungen der Persönlichkeit spielt, mag jeder Leser anhand der eigenen Biographie nachvollziehen. Es ist keinesfalls gleichgültig, unter welchen räumlichen, sozialen und mentalen Wahrnehmungsbedingungen man aufgewachsen ist, welche sinnlich-sozialen Orientierungen man auf dieser Grundlage entwickelt hat. Insofern ist es auch für Arbeiterkinder von entscheidender Bedeutung gewesen, welche Qualität und Färbung die wahrnehmbare Primärumgebung ihres Alltags hatte.

Die Entfremdung des Alltags als Produktionsort proletarischer Sinnlichkeit und Lebenskultur war eine Grundtendenz bürgerlicher Sozialtechnologien seit der Werkbundideologie vom schöneren Wohnen der Arbeiter. In der Weimarer Republik hat diese Tendenz konkrete Gestalt angenommen. Sie mußte um so mehr Identitätsprobleme aufwerfen, als ähnliche Entfremdungstendenzen auch in anderen Alltagsbereichen wirksam wurden, in der scheinbar klassenlosen Freizeitöffentlichkeit, in der Unterhaltungsindustrie, im Sport, in der Mode, im gegenständlichen Konsum. Die oberflächliche Entproletarisierung der gesamten Ökosphäre des Alltags außerhalb des Arbeitsbereichs mußte zu neuen Verhaltensorientierungen führen, die dem Ziel einer alternativen sinnlichen Sozialisation durch die proletarische Kulturbewegung entgegenstanden.

Allerdings gab es mindestens einen großen Alltagsbereich, der noch von keiner ästhetisch operierenden Sozialtechnologie unterlaufen wurde – die Arbeitswirklichkeit. Der Arbeitsplatz und die tätige Wahrnehmung im Produktionsprozeß blieben den Gesetzen des immer rationeller organisierten Produktionssystems unterworfen. Die Form der Arbeit und die ihr eigene Sinnlichkeit im Zeitalter des Taylorismus und des fließenden Bandes gestalteten den Wahrnehmungscharakter gründlicher, als

99   Zündkerzenproduktion bei BOSCH, um 1920

dies in jedem anderen Sozialisationsfeld geschehen konnte.

Ein Metallarbeiter berichtet über das um 1930 herrschende »rasende und mörderische Tempo im Betrieb« (Tempo war ein Zauberwort der Epoche, im bürgerlichen Geschäftsjargon wie im Leistungssport): »Faßt einer ein Arbeitsstück ungeschickt an, so muß er zuerst Spott und Hohn über sich ergehen lassen, ehe man es ihm richtig zeigt. Der rationalisierte Betrieb verlangt eben geschickte und schnelle Bewegungen, Anstelligkeit und Fertigkeit. (. . .) Es sind keine Eindrücke, die man morgens um sieben Uhr bei Betreten des Betriebs aufnimmt und die nachmittags beim Arbeits-schluß wieder verfliegen, wie der Gedanke an ein interessantes Erlebnis. Wer im rationalisierten Betriebe steht, wird die Eindrücke bei der Arbeit auch nach der Arbeit nicht los. Sie prägen sich in das Gehirn deshalb fest und unverletzbar ein, weil das Tempo der Arbeit am Fließband oder am rollenden Arbeitsstück so viele schreckliche Begleiterscheinungen mit sich bringt, die man früher in diesem Ausmaße und in dieser Form nicht kannte. (. . .) Ich will unten im Betrieb anfangen, beim Transporteur. Er hat auf eisernen Karren halbfertiges und fertiges Material an andere Maschinen oder ans Versandlager zu befördern. Sehr schwer ist die Arbeit, handelt es sich doch um

155

100 Fließband bei OPEL (ab 1924)

Lasten von zwei, drei, manchmal sogar von vier Zentnern. Der Transporteur muß aber sehr schnell arbeiten, damit die Maschinenarbeiter immer mehrere Karren zur Seite haben, auf die sie das produzierte Material werfen können, ist kein Karren da, dann fliegt alles auf den Boden, und der Transporteur muß dann doppelt schnell alles auf seinen Karren verladen. Dadurch kommt er mit der Arbeit zurück, und andere Maschinenarbeiter, bei denen er dann den Karren nicht zeitig genug entleeren kann, werfen nun auch das Material auf den Boden. Ist dieser Zustand einmal eingetreten, dann

hat der Transporteur in seiner ganzen Arbeitszeit keine Minute Zeit mehr, um auch nur einmal seine Notdurft zu verrichten. (...) Da ist nun der Konflikt da. Die Arbeiter an der Maschine, die im Akkord arbeiten, müssen sehen, daß sie in der Stunde ihre Stückzahl erreichen, und weil sie etwas verdienen wollen und müssen, dann geht bei solch einer Hetze die ganze Solidarität unter den Arbeitern in die Brüche. Übt der Maschinenarbeiter einmal praktische Solidarität aus, indem er selber seinen Karren zur anderen Maschine fährt, so verringert sich dadurch sein Verdienst. Er schwankt

156

also zwischen dem Wunsche, seinem Kollegen zu helfen und dem Zwang, seine Stückzahl zu erreichen, und das letztere gibt dann den Ausschlag.« (nach EMMERICH 1976, S. 254 f.)

Mit der einseitigen Anstrengung, der Monotonie der Arbeit und der Fixierung der Wahrnehmungstätigkeit auf kleinste Ausschnitte des Produktionsgeschehens sind Einschränkungen und Überformungen der gesamten Wahrnehmungsfähigkeit und Mentalität des Arbeiters verbunden, die bis heute, bis in das Zeitalter der Automation, bestimmte Entwicklungen durchlaufen haben. Betriebspsychologen, Industriesoziologen, Arbeitsmediziner sind seither damit befaßt. Zum Erfahrungshintergrund der taylorisierten Arbeit, die ihren ersten Höhepunkt in der Stabilisierungsphase der Weimarer Republik erreichte, trat die Sehnsucht nach Entlastung und Freizeitglück.

Die kompensatorische Konsumlust wurde geweckt, war aber für das Proletariat kaum zu befriedigen. Niedriges Lohnniveau, Arbeitslosigkeit, bedrückende Wohnverhältnisse auf der einen, Leuchtreklamen, schnittige Autos, elegante Konfektion und mondäne Unterhaltung auf der anderen Seite schlossen sich aus. Aber das Bild der warenförmigen Konsumkultur existierte vor aller Augen. Es mußte vor allem bei der Arbeiterjugend einen antizipatorischen Wahrnehmungszusammenhang gemeinsam mit dem Traum der Massenmedien herstellen, der eine Art kapitalistischen Lebensplan mitentwickeln half. Dieser wurde grundiert von Wunschprojektionen, von der Sehnsucht nach Teilhabe an der glänzenden Warenkultur, die Ausdruck des gesellschaftlichen Reichtums war. Solche Orientierung richtete sich gegen die eigene Identität und

Kultur. Aber sie trug auch einen Widerspruch in sich: »Jede herrschende Klasse produziert sinnlich gegenwärtige Produkte eines besseren Lebens. Sie produziert Bedürfnisse in den Massen, die sie nicht befriedigen kann. Die Paläste sind gewiß nicht für die Massen gebaut, aber die Bedürfnisse der Massen messen sich an ihnen. (. . .) Der moderne Kapitalismus produziert notwendig im eigenen Verwertungsinteresse Vorstellungen und Bedürfnisse, deren massenhafte Befriedigung ihn zerstören würde.« (NEGT/KLUGE 1973, S. 85)

Die hier angedeutete Auflösung des gesellschaftlichen Widerspruchs hat allerdings bis heute nicht stattgefunden, und die Kulturpädagogik arbeitet sich an den Folgen der entfremdeten Arbeit wie am Konsumtraum mehr oder weniger erfolglos ab. Die zweite Kultur ist Geschichte. Für die einen ist sie vom Alltag der Bundesrepublik über-

101   Delikatessenladen, 1928

157

holt und abgetan. Für andere ist sie Gegenstand von Erinnerung und Theorie, weil sie Gefährdung und Chancen einer selbstbewußten Sinnlichkeit und sozialen Handlungsfähigkeit von unten nachvollziehbar macht.

2 Die Sinnlichkeit der Gewalt oder das Kleinbürgertum als Produzent und Adressat faschistischer Sozialisationsstrategien

Wenn die Gegenstände der alltäglichen Wahrnehmung wie die Zerstreuungskultur, die ›sachliche‹ Mode oder das sportliche Körperideal der zwanziger Jahre langfristig an einer neuen Kultur der Sinne mitgearbeitet haben, dann muß man fragen, wer in diesem Lernprozeß Subjekt oder Objekt gewesen ist.

Das ehemalige Großbürgertum, die schmale, wirklich kapitalistische Oberschicht hatte Krieg und Inflation unbeschadet überstanden. Sie bildete den politischen Kern der konservativen Reaktion. Am Ende koalierte sie mit der neuen Macht des Nationalsozialismus mehr oder weniger offen.

Große Teile der Mittelschichten waren verarmt, ohne soziale und politische Perspektive. Die großstädtischen Angestelltenmassen lebten wie die Arbeiter in der Furcht vor der Erwerbslosigkeit. Als proletaroide Schicht waren sie noch nicht zum Bewußtsein ihrer eigenen Klassensituation gelangt, ebenso wenig wie die hoffnungslos der Konkurrenz der großen Industrie und der Warenhäuser unterlegenen Teile des gewerbetreibenden Kleinbürgertums.

BRACHER (1955, vgl. S. 158ff.) hat die Rolle der »vielgestaltigen Mittelschichten«, die gegen ihre Deklassierung im Gefolge der wirtschaftlichen Konzentrationsbewegungen ankämpften, einer differenzierten Analyse unterzogen und kommt zu dem Schluß, daß sowohl die alten wie die neuen Glieder des ›Mittelstandes‹ vom kleinen selbständigen Geschäftsmann bis zum Beamten, vom Angestellten bis zum Akademiker sich zur NSDAP als der stärksten und lautesten Oppositionspartei gegenüber dem ungeliebten ›System‹ der Republik hingezogen fühlten. Sie fanden hier auch das zu ihren Erwartungen und Erinnerungen passende Ideologieangebot.

Ohne den Rückhalt in einer langen Sozialisationsgeschichte der Sinne und der Mentalität hätte die nationalsozialistische Propaganda jedoch nicht einen derartigen Erfolg haben können. Die Geschichte der sinnlich-sozialen Prägungen, der Anschauungen und des Denkens war der fruchtbare Boden, auf dem das Programm »nationalistischer oder ständisch-romantischer, antikapitalistischer oder klassenkampffeindlicher Formeln« (BRACHER) samt Blut-und-Boden-Mythos, Machtrausch und Autoritätsgläubigkeit gedeihen konnte.

102   RUDOLF SCHLICHTER, Straßenbild, 1926

158

KRACAUER geht 1929 von einer Zahl von 3,5 Millionen Angestellten aus, davon 1,2 Millionen Frauen. Schon 1925 lag das Verhältnis von Arbeitern und Angestellten (nach KÖNIG) bei 4:1. Allenfalls mit dem Bewußtsein, dem neuen Mittelstand anzugehören (wozu u. a. die angestrengt-demonstrative Teilhabe an einer speziell auf ihre Bedürfnisse zugeschnittenen Konsumkultur gehörte), konnten die Angestelltenmassen ihre miserable ökonomische Lage kompensieren. Die Nivellierung der beruflichen Fähigkeiten und der Stellung in der Hierarchie des Betriebs infolge fortschreitender Rationalisierung und die Zuweisung »klassenneutraler« Funktionen an die technische Intelligenz im Produktionsbereich (vgl. SOHN-RETHEL 1975) ließen einen modernen Angestelltentypus entstehen, der eigenartige sinnliche Aneignungs- und Ausdrucksbedürfnisse entwickelte.

Es gilt heute als unbestritten, daß dieser neue Typus von den faschistischen Verblendungstechniken fasziniert war. Es gilt auch als gesichert, »daß die deklassierten kleinbürgerlichen Schichten, von der organisierten Arbeiterbewegung falsch oder gar nicht angesprochen, der an der Oberfläche antikapitalistischen Ideologie und Propaganda der NSDAP überlassen blieben und deren terroristische Pseudorevolution auf dem Rücken der Arbeiterschaft begeistert mittrugen« (EMMERICH 1976, S. 304 f.). Für den »unverkennbaren Nazigestus« (SOHN-RETHEL) bedarf es aber noch sozialpsychologischer Erklärungsversuche.

Eine der Folgen der ökonomischen und sozialen Deklassierung war nach LEPPERT-FÖGEN (1974), daß die kleinbürgerliche Psyche kein starkes Ich zu entwickeln vermochte, so daß »Ichfunktionen auf ein ›ich-frem-

103   In einem Berliner Kino um 1920

des‹ Über-Ich übertragen« wurden. Das symbolische System des Faschismus aber appelierte ständig an dieses »veräußerlichte Über-Ich«, das man nicht selbst verwirklichen konnte, sondern nur der Führer, der aus dem Dunkel der Klassengeschichte ins helle Licht der Gegenwart und besseren Zukunft trat. Nun bewährte sich die lange vorweg ausgeprägte Kultur der Sinne und die historisch gewachsene Mentalität. Massenaufmärsche, pseudokultische Feierlichkeiten, historisierender Mythos, Rituale der Massenvereinigung und die charismatische Gestalt des Führers sprachen Erinnerungen und uneingelöste Hoffnungen an, die weit in die klassenspezifische Vergesellschaftungsgeschichte zurückreichten.

160

Die Republik erwies sich als unfähig, die kleinbürgerlichen Existenzängste zu zerstreuen. Aus der historischen Vorprägung sinnlich-sozialer Wahrnehmungserwartungen und der aktuell verunsicherten Klassenlage heraus entwickelten sich daher Anschauungen, Erwartungen und Mentalitätsfiguren, die man als latent faschistisch bezeichnen kann. Es entstand ein Sozialisationstyp, dessen Verdrängungsfähigkeit gegenüber der historischen Wirklichkeit mit einer eigenartigen Vorliebe für eine Massenkultur des Scheins und der Bestätigung nicht vorhandener sozialer Identität korrespondierte. Das tatsächliche gesellschaftliche Geschehen, die weitergehende Deklassie-

104 Filmstar LIL DAGOVER (um 1925)

rung und der Identitätsverlust verloren ihre Schrecken in der gelungenen Projektion auf das in der Person des Führers verkörperte mystisch-völkische Wir.

Das Symbolsystem der ›Sachlichkeit‹ – Kennzeichen der zwanziger und frühen dreißiger Jahre – verdeckt nur auf den ersten Blick, was sich hier im ökonomisch bestimmten Sozialzusammenhang einer neuen Kultur der Sinne zusammenbraute. Der Wahrnehmungshorizont des modernen Kleinbürgers wurde durch dieses Symbolsystem bestimmt. Die Kultur der Sachlichkeit, hinter deren Fassade die Träume gediehen, entsprach dem »Lebensgefühl des Trustkapitals« mit seiner »Ästhetik des laufenden Bandes« (BALASZ 1928) ebenso wie der Arbeits- und Konsumzufriedenheitsideologie eines HENRY FORD. Die faszinierende zweite Wirklichkeit des Kinos und die darin verdoppelte Konsumkultur waren bedeutende Flucht- und Entwicklungsräume des kleinbürgerlichen Ich. Die Öffentlichkeit der Zerstreuungs- und Vergnügungskultur verdeckte nahezu vollständig den Grad der Abhängigkeit, Unsicherheit und Dürftigkeit einer durchschnittlichen Angestelltenexistenz. Der Filmstar erschien als verkörperte Sehnsucht auf der Bildfläche, ein Idol, das Sehnsüchte band und weckte. »Der Film erobert die kleinsten Städte und geht auf die Dörfer. (. . .) Das frisch erfundene Radio wird Rundfunk genannt und als neue Lebensmacht vernehmbar. Aus der Wand tritt die Geistersprache und die drahtlose Musik.« (WERNER 1961, S. 78)

In Wirklichkeit bot das Vergnügen an den Medien nur ein Surrogat gelebter sozialer Sinnlichkeit, blieben die Supersymbole des Warenkonsums wie das Auto oder die elegante Wohnungseinrichtung unerreich-

161

105

107　Gymnastik der Mensendieckschule HAGEMANN (um 1925)

106　HALLER-Revue im Admiralspalast Berlin, 1927

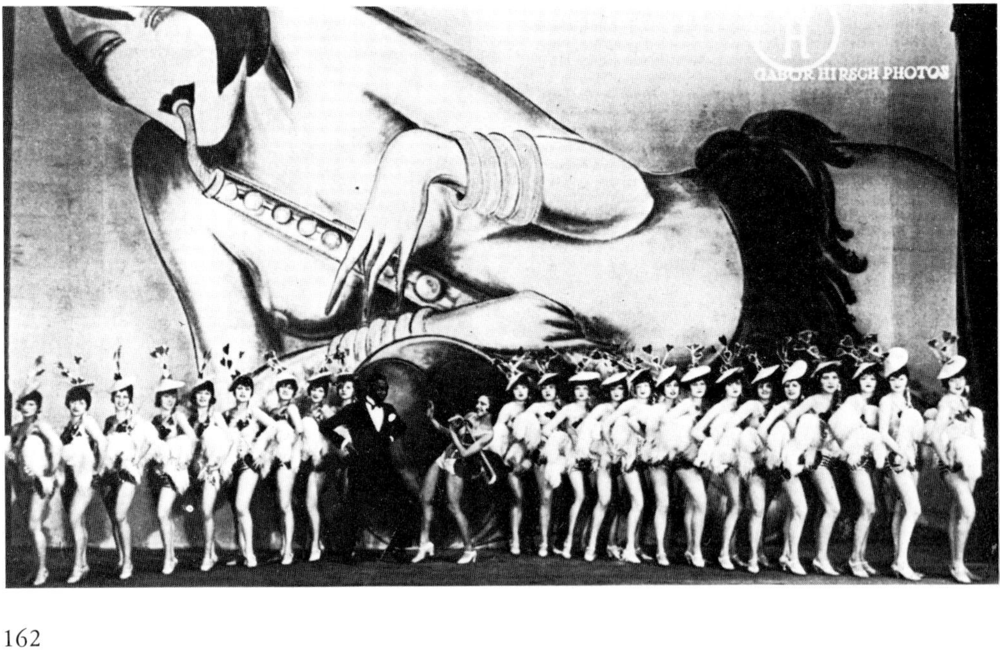

162

bar und wurde die sexuelle Befreiung voyeurhaft im Kino vollzogen. W. BENJAMIN sprach 1930 (vgl. 1966, S. 459) von den »revolutionären Reflexen«, die in »Gegenstände der Zerstreuung« und des Konsums überführt würden – so wie dies in der sexuellen Befreiung, die ja an sich revolutionär d. h. gegen die bürgerliche Moral gerichtet war, vor allem im Kino und im Amüsierbetrieb geschah. Die Menschen selber wurden zu Sachen, die Frau unbeschönigt zum Sexualobjekt, was ALFRED POLGAR in der Illustrierten DIE DAME auf die Formel brachte, daß die Frau offenbar besser geeignet sei, eine Sache darzustellen, als der Mann. Nirgends kam das deutlicher zum Ausdruck als im Typus des ›Girl‹ in seiner Ichlosigkeit und Uniformität auf der Showbühne der Revuen. Die rhythmische Präzi-

sion des Körperkollektivs machte die Girls zu »Tanzmaschinen«, sie waren »gedrillte, nach bestimmten einfachen Techniken geübte Tanzkörper, Bewegungsmaschinen« (GIESE 1925). KRACAUER stellte damals fest, daß »das Massenornament (. . .) der ästhetische Reflex der von dem herrschenden Wirtschaftssystem erstrebten Rationalität« (1977, S. 54) sei. Im Film traten die standardisierten Erscheinungstypen in Form austauschbarer, jugendlich-elastischer Vorbilder auf, so daß die »Kultur der Motorik im Film« (GIESE) und das im Alltag wahrnehmbare Körperideal sich ergänzten.

Die Ästhetik des modernen Produktionssystems fand ihren Ausdruck auch in der Konfektionsmode, im Sportdreß, in der Frisur. Rhythmik, Instrumentalklang und stimmliche Lage in der Unterhaltungsmusik,

163

die modernen Tanzformen und die ›sachliche‹ Mode modellierten einen neuen weiblichen und männlichen Erscheinungs- und Verhaltenstyp heraus. Auch das metallische Timbre, der schnelle, hohe Sprachgestus der Rundfunkreporter und Fimstars der dreißiger Jahre war Teil der neuen Körpersinnlichkeit (GOEBBELS entsprach im Tonfall diesem Standard).

Nicht zufällig nahm der Kult des Sports in dieser Zeit seinen unaufhaltsamen Aufschwung. Die Körpersozialisation korrespondierte heimlich mit dem Druck des Produktionssystems auf den arbeitenden Menschen: »Sehnen, Muskeln, Nerven und Knochen werden an das Bringen von Kraft, an Kaltblütigkeit, Kontrolle, Tempo, Durchhalten (. . .) gewöhnt«, schrieb MARIE-LUISE FLEISSER 1927. Von ihr stammt auch der hellsichtige Satz: »Echter Sportsgeist ist die aggressive Einstellung eines Menschen zu seinem eigenen Körper.« (1972, S. 318)

Die Körperkultur der Epoche knüpfte an reform(klein)bürgerliche Anfänge vor dem Ersten Weltkrieg an, zeigte aber einen forcierten Hang zur Unterwerfung unter ein Schönheitsideal, das nicht mehr weit entfernt von den nachfolgenden faschistischen Leitbildern war. Die ganze Körpersinnlichkeit der zwanziger Jahre war unmittelbar auf der Grundlage neuer Anforderungen des Produktionssystems entstanden, war Ausdruck einer fremdbestimmten Fitneß-Welle, die zu einer neuen körperlichen Identität führen mußte. Die weibliche Angestellte mußte bemüht sein, ihren Wert als Arbeitskraft mit dem Anschein der andauernden Jugendlichkeit durch Schönheitspflege, Modebewußtsein und sicheres Auftreten zu erhalten oder zu erhöhen. Der männliche Angestellte hatte das konkur-

renzbejahende Verhalten durch Sportlichkeit der Erscheinung, gepflegten Anzug und dynamische Ausstrahlung zu signalisieren, auch wenn er bloß Hosen verkaufte wie Pinneberg in FALLADAs Roman ›Kleiner Mann, was nun?‹.

Die Sachlichkeit des Schönheitsideals hinter dem weiblichen und männlichen Körper- und Bewegungstypus war eine Folge des Zwangs, sich und anderen die »kapitalistische Realitätstüchtigkeit« (LETHEN 1970)

108   Reklamefoto, 1930

164

ständig neu beweisen zu müssen. Sie war aber zugleich eine Folge der massenmedialen Reproduktion dieses Ideals. KRACAUER spricht von »Normaltypen von Verkäuferinnen, Konfektionären, Stenotypistinnen (...), die in den Magazinen und den Kinos dargestellt und zugleich gezüchtet werden« (1974, S. 65). »Sprache, Kleider, Gebärden und Physiognomien gleichen sich an, und das Ergebnis des Prozesses ist eben jenes angenehme Aussehen, das mit Hilfe von Photographien umfassend wiedergegeben werden kann.« (S. 25) Den »Pläsierkasernen« (KRACAUER) in der Freizeitsphäre entsprachen Glanz und Lichterfülle des Warenhauses oder der Bankschalterhalle als Arbeitsplatz mit ihrem stark auf die Selbstwahrnehmung einwirkenden Dekor. Wer im rationalisierten Großraumbüro, im Techniker-Zeichensaal oder in einer trübseligen Buchhaltung arbeitete, dem blieb allerdings nur das Kino, die großstädtische Vergnügungsöffentlichkeit und der elegante Konfektionsanzug, der ihn dort kenntlich und unkenntlich machte.

Zu Hause ging es karg zu; Angestellte waren von Wohnungsnot und Mietwucher ebenso betroffen wie Arbeiter. Obwohl sie oft nicht mehr, manchmal weniger als Arbeiter verdienten, schauten sie auf sie herab. Nicht nur der »Zauber des ausladenden Amüsements« (KRACAUER) erregte sie; ihre soziale Sinnlichkeit wurde mitgeprägt durch ein sehnsuchtsvolles Verhältnis zur höheren Klasse, sei es im Betrieb oder Büro, sei es in der Art des Freizeitkonsums. Täuschung und Selbsttäuschung wirkten gemeinsam auf eine Bewußtseinslage hin, die WALTER BENJAMIN als »einzigartige Überblendung« der gegebenen ökonomischen Wirklichkeit« bezeichnet hat.

Pinneberg, der ausgebeutete »elegante Garnichts« aus FALLADAs Roman, erlebt seine ökonomische uns soziale Deklassierung bis zur Arbeitslosigkeit in einer unablässigen Folge von Demütigungen und Schicksalsschlägen. Sein Schwiegervater, ein sozialdemokratischer Arbeiter (»Sozialfaschist« geschimpft vom eigenen Sohn, den er einen »Sowjetjünger« nennt), bezeichnet Pinneberg verächtlich als »Dackel«, weil er einer Angestelltengewerkschaft angehört. Pinneberg scheint wirklich zwischen allen Fronten, zwischen den Klassen sein Schicksal zu erleiden. Unter welchem Leistungsdruck der kleine Angestellte arbeitete und lebte, zeigt der Roman an vielen Einzelszenen exemplarisch auf. Wer wie Pinneberg seine Umsatzquoten als Verkäufer nicht schaffte, mußte jeden Augenblick gewärtig sein, hinauszufliegen.

Pinnebergs einziger Halt ist die Kleinfamilie, in die er flüchtet, für die er sich abrackert ohne Erfolg. 180 Mark Monatsgehalt sicher zu haben, ist sein Traum. Dann kann er »Lämmchen« (seine Frau) und »Murkel« (das noch ungeborene Kind) wenigstens ernähren. Trotz seiner grotesk-ärmlichen Wohnverhältnisse hält das Ehepaar Ansprüche auf ein besseres Zuhause aufrecht; und trotz der beruflichen Mißerfolge gibt Pinneberg die Hoffnung, ein guter Verkäufer zu werden, nicht auf. Seine ganze Wahrnehmung ist von negativen Erfahrungen stigmatisiert – deshalb wird eine elegante Frisierkommode angeschafft, deshalb soll seine Familie später eine schönere Wohnung bekommen. Aber seine Wahrnehmung ist nicht nur durch Not und Einschränkung bestimmt. Am Arbeitsplatz erlebt er den Konkurrenzdruck, die Abwesenheit jeglicher Solidarität, den Zwang, sich unter-

109 Aus der Illustrierten ›Die Dame‹, 1930

würfig zu verhalten, dabei aber jederzeit sicher, locker, elegant auftreten zu müssen. Sein Verhalten in der Öffentlichkeit ist von Orientierungslosigkeit und Angst geprägt, von Unsicherheit gegenüber den politischen Auseinandersetzungen, zugleich aber auch von einer gewissen Faszination durch die Demonstrationen der Nazis und der Kommunisten, zwischen denen er nicht unterscheidet. Die Konsumwelt bleibt unerreichbarer Zukunftstraum. Nur zu Hause erfährt er durch alle Not hindurch Wärme, ein Gefühl der Geborgenheit.

Der Roman zeigt die sinnlich-soziale Abrichtung und Überformung der Psyche eines kleinen Angestellten, vor allem aber die Sisyphosarbeit der Klein(bürger)familie, die unter dem Außendruck undurchschauter ökonomischer und politischer Gewalten zu einer Schicksalsgemeinschaft zusammengeschweißt wird. Objektiv hat diese Kleinfamilie keine andere Funktion mehr als die eines Sanatoriums für die draußen existentiell Verstümmelten; sie stellt jeweils die Arbeitskraft unter den dürftigsten Bedingungen billig wieder her. Die in Pinnebergs Kopf entwickelte Lebensperspektive ist bestimmt und beschädigt von der Angst, auch noch diesen letzten Halt zu verlieren.

Er nimmt nicht wahr, daß Unzählige in der gleichen Not stecken – ›Glück‹ zu haben scheint ihm der einzige Ausweg aus dem Angestelltenschicksal. FALLADAs Roman dieser irrationalen Hoffnung (1932 im Jahr der über sechs Millionen Arbeitslosen erschienen) wurde ein Bestseller, weil sich so viele mit der Figur und ihrer Situation identifizieren konnten. Die Kultur der Sinne solcher Schichten war durch die Zwänge

110

166

111　Strandmode 1930

des Überlebens und der mühsam erhaltenen sozialen Identität beherrscht. Das Gefühl des Dabeiseins, die Teilhabe an der Illusion von Kino, Konsum, Weekend, Sport, Mode und Technik als Massenzerstreuung mußte die bodenlose Unsicherheit vergessen machen. Sich durchschlängeln war die erfolglos angewandte Überlebensmethode des exemplarischen Angestellten Pinneberg.

Wahrnehmen, Denken und Wollen der Angestellten bildeten sich als Einheit in der mit sinnlichen Reizen und Bedeutungen vielfach ausgestatteten Öko- und Sozialsphäre der kapitalistischen Kultur im Deutschland der zwanziger Jahre heraus.

Am deutlichsten kamen die körperlichen und mentalen »Ausdrucksbewegungen« im Film zur Geltung. Mit diesem originalen Massenbefriedigungsinstrument ließ sich die Psyche besonders modellieren. Es sprach Bedürfnisse und Projektionswünsche an, ohne sie wirklich zu befriedigen, und lag in der Hand solcher Agenten, die an der Produktion von Schein nicht nur verdienten, sondern darin auch versuchten, bestimmte Sozialisationsinteressen auf ästhetischem Wege und mit besonderer psychischer Gewalt durchzusetzen. Wer den Produktions- und Verteilungsapparat der Filmindustrie in der Hand hielt – und das war weitgehend die UFA – der hatte auch die formbare Sinnlichkeit und die Mentalitätsstruktur breiter Massen zu einem großen Teil in der Hand. Mit der Einführung des Tonfilms 1929 war dies erst recht möglich, vor allem durch einen besonderen Umstand.

112 ›Flucht vor der Liebe‹ mit JENNY JUGO, 1929

Inflation, Exportkrise und amerikanische Konkurrenz hatten der gesamten deutschen Filmindustrie schwer zu schaffen gemacht. 1925 geriet die UFA in die Abhängigkeit der Hollywood-Gesellschaften PARAMOUNT und METRO GOLDWYN, die als Kreditgeber ein starkes Interesse hatten, die UFA-Kinos der eigenen Produktion gewinnträchtig offenzuhalten. Aber 1927 verleibte ALFRED HUGENBERG die angeschlagene größte deutsche Filmgesellschaft seinem Presse-Imperium ein. Der Führer der Deutschnationalen Partei, Sympathisant und Förderer der Nationalsozialisten, Mitglied der berüchtigten ›Harzburger Front‹ und Minister im ersten (verfassungsmäßigen) Kabinett HITLERs, wußte, welches Propaganda-Instrument er damit sanierte.

Der deutsche Film hatte seine die Sinne überformende und politisch wirksame Funktion schon vor der Ära HUGENBERG entwickelt. KRACAUER (1958) hat über die Inhaltsanalyse vieler Filme zwischen 1918 und 1933 ein Mosaik der symbolischen und politischen Verhaltensvorschläge rekonstruiert und gedeutet, die dem Kinobesucher unauffällig immer wieder vor Augen geführt wurden. Es waren vor allem Produkte, die die Sehnsüchte und die Triebstruktur der Deklassierten, ihre verschwommenen Erinnerungen, ihre Ängste vor undurchschauten Mächten, ihre Faszination durch Gewalt, ihre kleinbürgerlichen Hoffnungen auf Glück berührten.

KRACAUER zog ein düsteres Fazit auf die nachfolgende Wirklichkeit: »Da Deutschland solchermaßen verwirklichte, was seine Filme seit Anbeginn hatten erahnen lassen, traten nunmehr die von ihnen heraufbeschworenen Gestalten aus der Leinwand heraus und ins Leben ein. (. . .) HOMUNCU-

169

LUS ging leibhaftig umher. Selbstherrliche CALIGARIs schwangen sich zu Hexenmeistern über ungezählte CESAREs auf und erteilten ihnen Mordbefehle. Tobsüchtige MABUSEs begingen straflos grausige Verbrechen und wahnsinnige Despoten erdachten unerhörte Folterungen. Inmitten dieses Totentanzes wurden erprobte filmische Ausstattungskünste in die Wirklichkeit übertragen: Beim Nürnberger Parteitag tauchten die ornamentalen Muster des NIBELUNGEN-Films in gewaltig vergrößertem Maßstab, mit Wäldern von Fahnen und kunstvoll ausgerichteten Menschenmassen, wieder auf.« (S. 180 f.) Aus dem Kino war »ein glänzendes, revueartiges Gebilde hervorgekrochen: das Gesamtkunstwerk der Effekte« (KRACAUER 1977), doch wirkten die ideologischen Verharmlosungen der sozialen Wirklichkeit in Filmen, in denen der jugendliche Angestelltentyp von nebenan als Star zu fungieren schien, nicht weniger beeindruckend. Der Lebenstraum von Erfolg, Schönheit und Abenteuer ohne Sorgen wurde darin Gegenstand greifbarer Anschauung. Daneben vollzogen sich die Veränderungen der politischen Szene.

Um 1930 umfaßte die NSDAP als »Massenpartei des Mittelstandes« (BRACHER), die behauptete, mit dem ›System‹ auch den Kapitalismus abschaffen zu wollen, weitgehend das breite Wählerpotential der Deklassierten. Es war die Partei, die am geschicktesten mit der Existenzangst, den Erinnerungen und Identitätssehnsüchten breiter Wählerschichten umging und die mitten in der Krise die stärksten Symbole anzubieten hatte. »Zehn Jahre nach dem Versailler Vertrag –1928 – stimmten 2,6% der Wähler für die NSDAP (...). In der Krise 1929/30 wuchs die Zahl der national-

sozialistischen Stimmen auf 37%. Wer hat diese Stimmen verloren, die Hitler gewann? Es gab vier Parteien, die hauptsächlich von den Mittelschichten gewählt wurden: die Deutschnationale Volkspartei, die Nationalliberalen, die Demokraten und die Wirtschaftspartei. Diese vier Parteien hatten 1928/29 noch rund 40% der Stimmen, am Höhepunkt der Krise – im November 1932 – aber nur noch 8%. Ihr Verlust entspricht fast genau dem Gewinn der Nationalsozialisten.« (STERNBERG 1961, S. 210)

Mit der Machtübernahme HITLERs begann eine neue Ära der ideologisch gesteuerten Übeformung und Vollendung jenes Sozialtypus, dessen psychische Grundstruktur und dessen Wahrnehmungsinteresse schon lange vorweg das faschistische Denken entwickelt hatte. Die deklassierten Schichten sahen ihre Anschauungen und Erwartungen nicht nur bestätigt, sondern verallgemeinert. Es begann die Verdichtung all dessen, was man an Identitätsentwürfen und Sehnsüchten aus der Vergangenheit mitbrachte. Sie vollzog sich in der ästhetischen Inszenierung des Politischen, in der totalen Organisation der Wahrnehmung und in der Disziplinierung der Sinne durch die Modellierung des Körpers. Aber diese Methoden konnten nur mit Erfolg angewendet werden, sofern ihr Adressat der Sinnlichkeit des Faschismus erwartungsvoll gegenüberstand und jede Form von Gegensozialisation ausgeschlossen war.

Mit der ›Machtergreifung‹ waren alle Organisationen der Arbeiterbewegung zer-

113 GUSTAF GRÜNDGENS und DOROTHEA WIECK in einem Kinokrimi, 1932

170

schlagen und die Gewerkschaften aufgelöst bzw. in die nationalsozialistische Einheitsgewerkschaft der DAF (DEUTSCHE ARBEITS-FRONT) überführt worden, mit dem Ziel, jeden Arbeitskampf zu unterbinden und den »Klassenkampfgedanken durch den Grundsatz des nationalen Arbeitsfriedens« (ZORN) abzulösen. Der Unternehmer, bald zum Wirtschaftsführer stilisiert, genoß nahezu unumschränkte Befugnisse über Arbeiter und Angestellte. Sämtliche politischen und konfessionellen Jugendverbände der Republik wurden in NS-Jugendorganisationen überführt: in das DEUTSCHE JUNGVOLK bzw. DEUTSCHE JUNGMÄDEL (10–14 Jahre), in die HITLER-JUGEND (HJ) und den BUND DEUTSCHER MÄDCHEN (BDM) – 1936 wurde die HJ per Gesetz zur Staatsjugend mit umfassenden Sozialisations- und Erziehungsaufgaben erklärt. Sie konnte an die Tradition der Sozialformen und Symbole der straff geführten BÜNDISCHEN JUGEND anknüpfen, entwickelte aber eine Strategie der totalen Freizeitsozialisation: »Die wesentlichen Arbeits- und Beeinflussungsmittel der HJ sind: Heimabend, ›Dienst‹, Lager; Presse- und Schrifttumsarbeit, Rundfunk und Film; das Gefüge der HJ-Feiern und Großveranstaltungen; das Prinzip der Leistungswettbewerbe; schließlich der Zwangscharakter der HJ, ihre Disziplinarmittel und der Terror.« (KLÖNNE 1955, S. 35)

In der Phase der ideologischen Gleichschaltung aller staatlichen und öffentlichen Institutionen sorgte das ›Gesetz zur Wiederherstellung des Berufsbeamtentums‹ von 1933 für die Säuberung sämtlicher dem

staatlichen Zugriff offenen Sozialisationsagenturen wie z. B. Schule oder Hochschule von unliebsamen oppositionellen Beamten. Nach ZORN waren schon 1935 knapp ein Drittel aller Lehrer Mitglieder der NSDAP.

Dazu kam die Gleichschaltung bzw. Nazifizierung sämtlicher öffentlicher Sozialisationsräume des Einparteien- und Führerstaates – von der pompösen Öffentlichkeit der Parteibauten über Sportveranstaltungen und Aufmärsche bis in die demonstrative Volkswohlfahrts- und Feiertagskultur hinein. Als Steuerungsinstrumente fungierten bald sämtliche Kultur- und Massenmedien, nachdem infolge des ›Reichskulturkammergesetzes‹ von 1933 alle Kunst- und Kulturschaffenden und ihre Berufsverbände sich den Zielen der NS-Kulturpolitik zu unterwerfen hatten.

Vor allem Film und Rundfunk wurden so vollständig zu massenwirksamen Propagandainstrumenten gemacht. Die oppositionelle Kunst- und Kulturproduktion war mit einem Schlage beseitigt oder wurde in diffamierenden Schriften und Ausstellungen dem Volk als abschreckendes Beispiel der »Entartung« vorgeführt.

Durch HJ und BDM, REICHSARBEITSDIENST und NS-FRAUENSCHAFT, SA und NSDAP, sowie politische Berufsorganisationen geschult, durch propagandistisch aufgezogene Sozialfürsorge (NSV, WINTERHILFSWERK, Kraft-durch-Freude-Urlaub, Schönheit-der-Arbeit-Aktivitäten im Betrieb) abgelenkt, von den Masseninszenierungen ästhetisch fasziniert und vom Rückgang der Arbeitslosigkeit infolge der auf den Krieg ausgerichteten NS-Wirtschaftspolitik geblendet, liefen viele ohne Bedenken der ›Bewegung‹ begeistert zu.

114 NSDAP-Anhänger, 1931

173

115   Scheinwerfer-›Lichtdom‹ auf dem Reichsparteitaggelände in Nürnberg, 1934

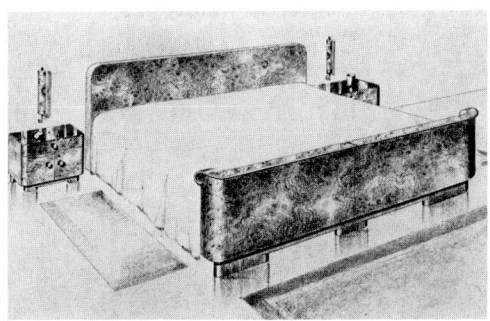

116 Schlafzimmermöbel-Entwurf (WK-VERBAND), 1934

Aber nachdem HITLER den ›linken‹ Flügel der NSDAP und SA liquidiert hatte, stand schon 1934 der Betrug an den existentiellen Erwartungen der deklassierten Schichten fest, von jenen der Arbeiter ganz zu schweigen. In ihren Versprechungen und in den symbolischen Befriedigungen lange angestauter Bedürfnisse und Emotionen beherrschten die Nazis die Klaviatur sinnlicher Beeindruckungsgesten geradezu meisterhaft. Die propagierten Wahrnehmungsmuster entsprachen den historisch gewachsenen Identitätserwartungen und der beschädigten sozialen Sinnlichkeit breiter Massen. Nun wurde ernstgemacht mit der Umdeutung des schwachen Ich zum starken Wir. Nun konnte, was lange an dumpfer Erwartung geschürt worden war, machtvoll ans Licht treten.

Die erotische Ausstrahlung der Führergestalt, die Dramaturgie seiner Auftritte und Reden, das symbolische Dekor, Fahnen, Musik, die Kulisse fanatischer Anhänger, all dies entsprach in seiner sinnlich wirksamen Gegenwart der »psychisch-geistigen Verfassung« (BROSZAT 1969) vieler, die sich unversehens in den Stand der ›Herrenrasse‹ emporgehoben sahen, obwohl sie weit entfernt von wirklicher Herrschaft blieben. Wenn W. REICH behauptet, daß »praktisch-politisch nicht die wirtschaftliche, sondern die ideologische Schichtung entschieden« (1971/1933, S. 40) habe, als HITLER zur Macht kam, so gibt er damit indirekt einen Hinweis auf den vorausgegangenen sinnlich-sozialen Lernprozeß. Die Appelle an Nationalismus und Rassismus operierten mit lange vorbereiteten Normen, wie sie sich zum Beispiel in SCHULTZE-NAUMBURGs Buch ›Kunst und Rasse‹ (1928) spiegelten, das expressionistische Malerei mit Fotos mongoloider Deformationen aus der Klinik verglich, bis zu HITLERs ›Mein Kampf‹

117 Umwallung des Zeppelinfeldes auf dem Reichsparteitaggelände (Architekt ALBERT SPEER) im Fahnenschmuck

(1925), der Einblick in die Vorgeschichte einer Kleinbürgerpsyche gewährt.

Als ein probates Mittel der Sinnes- und Bewußtseinstäuschung erwies sich die Manipulation mit vertrauten Symbolbeständen. Vom Namen der Partei (der noch 1979 die CSU zu geschichtsfälschenden Deutungen anregte) bis zum Massenornament der »Volksgenossen« bei den Aufmärschen, die – wie BENJAMIN sagt – zu ihrem Ausdruck, beileibe aber nicht zu ihrem Recht zugelassen wurden, von antikapitalistischen Parolen bis zur Überzeugung des PG, Vollstrecker einer sozialistischen Volksrevolution zu sein, dehnte sich ein Täuschungszusammenhang aus, in dem vor allem die Symbole und Rituale eine tragende Funktion erhielten. Fast immer waren es solche, die man von woanders her kannte und die man mit älteren Erfahrungen und Hoffnungen verband. Nicht nur für Pinneberg in FALLADAs Roman war es schwer, zwischen Nazis und Roten zu unterscheiden. Wer in seiner Not eine politische Heimat und Orientierungshilfe suchte, sah sich Fahnen und Marschkolonnen gegenüber, die symbolisch die gleiche Kraft vermittelten. Ein Aufmarsch des ROTEN FRONTKÄMPFERBUNDES war für den politisch wenig Informierten kaum von einem SA-Trupp zu unterscheiden. Uniform, Fahnen, aggressiver Gesang, hier wie dort gestreckte Fäuste oder die Hand zum Hitlergruß erhoben.

Diese ästhetische Mimikry mußte besonders diejenigen überzeugen, die aufgrund ihrer ökonomischen Lage Hoffnungen auf eine sozialistische Politik richteten, ohne aber in der Tradition der zweiten Kultur eine Stütze ihrer persönlichen und sozialen Identität gefunden zu haben. Es waren sozialpolitische Versprechen, die auch Arbei-

118 Aus LENI RIEFENSTAHLs ›Triumph des Willens‹, dem Film vom Reichsparteitag 1934 in Nürnberg

ter, vor allem aber die kleinbürgerlichen Schichten auf die Seite der Nazis zogen, zugleich aber waren es die Formen, in die diese Versprechen eingekleidet wurden. Die kleinbürgerliche Sinnlichkeit sprach unmittelbar auf den völkisch-rassistischen Gestus an, Arbeiter mußten in ihrer eigenen Sprache überzeugt werden. (GOEBBELS versuchte sogar, die Arbeiterpresse zu kopieren.) Das gesamte Erscheinungsbild des Nationalsozialismus war auf Verwechslungen und symbolische Überlappungen angelegt. HITLER bekennt in ›Mein Kampf‹, vom »Meer der roten Fahnen, roten Binden und roten Blumen« einer Massenkundgebung von Arbeitern nach 1918 fasziniert gewesen zu sein und spricht vom »suggestiven Zauber eines solchen grandios wirkenden Schauspiels« (S. 552). Er selbst hat später die Hakenkreuzfahne entworfen.

Mit der Entwendung der Symbole der Arbeiterbewegung ging immer ihre anschmiegsame Überformung und Neudeutung einher. W. F. HAUG sagt zusammenfassend von den »Dekorateuren des Faschis-

176

119 Berliner Straßenbild während der Olympiade
     1936

mus«: »Sie machten einen ästhetischen Ab-
zug von der Arbeiterbewegung, verschmolzen ihn mit Requisiten kleinbürgerlicher
und bäuerlicher Rückwärtsbezogenheit auf
Scholle, Blut, Zunfthandwerk, Karneval,
Kirche, Weihespiel, organisierten es nach
neuesten Einsichten und unter Verwendung markt- und industrieerprobter Sozial-
techniken (...) sie gestalteten die politische Sphäre, aus der alle Entscheidungsprozesse nach dem Führerprinzip heraus-
gezogen waren, (...) sie gestalteten diese
verbleibende Politikhülle als Gesamtkunstwerk.« (1971, S. 171)

Die rituelle Interaktion zwischen Führer
und Geführten war der Hauptzweck der
Masseninszenierungen und Großveranstaltungen des Regimes. Das überzeugendste
Dokument der darin verkörperten Absichten und Möglichkeiten, die Sinnlichkeit der
Massen zu modellieren, stellt LENI RIEFEN-
STAHLs ›Triumph des Willens‹ dar, der Film
über den Parteitag der NSDAP in Nürnberg
1934. Mit höchster professioneller Perfek-
tion wurden die filmischen Mittel eingesetzt, um das Ornament der Masse ins Klassenlose und Überirdische zu steigern. Was
die NS-Ideologen über das Wort nicht mehr
mitteilen konnten, wurde in jeder Einstellung dieses Films eine unmittelbar über das
Auge die Emotionen treffende Botschaft.
Dieser Film wurde Vorbild für eine ganze
Propagandafilmindustrie bis zu den UFA-
Wochenschauen. Er zog jedes Register der
Erinnerungs- und Projektionsfähigkeit: die
Sehnsucht nach Geschichte und Größe, kollektiver Harmonie, Ausschluß des Irrtums,
Stärke, Sicherheit, romantischer Verklärung,
letztlich die Sehnsucht nach erfülltem Ver-
trauen in einen Übermenschen, der in die
nationale Zukunft führte. Die in der Mor-

177

120 Aus HEINRICH HOFFMANN, ›Das braune Heer‹, 1934

gensonne glänzenden, fahnenüberwehten Dächer Alt-Nürnbergs oder die Bilder singender SA-Männer im Rauch der Fackeln waren Symbole, deren Wirkung sich nur wenige entziehen konnten. Und noch eine andere Art von Sinnlichkeit produzierte die faschistische Ideologie: »Der Nationalsozialismus hat eine bestimmte Wahrnehmungsfähigkeit der Menschen hervorgetrieben: für herausragende Leistungen von Großbetrieben, Militärapparaten, auch individuellen Einzelkämpfern, für die Umorganisation von Material und Menschen. Er hat den Arbeitern Selbstvertrauen in die eigene Kraft suggeriert, und zwar mit Hilfe des Rückgriffs auf vergessene geschichtliche Betätigungsmöglichkeiten: Raub, Gewalt gegenüber anderen Völkern, sich bewähren, die ganze Person einsetzen, den Helden spielen (...).« (NEGT/KLUGE 1973, S. 281) Dazu diente vor allem das schiefe nationalkulturelle Geschichtsbild und die Verherrlichung des ›Germanentums‹.

Besonderes Geschick bewiesen die Nazis in der Enteignung des Solidaritätsbegriffs – dem stärksten Ausdruck der historischen Arbeiterbewegung. Dazu gehörte die bewußte Zerstörung des proletarischen Kulturzusammenhangs in Verbindung mit der Auflösung aller diesen Zusammenhang einst stiftenden Organisationen und die Einführung von Ersatzinstitutionen, die scheinbar die proletarische Tradition weiterpflegten.

Die KDF-Bewegung mit ihren propagandistisch ausnutzbaren Sozialtourismusversprechen oder das WINTERHILFSWERK mit dem Anspruch auf solidarische Nothilfe waren solche Versuche. Das Sozialklima der SA, der Kampftruppe der ›Bewegung‹, versprach manchem Arbeitslosen kameradschaftliche Geborgenheit, und bis zur Ent-

machtung der SA hielten sich gerade in dieser Institution Vorstellungen des nationalen Sozialismus oder einer weitergehenden Revolution.

Mit der Solidaritätstradition, der in der Arbeiterbewegung produzierten sinnlichsozialen Wahrnehmungsqualität schlechthin, wurde raffiniert, vor allem durch Ästhetisierung, Schindluder getrieben. In SA und SS sollte es (nach KRIECK) den »Kameradschaftssozialismus«, im REICHSARBEITSDIENST den »Werksozialismus« geben. An die Stelle des Klassenkampfes trat eine klassenlose Volkssolidarität mythischen Charakters, nach dem Prinzip ›einer für alle, alle für einen‹ auf die Figur des Führers zentriert.

Wie stark die Kultur der Sinne jenseits der Möglichkeit des Widerstands an das System der Symbole und Rituale des Nationalsozialismus gebunden wurde, zeigt die Modellierung des Körpers und der körperlichen Selbstwahrnehmung. Die Kultur des Leibes war offen und insgeheim ein Angelpunkt des faschistischen Sozialisationsinteresses.

Schon KRACAUER (vgl. 1958) hat die wenig beachtete These von der »engen Wechselwirkung zwischen Denkgewohnheiten und körperlichen Ausdrucksgewohnheiten« aufgestellt. Mehr noch als die Sachlichkeit des Produktionssystems um 1925 hat die nationalsozialistische Körperschulung materiell am Menschen gearbeitet. Freilich fand sie ihn schon bearbeitet vor, der Zugriff der modernen Produktionsweise auf den Körper einer ganzen Generation ging dem Zugriff der aggressiven faschistischen Ästhetik des Leibes voraus.

Unter dem von KRACAUER angedeuteten Aspekt muß man auch die Entfremdung des Körpers als Organ der sinnlichen Ver-

179

121 ›Nordische Jungbäuerinnen‹ (SCHULTZE-NAUM-
BURG, 2. Auflage, 1943)

wirklichung und Selbstvergewisserung des
Menschen durch die faschistische Sozialisationsstrategie als eine besonders wirksame
Methode betrachten. Die Hypothese ist dabei, daß der Körper als Instrument und
Vermittler von Ideologie, als ihr sinnlicher
Träger wirksam eingesetzt bzw. gestaltet,
oder daß mit dem Körper eine Art ästhetischer Betrug getrieben werden kann. »Es
gibt für uns keine Leibesschönheit, die
nicht rassisch bedingt ist, denn höchste
Schönheit ist untrennbar verbunden mit
der Reinheit des Blutes (. . .). In bewuß-
tem Wirken erstreben SA, SS, HJ und Heer
die Wiederbesinnung auf die Hochwerte

122 Aus PAUL SCHULTZE-NAUMBURGs Buch ›Nordische
Schönheit‹ (1943)

des rassisch edlen Schönheitsbildes. Auch
der Schule ist hier eine Aufgabe von tiefwir-
kender Bedeutung gestellt.« (GARBE 1938,
S. 669)

180

Was einer mit eigenen Sinnen am eigenen Körper und an den Vorbildern wertend wahrnahm, mußte auch die Figuren der Mentalität im Kopf, ja das ganze Denken mitbestimmen. Das Erleben des körperlichen Selbst als Kampfmaschine oder als Träger eines gewaltförmigen Rassenideals war die Verkörperung des Faschismus schlechthin, die zugleich die Erfüllung kleinbürgerlicher Wunschvorstellungen und Selbstentwürfe verhieß.

ten. Wir ahnen nur, daß hierbei eine kollektive Körpererfahrung gemacht wurde, die vom Leib auf das Bewußtsein direkt übergehen sollte. Das sozialdarwinistisch-rassistisch legitimierte, auf das Bestehen von Härteproben und auf Wehrfähigkeit angelegte Körperideal des deutschen Mannes und das entsprechende (gegen die ›dekadente‹ Vermännlichung der Frau in den zwanziger Jahren gerichtete) Ideal des

123 ›Der neue deutsche Mensch‹ (Sieger in einem Berufswettkampf), Foto von HEINRICH HOFFMANN

124 Bildnisbüste Frau Bormann von ARNO BREKER

Wir wissen heute nicht, was die Masse der Körper auf dem Reichssportfeld ›dachte‹, die zu Tausenden im Gleichtakt mit dem Vorturner den Rumpf ins Ritual beug-

blond-germanischen Mutterweibes waren keine ureigenen Erfindungen der Nationalsozialisten. Es waren zur historischen Reife gelangte deutsche Ideale. Gefeiert im Sport,

181

125 ›Vergeltung‹, Relief von ARNO BREKER, um 1942

multipliziert durch die Massenmedien Fotografie, Illustrierte und Film, kultisch überhöht in Plastik und Malerei, aber auch im Alltag durch habituelle Nachahmung und ein unbewußtes ›bodybuilding‹ präsent, war dieser Körpertypus ein Vorbild für viele. Schon seine Aura von Stärke und Gesundheit mochte manchen überzeugen, erst recht aber die ihm angehängte, historisch vorbereitete Projektion des Herrenmenschen. HITLER selbst formulierte eine der abwegigen Funktionen dieses Schönheitsideals: »Würde nicht die körperliche Schönheit heute vollkommen in den Hintergrund gedrängt durch unser laffiges Modewesen, wäre die Verführung von Hunderttausenden von Mädchen durch krummbeinige, widerwärtige Judenbankerte gar nicht möglich. Auch dies ist im Interesse der Nation, daß sich die schönsten Körper finden und so mithelfen, dem Volkstum neue Schönheit zu schenken.« (1925, S. 458)

Daß die meisten Mitglieder der NS-Führung keineswegs an diesem Körperideal gemessen werden konnten, tat der Absicht keinen Schaden. Mancher Fünfzigjährige wird sich noch heute gut erinnern, wie stark man sich als ›deutscher Junge‹ an den Kriterien dieses Ideals selbst gemessen hat. Bildungsbürgertum und kleinbürgerliche Schichten konnten sich mit einem derartigen Körperideal als Symbol der rassisch-völkischen Überlegenheit und unabweisbaren Stärke durchaus traditionell identifizieren. Für den Gebildeten mochte sich in der dunstigen Entfernung der Geschichte gar das Turner-Ideal aus der Zeit der Befreiungskriege abzeichnen. In der Erinnerung lebendig waren mindestens die Brechungen der Herrenmoral NIETZSCHEs im ›Vollmenschen‹ der Lebensreformbewegung vor 1914. Schließ-

lich gab es erkennbare Vorformen des faschistischen Körperideals in der gymnastischen Kultur der zwanziger Jahre. Vor allem aber entsprach es der Ökonomie einer Klasse, die durch Askese und hartes Training die soziale Konkurrenz zu bestehen hoffte, wie der kleinbürgerliche Ladenbesitzer und Leistungsschwimmer Gustl in MARIELUISE FLEISSERs Roman ›Vom Rauchen, Sporteln, Lieben und Verkaufen‹ (Eine Zierde für den Verein, 1931).

Jung sein, schön sein, gestählt, leistungsstark, kämpferisch, beweglich, Herr seines Körpers, damit er andere besiege – dies war ja schon die Ideologie der Epoche der Sachlichkeit. Der faschistische Überhöhungsversuch traditioneller Körperkultur setzte nur fort, was schon begonnen war. Wie bei der Übernahme und Umdeutung anderer Symbolsysteme gab es 1933 keinen Bruch. Auch den eleganten Funktionalismus der dreißiger Jahre mit seinem Chromglanz konnten die Nationalsozialisten problemlos zu einem eigenen Ausdruckssystem umdeuten, obwohl diese Formkultur im Gegensatz zur deutschtümelnden Tendenz im Kunsthandwerk und zum Geschmacksideal des Amtes ›Schönheit der Arbeit‹ stand.

Der Zugriff auf den Sozialisationsgegenstand Körper mußte um so mehr zu einem Eingriff in die psychische Struktur des ›Volksgenossen‹ werden, je weniger sich der einzelne gegen die Gültigkeit des Ideals wehren konnte d. h. je stärker der kollektive Zwang zu seiner Verinnerlichung ausgeübt wurde.

Die neuen Machthaber widmeten sich daher der Nazifizierung des Sportlebens mit der gleichen Energie wie der Gleichschaltung der künstlerischen Kultur auf der Linie der Parteiideologie. Die sofortige Auf-

183

LEISTUNG UND SCHÖNHEIT DER TECHNIK AUCH IN DER WERBUNG

325/D

FORTSCHRITTLICHE
VERKEHRSWEGE—
FORTSCHRITTLICHE
AUTOMOBILE!
MERCEDES-BENZ

126   Inserat in der Zeitschrift ›Deutsche Technik‹, 1939

lösung der Organisationen der Arbeiter-Turn- und Sportvereine bzw. -verbände (vgl. UEBERHORST 1973) und die Bereitwilligkeit des großen Verbandes der DEUTSCHEN TURNERSCHAFT, beim Aufbau einer nationalsozialistischen Sportorganisation mitzuarbeiten (vgl. STEINHÖFER 1973), erleichterten dieses Vorhaben. Reichssportführer VON TSCHAMMER UND OSTEN betrachteten es als oberste Aufgabe des 1934 gegründeten REICHSBUNDES FÜR LEIBESÜBUNGEN, diesen »zu einer verschworenen Gemeinschaft von Männern und Frauen zu machen, die in der Einsatzbereitschaft für den nationalsozialistischen Staat ihre höchste Ehre sieht« (vgl. STEINHÖFER, S. 39). Es war Auftrag der Reichs-, Gau- und Vereins-»Dietwarte« (nach der etymologischen Wurzel etwa mit Volkstumspflegern zu übersetzen), über die Arbeit am Körper hinaus, die nationalsozialistische Ideologie im Bewußtsein zu verankern.

Die pragmatischen Funktionen der durchorganisierten NS-Körperkultur und des zentral verwalteten Sportlebens liegen im Hinblick auf Wehrdienst, Volksgesundheit und ideologische Überwachung offen zutage. Aber ihr besonderer Sozialisationseffekt bestand in der wirksamen Verbindung von Erscheinung und Wesen des Nationalsozialismus, von Körpergefühl und Weltanschauung.

Der NS-Pädagoge RUTTMANN zitiert in seiner ›Lehrpraxis der Volksschule‹ NIETZSCHE: »Eine bloße Zucht von Gefühlen und Gedanken ist beinahe Null (...) man muß den Leib zuerst überreden« – um daran den Gedanken einer »Körperbildung als arteigene Grundfeste der Volksbildung« (1939, S. 321) zu entwickeln. Die Körperbewegung des einzelnen sei nur als Teil der »ganzheitlich gleichsinnig ausgerichteten Bewegung der Glieder des Volkskörpers« zu verstehen.

Alle Leibesübung, mithin die gesamte leiblich-sinnliche Sozialisation des Menschen, sollte im nationalsozialistischen Sehen, Fühlen, Denken und Wollen enden. Ästhetische Erziehung als Erziehung an allen Sinnen kam hier in einer pervertierten Funktionalisierung reformpädagogischer Grundideen zu ihrem politischen Begriff. In dieser Form übertraf sie alles, was an kunsterzieherischen Manipulationen an den Sinnen jemals versucht worden war.

Wir vernachlässigen hier bewußt die in vielen kritischen Publikationen dargestellte NS-Kunst- und -Kulturszene, weil wir der Auffassung sind, daß die straff organisierte, in nahezu jedem Alltagsbereich gegenwärtige nationalsozialistische Körpersozialisation weit größere Wirkungen erzielte als etwa die Wahrnehmung von Werken der bildenden Kunst oder der Naziliteratur. Dieser Gestaltentwurf des Körpers und der Sinne zielte auf die unentrinnbare, gewaltsame Vereinnahmung des Menschen vor aller Bewußtheit und Kritikfähigkeit. Keiner konnte sich ihr entziehen. Jeder Lernraum, jede Lernphase wurde davon berührt oder gefüllt, Schule, HJ und BDM, Arbeitsdienst und Wehrdienst, der Sport, die Wochenschau, jede Großveranstaltung bot dem Körper Übungsfelder und dem Auge die Bestätigung dessen, was man am eigenen Leibe fühlte. Die Symbole des Faschismus zur massenhaften und kollektiven Wahrnehmung zu bringen, war eine volkspädagogische Funktion der gesamten öffentlichen ästhetischen Erziehung schlechthin. Ihr wichtigster Gegenstand war der Leib. Nur eine faszinierende, geradezu genial entfaltete Ästhetik des Leibes schien geeignet, die vollständige Unterwerfung und vorbewußt vollzogene Identifikation mit der Ideologie des Faschismus zu gewährleisten.

Das ›verkörperte‹ Denken war in seiner totalen Entfremdung Endziel einer Sozialisationsstrategie an den Sinnen, die mit den Leibern wie mit einer plastischen Masse umzugehen verstand, um aus ihnen die erwünschten Mentalitätsfiguren zu formen und um eine widerspruchslose Verinnerlichung der mitgegebenen Werte zu erreichen. Der Körper war ein Medium, mit dem man das Bewußtsein hinters Licht führte.

Wie weit das faschistische Schönheitsideal heute noch reicht, müßten empirische Studien (z. B. mit vorgelegtem Bildmaterial) erweisen. Die Tiefenschichten solcher Sozialisationsbiographien, in denen einmal die Überformung des eigenen Körpers und aller Sinne gelang, wären sicher einer Analyse wert. Bei der Frage nach Wahrnehmungsresten und noch wirksamen ›ästhe-

tischen Überzeugungen‹, verborgen im harmlosen Geschmacksurteil, muß man vergegenwärtigen, daß der Gesamtlernraum der Sinne im nationalsozialistischen Deutschland aus einem Geflecht alltäglicher Wahrnehmungszusammenhänge und Symbolsysteme bestand, in dem jede Einzelheit das Ganze bestätigte und umgekehrt. Wie der Leib war beispielsweise auch die Produktkultur Träger der Ideologie. Hier erfolgte die Vergesellschaftung der Sinne gebunden an Objekte, die mit besonderen Bedeutungen ausgestattet wurden, wie das deutsche Volksauto.

Man mag Zweifel haben, ob das Körperideal für das Deutschland nach HITLER noch verbindlich war und ist. Die Produktkultur des Nationalsozialismus aber – daran ist kein Zweifel möglich – wurde samt ihren Einschlüssen an Wertbewußtsein und nationaler Substanz unverändert als ein sinnlich gegenwärtiges Identitätsmerkmal in den Alltag der Bundesrepublik übernommen.

3 Reformkunstpädagogik und musische Nationalerziehung

Was die Auseinandersetzung mit den Ideen und der Wirklichkeit ästhetischer Erziehung zwischen 1918 und 1933 und darüber hinaus unabweisbar an den Tag gebracht hat, ist dies: aus keiner anderen Epoche kann man für die Gegenwart kunst- und kulturpädagogischer Bemühungen so viel lernen wie aus der Zeit der Weimarer Republik. Das kunstpädagogische Denken und Han-

deln in dieser Zeit ist nicht nur ein Gelenk der Tradition, das die Gegenwart mit der Epoche um 1900 verbindet. Aufschlußreicher für uns ist der neue Subjektbezug und sein Scheitern, das Hinübergleiten der Reform in den faschistischen Ideologiezusammenhang noch vor dem Ende der Republik, aber auch das Versprechen eines weitergeführten reformpädagogischen Ansatzes.

186

127 ›Soldaten‹, Zeichnung eines Dreieinhalbjährigen
(HARTLAUB, 1922)

Erst 1918/19 konnte eine (bildungs-)politische Perspektive ausgestaltet werden, die den einleitenden Reformversuchen an der ästhetischen Erziehung nach der Jahrhundertwende noch gefehlt hatte. Revolutionäre Ziele bestimmten die kulturpädagogische und die schulpolitische Diskussion. Der aggressive Dadaismus als Antwort auf den Zusammenbruch der alten Gesellschaft und ihrer Normen, vor allem aber die aufgewühlte, grelle Emotionalität des Expressionismus zeugten auch von einer Politisierung des künstlerischen Verhältnisses zur Wirklichkeit. Der ARBEITSRAT FÜR KUNST diskutierte 1919 ein radikalsozialistisches volks- und kulturpädagogisches Programm, das auch die Durchdringung der zur Debatte stehenden neuen Einheitsschule mit neuen

ästhetischen Ausdrucks- und Aneignungsformen vorsah.

Für den deutschen Zeichenlehrer kam das alles überraschend. Zuvor hatte er sich bemüht, in treuer Pflichterfüllung sein Soll bei der systemanpassenden Sozialisation, der Erziehung zur vaterländischen Gesinnung und zur Verherrlichung des imperialistischen Krieges zu erfüllen. Nun stand ihm plötzlich eine Kulturrevolution ins Haus, die er nur zögernd mitvollziehen konnte. Die Rezeption des Expressionismus war problematisch und erfolgte mehr oder weniger unter Ausschluß der politischen Motive (vgl. REISS 1979). Die traditionelle Orientierung an der trockenen Freihandzeichenpraxis und an der anachronistischen Kunstwart- und Dürerbundgesinnung mußte erst abgebaut, eine neue pädagogische und fachliche Basis gefunden werden.

Aber das offensichtliche Scheitern der alten pädagogischen Ideale, die revolutionäre Bewegung ringsum und die Diskussion eines neuen Modells der Schule machten Neuorientierungen unausweichlich. Schließlich konnte auf breiterer Basis als um 1900 mit jener Bildung der »empfindenden und schaffenden Kräfte« (GÖTZE 1901) ernsthaft begonnen werden, die den Reformern aus der Zeit der Kunsterziehungstage einmal vorgeschwebt hatte. Es begann *die* kunsterzieherische Reformtradition einer subjektorientierten Gestaltungspraxis im Zeichen- und Kunstunterricht schlechthin, wie sie sich in einer langen, vielfach gebrochenen Linie etwa zwischen G. F. HARTLAUBs ›Genius im Kinde‹ (1922) und RICHARD OTTs ›Urbild der Seele‹ (1949) entwickeln sollte – eine Tradition, die man erst heute wieder »ohne Furcht vor der Restauration einer ideologisch belasteten musischen Bildung« (JUNKER

128 Foto aus FRANZ CIZEKs Wiener Jugendkunstklasse (ROCHOWANSKY, 1927)

1977) diskutieren kann, nachdem sie ein Jahrzehnt lang als historische Sackgasse der deutschen Kunstpädagogik theoretisch abgetan schien.

Doch damals wurde ein wichtiger, notwendiger Schritt nach vorn vollzogen. Gestaltungspraxis im Unterricht hieß nun nicht mehr Vollzug disziplinierender Zeichenübungen und Ausführung von ›Schulaufgaben‹, sondern konnte für den Schüler die spontane Hinwendung zu einem Gegenstand seines sinnlichen Interesses in selbstverfügten, eingreifenden Akten am Material unter Einsatz des ganzen Phantasievermögens und der subjektiven Erfahrung bedeuten. Das mochte symbolisch-expressiv, durch gesteigerte emotionale Verarbeitung des Gegenstandes oder auch in Formen einer zeitgenössischen ›neuen Sachlichkeit‹ des Darstellens geschehen. In jedem Fall war das für den Zeichenunterricht neu: Sich als Subjekt einbringen zu dürfen und dabei auf eine ungewohnte Weise mo-

tiviert, selber handelnd, seine Sinne gebrauchen lernen. »Gefühl, Verstand und Willen müssen letzten Endes bei jedem schaffenden Gestalten vereint arbeiten« – so faßte die Kunstpädagogin ERNA DREIACK (1927) die Qualität dieses Unterrichts zusammen. Hier ist zu spüren, daß dies zunächst kein für sich allein stehendes, von der gesamten Sinnlichkeit abgetrenntes, bloß ›künstlerisches‹ Lernen sein sollte.

In der bildungspolitischen Debatte der Parteien gab es über künstlerische Erziehungsfragen kaum Differenzen – Kunst wurde als ein eher verbindendes, überparteiliches Element der Nationalkultur be-

129 Selbstbildnis eines Zwölfjährigen (HARTLAUB, 1922)

188

trachtet. Die Reichsschulkonferenz von 1920 gab für die Entwicklung des Zeichen- und Kunstunterrichts insofern eine Orientierung, als sie in Leitsätzen die »künstlerische Gestaltungskraft und die Empfänglichkeit für Kunst« als Ziel hervorhob und die kreative Eigentätigkeit des gestaltenden Kindes danach als offiziell legitimiert gelten konnte.

In der Folge setzte ein Professionalisierungsschub der Fachlehrer ein. Die deutschen Zeichenlehrer- und Zeichenlehrerinnenverbände organisierten sich in einem Reichsverband, der sich »in die Tradition der reformpädagogischen Kunsterziehungsbewegung« (KNOOP/WALLBAUM 1976) stellte, eine richtungsweisende Fachzeitschrift (›Kunst und Jugend‹) herausgab und sich verbandspolitisch um bessere Besoldung und Arbeitsbedingungen, akademischen Status und Anerkennung der Fachleistungen bemühte. Ein neuer Lehrertypus, der Kunsterzieher am Gymnasium mit Kunst, Werken und einem dritten Fach, kam in Sicht. Obwohl nur wenige Zeichenlehrer infolge staatlicher Sparmaßnahmen diesen Sprung schafften, waren – berufssoziologisch gesehen – die Weichen gestellt. Fortan sollte der ›Kunststudienrat‹, ein typischer Vertreter des gebildeten Kleinbürgertums, für die fachspezifische Entwicklung Sorge tragen.

Schon die Reichsschulkonferenz von 1920 hatte den Kunstunterricht vom dritten Schuljahr an für obligatorisch erklärt, schließlich machten die sogenannten RICHERTschen Richtlinien 1925 den künstlerischen Gestaltungsunterricht für alle Stufen der höheren Schulen in Preußen zur Pflicht. Das hieß Vorrang des ›freien Zeichnens‹ vor dem gebundenen Sachzeichnen. Der »Weg in die individuelle Ausdruckspflege« (PAL-

LAT 1930) war damit offen. Es ging in diesem Unterricht um die Förderung der Fähigkeit, »äußere Eindrücke, innere Erlebnisse und bewußt angestellte Beobachtungen durch Form und Farbe auszudrücken« (vgl. bei KNOOP/WALLBAUM).

HARTLAUBs Bewertung der »anschauende(n) Empfänglichkeit«, des »einsaugende(n) Vermögen(s)« und des »Träumen(s), Spielen(s), Phantasieren(s)« von Kindern bei der produktiven Verarbeitung ihrer Eindrücke hatte Früchte getragen. Gleichzeitig war die wiederauflebende Forschung zur Psychologie der Kinderzeichnung schon auf den »Parallelismus, der nachweisbar zwischen dem Zeichnen des Kindes und seinem Sprechen, seiner Begriffsbildung und seinem Denken besteht« (vgl. ENG 1927, S. 162), gestoßen. Es begann eine breite Praxis des künstlerischen Gestaltungsunterrichts. Dennoch bleibt am Ende der Eindruck einer unfertigen, schließlich sogar regressiven Reform. Gemessen an der kulturpädagogischen und schulpolitischen Diskussion der ersten Jahre der Republik hat die Reformkunstpädagogik nämlich im weiteren Verlauf die Dimension politisch-gesellschaftlicher Zielsetzungen aus den Augen verloren und damit eine große Chance versäumt. In den beispielsweise vom BUND ENTSCHIEDENER SCHULREFORMER (BESCH) seit 1919 propagierten Aufbau einer demokratischen Einheitsschule, im Zusammenhang mit sozialistisch geprägten Arbeitsschulideen, hätte sich dem Programm nach sehr wohl eine ästhetische Praxis einplanen lassen, die der kunstpädagogischen Reform ihren Eigenwert belassen, sie aber zugleich in das Lernen als gesamtsinnliche Aktivität integriert und ihr eine Perspektive in die soziale und politische Realität eröffnet hätte.

130 Fotomontage für die Zeitung einer Bremer Versuchsschule (oben der Lehrer CARL DANTZ), 1929 (aus MERKEL/RICHTER, 1978)

Eine solche Integration und Verallgemeinerung von Prinzipien der Kunsterziehung und des sinnlichen Erfahrungslernens im weiteren Verständnis gelang jedoch nicht, sie wurde wohl auch von seiten der Kunstpädagogen nicht ernsthaft gesucht. Freilich wurden auch die Ziele des BESCH (die in den Schatten stellen, was heute beispielsweise von der Gesamtschule übrig geblieben ist) nie verwirklicht.

FRANZ HILKER, Mitglied des BESCH, notierte 1922, die »heutige Lernschule (sei) eine Abrichtungsanstalt«, welche die Menschen in eine »höhere und eine niedere Kaste, in Kopf- und Handarbeiter« scheide. Deshalb müsse an die Stelle der Lernschule eine alle Sinne und Fähigkeiten fördernde Arbeitsschule treten, in der die neue Kunsterziehung die Aufgabe habe, »die Sinnesorgane der Kinder zu öffnen, Auge, Ohr und Tastgefühl und den ganzen Körper zu Vermittlern des Lebens und der Welt zu machen« (S. 7). Die Einheitsschule (als Ort dieses Lernens vom Kindergarten bis zur Hochschule) sollte ein Zusammenfallen praktisch-sinnlicher und denkender Erkenntnis ermöglichen. PAUL OESTREICH forderte 1921 entsprechend dem Programm des BESCH, daß die »intellektuelle(n), technisch-werktätige(n) und künstlerische(n) Veranlagungen gleichmäßig bewertet und (ge)fördert« werden müßten.

In einigen Versuchsvolksschulen scheint dieses Experiment mit dem gesamtsinnlichen Lernen, das die künstlerisch-ästhetischen Aktivitäten umschloß und in einen Wirklichkeitsbezug setzte, erfolgreich gewesen zu sein. MERKEL/RICHTER (1978) deuten an, daß dort, wo in der experimentellen Praxis fächerübergreifend und wirklichkeitsbezogen ein sinnlich-praktisches Erfah-

rungslernen betrieben wurde, die bildnerischen Aneignungs-, Darstellungs- und Kommunikationsaktivitäten wie von selber ihren Platz in der Organisation des gesamten Lernprozesses fanden.

Eine solche Methode des produktiven, selbstorganisierten ›Anschauungsunterrichts‹ hätte nicht nur für Versuchsschulen in Arbeitervierteln, sondern auch für die Schule der Republik insgesamt eine neue Erfahrung bedeutet – ästhetisches Lernen für alle am Gegenstand der Wirklichkeit. Die Kunsterziehung in der Schule hätte kein abgetrenntes Dasein führen müssen und später sich nicht so leicht in das musische Getto zurückziehen können. In diesem historischen Versäumnis praktischer Bildungspolitik ist nach unserer Auffassung ein Dreh- und Angelpunkt der Geschichte des Scheiterns der Reformkunstpädagogik zu suchen.

Statt einer realitätsgebundenen Versinnlichung des Lernens in der Produktionsschule unter Einschluß auch der künstlerisch-ästhetischen Aneignungsformen fand etwas anderes statt: Sinnlichkeit und Emotionalität des Schülers wurden im engen Sozialisationsrahmen einer zwar freundlich reformierten, aber fachgebundenen, meist realitätsfernen Kunsterziehungspraxis nach vorwiegend bürgerlichen Leitbildern des Erziehungshandelns kleingehalten und auf sich selbst verwiesen. Der Klassenalltag, die Sozialisationserfahrungen der Schüler waren dabei ausgeblendet. Das reformkunstpädagogische Konzept erlebte schon zu Beginn der Stabilisierungsphase der Republik mit der ›Denkschrift zur Neuordnung der höheren Schulen Preußens‹ von 1924 (bzw. der RICHERTschen Reform), seine »endgültige konservative Zäsur« (REISS). Die Fächer

Kunst und Musik gerieten zunehmend auf die völkisch-musische Bahn. Schließlich sei – so REISS – eine Abrechnung des Kleinbürgertums (d. h. auch der nicht ganz mitgekommenen Zeichenlehrer) mit den »politischen und intellektuellen Ansprüchen« des Expressionismus erfolgt. Das hieß wohl auch zugleich Ablehnung politisch-utopischer Bildungskonzepte, vor allem des Anspruchs einer sozialistischen Schule.

Der schwerste Vorwurf, den man der Reformkunstpädagogik um 1924/28 machen kann, besteht darin, daß ihr auf dem schon traditionellen Prinzip ›vom Kinde aus‹ fußender, bürgerlich-individualpädagogischer Ansatz sozialisationstheoretisch und politisch konzeptionslos war.

Als Instrument der politisch-ästhetischen Gegensozialisation verstanden, hätte sich die reformierte ästhetische Erziehung auf die vorfindlichen Kulturen einstellen und auf die unterschiedliche Sinnlichkeit und Bedürfnisstruktur ihrer Zöglinge parteilich einlassen, das heißt nicht nur an individuellen, sondern auch an kollektiven Emanzipationsprozessen teilhaben müssen. Sie hat dies nur in Ausnahmefällen versucht. Dieser Mangel rächte sich um so mehr, als nach 1924 das Klima für kulturrevolutionäre Sozialisationskonzepte in der Schule unfreundlicher werden mußte und Versäumtes nicht mehr nachzuholen war.

Die radikaldemokratische Schulpolitik blieb stecken. Die Einheitsschule wurde nie verwirklicht, eine Bildungsreform im Sinne der sozialistischen Arbeits- und Produktionsschule gab es nicht. Das Gymnasium blieb Klasseninstitution. Auch in der Volksschule der Republik wurde in der Regel wie früher gelehrt und sozialisiert. Fortschrittliche Lehrer sahen sich in einer politischen

und beruflichen Situation, die wenig Hoffnung auf Durchsetzung alternativer Lehr-, Lern- und Lebensformen machte. Damit waren auch fachliche Entwicklungen vorprogrammiert. Die kompensatorische Funktion des Gestaltungsunterrichts trat immer deutlicher zutage, je mehr die staatliche Schule das Lernen unter Gesichtspunkten wissenschaftlich-technischer Qualifikation und Leistungsfähigkeit rationalisieren mußte. Künstlerischer Ausdruck, befreite Sinnlichkeit und Subjektivität waren insgeheim auch Antworten auf die Sachlichkeit des Produktionssystems und den Zwangscharakter der Lernschule. Die gesellschaftliche Wirklichkeit hatte sich den neuen Typus des Kunsterziehers funktionalisiert, als er eben im Entstehen begriffen war.

LINE KOSSOLAPOW vermutet, daß es sich bei der Entwicklung der Idee der musischen Erziehung um den »Ausbruchsversuch aus einer weitgehend fremdbestimmten Industrie- und Arbeitswelt mit hochkomplexen Sozialstrukturen« (1975, S. 10) gehandelt habe. Die unterschiedlichsten ästhetischen Erzieher und Reformer waren auf ihre Art mystische Utopisten, von HEINRICH VOGELER mit seiner Barkenhoff-Kommune bis zu CHRISTOPH NATTER, der sich (vgl. 1924) auf MEISTER ECKEHART und LUDWIG KLAGES berief.

Eine der epochalen Zauberformeln des erstrebten Einklangs von innerer und äußerer Natur jenseits aller Entfremdung war der Begriff des Rhythmus (vgl. z. B. bei KRÖTZSCH 1917 oder KLATT 1926). Vorstellungen von einem organischen Lebensrhythmus klingen im kunstpädagogischen Schrifttum immer wieder an. Sie lassen sich als Ausdruck einer gegen die Industriekultur gerichteten Ganzheitsidee schon im Lebens-

192

reform- und Kunsterziehungsdenken um die Jahrhundertwende nachweisen und haben auf charakteristische Weise Eingang in die Unterrichtspraxis gefunden.

Bereits 1899 hatte LIBERTY TADD angeregt, die Körpermotorik in großformatige, beidhändig ausschwingende Tafelzeichenübungen einzubeziehen. Vor dem Kriege griffen CIZEK in seiner Wiener Jugendkunstklasse, später NATTER in Deutschland auf musikalisch-rhythmische Elemente zur Unterstützung des Selbsterfahrungs- und Entäußerungsprozesses beim Zeichnen und Malen zurück. Solche Versuche hatten ebenso wie die auf die Darstellungsbedürfnisse von Kindern eingehende freiere Aufgabenstellung notwendig zur Folge, daß starre schulische Lernhaltungen aufgelöst werden konnten. Wenigstens in diesem Unterricht

mußte sich das Bild diszipliniert in der Bankreihe oder vor dem Zeichenmodell sitzender Schüler zugunsten einer bewegten Szenerie auflösen. Der Körperentspannung entsprach zunehmend die Freiheit, Affekte auszuagieren, zu reden, unaufgefordert wahrzunehmen und selbstbestimmt zu produzieren. Das waren indirekte Antworten auf die rationalisierte Lern- und Produktionswirklichkeit, also versteckte Alternativen.

Schon in CIZEKs Jugendkunstklasse bestand die freie Wahl des Themas, der Technik, des Formats – ein Prinzip, das vielen Reformkunstpädagogen einleuchten mußte. Aber der »Genius im Kinde« (HARTLAUB) sollte schließlich so entbunden und so beschützt werden, als würden sich die Sinne und Erfahrungen des Subjekts in einem ge-

131   Gegenseitig gezeichnete Porträts aus der Oberstufe einer Volksschule (DREIACK, 1927)

193

sellschaftsfreien Raum entwickeln. Es war ein pädagogischer Fortschritt, daß Erzieher die bildnerischen Äußerungen des Kindes ernstnehmen und fördern konnten, aber dies sollte in einer Atmosphäre der »Heiterkeit, Buntheit, Unbedrohtheit« (WICHERT 1921) geschehen.

Man hatte nicht erkannt oder konnte nicht erkennen, daß Kinder durchaus in der Lage waren, ihre Umweltwirklichkeit zum Gegenstand symbolischer Bewältigungsakte zu machen und daß es nicht die Welt des Märchens war, die das Ausdrucksbedürfnis beherrschte. Die vorherrschende wirklichkeitsfremde, belanglose Bildthematik wird durch das Abbildungsmaterial der populären fachdidaktischen Literatur – z. B. bei KOLB 1926/27 – belegt. Daß Lehrer aber immer wieder mit der Wirklichkeit ihrer Schüler zu tun bekamen, schildert PHILIPP FRANCK (1928), in dessen Übungsschule für Kunstpädagogikstudenten an der staatlichen Kunstschule in Berlin die Kinder auch deshalb gern gingen, weil sie die Räume in den Nachkriegswintern zum Aufwärmen benutzen konnten. FRANCK referiert auch ein drastisches Beispiel aus der Zeit seiner Praxis vor 1918, wo ein Kind auffiel, das bei der Aufgabe, das Kaiserpaar zu zeichnen, dieses auf der Toilette sitzend darstellte.

132   Amerikaphantasie eines Vierzehnjährigen (FRANCK, 1928)

194

Der Vorwurf der Majestätsbeleidigung lag nahe, weil man auf sozialdemokratische Eltern des Kindes schloß. Aber der Grund der Zeichnung war, daß das Kind sich nach einer eigenen Toilette für sich und seine Familie sehnte, »so daß es ein solches dem glücklichen Kaiserpaar in seiner Phantasie zubilligte«.

Ein deutlicherer Realitätsbezug des Gestaltungsunterrichts hätte sogar auf der Linie der fachdidaktischen Programmliteratur gelegen: »Der gestaltungsunterricht hat die aufgabe, die freischaffende zeichnerisch-malerische und plastische äußerungsfähigkeit des kindes zu entwickeln und zu entfalten. das kind soll, je nach maß seiner schöpferischen kräfte, befähigt werden, sich mit zunehmender lust am gestalten der realität in formen und farben zu bemächtigen und die kräfte der phantasie zu betätigen.« (H. F. GEIST 1929, Kat. ›Kind und Kunst‹, S. 117)

Es gab Lehrer, die eine realistische Aneignungspraxis förderten. Daß der unmittelbare Realitätsbezug häufig ausgeschlossen und an seiner Stelle ein betonter Subjektivismus des Gestaltens gefördert wurde, ist freilich nicht einfach als didaktischer Irrtum abzutun. Die Weimarer Reformkunstpädagogik ist in ihren Leistungen widersprüchlich zu verstehen.

Die Flucht aus der Wirklichkeit und das falsche Bewußtsein im Verlangen einer »Rückkehr zu den Müttern künstlerischen Gefühls und Schaffens« (FRANCK 1928) sind heute nicht mehr diskutabel. Diskutabel aber ist immer noch (oder unter den sich verschärfenden gesellschaftlichen Bedingungen des schulischen Lernens wieder) eine Leistung der Kunsterzieher der zwanziger Jahre, die unter der Kritik an ihrer Gesellschaftsferne leicht vergessen wird.

133 Der Bauhausmeister JOHANNES ITTEN Anfang der zwanziger Jahre in einer von ihm entworfenen ›Bauhaustracht‹

Ein Beispiel liefert die Lehr- und Lernpraxis bei JOHANNES ITTEN, dem ersten Leiter des ›Vorkurses‹ am Bauhaus in Weimar. »Als ich meinen ersten Unterricht als Volksschullehrer 1908 in einem bernischen Dorf übernahm, versuchte ich, alles zu vermeiden, was die naive Unbefangenheit der Kinder hätte stören können. Fast instinktiv erkannte ich, daß jede Kritik und Korrektur beleidigend und zerstörend auf das Selbstvertrauen wirkt, daß Aufmunterung und Anerkennung für geleistete Arbeit das Wachstum der Kräfte fördert. Nach einem Jahr des Unterrichtens war eine familiäre, sehr zarte und empfindsame Atmosphäre in der Klasse entstanden. Als der Schulinspektor kam, griff er aus dem Stoß einige Aufsatz-

195

hefte heraus, kam erbost auf mich zu und sagte: ›Wissen sie nicht, daß es zu den Aufgaben des Lehrers gehört, die Aufsätze zu korrigieren?‹.« (ITTEN 1963, S. 7)

Was ITTEN erinnert und was ihn offenbar als Lehrer geprägt hat, war eine zunehmend vor allem in der Praxis der Kunsterziehung möglich gewordene, sensibilisierte Wahrnehmungs- und Interaktionsfähigkeit von Lehrer und Schüler. Sie ergab sich in der zwanglosen, lustbetonten, lösenden Arbeit am Gegenstand und aus der veränderten Lehrerrolle. Nicht von ungefähr blieb der Kunsterzieher lange eine zwar oft belächelte, doch auch geliebte, für ein Schülerdasein nicht unwichtige Figur. Nach MITSCHERLICH ist Zärtlichkeit eine »Frühform der Sexualität«, der »primitiven Aggressivität im Entwicklungsgang zugeordnet«, wobei es auf eine frühe Fusion beider Triebrichtungen ankomme (vgl. 1973, S. 104f.).

Wer die Geschichte der deutschen Schule auf der Ebene von Schülerbiographien verfolgt, wird bemerken, wie wenig diese Schule Gelegenheit zum Üben der Verhaltensform der Zärtlichkeit gegeben hat. Der Sozialisationsentwurf, den das Beispiel ITTEN andeutet, stützt sich aber gerade auf ein Stück Kultur der Sinne, das sich in der zärtlich-erotischen Beziehung verwirklicht, d. h. in einer entwickelten sinnlich-sozialen Wahrnehmungsfähigkeit: »In meiner Wiener Malklasse hatte ich 1918 eine sehr begabte und als Typ ungewöhnlich charakteristische Schülerin. Sie war zart, klein, schüchtern und sprach mit leiser Stimme. Ihre Augen waren wie Mondsteine, und ihre bleiche Haut war durchsichtig. Sie trug das Haar offen, und manchmal, während der Arbeit, fiel dieses wie ein Schleier über ihr Gesicht. Ihre Zeichnungen und Aqua-

134 ›Zauberin‹ (Puppe einer Zehnjährigen) aus der Praxis von HANS FRIEDRICH GEIST

196

relle waren ohne Linien, tonig grau, wie verschleiert, sie entsprachen genau dem Aussehen der Künstlerin. Diese Beobachtung führte mich dazu, auch in den Arbeiten anderer Schüler subjektive Form- und Farbgebungen zu erkennen.« (ITTEN, S. 181) Zu ITTENs von vielen Mystizismen durchsetzter Lehre mag man stehen wie man will – es gelang ihm, durch die Art, wie er Aufgaben stellte und die Ergebnisse wertete oder sie zur Wahrnehmung der Lerngruppe brachte, die Einzigartigkeit der Person im Charakter und Detail des Produkts erlebbar zu machen. Um eine Verdichtung des Gestaltungsvorgangs zu erreichen, ließ er den Körper mitarbeiten. Atem- und Entspannungsübungen sollten zu einer gelösten, zugleich konzentrierten Ausdrucksgeste beispielsweise beim Zeichnen beitragen. Den Akt der symbolischen Aneignung des Gegenstandes versuchte er, bis zur totalen sinnlichen Einverleibung zu steigern. Als es einer Studentengruppe einmal nicht gelang, eine Zitrone charakteristisch umzusetzen, ließ er jeden eine Scheibe davon essen, und forderte dann zur wiederholten Darstellung auf.

Weder ITTEN noch das BAUHAUS haben je Lehrer ausgebildet. Der ›Vorkurs‹ sollte angehenden Künstlern, Architekten und Designern Grundlagenqualifikationen vermitteln. Aber die Förderung subjektiv gesteigerter sinnlicher Erfahrungsfähigkeit, wie sie ITTEN betrieb, fand sich auch im reformierten Kunstunterricht wieder, insoweit die Hinwendung des Lehrers zum Schüler als Subjekt gelang und der Prozeß des Machens, das zum Abschluß gebrachte, ganz persönliche Produkt, eine Befriedigung vermittelte, »zu der es in unserer Gesellschaft kaum noch kommt« (HARTWIG

1975). Darin und auch im Prinzip der »Konzentrationsfähigkeit und Entspanntheit«, im »Durchströmtsein von Empfindungen« (ITTEN) bei der sinnlichen Selbstvergewisserung im Gestaltungsakt lag die nicht voll zu Bewußtsein gekommene gesellschaftliche Utopie, die Alternative zur entfremdeten Daseinsform im Industriekapitalismus. Zu ihr gehörte das Denken in Kategorien der Unmittelbarkeit: »Ein schaffendes Kind gibt während der Konzeption den Eingebungen, die ihm von dem inneren Rhythmus, dem quellenden Blut zugetragen werden, unmittelbar nach, ohne Vermittlung des Bewußtseins (. . .)« – (NATTER 1924, S. 3). Die Folge solcher Mystifikationen des Kinderschaffens war eine Scheu des Lehrers gegenüber dem Schüler, »Hilfe zur Weiterentwicklung seiner pragmatischen und intellektuellen Fähigkeiten« (REISS) zu geben und in den quasi natürlich strömenden Prozeß kindlicher Gestaltungsarbeit pädagogisch einzugreifen. Weil zwischen Arbeiten von Sechsjährigen und Vierzehnjährigen kaum ein Fortschritt in der Ausdrucksfähigkeit und technischen Bewältigung zu erkennen war, hat DEXEL (1932), der sich schon einmal (1931) gegen die »Mode des Kinderexpressionismus« gewandt hatte, beispielsweise den Volksschullehrer H. F. GEIST scharf kritisiert. Aber die Reformkunstpädagogen hielten an ihrer Bewertung der ›Ursprünglichkeit‹ fest. Das »Bildhafte Gestalten« zum Beispiel (vgl. KOLB 1926) blieb in der schwärmerischen Grundidee und seinem beschränkten Themenkreis von solcher Kritik ebenso unberührt wie von den ihrerseits zweifelhaften Versuchen einiger BAUHAUS-Adepten, die gestalterischen Mittel durch abstrakte Kompositionsübungen bewußt zu machen. Alles

135 Kinderarbeiten mit Ton (›Tanzpaar‹, ›Schlittschuhläufer‹) aus CIZEKs Jugendkunstklasse in Wien (ROCHO-WANSKY)

in allem herrschte eine produktive didaktische Freiheit wie nie zuvor.

Es wurde experimentiert, dem zeichnerischen und malerischen Kinderexpressionismus folgte die Entdeckung des »spontanen kindlichen Ausdrucks im plastischen Material« (BERGEMANN-KÖNITZER 1930) beim Kneten und Formen. Schon in CIZEKs Jugendkunstklasse war plastisch gearbeitet und damit eine weitere Dimension der sinnlichen Erfahrung am Gegenstand und Material zur zeichnerischen Psychomotorik und zur Farbe als Ausdrucksträger hinzugewonnen worden. Das lustvolle ›Begreifen‹ und ›Ausdrücken‹, die Faszination durch das formbare Material Ton hat MARTA BERGEMANN-KÖNITZER 1924–26 an Vorschulkindern beobachtet und die Arbeit der Sinne dabei einfühlsam zu beschreiben versucht (vgl. S. 130ff.).

Neben der Beobachtung des Verhaltens bei der Gestaltungsarbeit brachte auch die Inhaltsanalyse dessen, was dabei entstand, den Lehrer in ein engeres Verhältnis zu seinen Schülern. Dabei haben die Reformkunstpädagogen ihre eigene Wahrnehmungsfähigkeit erweitern können, indem sie auf die Sprache, auf die symbolischen Formen eingehen lernten, in denen die individuelle bildnerische Auseinandersetzung erfolgte.

Aber diese Sensibilisierung ging über das Schüler-Lehrerverhältnis oder den Rahmen der Lerngruppe nicht hinaus, das »innere Schauen« (ITTEN) hatte seine Grenze an der Lebenswirklichkeit. Was der ganzen Freisetzungspraxis der Sinne fehlte, war eine Perspektive der Vergesellschaftung des Subjekts, also eine nicht *nur* individuell verwirklichte Alternative zur Empfindungs-

198

armut, Entsinnlichung und Entfremdung des Lebens in der industriellen Welt und in der Klassengesellschaft der Republik.

Die Synthese des Subjektbezugs mit der kollektiven Situationsbewältigung, die Verbindung des Ich und des Wir fand kaum statt. Sie war in der Praxis der proletarischen Kulturbewegung oder in einzelnen Versuchsschulen mit Methoden des gemeinsamen sinnlichen Erfahrungslernens angedeutet. Die Kunsterziehungsbewegung aber blieb ein Versuch der Entwicklung der Sinne des Subjekts für sich und nach innen. Damit blieb sie auch historisch-bürgerlichen Idealen unreflektiert verbunden, obwohl die gesellschaftliche Wirklichkeit Mitte bis Ende der zwanziger Jahre nach einer Neuorientierung der Sozialisationsstrategie und nach einer neuen Sozialbindung der ästhetischen Erziehung verlangte. Viele Kunsterzieher hatten nicht einmal zur Kenntnis genommen, daß die Funktionen

136a Lehrer-Schüler-Beziehung 1922 (Beispiel aus HARTLAUB)

136b und 1928 (Beispiel aus FRANCK)

199

der Kunst in der Gesellschaft sich verändert hatten.

Als handelndes Subjekt im Sozial- und Realitätszusammenhang konnte sich der Schüler in diesem Unterricht nicht erfahren. Es ließ sich auch nicht die Perspektive eines neuen »kollektiv-kreativen Lebensstils« (KOSSOLAPOW) auf dieser Basis entwickeln. Theorie und Praxis des gestaltenden Kunstunterrichts verhielten sich so, als könne man über eine separate Formung und Entfaltung des Ich dem Druck der unverstandenen gesellschaftlichen Realität begegnen und als ließe sich diese Methode auf jedes Wahrnehmungsinteresse, auf jedes Individuum übertragen, gleich welcher Schicht oder Klasse es angehörte. So blieb die soziale und politische Reichweite aller künstlerisch-ästhetischen Erziehung an den Sinnen sehr begrenzt. Irrationalismus und Theorielosigkeit der nun auf breiter Basis entwickelten Kunsterziehungsbewegung begünstigten außerdem das Eindringen von Ideologien mit Langzeitwirkung. REISS hat die Rezeptionsgeschichte der Lehre von GUSTAV BRITSCH (1926) bis zu ihrem ›Sieg‹ als führende Kunsterziehungsmethode und -ideologie nachgezeichnet. Sie war dazu durch die Verkoppelung zweier Elemente prädisponiert. Sie thematisierte den für die deutschen Zeichenlehrer verheißungsvollen Aspekt der gesunden Volkskunst und bot zu deren Verwirklichung eine Kunsttheorie und Lehrmethode an, die dadurch bestach, daß sie auf anscheinend unumstößlichen Gesetzmäßigkeiten einer Stufenlehre der Gestaltungsfähigkeit fußte.

Von der Wissenschaftlichkeit der Theorie überzeugt und den völkischen Untertönen emotional berührt, sahen sich viele Kunsterzieher aus der fachtheoretischen Unsicher-

heit ebenso wie aus ihrer weltanschaulichen Verunsicherung erlöst. Ähnlichkeiten der Kinderzeichnung mit Bildäußerungen primitiver Völker waren ja schon früher im Vergleich mit ethnographischen Forschungsmaterialien aufgefallen, was zu der Annahme geführt hatte, daß das Kind, nach bestimmten psychisch-geistigen Entwicklungsgesetzen zeichnend, die Kulturphasen der Menschheitsgeschichte durchlaufe.

Die Stufenlehre nach BRITSCH/KORNMANN ging von exakt abgrenzbaren Abschnitten der Denkfähigkeit und der bildnerischen Darstellung, schrittweise aufsteigend von der Unterscheidung eines Gemeinten vom Ungemeinten über verschiedene Stadien der Richtungsunterscheidung und -differenzierung bis zu räumlich-plastisch organi-

137 ›Wald mit Tieren‹, 5. Schuljahr (DAIBER, 1932)

200

138 Scherenschnitt einer Dreizehnjährigen (EGER-LAND, 1936)

sierten Darstellungsweisen aus. Die Anhänger dieser Lehre sahen sich aufgefordert, auf die Reinheit der Stufen bei Kindern und Jugendlichen strikt zu achten, und dies nicht nur zur Förderung der Denk- und Darstellungsfähigkeit. Denn BRITSCH hatte (vgl. bei KORNMANN 1952) behauptet: »Die Forderung zur Einheitlichkeit im künstlerischen Denken führt zur Volkskunst im eigentlichen Sinn als selbständiger künstlerischer Leistung einer Volksgemeinschaft.«
Neben dem Kinderexpressionismus und seiner Freisetzungspraxis der Affekte in der spontanen Ausdrucksgeste beim Zeichnen, Malen und Formen wurde daher zunehmend ein Unterricht propagiert, der »keine intellektuellen, wissenschaftlichen, gesellschaftlichen, antizipatorischen, hedonistischen Ansprüche« und »kein Entdecken, Selbstdarstellen, Experimentieren, Spielen,

Überraschen« (REISS) mehr kannte, sondern Sinne und Erkenntnisfähigkeit auf die Reproduktion angeblich allein entwicklungsgerechter Gestaltungsschemata fixierte.

Diese Absicht wurde durch eine entsprechend eingeengte Aufgabenstellung ergänzt. Lange bevor die »musische Nationalerziehung« (vgl. KIRCHER 1938) theoretisch fundiert war, hatte sich auf diese Weise eine Art völkische Regressionskunstpädagogik etabliert, in der auch alte Ideologiebestände der Kunsterziehungsbewegung aus der Zeit vor 1914 aktualisiert werden konnten. Die »nationalpädagogische Intention« (vgl. KUNERT 1973) der kulturkritschen Gebildetenreformbewegung richtete sich ja traditionell auf eine ›völkische‹ Kultur und Kunst. Der Lehrertypus, der zu Volkskunst und BRITSCH-Theorie neigte, war sozialisationsgeschichtlich gewiß eher durch WANDERVOGEL und Lebensreform als beispielsweise durch die Arbeit in proletarischen Jugendorganisationen oder im BUND ENTSCHIEDENER SCHULREFORMER geprägt. Enttäuschung, ja Verbitterung über die staatlich verordnete Einschränkung der Kunsterziehung in Form von Stundenkürzungen und Stellenabbau während der Weltwirtschaftskrise mögen alte Ressentiments gegen die Republik verstärkt und Hoffnungen auf eine durchgreifende Änderung der politischen Machtverhältnisse genährt haben. Aber schon lange bevor erkennbar nationalsozialistisches Gedankengut die kunstpädagogische Theorie zu durchsetzen begann, arbeiteten auch solche Reformkunstpädagogen als stille Wegbereiter der musischen Nationalerziehung voraus, die sich nach 1933 kaltgestellt sehen sollten.

Seit 1928 wirkte LEO WEISMANTEL mit seiner privaten ›Schule der Volkschaft‹ in der

139 Scherenschnitt ›Winterhilfswerk‹ (EGERLAND)

Lehrerfortbildung an der Verbreitung einer Kunsterziehungspraxis, in der sich wieder völkische Tendenzen abzeichneten. Wortführer einer völkisch-musischen, zugleich als fortschrittlich ausgewiesenen ästhetischen Erziehung auf dem Gebiet der Kinderkunst und Kunstbetrachtung wie DAIBER, GOTTSCHOW, HERRMANN, KORNMANN, WOMMELSDORF u. a. warben für »organische Volksbildung« und »BRITSCH-Theorie« (RAHL 1976). Eine Reihe der bei WEISMANTEL tätigen Lehrer und Fachdidaktiker arbeitete später an EGERLANDs Buch ›Unsterbliche Volkskunst‹ (1936) mit. Aber schon bei GUSTAV KOLB (vgl. 1926/27), einem süddeutschen Kunsterziehungsfunktionär, war »musisches Erleben und Gestalten (...) zum Allheilmittel gegen Technisierung und Kulturverfall« (STANIC 1976, S. 160) geworden. Es ist utopiegeschichtlich bemerkenswert, wie der Grundgedanke einer Gegensozialisation zur Kultur des Industriekapitalismus im Den-

ken der Reformkunstpädagogik allmählich faschistoid wurde.

Der Volkskunstgedanke verbarg den Irrationalismus einer angeblichen Rassenbindung der Kunst kaum. Das Leitbild einer ›gesunden‹ Volkskultur jenseits des Industrialismus und der Klassengegensätze ließ auch den geheimen kleinbürgerlichen Abscheu vor der unverstandenen, kritisch-experimentellen Moderne in der zeitgenössischen Kunst deutlicher hervortreten. Bei einem Teil der Reformkunstpädagogen war die später vollzogene »Säuberung des Kunsttempels« (WILLRICH 1937) wohl ein Herzenswunsch. »Die jüdisch-pazifistisch-demokratische Zeit sang das Lob alles Krankhaften und Perversen«, sollte es dann (GARBE 1938) heißen. Dieses Grundgefühl, daß mit dem Nationalsozialismus eine neue Kultur beginne, der zu dienen sich lohne, muß viele Kunstpädagogen beherrscht haben. Schließlich konnte man sich als Vollstrecker LANGBEHNs fühlen, jenes heroischen Irrationalisten, der schon die Anfänge der Kunsterziehungsbewegung um 1900 beeinflußt hatte.

Als die Reichsbünde der akademischen Zeichenlehrer und Zeichenlehrerinnen bzw. Musiklehrer und -lehrerinnen 1933 dem NATIONALSOZIALISTISCHEN LEHRERBUND (NSLB) beitraten, war dies nicht nur ein opportuner oder erzwungener Akt. Schon länger vorbereitete didaktische Grundorientierungen begannen sich in einer deutlichen Uniformität der Gestaltungsergebnisse im Kunstunterricht zu spiegeln. Der Kinderexpressionismus, aber auch die Sachlichkeit waren weitgehend abgetan: »Den Kinderzeichnungen aus dem nationalsozialistischen Deutschland ist eine gewisse formale Gleichartigkeit eigen (...) für freien spontanen Ausdruck war kein Raum.« (EGEN 1977, S. 68f.)

202

So konnte im Unterricht eine Sozialisationstendenz an den Sinnen zum Zuge kommen, die eine Perversion des Subjektbezugs der reformkunstpädagogischen Aufbruchsphase bedeutete, ohne daß die Kunsterzieher dies bemerkt hätten. Im Gegenteil, viele glaubten, jetzt erst seien sie auf dem richtigen Weg, die Sinnfrage der ästhetischen Erziehung im Rahmen eines großen Ganzen, der nationalsozialistischen Volks- und Führerstaatsidee, endgültig zu lösen. Bei EGERLAND »ringt« die deutsche Kunsterziehung »um die Freilegung der Quelle ewiger Volkskunst«; denn diese sei ein »Kraftspeicher« und gegen »Zersetzungsabsichten« (1936, S. 66) gerichtet.

Restlos vom Geschichtsbewußtsein befreit, konnte das kulturpädagogische Denken sich auf das »eigentlich Musische« (KORNMANN 1936, in: EGERLAND) richten, auf die »Hinwendung zur wüchsigen Echtheit«, das »arische Lebensmaß« und den »deutschen Volkskörper«, auf den »Stamm volkseigenen Schaffens« als Bollwerk gegen »liberalistische Modernismen« (vgl. PARNITZKE 1936, in: EGERLAND).

Die »neudeutsche Kunsterziehung« sollte »alle Menschen im Volksganzen« erfassen, vor allem aber zur »geistigen Ertüchtigung der Jugend« dienen (vgl. FEGELER-FELKENDORF 1934). Nach EGERLAND »leistet der Kunstunterricht praktische nationalsoziali-

140 ›Trabrennen in Elmshorn‹, 7. Schuljahr (EGERLAND)

203

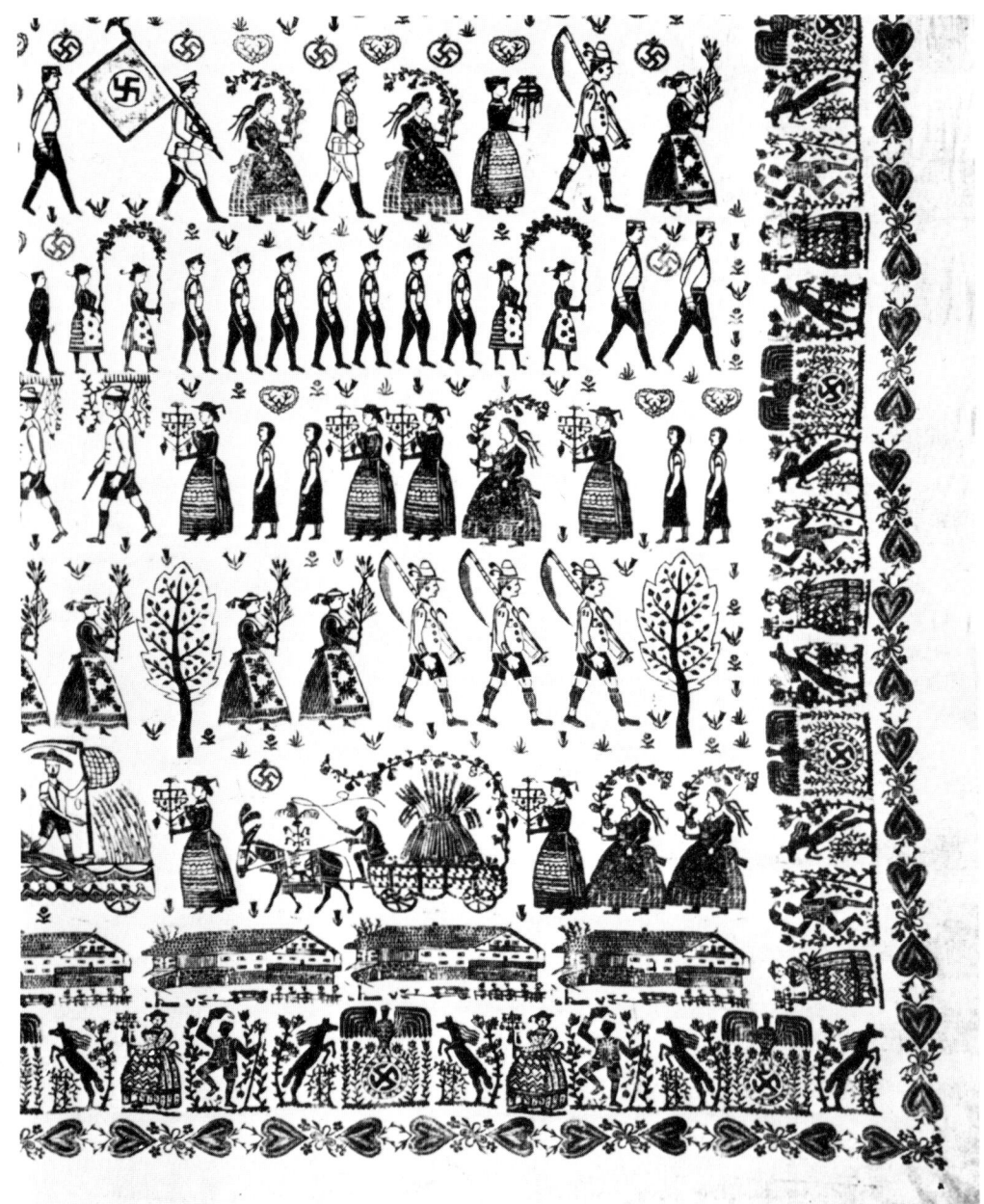

141 Detail einer Gemeinschaftsarbeit sechzehnjähriger Jugendlicher (EGERLAND)

142 Wetterfahne für eine Jugendherberge, bemalte Sperrholzarbeit (EGERLAND)

stische, staatsbürgerliche Erziehung« (S. 20). Damit stellte die 1933 zu sich selbst gekommene faschistische Sozialisationstendenz innerhalb der Kunsterziehungsbewegung die vollständige Perversion des Gedankens einer demokratischen Kultur der Sinne dar. Zunächst in der formalen Eigenart scheinbar harmloser Mal-, Zeichen-, Druck-, Bastel- und Werkarbeiten, bald auch in der Bildthematik und im Einsatz der Nazisymbole, unterwarf die Praxis sich diesem Auftrag.

Man könnte meinen, dies alles sei gar nicht so schlimm gewesen, da ja für die Kunsterziehung in der deutschen Schule kaum jemals anhaltende, in den Lebenszusammenhang hineinreichende Wirkungen nachgewiesen werden können. Aber die musische Nationalerziehung ging konform mit der im Nationalsozialismus gültigen Auffassung von Erziehung und mit dem entsprechenden Sozialisationsauftrag der ganzen Schule. Sie hatte Parallelen in der außerschulischen ästhetischen Erziehung, z. B. in vielen Bereichen der NS-Jugend- und Freizeitkultur. Auch SA, SS, HJ, DJ, BDM,

RAD und Wehrmacht sollten z. B. das »Erlebnis artgerechter Körperschönheit« (GARBE) vermitteln. Im Rahmen dieses Ganzen hat der Kunstunterricht sicher keine Hauptrolle gespielt. Aber er war eine flankierende Sozialisationshilfe und aufgrund der Bündelung aller Abrichtungsmaßnahmen in Schule, Alltag und Öffentlichkeit wohl auch wirksamer als die Reformkunsterziehung der Weimarer Republik. Dort klaffte immer ein Graben zur Alltagskultur und zu allem, was die Menschen außerhalb der Schule formte. Man braucht sich nur die Hilflosigkeit einer alternativen ästhetischen Erziehung gegenüber den Kino-Träumen, der Warenästhetik, der Wohnkultur, der Unterhaltungsmusik und der mondänen Mode um 1928 vorzustellen. Nun erhielt der Kunst- und Kulturpädagoge Unterstützung bei seinen Erziehungsversuchen zum »artgerechten« Sehen und Empfinden. Die Bastelei, das Singen, der deutsche Volkstanz hatten plötzlich höhere Bedeutung – jede ästhetische Aktivität war der nationalen ›Bewegung‹ eingereiht und damit ent-

205

sprechend aufgewertet. An die Stelle des Subjekts trat der Mythos der großen Einheit von Volk, Führer, Heimat, Rasse und Kultur (vgl. STANIC 1976, S. 173).

Es ist eine lehrreiche Ironie der Geschichte der Reformkunstpädagogik, daß die musische Nationalerziehung gerade das Prinzip zerstörte, auf das man vorher so naiv gebaut hatte, nämlich die bessere Wahrnehmung und das Ausdrucksbedürfnis der Einzelpersönlichkeit. Nun galten der einzelne und sein Werk gar nichts mehr. Er ging draußen im ›Volksganzen‹, im Ornament der Masse auf. Die Formen- und Figurenreihen ›britschelnder‹ Schüler- und Laiengruppen entsprachen diesem Vorgang gleichsam als künstlerisches Stilprinzip. Trotz des idyllischen Anscheins stufengerechter, volkstümlicher Gestaltungspraxis war der Kunstunterricht kein Freiraum mehr. Die Politik hatte begonnen, sich die Kunstpädagogik zu unterwerfen, und natürlich war es jetzt aus mit dem Prinzip der Zärtlichkeit, der Subjektentfaltung und der freien sinnlichen Aneignungstätigkeit. Nun erhielt der Begriff des Musischen seine kompromittierende Färbung: »In SA und SS, in den nationalsozialistischen Jugend- und Studentenorganisationen, in Arbeitsfront und Arbeitsdienst wird der Grund zur Charaktererziehung gelegt. Durchgeführt wird die Erziehung des Charakters in einem wehrhaft-politisch-musischen Zuchtsystem gemäß der rassisch-völkisch-politischen Weltanschauung und Wertordnung.« (KRIECK 1935, S. 12) KRIECK, »Chefideologe der NS-Erziehungswissenschaft« (KLÖNNE 1955), sprach auch davon, daß die »staatstragende Ausleseschicht« durch »wehrhafte und musische, zugleich leibliche und seelische Formung« erfolgen solle.

Leibeserziehung lief auf Kampftraining und Führerauslese hinaus. Der Musikerziehung wurde »staatsbildender Wert« und eine Förderung der »Erkenntnis rassenbestimmter Zusammenhänge« (JOSEWSKI 1940) zugeschrieben. Vom gestaltenden Kunst- und Werkunterricht aber galt, »daß uns Kunsterziehung nur bedeutsam ist, soweit sie Bestandteil einer Volkserziehung ist, zur völkischen Gesundung beiträgt und damit durchdrungen ist von rassistischer Sicht« (PARNITZKE 1940, S. 341). So reproduzierte der gesamte Bereich ästhetischer Erziehung in der Schule letztlich dieselben Emotionen, Anschauungen und Einstellungen, die außerhalb der Schule in Kulturpropaganda und Kunstpolitik, im Sport und vor allem in der Arbeit der Jugendorganisationen vermittelt wurden.

Dort wurde ein neuer Sozialisationstyp geformt, der Hitlerjunge: »Es ist der äußerlich aktivierte und leicht aktivierbare, körperlich leistungsfähige, beruflich tüchtige, an Organisationsdisziplin gewöhnte Junge, der – von der Formaldisziplin bis zur Gedanklichkeit – an die Einhaltung der (...) gelieferten Normen sich unreflektiert bindet, Initiative nur im Rahmen dieser Normen entfaltet und sein Selbstgefühl auf die Stellung seiner Organisation und seine Position innerhalb derselben fundiert (...).« (KLÖNNE, S. 68)

Im Sportwettkampf, im »Dienst«, im Lager, bei den Aufmärschen, beim Basteln von Segelflugmodellen wurde jeweils ein Stück Sinnlichkeit und Erfahrung isoliert und eine Scheinidentität von Person, Bedürfnis und politischer Organisation herge-

143   Aus W. WILLRICH, ›Säuberung des Kunsttempels‹, 1937

206

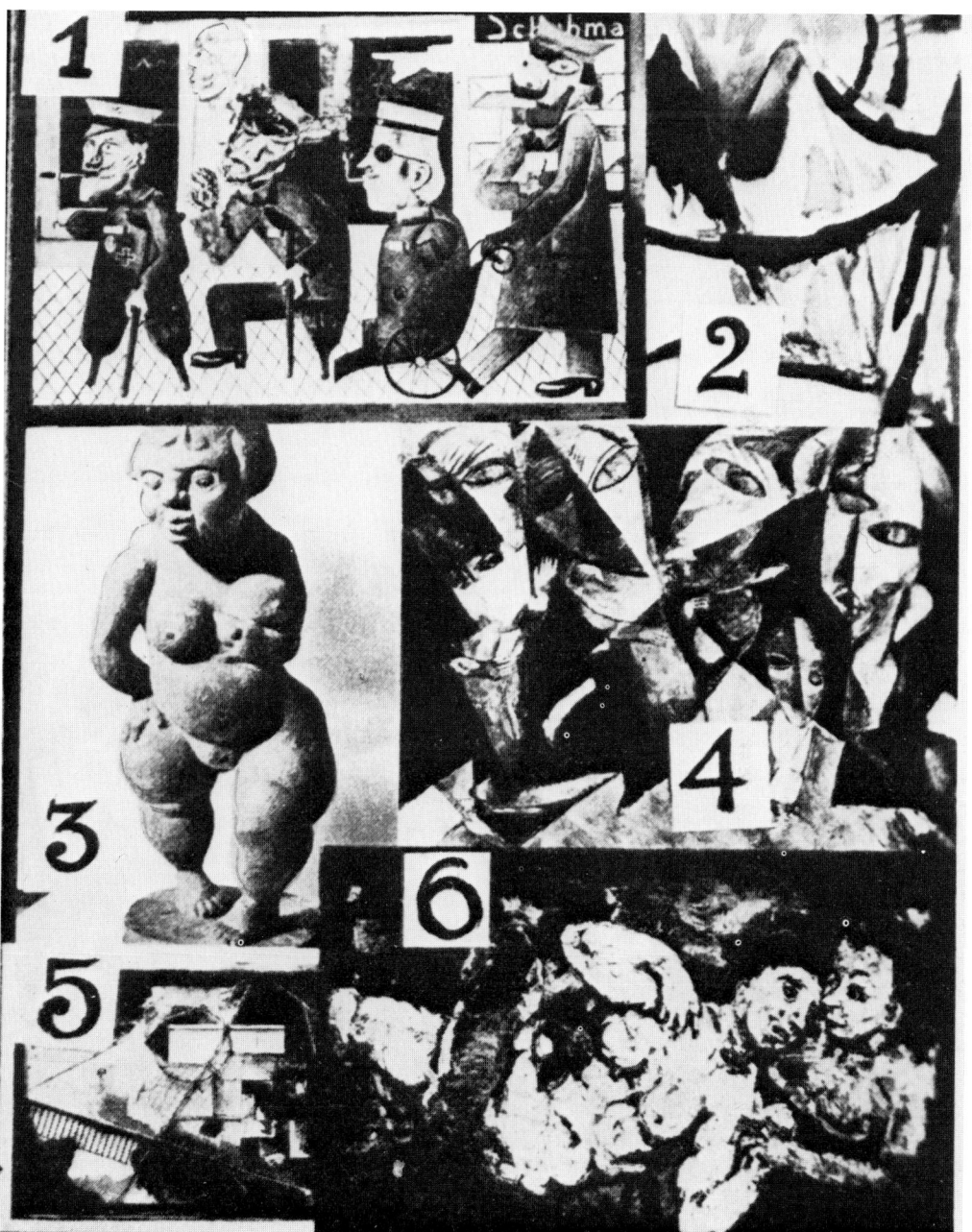

stellt. KLÖNNE spricht daher von einer »politisch-gesellschaftlichen Neutralisierung von Jugend« im Dritten Reich, von einer Tendenz des Abgewöhnens von Spontaneität und Utopiebildung. Auch in diesem Sinne hat die musische Nationalerziehung die Reformkunstpädagogik mühelos überwinden und geradezu ›umdrehen‹ können.

Aber aus der Geschichte gelernt hat offenbar erst eine Generation von ästhetischen Erziehern, die ihre Impulse dem Studentenprotest Ende der sechziger Jahre verdankt. Denn von den nationalsozialistischen Beschmutzungen scheinbar gereinigt, sollte das musische Prinzip einer ganzheitlich organisierten Gesinnungs- und Gemütspädagogik nach 1945 an seinen angestammten Platz in der Schule zurückkehren, als sei nichts gewesen. In den Aufbaujahren nach dem Kriege gab es einen neuen

Schub in die Innerlichkeit. OTTO HAASE meinte noch 1949 ernsthaft, die »Not unseres Volkes« könne nur überwunden werden, wenn es gelinge, die »schöpferisch-musischen Kräfte aus der Tiefe zu rufen« (nach Kat. ›Kind und Kunst‹ 1976). Viele Pädagogen, darunter führende Didaktiker der musischen Nationalerziehung, arbeiteten weiter nach diesem Verständnis. Nach zwölf Jahren »Pervertierung der kunsterzieherischen Ideen« blieben die »Kunsterzieher als Handlanger der politischen Pädagogik« (DIEL 1969) noch lange unauffällige Träger einer Rolle, in der sie das Politische und das Ästhetische getrennt hielten und an einer defizitären Kultur der Sinne mitwirkten, obwohl sie genau das Gegenteil, nämlich die Vertiefung der individuellen Sensibilität und der kulturellen Produktionsfähigkeit, erneut zu ihrem Ziel erklärt hatten.

208

Kapitel IV (1945 bis heute)
Der Lernraum Bundesrepublik

144 Titelblatt einer KdF-Broschüre, 1939

Der KdF Wagen

1 Affirmative und subversive Sinnlichkeit

Die Kulturgeschichte der Bundesrepublik ist noch nicht Gegenstand systematisch-umfassender Forschungsanstrengungen. Das Gesamtbild dieses neuen Lernraums der Sinne spiegelt sich eher in Formen der künstlerischen oder gesellschaftstheoretischen Analyse und in der subjektiven Reflexion, in den nichtgeschriebenen Biographien derer, die den Wiederaufstieg nach 1945 miterlebt haben und sich erinnern.

Als der PARLAMENTARISCHE RAT auf Geheiß der westlichen Siegermächte mit dem Grundgesetz einen Neubeginn der Demokratie einleitete und die nachfolgende Ära ADENAUER zu einer Schlüsselepoche der westdeutschen Restauration geriet, waren es nicht nur die ökonomischen und politischen Voraussetzungen, es war auch die kulturelle Prägung, die den Kurs in eine zunehmend problematische Zukunft bestimmte. In den voranstehenden Kapiteln haben wir anzudeuten versucht, daß sich hinter der politisch-ästhetischen Sozialisationsgeschichte der Deutschen eine weite Landschaft der historisch-sinnlichen Kultur erstreckt. Das heißt, daß man auch für die Zeit nach 1945 von der wirksamen Weiterexistenz sinnlich-sozialer Grunderfahrungen einer ganzen Generation und von einer Tradition kultureller und natürlich auch politischer Orientierungsmuster ausgehen muß. Nicht nur, daß man noch Ende der siebziger Jahre peinlich daran erinnert wurde, daß ehemalige NS-Richter jahrzehntelang weiter unabhängig Recht gesprochen oder hohe Regierungsämter übernommen hatten. Nach 1945 wurden weder die unmittelbaren Erinnerungen und emotionalen Besetzungen ausgelöscht, noch die historischen Wurzeln der nationalsozialistischen ›Weltanschauung‹ und Kultur bloßgelegt, noch die Grundfiguren der faschistischen Sinnlichkeit erkannt und bekämpft. Die Analyse des Sozialcharakters, der HITLER begeistert gefolgt war, wurde erst viel später in Teilöffentlichkeiten der künstlerischen oder wissenschaftlichen Diskussion nachgeholt. Das Alltagsbewußtsein befaßte sich nicht mit der Geschichte der eigenen Sinnlichkeit. Nicht die ersten KZ-Prozesse nach dem Krieg, sondern der Holocaust-Film 30 Jahre später ließen eine breitere Öffentlichkeit empfinden, was in den zwölf Jahren Naziherrschaft geschehen war. Doch auch dabei wurde nicht aufgearbeitet, wie die kollektive Verblendung historisch entstanden war.

Wir halten es für unbezweifelbar, daß viele Wahrnehmungs- und Denkfiguren noch heute über das Jahr 1945 zurück in die Vergangenheit der deutschen Kulturgeschichte reichen. Es gibt sicher Traditionsstränge des Sehens, Fühlens, Wollens und Denkens, die in den Verhaltensraum der Gegenwart hineinwirken, auch wenn bereits eine Generation diesen Raum ausfüllt, die keine unmittelbare Erinnerung mehr an Kriegs- und Vorkriegszeiten hat. Eine Kritik des gesellschaftlichen Verhaltens in der Gegenwart würde also immer zu kurz greifen, zöge sie nicht diese Tradition in Betracht.

Wenn 1945 etwas nicht zerstört war, dann die Kultur der Sinne mit allen ihren Einschlüssen an sozialer Wahrnehmungsfähigkeit und -unfähigkeit, an verinnerlichten Ideologien. Aber auch die Grundver-

210

hältnisse, unter denen diese Kultur langfristig entstanden war, blieben nahezu unverändert. Weder das System der Güterproduktion und -verteilung, noch die Grundstrukturen der gesellschaftlichen Ordnung, noch der ganze ideologisch-kulturelle Überbau sind 1945 so weit umgestaltet worden, daß man von einem Bruch mit traditionellen Erfahrungen sprechen kann.

Mit dem Wiederaufbau des privatkapitalistisch organisierten Wirtschaftssystems blieben grundlegende Basiskomponenten der kulturellen Vergesellschaftung unangetastet. Dazu konnte von einer De-Sozialisation,

also einer Entlastung der Sinne und des Bewußtseins durch Aufarbeiten der Geschichte und von einer Umerziehung auf ein neues Gesellschaftsbild hin keine Rede sein.

Die Führungseliten der »neuen westdeutschen Oberschicht« (vgl. ZAPF 1966) rekrutierten sich aus alten Klassenbeständen, vor allem aus Akademikerkreisen, aus den im Dritten Reich als ›Wirtschaftsführer‹ tätigen Unternehmern und den geschlossen zu loyalen Dienern des neuen Staates erklärten höheren Beamten. Die Aufgaben Westdeutschlands im Kalten Krieg, der reaktivierte Antikommunismus, die Wiederauf-

145   Rekonstruktionsversuch der Wohnungseinrichtung gutverdienender Arbeitnehmer in den fünfziger Jahren
(aus dem Film von JONAS GEIST und JOACHIM KRAUSSE zur Geschichte der Arbeiterwohnung im WDR 1978)

rüstungspolitik und das durch die Marshallplan-Hilfe geförderte ›Wirtschaftswunder‹ ließen nach der Währungsreform 1948 ein Sozialisationsklima entstehen, in dem grundlegende gesellschaftliche Veränderungsbedürfnisse nicht gedeihen konnten. Viele erinnern sich heute an ihre Anstrengungen im wirtschaftlichen Existenzaufbau, aber nicht daran, daß ein Zusammenbruch der nationalen Identität 1945 sie in irgendeiner Weise beunruhigt hätte.

Noch lange lebten die Westdeutschen vom Mythos, vom sagenhaften Ruhm des Volkswagens, vom zukunftweisenden Bau der Reichsautobahnen. Die dunkle Vergangenheit wurde gründlich verdrängt. Aber daß noch »das Heute der BRD (. . .) weitgehend von der Vergangenheit mitbestimmt« wird (vgl. CLAESSENS u. a. 1978), kann keiner leugnen, der die Geschichte der Bundesrepublik im Alltag erlebt und darin seine eigene Lerngeschichte wiedererkannt hat.

Dies ist die eine Hälfte unserer Hypothese. Die andere besteht darin, daß sich infolge weiterentwickelter wirtschaftlicher, politischer, sozialer und kultureller Verhältnisse auch Neuorientierungen der Wahrnehmung und Überformungen der Verhaltenstradition ergeben. Wer das Sozialisationsklima der Bundesrepublik nur für ein Ergebnis ihrer Vor- und Frühgeschichte halten wollte, würde einen guten Teil der heutigen Kulturwirklichkeit dieser Gesellschaft mißverstehen. Kulturhistoriker und Sozialisationsforscher müssen beides berücksichtigen: die geschichtliche Rückbindung des alltagskulturellen Verhaltens und die gegenwärtig bestimmenden (aus dieser Geschichte herauswachsenden), veränderten Qualitäten der sinnlichen Wahrnehmung und des Bewußtseins in einer alltäglichen Lebensgegenwart, die sich ja seit Kriegsende in unvorstellbarer Weise gewandelt hat.

Nachdem zunächst lange aufgestaute Bedürfnisse in erste Eß-, Kleidungs- und Einrichtungswellen mündeten, verdichteten sich die neuen sinnlichen Erfahrungen des Konsums von Waren und Medienprodukten psychologisch. Dabei wurde auch an eine Erinnerung der Sinne appelliert. Die damals auftretenden Moden, Stars und Schönheitsideale erinnerten an die Konsumkultur der frühen dreißiger Jahre, zugleich entsprachen sie modernen Leitbildern der führenden amerikanischen Warenkultur und stellten insofern etwas Neues dar. Das heißt, schon in dieser Art von ästhetischer Sozialisation ergab sich eine wirksame Einheit von erinnerter Verhaltenstradition und aktuellen Bedürfnissen. Was für Pinneberg, den kleinen Konfektionsangestellten aus FALLADAs Roman von 1932 noch die elegante Frisierkommode darstellte, konnte sich 30 Jahre später an einem heckflossenbewehrten Automodell oder einem Nierentisch symbolisch vergegenständlichen, anders und zugleich ähnlich wie damals.

Teilhabe am Konsum ist seither zu einem Gütezeichen des Lebens in der Bundesrepublik geworden. Sie wurde mit allen ihren Reizen im Alltag sichtbar, als der wirtschaftliche Wiederaufstieg eine Warenkultur geschaffen hatte, die Überflußkonsum scheinbar für alle verhieß. Vollbeschäftigung und hohe Wachstumsraten schienen die Garantie für eine sozial befriedete Zukunft zu bieten. Mit neuen Verkleinbürgerlichungstendenzen und wachsender Teilhabe der lohnabhängig arbeitenden Bevölkerung am Konsum begann sich eine oberflächliche Konformität der Bedürfnisse, Er-

212

wartungen und Anschauungen abzuzeichnen, die den voreiligen Schluß nahelegte, die Bundesrepublik befände sich auf dem Weg in eine klassenlose Kultur der Tüchtigen, in eine »nivellierte Mittelstandsgesellschaft« (SCHELSKY 1965).

Je mehr Produktivkapital und Mittel zur Gestaltung des Bewußtseins der abhängig arbeitenden Mehrheit sich nach Abschluß der Rekonstruktionsphase in den Händen weniger konzentrierten, um so deutlicher hätte der gesellschaftliche Widerspruch in neuen Formen sichtbar werden müssen. Einer großen, besitzlosen Bevölkerungsmehrheit mit unterschiedlicher Sozialbiographie und auseinanderfallenden Teilinteressen, die – lohn- oder gehaltsabhängig arbeitend – keine Verfügung über Produktionsmittel erhielt, kaum Einfluß auf staatliche Planungsmaßnahmen hatte und in die wichtigen gesellschaftlichen Entscheidungsprozesse nur formal einbezogen wurde, stand ein »Kartell der Eliten« (DAHRENDORF 1964) gegenüber, das sich in Wirtschaft, Politik, Verwaltung, Wissenschaft und im Bereich der Massenmedien gebildet hatte. Aber ein ungebrochener Wachstumsoptimismus verband alle Schichten und verdeckte mit der Hoffnung auf steigenden Wohlstand manchen Interessengegensatz.

Zwar gab es keine neue Bourgeosie, keine herrschende Klasse, die etwa so »monolithisch« (ZAPF) Herrschaft ausüben konnte wie die neue Führungsschicht der Kader und Funktionäre in der DDR. Aber es gab auch kein Proletariat als einheitliche, kämpfende Klasse und kulturelle Gegenkraft von unten. Darüber kann auch die auf objektive ökonomische Fakten, auf das Verhältnis von Kapital und Arbeit gegründete Klassenanalyse nicht hinweghelfen. Sie war

und ist verhältnismäßig einfach zu vollziehen. Schon 1966 verfügten nur 1,7 Prozent aller Haushalte über 73,9 Prozent des gesamten Produktivkapitals. Sozialisierung blieb tabu. Der traditionell bürgerliche Eigentumsbegriff und die ›freie‹ kapitalistische Marktwirtschaft waren zu Grundnormen des neuen Staates geworden. Sie bestimmten die Gestaltung der sozialen Umwelt und die Tendenz, in der sich die Lebens- und Lernzentren des Alltags zu entwickeln und die neuen Vergesellschaftungsprozesse zu vollziehen hatten. Eine neuartige Klassenstruktur mit widersprüchlichen kulturellen Ausdrucksformen entstand, wie man sie bisher noch nicht gekannt hatte.

Nach wie vor können ›alte‹ Klassenmerkmale aufgrund einer Analyse des Verhältnisses von Kapital und Arbeit, von Verfügungsgewalt und Mitbestimmung, von Privilegiertheit und Bedürftigkeit festgestellt werden. Nach wie vor bleiben Reste der alten Klassenkulturen wahrnehmbar. Es gibt noch aus der Sozialgeschichte ableitbare, unterschiedliche Symbolbestände, ›Sprachen‹, Handlungsorientierungen, mit denen sich u. a. die schichtenspezifische Sozialisationsforschung und die Theorie der ästhetischen Erziehung zu beschäftigen haben (vgl. HARTWIG 1980). Aber es sind auch entscheidende Veränderungen eingetreten. BROCK hat mit einer Ausstellung (›Mode – Das inszenierte Leben‹, 1972) einmal versucht, die Differenzierung kultureller Verhaltensstile am Beispiel von Wohnweisen in der Bundesrepublik darzustellen und Wohnungseinrichtung und Wohnverhalten an den Besonderheiten der Berufsarbeit und des sozialen Status festgemacht. Er ließ dabei typische Familien dreier Schichten in ebenso typisch ausgestatteten Ritualräumen

146 Schichtenspezifisches Wohnverhalten nach einer Ausstellung im INTERNATIONALEN DESIGN ZENTRUM (IDZ), Berlin 1972

der privaten Reproduktion in Gestalt von Schaufensterpuppen auftreten, so daß gleichsam eingefrorene Gesten wie in Momentaufnahmen sichtbar und vergleichbar wurden. Die dargestellten Unterschiede entsprachen gewissen Traditionen, zeigten aber auch einen hohen Grad der Überformung alter klassenspezifischer Verhaltensmuster,

vor allem im Alltagsritual der Unter- und Mittelschichtenfamilie. Als in der Nachfolge der Studentenbewegung die durch den Faschismus weitgehend zerstörte Arbeiterkultur restauriert und politisch nutzbar gemacht werden sollte, war bereits deutlich, daß dieser klassenspezifische, sinnliche Erfahrungs- und Aktionszusammenhang kaum noch existierte. Das kulturelle Verhalten der Bevölkerungsmehrheit entwickelte eine eigene Faktizität jenseits aller klassentheoretischen Argumente. Obwohl gewisse Traditionen erkennbar blieben und typische Vorprägungen der Sinnlichkeit und des Verhaltens durch die Stellung des einzelnen im Produktionsprozeß erfolgten, hatten zwölf Jahre Nationalsozialismus und neue kapitalistische Kulturentwürfe offenbar die Erinnerung an einstige Versuche zur bewußten Gegensozialisation gelöscht.

JAEGGI (1979) hält das »Ende der Arbeiterbewegung in der Bundesrepublik für eines der herausragenden und entscheidenden Ereignisse der Nachkriegszeit« und stellt nüchtern fest, die »proletarische Kultur, die noch in der Weimarer Republik politisch aggressive Inhalte und Formen zu behaupten vermochte, (sei) auch im Gefolge der 68er-Bewegung nicht wiederbelebt, sondern höchstens theoretisch ergründet worden« (S. 456). Ähnliches könnte für Versuche gelten, den Alltag in der Bundesrepublik als ›bürgerlichen‹ Lernraum, als eine im traditionellen Sinne wirksame Instanz der Normenvermittlung nach dem Muster einer alten oder neuen Bourgeoisie zu definieren. Jene »verschämten, verunsicherten Reichen« (E. v. FRIEDEBURG 1975), die als Charakterdarsteller unter sich oder in Teilen der Öffentlichkeit so etwas wie ›Gesellschaft‹ abbilden, ist dies eine neue

214

Bourgeoisie? Das KURSBUCH Nr. 42/1975 spricht hier von der »Beschreibung einer Lücke«, obwohl der Alltag dieser inhomogenen Schicht gewiß mit starken symbolischen Anspielungen auf die Klassengeschichte, mit sinnlich spürbaren Ressentiments, mit vielen Signalen des Abgehobenseins von denen da unten durchsetzt ist.

An die Stelle des alten Proletariats sind abhängig arbeitende Schichten getreten, deren spezifische Sinnlichkeit im Zeitalter der Automation, des entfesselten Waren- und Medienkonsums, der kompensatorischen Freizeitmoden, des Massentourismus und des ›Schöner Wohnens‹ mit durchaus politischen Folgen geformt wird. Es ist nicht das alte Kleinbürgertum, das sich hier reproduziert, sondern ein eigenartig neuer, vielleicht in den dreißiger Jahren entscheidend vorgeprägter Sozialcharakter, mit dem sich heute auch die ästhetischen Erzieher auseinandersetzen müssen.

Als ENZENSBERGER (1976) von der »Unaufhaltsamkeit des Kleinbürgertums« schrieb und davon, daß es »grob und hartnäckig unterschätzt« worden sei, hat man den Hinweis auf diese wandlungsfähige, durchaus moderne Klasse, die sich auf dem Boden der Bundesrepublik alltagsbeherrschend weiterentwickelte, nicht wirklich ernst genommen. Zu diesem sozialisationsgeschichtlich und politisch überaus bedeutsamen Phänomen fehlt heute offenbar noch die nötige Distanz.

Wir selber sind in diesen Umorientierungs- und Kulturprozeß stark verwickelt, und es zeichnet sich immer deutlicher ab, daß man keineswegs mehr auf ›die‹ Arbeiterkultur, auf ›die‹ Mittelschichten-Sozialisation usw. als feste Größe Bezug nehmen kann. Eine Sozialisationstheorie, die speziell auf die Verhältnisse in der Bundesrepublik eingehen und die Entstehungsgeschichte bestimmter neuer Sozialcharaktere umfassend erklären würde, gibt es nicht. Wir können daher nur wenige unverbundene und vereinfachende Hinweise auf einige Zentren der sinnlich-sozialen Formung im Verlauf der inzwischen über dreißigjährigen Geschichte der Bundesrepublik geben.

Die psychosoziale Abrichtungsinstanz Familie genoß trotz ihrer historischen Funktionsverschiebungen von Anfang an ausdrücklichen politischen Schutz, nicht nur durch das Grundgesetz. Selbst das Fernsehen, das bald in diesen scheinbar heilen Lernraum einbrechen sollte, wurde darauf eigens verpflichtet. Noch in den Programmrichtlinien des ZDF (1965) heißt es: »Ehe und Familie dürfen als Institutionen nicht in Frage gestellt, herabgewürdigt oder verhöhnt werden.«

Nach wie vor reproduziert der verallgemeinerte Typus der Kleinfamilie sinnlichsoziale Grunderfahrungen. Die Familie tradiert noch heute ›die Kultur‹ in ihren sozialtypischen Schattierungen.

Was außerhalb der Sozialisationsagentur Familie mit den Menschen und ihrer Sinnlichkeit, z. B. mit den Eltern gesellschaftlich geschieht, ragt vielfach wirksam in diesen angeblichen Schonraum der kindlichen Entwicklung hinein. Die Familie ist nicht nur der Lernraum für die geschlechtsspezifischen Rollen geblieben, sondern auch eine Prägeanstalt sozialer Verhaltensorientierungen, die politisch bedeutsam sind.

PETRA MILLHOFFER diskutiert eine von GREENSTEIN (1965) eingeführte Hypothese, nach der bereits im Rahmen der frühen Erziehungsvorgänge in der Familie ›manifeste‹ und ›latente‹ politische Sozialisations-

147 a/b   Arbeit in der Landwirtschaft, um 1945 und 1975

148 ›Fernsehen‹, Zeichnung eines Fünf- bis Sechsjährigen (Handbuch der Kunst- und Werkerziehung, 1961)

prozesse zu beobachten seien, und zwar latente, indem »das Kind ›unbewußt‹ oder ›vorbewußt‹ die seine spätere politische Grundhaltung strukturierenden gesellschaftlichen Einflüsse und Tendenzen adaptiert oder auch abwehrt«, und manifeste, »wenn mit bestimmten politischen Grundhaltungen verknüpfte Wissensinhalte und Interpretationen bewußt gelenkt« (1973, S. 220) erscheinen. Sie bezweifelt zwar, daß »zu klassifizieren ist, was an der politischen Sozialisation von Kindern psychoanalytisch ›latenten‹ Einflüssen und was ›manifester‹ Beeinflussung zuzurechnen« sei, und betont die Notwendigkeit, den ganzen Sozialisationsprozeß über den Rahmen der Familie hinaus auf das »Ausmaß affirmativer Grundhaltungen« (vgl. S. 231) zu untersuchen, die im Alltag vermittelt werden. (Schließlich haben die Eltern viele Erziehungsaufgaben nicht nur – wie schon seit langem – an die Schule, sondern heute auch an die modernen Massenmedien abgetreten.) Dennoch stimmt sie GREENSTEIN und anderen

Autoren wie HESS und TORNEY zu, daß Kinder »Loyalitätsbindungen gegenüber den Grundlagen des bestehenden gesellschaftlichen Systems« (GREENSTEIN/NYSSEN 1970) durch vorkognitive Aufnahme von Erfahrungen und affektive Identifikation mit den Wertmaßstäben der Eltern entwickeln können. Dies ist jedenfalls ein denkbarer Effekt familialer Sozialisation.

Daß schichtenspezifische Handlungsmuster vor allem im Lernraum der Familie reproduziert werden, ist bekannt. Die Soziolinguistik (vgl. BERNSTEIN 1970; OEVERMANN 1969) hat nachgewiesen, daß »Sprache und Intelligenz wie auch Sprache und soziale Interaktionsfähigkeit als einheitlicher Problemkomplex zu behandeln sind« (MILLHOFFER, S. 180) und daß auch die sprachlichsinnliche Sozialisation in der Kindheit bestimmte Formen des ›Bewußtseins‹, der Identität und des Sozialcharakters schafft. Freilich sind es nicht nur die psychoanalytisch und soziolinguistisch darstellbaren Grundformen sinnlicher Erfahrung im Familienalltag (oder deren Veränderung), die den Sozialcharakter vorprägen, sondern auch die ökologischen Veränderungen in der täglichen Lebensumwelt des Kindes.

So ist das private Dasein, das die überwältigende Mehrheit der ›Wohnbevölke-

149

217

rung‹ in den geschichtslosen Trabantenstädten, im sozialen Wohnungsbau oder in der Bausparkassenkultur der Eigenheimviertel führt, ein gesellschaftliches Produkt, dessen spezielle Sinnlichkeit wiederum soziales Verhalten formt: »Ein Volk wurde in Kleinfamilien, in Einzelne und private Grüppchen parzelliert.« (BRÜCKNER 1978, S. 18)

An die Stelle kriegsbedingter Wohnungsnot war bald nach Abschluß der Rekonstruktionsphase eine vor allem die Unterschichten und unteren Mittelschichten existentiell betreffende sekundäre Verelendung des Wohnbereichs getreten. Der freie Wucher mit der Ware Wohnung, die unmenschliche – aber systembedingte – Planungsrationalität ›gemeinnütziger‹ Wohnungsbaugesellschaften und der steigende Druck, im privaten Bereich die Versagungen am Arbeitsplatz kompensieren zu müssen, führten gemeinsam mit sozialgeschichtlichen Vororientierungen und schon verinnerlichten ästhetischen Normen zu einer übersteigerten, teilweise absurden Form des Wohnens. Zwischen den vier Wänden entsteht noch heute immer wieder ein »Lebensgelände« (BRÜCKNER) eigener Art.

In die betonierten Verhaltensraster staatlicher Wohnfürsorge oder in ihre Eigenheime ebenso eingesperrt wie von ihren Sehnsüchten gesteuert, begannen viele Familien mit steigendem Wohlstand eine Ästhetisierung des Wohninnenbereichs zu betreiben, wie er bisher bei nichtbildungsbürgerlichen Schichten kaum zu beobachten war. Das Motto ›Schöner Wohnen‹ ist seither zum Ersatz für verlorengegangene Gegenstands- und Sozialbeziehungen geworden und wird es immer mehr, je undurchschaubarer die gesellschaftliche Wirklichkeit wird. Die

Flucht Bessergestellter in das Eigenheim lockert zwar einige auf der Mieterfamilie lastende Zwänge, treibt oft aber in neue Arten der Isolation, der Konformität und des Konsumwettbewerbs.

150a   Das Lebensgebäude schweigender Mehrheiten

150b

Inzwischen sind die Eigenheimsiedlungen am Rande von Städten oder auf dem platten Lande zu wahren Symbollandschaften angewachsen. Sie üben eine magische Anziehungskraft auf die durchschnittlich kreditwürdige Arbeitnehmerfamilie aus. Denn das eigene Haus ist aus vielerlei Gründen zu

218

dem mit den stärksten Emotionen und Hoffnungen besetzten privaten Gut in der Bundesrepublik aufgestiegen. Es ist die Alltagsburg der funktional reduzierten Zweigenerationen-Familie, deren räumliche und

151 Eigenheim-Ästhetik der siebziger Jahre

soziale Enge im umgekehrten Verhältnis zur Weite der Träume steht, die das Fernsehen oder das Urlaubsdia an ihre Innenwand projizieren. Dieser materiell-sinnliche Raum des Wohnens entfaltet seine Wirksamkeit in allen Phasen der Sozialisation. Es ist der physische Raum der psychischen Reaktionen auf die Situation im Arbeitsbereich. Hier wird nicht nur ästhetisch gelernt und eine Tradition der Kultur der Sinne ausgelebt oder verfeinert. Hier wird auch politisch sozialisiert.

Die heute nahezu vollständige, kaum noch aufhebbare Totalprivatheit des Wohnens entspricht der kanalisierten Freizeitsinnlichkeit des regelmäßig aus der Nichtöffentlichkeit der Arbeit in die Nichtöffentlichkeit des Wohnens entlassenen, abhängig arbeitenden Bundesbürgers, der nichts als seine Ruhe haben will. Was einerseits Resultat unbefriedigender Arbeitsverhältnisse, des Mangels an lebendiger demokratischer Kulturöffentlichkeit (und der Vorherrschaft von ›Sachzwängen‹ im sozialen Wohnungsbau) gewesen ist – nämlich die Massenflucht zwischen die eigenen vier Wände – begünstigt wiederum politische Wahrnehmungs- und Verhaltensstile, die der Erhaltung eben dieser Verhältnisse zuträglich sind.

Man kann hier von einer ›systemimmanenten‹ Reproduktion, von einem sich durchsetzenden fremden Sozialisationsinteresse sprechen, das schließlich als eigenes und herbeigewünschtes auftritt. In dieser Form erzwungener und zugleich ersehnter Privatheit entsteht kein Gedanke an ein Zusammen-Freisein, an ein Leben in ›Gegenmilieus‹ zu den Erfahrungsbereichen von Arbeit und staatlich regulierter Öffentlichkeit.

219

Spätestens Mitte der siebziger Jahre mußte der Rückzug in den privaten Wohnbereich als letzte Möglichkeit erscheinen, der fortschreitenden Arbeitsentfremdung, der krisenhaften Arbeitsmarktentwicklung und den Superstrukturen der gesellschaftlichen Wirklichkeit in Gestalt von Großgemeinden, Mammutschulen, ›Freizeit-Center‹ usw. zu entkommen. Es ist kaum zu erwarten, daß der Außendruck auf das Wohnen (der diesen sinnlichen Erfahrungsbereich so verdichtet und entstellt) nachlassen wird. Schon Kinder und Jugendliche nehmen heute an den Kompensationsritualen des Wohnens teil, je mehr sie von der Schule frustriert sind. Die Gestaltung und Ausstattung des eigenen Zimmers, soweit die Eltern ihnen das bieten können, nimmt offensichtlich an Bedeutung innerhalb kindlicher und jugendlicher Sozialisationsbiographien zu. Auch Studenten treiben heute einen oft erstaunlichen Aufwand an Einrichtungsphantasie und individuellem ästhetischen Komfort, mit dem sie den Zwängen der Ausbildung trotzen.

Im Ausleseraster und Leistungsprinzip des staatlichen Schulsystems bis hin zur Gesamtschule, dem Reformüberbleibsel aus der Zeit der Versuche zur Liberalisierung des Bildungsprivilegs, spiegelt sich das Interesse des Produktionssystems an den allgemeinen Eigenschaften der Ware Arbeits-

152 Schule

220

153   Ein Schülerarbeitsplatz

kraft. Schüler konkurrieren heute derart um den zukünftigen Studien- oder Arbeitsplatz, daß schleierhaft bleibt, wie in der Schule zu einer demokratischen Kultur der Sinne erzogen werden soll. Die Sozialformen des Lernens sind nicht darauf ausgerichtet, und alternative Wahrnehmungsfähigkeiten werden hier in der Regel nicht entwickelt. Die Schule ist ein Spiegel der Leistungs- und Qualifikationserwartungen geworden oder geblieben, die der Produktionsbereich vorgibt: »Aus der Fülle des Wohlstands werden überirdische Betonbunker errichtet, in denen bei Sonnenschein die Neonröhren brennen (. . .). Darin werden ›objektivierte‹ Lernprogramme von Lehrern verwaltet, die nicht mehr Autorität sein sollen, dafür aber skrupellos neutral. Wenn interessierte Fremde diese sehr bestaunte und erschreckende Modernität besichtigen, werden sie auf den ›Lehrerstationen‹ und in den Klassen überhaupt nicht ernsthaft bemerkt (. . .). Moderne Leute lassen sich durch nichts beirren, weder am Band, noch im Sprachlabor (. . .).

Das zum Funktionieren notwendige Minimum an Kontakten wird als Extrapensum von ›Gruppenarbeit‹ und ›sozialem Lernen‹ eingeübt. Wie in der Fabrik. In solcher Umwelt kommen die Menschen aus Unlust um den Verstand.« (ZUR LIPPE 1978, S. 195 f.)

Wo immer man das Fazit der letztlich nicht verwirklichten Bildungsreformen zieht, stellt man fest, daß dort, wo heute versucht wird, von der Einheit der Motive, Bedürfnisse und sinnlichen Fähigkeiten auszugehen, solche Experimente nur mühsam politisch durchzusetzen oder zu verlängern sind, obwohl ihre pädagogische Vernunft offenliegt.

Das »Lernen in der Klassenschule« (vgl. BECK 1970; 1974) und der Funktionsmechanismus der Bildungsökonomie (vgl. ALTVATER/HUISKEN 1971) wurden kritisch analysiert, ohne daß sich grundlegende Änderungen des institutionellen Rahmens schulischer Sozialisationsprozesse seither ergeben hätten. Lange Zeit blieb die Sozialisationsagentur Schule auch von der Geschichte mitgestaltet. Auch hier war ja nach 1945 nicht mit der Tradition vollständig gebrochen worden.

Der einst dem NSLB angehörende Lehrer wurde ›unpolitisch‹ oder trat vielleicht einer neuen Partei bei. Die Studienräte gaben weiter Deutsch und Geschichte. Der Altwandervogel und ›Mitläufer‹ des NS-Systems wirkte womöglich als Seminarleiter oder als Professor in der Lehrerbildung fort. Nicht daß die direkte Indoktrination nach 1945 weitergegangen wäre. Der deutsche Bildungsbürger im Beamtenstand sollte plötzlich junge Demokraten erziehen und tat sich selber mit dem Lernen schwer. Man kann auch nicht behaupten, daß die nächste Lehrergeneration zu einer inneren Re-

221

form des Lernraums Schule antrat. Von keinem Radikalenerlaß bedroht, arbeitete man fleißig und blind an der Rationalisierung der Lernfabrik Schule und an der Produktion qualifizierter Arbeitskräfte mit. In Konflikte mit den herrschenden Normen geriet erst eine Generation von Lehrern, die schon neue Wahrnehmungsfähigkeiten ansatzweise im Studium entwickeln konnte.

Zudem stand die Schule kulturpädagogisch abseits, weil sie keinen Beitrag zur Lebensbewältigung zu leisten vermochte. Wer die Schule als Lebensgelände betrat, wurde durch Inhalt, Form und Zielsetzung des Lernens von den gefährlichen Terrains der sozialen Wirklichkeit abgedrängt, auch die

154

Lehrer. Sie wurden nicht erst als Radikale im öffentlichen Dienst diszipliniert, sondern lange vorher unauffällig durch Anpassung an ein Sozialisationssystem, dessen Produkte sie selber in der Mehrheit blieben. Mit einem kulturrevolutionären Auftrag wäre die Schule der Bundesrepublik trotz ihrer Reformen Anfang der siebziger Jahre gewiß überfordert gewesen, und dies nicht nur aufgrund ›unpolitischer‹, einseitig ausgebildeter und langsam lernender Lehrer. Die Schule war und ist eine nachgeordnete Sozialisationsinstanz im Rahmen gesamtgesellschaftlich zwingender Ökonomie- und Politikverhältnisse, und sie wirkt als Institution, als gegenständlich-architektonisches

222

155 Wahl des ›Mr. Germany‹ (um 1960)

Ensemble wie als psychosozialer Gestaltungsraum unmittelbar sinnlich auf ihre Zöglinge ein.

Daneben hat sich eine massive außerschulische Kulturwirklichkeit entwickelt, die unablässig auf Kinder, Jugendliche und Erwachsene Einfluß nimmt und Sinnlichkeit formt. Das explosive Wirtschaftswachstum hat nicht nur an der Oberfläche den wahrnehmbaren Eintritt in die Welt des scheinbar unbegrenzten Konsums gebracht. Dabei war auch die Warenbeziehung, die Kapitalismus-immanent schon die bürgerliche Gesellschaft historisch beherrscht und dem Tauschwertprinzip unterworfen hatte,

kulturell und psychologisch auf die Spitze getrieben worden.

Im Hintergrund der ›Überflußgesellschaft‹ mit ihrer Scheinfreiheit des Kaufens und Konsumierens unter dem Einfluß von Werbung und Design entwickelte sich ungehemmt jene hoffnungsvolle Sinnlichkeit der Warenwelt, wie sie sich schon in den frühen dreißiger Jahren als Ersatz für erfüllte Arbeit und gesicherten sozialen Status anzubieten begonnen hatte. Diese Warenästhetik voller Versprechen, die auf die Menschen in ihrem körperlichen Sein wie auf ihr Bewußtsein und ihre Selbstdarstellungssehnsüchte übergriff, half die neu ent-

223

standen Formen politischer Ohnmacht, sozialer Kontrolle und Chancenungleichheit zu überspielen. Sie legitimierte zugleich ein Stück des ökonomischen und politischen Entwurfs der Bundesrepublik, die darin so vorteilhaft vom östlichen Nachbarn abstach.

Frühe sozialpsychologische Diagnosen (vor allem von Soziologen der ›Frankfurter Schule‹) sprachen von Einbußen an sinnlichsozialer Wahrnehmungsfähigkeit, die mit dem Hineinwachsen der Bundesrepublik in das ihr eigene System von Arbeit, Freizeit, Warenkonsum, politischer Unbeweglich-

156

224

keit und Geschichtslosigkeit verbunden waren. Die neue Kulturkritik sah den Faden einer massenkulturellen Sozialisation weitergesponnen, die schon einmal in der vorübergehenden Stabilisierungsphase der Weimarer Republik in Erscheinung getreten war.

Als der »Wohlstand für alle« (EHRHARD 1957) bei einem Teil der Bevölkerung gelebte Wirklichkeit geworden war, hatten sensible Beobachter wie HABERMAS bereits vom »Pauperismus des Konsums« und von dem »ebenso ›frommen‹ wie humanen Wunsch (. . .), den Verlust der Arbeitsfreude durch gesteigerten Konsumgenuß auszugleichen« (1954, S. 719), schließlich vom »Wahrnehmungsverlust« und einer »Unempfindlichkeit gegenüber der ›unmittelbaren‹ Wirklichkeit« (1956) gesprochen. Die »Kritik der Warenästhetik« (HAUG 1971) ist diesen Wahrnehmungsverlusten nachgegangen und hat eine materialistische Psychologie der warenförmig entfremdeten Ding- und Sozialbeziehungen und der in ihnen angelegten »Modellierung der Sinnlichkeit« entworfen.

Der Gestaltung der Wahrnehmungsfähigkeit durch das Warenverhältnis folgte in nahezu jedem Alltagslernraum ein systembedingter, historischer Verlust an unmittelbarer Sinnlichkeit: »Im Privateigentum komplizieren sich Herrschaft, Sozialisation und Reduktion von Sinnlichkeit. Aber schon die Warenförmigkeit menschlicher Hervorbringungen und die durch sie gestifteten Sozialbeziehungen affizieren und ›brechen‹ Sinnlichkeit.« (KROVOZA 1976, S. 161)

Der Reduktionsprozeß sinnlich-sozialer Erfahrung hat aber nicht nur in der Kleinfamilie, in der Dressuranstalt Schule oder am schönen Konsumkörper der Ware seine Ge-

schichte und Gegenwart. Er ist sozusagen Originalprodukt der Produktion, eine Folge der herrschenden Arbeitskultur.

Immer spürbarer und für viele bedrängend, durch Strukturkrisen, Verfall von Qualifikation und Angst vor Arbeitslosigkeit verschärft, hat sich der Charakter der Arbeit mit den Konzentrationsbewegungen des Produktivkapitals, den Rationalisierungsschüben und technologischen Sprüngen der großen Industrie seit der Wiederaufbauphase verändert. Automation und Computertechnik bestimmen heute das Bild einer Produktionsmaschinerie, die rasch modernisiert werden mußte, nachdem eine Weile erfolgreich auf der Basis alter Technologien und Organisationsformen der Arbeit produziert worden war.

Die Investitionsanstrengungen nach dem Koreaboom, der mit der Wiedergewinnung von Weltmarktpositionen den problemlosen Aufschwung erleichtert hatte, hatten nicht einer Humanisierung der Arbeit, sondern der Sicherung und dem Ausbau konkurrenzbewußter privatkapitalistischer Wirtschaftskraft gedient. Keine Regierung und auch keine Opposition wagten es, die Effektivität der ›freien Marktwirtschaft‹ ernsthaft in Zweifel zu ziehen. Kritikern hält man bis heute die weniger erfolgreiche sozialistische Planwirtschaft vor. Das Gefühl, statt Subjekt der Arbeit ihr austauschbares Objekt, ihr Opfer zu sein, wuchs mit der Rationalisierung, die zugleich an die Grenzen der Versachlichung des Menschen und der Ausbeutung der Arbeitskraft stieß. Zwar wurden nicht nur betriebswirtschaftliche Methoden diskutiert, mit denen man monotone Arbeitsgänge wieder abwechslungsreicher gestalten könnte, ohne daß dadurch die Arbeitsproduktivität bzw. Wett-

225

157 Büroarbeitsplätze im Großversandhaus QUELLE in Fürth (um 1977)

bewerbsfähigkeit aufs Spiel gesetzt werden mußte. Häufig wurden auch die mit der Ausdehnung von Verwaltungsfunktionen eingeführten Großraumbüros wieder psychologisch verkleinert, indem man darin grüne ›Arbeitsinseln‹ schuf. Aber die Tätigkeit war weiterhin gleich fremd und zwanghaft. Die Spielräume für eine Humanisierung der Arbeit blieben sehr gering, oft ungenutzt. Stumpfsinnige Fließbandarbeit im Akkord bestimmt nach wie vor den Berufsalltag vieler, vor allem der ungelernten Frauen und der ›Gastarbeiter‹ in der Fabrik. Industriesoziologen haben immer wieder aus dem Charakter der Arbeit sowie aus der Beobachtung und Befragung von Arbeitenden Schlüsse auf deren gesellschaftliche Wahrnehmungsfähigkeit, Selbsteinschätzung, Anschauungen und Einstellungen gezogen.

Aber was Arbeit im subjektiven Erleben und in ihrer sinnlichen Gewalt bedeuten kann, vermittelt oft nur die unmittelbare Selbsterfahrung in der Arbeitswelt. Dazu zwei Beispiele in literarischer Form:

MARIANNE HERZOG (1976) beschreibt einen Tag in einer Fabrik für Staubsauger und was sie dort im Akkord am Band zwischen Arbeitsbeginn und Ende sinnlich wahrnahm, körperlich empfand und als Person an sich und in der Beobachtung anderer Frauen erlebte.

WILHELM GENAZINO (1978/79) entwirft in einer Romantrilogie mit der Figur des Angestellten Abschaffel eine Fallstudie zur

158 Überwachung
automatisierter Fertigungsprozesse bei VW, 1980

226

Leidensgeschichte eines Arbeitslebens im Büro. Beide versuchen, die aus der Arbeit kommende Sinnlichkeit zu definieren. (Wir vereinigen hier einige Passagen aus beiden Texten, um den spezifischen Charakter dieser modernen ›Arbeitssinnlichkeit‹ zu illustrieren.)

»Montieren muß ich 480 Stück am Tag. Also 60 Stück in der Stunde. Eine Minute pro Stück. Um 10 Uhr 30 bin ich im Sums. Ich erschrecke, als mich eine Frau anspricht. Ich höre die Maschinen flüstern. Dann sehe ich Reisetaschen auf Wagen, obwohl da Kannen für die Produktion von Staubsaugern stehen.«

»Die Nähe des Fensters war ein großer Vorteil. Die wenigsten Schreibtischpaare waren um das Fenster herum aufgebaut; die meisten anderen standen verstreut im Saal, und wer an einem solchen Tisch arbeiten mußte, konnte sich noch nicht einmal durch einen Blick nach draußen ablenken. Wer in der Tiefe des Großraumbüros arbeitete, mußte unter irgendeinem geschäftsmäßigen Vorwand einen Kollegen aufsuchen, der seinen Schreibtisch am Fenster hatte. Das geschah oft. Wenn sich Abschaffel zu lange langweilte, ging er auf die Toilette und wusch sich die Hände mit sehr langsamen Bewegungen.«

»Die Öde. Zuerst kann ich beim Montieren überhaupt nicht hochgucken, weil ich dauernd die Reihenfolge vergesse. Weil ja die Reihenfolge nichts ist, was dir einleuchtet. Nichts, was dir sonst im Leben vorkommt. Später, als ich das drauf habe, guck ich wegen der Stückzahl nicht hoch. Ich sehe auf die Metallplatte, die ich montiere, sie ist das größte Teil. Was ich noch sehe, ist mein Arbeitsplatz, ein Dreckloch voller Kisten. Kisten mit Material. Kisten für den

Ausschuß. Kisten mit den fertig montierten Deckeln. Eine Kiste für jede Arbeiterin mit Kaffee, Taschentüchern, Tabletten, Brot und Zeitungen. In der Mitte ein Drehstuhl und eine Arbeiterin. Unter uns aufgerissener Zementfußboden, über uns Neonlicht.«

»Wenn das Betriebsgeschehen seine Aufmerksamkeit erforderte, konnte er sofort umschalten. Er hatte eine Technik entwickelt, die es ihm erlaubte, zweispurig zu leben. Seine Augen sahen nach innen, aber jedermann glaubte, sein Blick sei nach draußen gerichtet. Nur manchmal, wenn seine Augen allzu lange absolut still standen, weil er zu lange in seine Kindheit zurückgeblickt hatte, kam es ihm vor, als erblinde er bald. Er sah nichts mehr von dem, was um ihn herum vorging. Alles, was um ihn herum war, erstarrte zu einer Szene, zu einer Fotografie, die ihm ein Fremder auf den Schreibtisch legte und ihn dann fragte: Können Sie mir erklären, warum das Ihre Welt ist?«

»11 Uhr. Ich habe um diese Zeit immer das ganz ehrliche Gefühl, acht Stunden sind rum. Alle arbeiten weiter. Ich möchte mich freikaufen. Einen Schein auf den Tisch legen und raus für heute.«

»Es ist vier Uhr, dachte er, es ist vier Uhr, und ich will nicht mehr in dieses Büro. Dieser Satz erregte und erschreckte ihn. Er fühlte, daß er einen elementaren Wunsch gedacht hatte, der für ihn vielleicht zu groß war.«

Schon eine solche Zitatmontage zeugt von der dichten Erfahrung entfremdeter Arbeit, die durch Zwang, Sinne und Bedürfnisse formend, sich der Menschen bemächtigt. Diese Arbeit ist eine tägliche Acht-Stunden-Schule der Sinne. Sie ist Grundbedingung des individuellen und

228

159 Aus der VW-Broschüre ›Herzlich Willkommen‹ (Karosserie-Rohbau)

kollektiven Seins der Bevölkerungsmehrheit. Nicht zuletzt weil sie als diese Grundbedingung allem Gerede von der Humanisierung der Arbeit widerspricht, wird sie so häufig ästhetisiert. So wimmelt es in der Werbung von Bildern freundlicher Mitarbeiter, von glücklichen Arbeitnehmern. Helm, Blaumann oder weißer Kittel werden zu Modeattributen; die Latzhose ist zum Attribut letztlich dessen, der gar nicht körperlich arbeitet, aufgestiegen.

Die Wahrnehmung am Arbeitsplatz bildet mit dem Lernen in der Familie und in der Schule oft eine unauflösliche biographische Einheit. Je nach Grad der Abhängigkeit und Form der Arbeit kann das Arbeitsverhältnis Denkfiguren und Verhaltensorientierungen entstehen lassen, die beispiels-

weise den Kindern als Grunderwartung der Eltern – z. B. hinsichtlich Anpassung, Unterordnung, Selbsteinschätzung usw. – mitgegeben werden. Das »Herausbilden schweigender Mehrheiten und damit die Verbreitung vorurteilsgesteuerten Verhaltens« (BRÜCKNER 1972) wird durch eine Kette derartiger Wahrnehmungsprozesse begünstigt. Arbeit, eine bestimmte soziale Umwelt und Tradition können aber auch spezifische Zugriffsweisen auf die Realität, Sprachformen und Verhaltensstile entstehen oder überdauern lassen, denen eine gegensozialisierende Wirkung innewohnt. Dies haben beispielsweise Studien zur Interaktion in alten, noch intakten Arbeitersiedlungen gezeigt (vgl. GÜNTER 1980), wo eben nicht mehr geschwiegen, sondern Widerstand geleistet wurde, als fremde Sanierungsinteressen den Bestand der sozialen Lebensumwelt angriffen.

Freie Zeit ist ein Schlüsselbegriff für die entlastende, scheinbar selbstverfügte, selbstorganisierte Reproduktion der Arbeitskraft. Sie ist der Entfaltungsraum für subjektive Bedürfnisse schlechthin und verdient in ihrer Vielgestaltigkeit der Wahrnehmungen und Tätigkeiten mindestens ebenso viel Aufmerksamkeit wie der Lernbereich Arbeit.

Freie Zeit ist auch das Wirkungsfeld der Medien, hier vor allem findet die Massenkommunikation über das Fernsehen statt. Die Vergnügungsöffentlichkeit der zwanziger und dreißiger Jahre wird durch dieses Medium gleichsam zwischen die vier Wände des Privatlebens projiziert und ist Teil des Wahrnehmungsraumes der Familie und des familiären Alltagsrituals geworden, das für Kinder schon lange vor der ›Tagesschau‹ beginnt.

160 a/b

Zwar hat die Diskussion um die an Gewalt anpassende oder womöglich gewalttätig machende Wirkung entsprechender Fernsehsendungen zu dem Ergebnis geführt, daß dieser Effekt empirisch nicht eindeutig nachweisbar ist und daß »Gewalt Ursachen (hat), die außerhalb des Mediums Fernsehen liegen« (KUNCZIK 1978). Man weiß auch inzwischen, daß Sozialisation durch Massenmedien (vgl. HÜTHER 1975) von einer Vielzahl von Variablen abhängig ist, die zum Medienkonsum hinzutreten. Angesichts der anhaltenden Pressekonzentration, der Beziehungen zwischen Medienökonomie und Programmgestaltung und angesichts der Versuche zum Abbau der öffentlich-rechtlichen Rundfunk- und Fernsehstruktur liegen Aktualisierungen der seit Ende der sechziger Jahre entwickelten Manipulationsthese nahe. Doch wird man den sozialisierenden Wirkungen der Massenmedien nur gerecht, wenn man einen Gesamtzusammenhang aller Lernprozesse über die Sinne und aller sozialen Erfahrungen herstellt, die jemand im Alltag durchläuft bzw. macht. Massenmedien sind nicht ›an sich‹ Manipulationsinstrumente, sie werden es in bestimmten Situationen und Zusammenhängen der nicht bewältigten gesellschaftlichen Existenz.

230

161 a/b Wohnsituation und Garten einer Braunschweiger Familie 1976

Das Fernsehen vermittelt nicht nur »soziales Grundwissen, das nachfolgende Sozialisationsprozesse entscheidend beeinflußt« (LANG 1978), sondern behält seine emotional ansprechenden Wirkungen auch über die Phase der primären Sozialisation hinaus bei, unterstützt durch die Direktheit der bildhaft-symbolischen Kommunikation. Die bei »großer Überlegenheit des Senders und starker emotionaler Beteiligung der Empfänger« (LANG) produzierten Erwartungen seitens des Sozialisanden wirken schließlich auf den Sender als Sozialisator d. h. auf die Programmgestaltung zurück. SCHORB u. a. (1980) stellen in diesem Zusammenhang fest, daß im Bereich der Massenmedien »Sozialisation kein einseitiger Akt der Beeinflussung (sei), sondern ein Prozeß, in dem eine gesellschaftlich-produzierte Umwelt die Individuen formt als auch von diesen geformt wird« (S. 603). Dies kann im Fall des Fernsehens so aussehen, daß sich die Sozialisationsabsichten des Senders und die Erwartungshaltung der Empfänger auf ein fatal widerspruchsfreies Verhältnis einspielen. Das wird an zufälligen ›Störungen‹ des eingespielten Verhältnisses deutlich. Schon ein Kalauer RUDI CARRELLs über die Leibesfülle von F. J. STRAUSS und die Schwangerschaft Königin SYLVIAs genügte 1979, und das Fernsehvolk stand empört auf wie ein Mann, den Showmaster zur Ordnung rufend.

Wie der Regelkreis, den die »Programmindustrie« (NEGT/KLUGE 1973) des Fernsehens und des ganzen massenmedialen Verbundsystems mit den Sinnen und dem Bewußtsein der Seher-, Hörer- und Lesermassen bildet, aufgebrochen werden könnte, hat bisher noch niemand praktisch vorgeführt. Noch immer gilt der Satz, daß die »Be-

wußtseinsindustrie, die die Gefühle, Wahrnehmungen, Illusionen so übernimmt, wie sie sind (. . .) fast immer als stabilisierender Faktor« wirkt; »sie befestigt in der Regel Über-Ich-Strukturen oder die Identifikation mit Rollen der Vergangenheit« (NEGT/KLUGE, S. 293) – oder sie betreibt wie die Fernsehunterhaltung gern antizipatorische Sozialisation in Form der Vermittlung von Rollenkenntnis oder Handlungswissen, für das es in der aktuellen Lebenssituation und sozialen Wirklichkeit der Empfänger gar keine Verwendung gibt (vgl. LANG, S. 152ff.).

Widerspruchsoffener (und daher kulturpädagogisch interessanter) scheint der vom Medienkonsum nicht erfaßte Teil der freien Zeit zu sein, in der jemand produktiv tätig wird. Das Kompensationsbedürfnis, durch die Glücks- und Teilhabeversprechen der Warenästhetik und durch die zweite Wirklichkeit der Medien nicht voll befriedigt, schafft sich in einer Unzahl differenzierter Aktivitäten Bahn. Bedeutsam ist hierbei die freie Verfügung über Dauer und Intensität der Freizeitgestaltung. Zwar ragen Produktionsbereich und Medieninhalte wirksam in die Spielräume der sinnlichen und kreativen Regeneration hinein, sei es durch die Fülle des Freizeitwarenangebots, die Vermarktung der Jugend-Subkulturen oder der Ware Urlaub. Aber zugleich ist die freie Zeit mit ihren unterschiedlichen Aktionsfeldern eine Hoffnung der arbeitenden Menschen geblieben und dazu eine Möglichkeit, selbst Kultur zu produzieren.

Selbst im Schrebergarten, im Batikkurs oder beim Selbstbau in Nachbarschaftshilfe wird subjektiv eine Form von alternativer Arbeit geleistet. Freie Zeit gibt Gelegenheit zu subkulturellen Aktivitäten, die dysfunk-

232

tional zum Produktionssystem stehen können. Das Feld der freien Zeit ist mit der Produktionsgeschichte gewachsen und heute von verwirrender Unübersichtlichkeit. Es muß als unentdecktes Gelände gelten, solange Sozialisationsforschung, Sozialpsychologie und Kreativitätstheorie nicht ernsthaft versuchen, die in diesem Aktionsbereich der Sinne und Bedürfnisse angelegten Potentiale des subjektiven Widerstands und der sozialen Identitätsbildung für die Praxis aufzuschließen.

Denn neben der Verlagerung zentraler Lebensaktivitäten in den teils bedürfnisgerechten, teils entfremdeten Bereich der freien Zeit hat sich – zunächst fast unbemerkt, dann spektakulär – ein Prozeß vollzogen, den man als bewußte Abtrennung sozialer Gruppen von der herrschenden Kultur bezeichnen kann. Zuerst waren es Jugendsubkulturen, die sich protestierend von den Wohlstands- und Wohlverhaltensnormen abwandten. Die Hippies, Beatniks und Provos der westlichen Industriegesellschaften fanden sich in spezifischen Brechungen des Protests und seiner ästhetischen Formen auch bei uns. Zwar sind weder Rocker, noch später die Punks auf Verständnis oder gar Gegenliebe gestoßen. Aber der Begriff der Subkultur stieg allmählich von einem Schimpfwort zur Bezeichnung eines gesellschaftlichen Sachverhalts auf (vgl. SCHWENDTER 1973). Ohne auf die Vielfalt und Problematik innergesellschaftlicher Subkulturen oder gar auf die darauf aufbauende Theorie einer gesellschaftlichen Umwälzung (vgl. SCHWENDTER 1979) eingehen zu können, halten wir die im sozialen Alltag vollzogene Duldung, ja Aufwertung subkultureller Aktivitäten, die heute teilweise erreicht ist, für wichtig.

Das politische Klima nach Abschluß der Wiederaufbauphase bis zur Großen Koalition hatte lange eine lähmende Anpassung der ›schweigenden Mehrheit‹ begünstigt, aber auch einen »Nachholbedarf an demokratischen Volksbewegungen« (CLAESSENS u. a.) entstehen lassen. Mit ersten Rezessionsschüben und dem Erkennbarwerden neuer wirtschaftlicher Machtzusammenballungen traten die Folgen der ungehemmten, planlosen ökonomischen Entwicklung mehr und mehr hervor. Zugleich arbeitete eine ausgedehnte Bewußtseinsindustrie an der Gestaltung sinnlich-sozialer und politischer Orientierungsmuster, die alles andere

162   Frühe Häuserkämpfe in Frankfurt

233

als eine Aufforderung enthielten, Veränderungswillen und politische Phantasie zu entwickeln.

Dennoch traten zum ersten Mal in der Geschichte der Bundesrepublik weder institutionell, noch durch Tradition abgesicherte gesellschaftliche Kräfte von unten gegen die etablierte Gesellschaftsformation und gegen den Staat als Repräsentanten der Macht und Ordnung an. ›Ostermarschierer‹ gegen Wiederaufrüstung und Atombombe, der Protest gegen die Notstandsgesetze und die Studentenrevolte 1967/68 waren die ersten Zeichen des Widerstands und des Veränderungswillens. Er galt nicht nur dem Abbau verkrusteter Traditionsstrukturen des hierarchisch gegliederten Wissenschafts- und Ausbildungsbetriebs an den Universitäten und einer neuen gesellschaftlichen Zielsetzung von Forschung und Lehre. Die APO machte bald auch mit ungewohnter Schärfe gegen den Imperialismus der von der Besatzungsmacht zur verbündeten Schutzmacht aufgestiegenen USA Front und bekämpfte erbittert die privaten Meinungsmonopole, die sich im Zuge der Pressekonzentration gebildet hatten. VIETNAM und BILD waren die Reizworte der Epoche. Der an Wohlverhalten und Arbeitsdisziplin gewöhnte Bundesbürger nahm mit Entsetzen wahr, wie sich jugendliche ›Gammler‹ an den ewigen Werten der (klein)bürgerlichen Geschichte vergriffen, dem verinnerlichten antisozialistischen Denken Hohn sprachen, Kommunen gründeten, mit der nichtautoritären Erziehung ihrer Kinder zu experimentieren begannen und ein scheinbar von Hasch und Sex regiertes Dasein der geordneten Arbeitnehmerexistenz vorzogen.

Vor allem die Tatsache, daß hier keine politisch bedeutsame Gruppe, keine Klasse aufstand, ließ die Revolte in sich zusammenbrechen und später über Stadien der inneren Zersplitterung und Radikalisierung aus dem Realitätszusammenhang der westdeutschen Industriegesellschaft ausscheren. Die Bewegung an den Hochschulen spaltete sich in ihrer theoretischen Abstraktheit rasch von den Interessen bedrängter Bevölkerungsgruppen ab. Schon 1969 stellte HABERMAS fest, daß sich in der Studentenprotestbewegung von Anfang an emanzipatorische Kräfte mit rückschrittlichen Elementen verbunden hätten. Was sich in politischen Splittergruppen dogmatisch verhärtete, blieb sichtbar weit entfernt von jenem Vorausentwurf der ›neuen Sensibilität‹, mit dem die Philosophen MARCUSE und BLOCH die Richtung des Aufbruchs angedeutet hatten.

Leider haben die politischen und gesellschaftlichen Antworten auf diesen Protest – und keineswegs nur der ausweglose Terrorismus einer Minderheit von Aussteigern in die Gewalt – bis Ende der siebziger Jahre vieles zerstört, was einmal fast erkämpft schien. Eine neue Sinnlichkeit der Gewalt und des dumpfen Bedrohtseins konnte sich ausbreiten, von der die herrschende Öffentlichkeit, die sie mitproduzieren half, beharrlich schwieg. Berufsverbote als solche zu bezeichnen, galt eine Zeitlang als ebenso verdächtig wie früher die Bezeichnung DDR für das nicht anerkennbare ›Phänomen‹ des deutschen Nachbarstaates. Die Analyse und Kritik solcher Verdrängungsleistungen blieb mehr oder weniger die Aufgabe unbeliebter Intellektueller und Künstler. So hielten Filme wie ›Die verlorene Ehre der Katharina Blum‹ oder ›Deutschland im Herbst‹ fest, wie die unbewältigte Geschichte die Gegenwart eingeholt hatte. Der Versuch des Aufbruchs in eine neue politische Kultur

234

163 Wohngemeinschaft (um 1979)

schien endgültig gescheitert, die ›Tendenzwende‹ erfolgreich eingeleitet.

Trotzdem konnte die einmal entdeckte und praktizierte Form der Demokratie von unten nicht mehr abgeschafft werden. Sie hatte inzwischen Resonanz gefunden, ja eigene Traditionen entwickelt. Denn neben der jugendlichen Verweigerung und dem Aktionismus des studentischen Protests war eine neue Qualität des sinnlich-sozialen, solidarischen, selbstorganisierten Lernens auch in anderen Gesellschaftsbereichen sichtbar geworden. In der Folge krisenhafter Entwicklungen hatte es ›wilde‹ Streiks, in der Folge des Ausverkaufs der Lebensqualität das neue Phänomen der Bürgerinitiativen

gegeben. Das war ein deutlicher Einschnitt gegenüber den Jahren der Restauration, die derartige Formen der politischen Gegenöffentlichkeit nicht hervorbrachten. Diese sind heute als neue Erfahrung nicht mehr zu löschen, ebensowenig wie das Erbe der Studentenbewegung im scheinbar nur privaten Alltag.

Weniger der Häuserkampf und die Blockade von BILD als das Zusammenleben in Wohngemeinschaften, weniger die dogmatische Theorie als die erfinderische Phantasie des spontanen Widerstands, weniger das falsche Avantgardebewußtsein als die Sensibilität neuer Verkehrs- und Genußformen sind alltäglich gelebte Erinnerung und Erbe

235

dieser Generation auch bei vielen, die ihr nicht unmittelbar angehörten. Was blieb, ist ein Anflug von subversiver demokratischer Sinnlichkeit, etwas Beispielhaftes und für deutsche Sozialisationsbiographien überaus Ungewöhnliches.

Diese kulturelle Errungenschaft und Fähigkeit ist nicht ohne weiteres funktionalisierbar. Sie liegt quer zu den überkommenen, systemfreundlichen Wahrnehmungsformen und Verhaltensstilen der Anpassung und Verdrängung, und sie ist erstaunlicherweise zunehmend verallgemeinerbar geworden, je unfreundlicher sich die Lebensumwelten gestalteten und je mehr Bevölkerungsgruppen dies bewußt wahrnehmen. Der 68er Studentenprotest ist Geschichte, längst vorbei. Neue Formen der Verweigerung sind an seine Stelle getreten. Der heute unauffällig nach innen lebende »neue Sozialisationstyp« mit seinem »Unmittelbarkeitsgestus« und seiner »radikalen Bedürfnisorientiertheit« (ZIEHE 1978) ist weniger militant. Er neigt zu Ausbruchsversuchen in ein alternatives Leben hier und jetzt, in randständige Formen der nichtentfremdeten Produktion, in postindustrielle Utopien. Bei aller Gefahr einer neuen Bewußtlosigkeit beweist dieser Typus auch, daß aus der Tradition des Studentenprotests und der Ökologiebewegung heraus mit dem Entwurf einer subversiven Sinnlichkeit und alternativen Lebensform die Chance wahrgenommen werden kann, an den Umrissen einer dritten Kultur praktisch mitzuarbeiten. Diese dritte Kultur ist nicht einfach als eine unter anderen Subkulturen zu beschreiben. Sie breitet sich eher *neben* der allgemein herrschenden ›kleinbürgerlichen‹ Alltagskultur (in der ihre Konturen teilweise verschwimmen) gleichsam als Konkur-

renzangebot aus. Sie umfaßt relativ inhomogene soziale Gruppierungen, nicht bloß Jugendliche.

In vielen Mikromodellen der Alltagsorganisation, des kollektiven Wohnens, Arbeitens und Lernens scheint punktuell eine »Synthese von Bedürfnis und Erfahrung« (BRÜCKNER) zu gelingen. Vielerorts hat damit eine neue Form der sozialen Wahrnehmung und des gesellschaftlichen Verkehrs begonnen, die eine Erfahrungstradition begründen hilft, die nicht mehr bloß von den Entfremdungszusammenhängen in Arbeit, Freizeit und Konsum der kapitalistischen Warenkultur geprägt wird. Für den, der sich auf solche Experimente einläßt oder über sie nachdenkt, gewinnt der Begriff Kultur wieder etwas vom Selber-Tätigwerden, von der Sinnlichkeit des mit anderen gemeinsam arbeitenden, kreativen Menschen zurück.

Lange hat das Bewußtsein geherrscht, Kultur sei etwas über der Arbeit Stehendes, ein Extraprodukt, von dazu Berufenen gemacht oder von oben kommend, vor allem etwas, das man sich nur konsumierend aneignen kann. Noch im Abklatsch der fernen Hochkultur und in den Surrogaten, mit denen man sich kulturelle Identität verschaffte, steckte dieses Verständnis. Der Begriff dritte Kultur meint etwas qualitativ Neues. Zwar gibt das von IVAN NAGEL (1979 im SPIEGEL) ironisierte »sozialdemokratische Biedermeier« wenig Anlaß, von einer solchen grundlegend neuen Qualität zu sprechen. Oft werden bloß falsch vergoldete Erinnerungen in einer höchst ungemütlichen Reproduktionsgegenwart aus dem Album hervorgezaubert, von ›Schöner Wohnen‹ bis IKEA vermarktet oder im Fachwerk-Zweithaus ferienhaft nachgelebt.

236

164

Doch was sich – in oft ›kleinbürgerlichen‹ Ausdrucksformen – heute alternativ entwirft, ist deutlicher als alles Vorangegangene und Gleichzeitige ein Gegengewicht zur Formbestimmtheit des sozialen Alltags durch die herrschende Produktionsweise. Das mißt sich nicht an den bescheidenen Wählerzahlen zum Beispiel der ›Grünen‹, sondern am tatsächlichen Verhalten und an den latenten Sehnsüchten weit größerer Bevölkerungsteile, an den Formen ihrer kulturellen Reproduktion.

JAEGGI spricht bereits von »postbürgerlicher« und »postproletarischer« Kultur, einer Kulturentwicklung, deren Konkurrenz sich die noch herrschende, traditionell bürgerlichen Mustern verpflichtete Kultur ausgesetzt sehe. Vielleicht kann man davon ausgehen, daß es sich bei der latent politischen und manifest ästhetischen Verfaßtheit gegenwärtiger Alternativkulturversuche weder um bloße Abkömmlinge der ersten Kultur (also um Reformvarianten der bürgerlichen Tradition), noch um bloße Fortentwicklungen der zweiten Kultur, also um Wiederbelebungsversuche der proletarischen Tradition handelt. Vielmehr ist ein wirklich Drittes auf der Basis aktueller Bedürfnisse und

237

165 Anleitung der Offenbacher Gruppe DES-IN zum Selbermachen von Gläsern aus Einwegflaschen mit selbstgebauten Werkzeugen, 1977

Erfahrungen entstanden, das sich hier und dort gegen zähe Orientierungsmuster aus der Vergangenheit durchsetzt oder sie verwandelt.

Neu sind vor allem die Ansätze zu alternativen Lebens-, Verkehrs-, Kommunikations- und Regenerationsformen. Diese dritte Kultur hat bereits einen eigenen Symbol- und Ritualbestand, erzeugt vom Wunschdenken, aber auch von der schon veränderten Lebensweise. Dazu gehören Nein-Danke-Plaketten, Kinderläden, Straßenfeste, Frauenhäuser ebenso wie alternative Dienstleistungsbetriebe, Brötchenbäcker oder Landkommunen. Das alles ist gegen die »Kolonialisierung der Lebenswelt« und gegen das »Übergreifen von Formen der ökonomischen und administrativen Rationalität auf Lebensbereiche, die dem Eigensinn moralisch- und ästhetisch-praktischer Rationalität gehorchen« (HABERMAS 1979), gerichtet. Es ist nicht mehr eine theoretische, sondern eine lebenspraktische, sinnliche (freilich auch emotional-undeutliche) Kapitalismuskritik, die in dieser dritten Kultur aufgeht. Sie ist vor falschem Bewußtsein keineswegs gefeit, aber sie ist wirkliches Substrat des Protests in Form einer neuen sinnlich-sozialen Wahrnehmungs- und Handlungsfähigkeit, die schon vielfach ihren allgemeinverständlichen Ausdruck gefunden hat. Hier findet sinnliches Lernen auf eine bedürfnisbezogene, identitätstiftende Weise statt.

Allerdings haben die etablierten Parteien und die Bildungsinstitutionen noch keinen Finger gerührt, um den Prozeß des Hineinwachsens in die dritte Kultur zu fördern. Dennoch zeugt dieser Orientierungsversuch von unten inmitten einer gleichmäßigen Landschaft kulturpolitischer Konzeptionslosigkeit von der Existenz demokratischer

Lebenspraxis. Sie gilt dem immer noch autoritären, in Krisensituationen hysterisch reagierenden Sicherheitsstaat eher als verdächtig, denn die Ansätze der dritten Kultur sind demokratische Errungenschaften. Freilich kann heute niemand behaupten, daß sie in der Lage wären, die traditionellen Wahrnehmungsmuster aus der Erinnerung zu löschen oder den Wahrnehmungsverlust einer in entfremdete Arbeit und kompensatorische Freizeit aufgespaltenen Lebensorganisation auszugleichen. Insoweit ist die dritte Kultur immer noch Subkultur. Aber Subkulturen sind nicht nur »Insubordinationskulturen« (HAUG 1979), sie erzeugen auch ihre eigene Öffentlichkeit, die um so wirksamer als Beispiel sein kann, je vielfältiger und ›selbstverständlicher‹ sich die Symbole und Rituale entwickeln. Gerade in der sich jetzt abzeichnenden dritten Kultur werden Integrationstendenzen des herrschenden kulturellen Systems immer wieder dadurch aufgehoben, daß die herrschenden Lebensbedingungen die radikale Alternative stets selbst glaubhaft machen und notwendig erscheinen lassen.

Immer wieder entwickeln sich daher im Zusammenhang der dritten Kultur und ihres Kampfes gegen die Verhältnisse Formen der Subkommunikation, der ›ästhetischen‹ Kompetenz, des listigen Mediengebrauchs und der praktischen Solidarität. Wo immer dies geschieht, entsteht punktuell ein ›Gegenmilieu‹ und damit ein Stück dessen, was NEGT/KLUGE in Erinnerung an die Qualität »proletarischer Öffentlichkeit« herausgearbeitet haben. Was von ihr als einem »gesellschaftlich kollektiv(en) Produktionsprozeß, dessen Gegenstand zusammenhängende menschliche Sinnlichkeit ist« (1973, S. 486), gesagt werden kann, gilt auch für das Grund-

166   Gorleben 1980

bedürfnis hinter vielen Erscheinungsformen der dritten Kultur.

Dieses Bedürfnis nach Verwirklichung einer nichtentfremdeten, sinnlich erfahrbaren kollektiven Existenz, in der sich auch ein freies, starkes Ich entfalten kann, ist die große Hoffnung, ja die Utopie der dritten Kultur. Sie bleibt eine Aufgabe, an der ästhetische Erziehung mitarbeiten kann.

Dem Aufbruch in die neue Sinnlichkeit und Subjektivität stehen freilich reale Existenzbedingungen und Lernzusammenhänge gegenüber, die nicht einfach übersprungen werden können. Es gibt das Problem der Überwindung des lange absichtsvoll erhaltenen Bewußtseins ohne Geschichte oder der anerzogenen Erfahrungsunfähigkeit. Es gibt das Problem, authentische Erfahrung gegen solche aus zweiter Hand (beispielsweise durch die Medien vermittelte) durchzusetzen. Es gibt das Problem sprachloser Entfremdung von der eigenen Lebensgeschichte, das Nichtbegreifen einer mit anderen geteilten, scheinbar nur schicksalhaften Existenz. Wie man so und nicht anders und weshalb man so und nicht anders geworden ist, dies durchsichtig zu machen, ist heute eine der wichtigsten kulturpädagogischen Aufgaben, ehe an kollektive Veränderungen gedacht werden kann.

Angesichts solcher Probleme haben wir hier ein viel zu oberflächliches Bild der hi-

240

storischen Bedingungen und der sinnlichen Gegenwart der Bundesrepublik entworfen. Wer immer sich ein differenziertes Bild machen oder gar eingreifende, praktische Kulturarbeit an den Sinnen treiben will, muß die Wirklichkeit genauer analysieren. Sozialisationstheorien, auch schichtenspezifische Typologien des Verhaltens reichen nicht aus, um das kulturpädagogische Handeln im Einzelfall zu legitimieren. Vielmehr muß man sich bemühen mitzuerfahren, was Arbeit oder Arbeitslosigkeit, Kindheit und Jugend, Schüler- oder Lehrlingsexistenz, bestimmte Freizeitformen konkret bedeuten.

Der Lernraum Bundesrepublik war hier insoweit zu skizzieren, als zwei Grundvoraussetzungen des kulturpädagogischen Handelns wenigstens ahnbar werden sollten. Auf der einen Seite galt es, Wahrnehmungsmuster aus der Geschichte erkennbar zu machen, die in den Lernraum der Gegenwart ragen. Auf der anderen Seite waren neue Sozialisationsbedingungen anzudeuten. Damit sind auch die Zielsetzungen und Inhalte ästhetischer Erziehung berührt.

Wo immer ästhetische Erzieher sich als Kulturpädagogen begreifen und die Absicht bekunden, an der Gestaltung der Sinnlichkeit und des kulturellen Verhaltens

mitzuarbeiten, müssen sie zu praktischen Entdeckern dieser Sozialgeschichte der Sinne werden. Sie müssen um so schärfer beobachten und interpretieren, je mehr Ansprüche sie entwickeln, als Akteure der Gegensozialisation, als Emanzipationshelfer zu wirken.

Die ästhetischen Erzieher haben ungewöhnlich lange gebraucht, bis sie Vergesellschaftungsprozesse überhaupt bemerkten. Es fällt ihnen auch heute noch schwer, Schwächen angesichts dieser komplexen Realität offen einzugestehen. Am Entstehen der dritten Kultur hatten sie kaum Anteil. In die Jugendsubkulturen der Gegenwart reicht ihre Tätigkeit nicht hinein. Noch immer lehnen sie sich vorzugsweise in ihrem Denken und Tun an die eigene (klein)bürgerliche Lerngeschichte an. Viele Bedürfnisse und gesellschaftliche Ausdrucksformen sind ihnen schlicht über den Kopf gewachsen. Außerdem hält die Schule als Institution sie von weiten Teilen der kulturellen Lernwirklichkeit fern. Daß es dennoch, sogar im Bereich der Schule, heute Versuche zur ästhetischen Erziehung gibt, die trotz geringer Reichweite in die vom Alltag geprägten Sozialisationsbiographien nicht ohne Erfolg bleiben müssen, deuten wir am Ende des nächsten Kapitels an.

2 Von der kunstpädagogischen Restauration zur politisch-ästhetischen Praxis

Das Fach ›Kunst‹ ist heute – nach langer, kontrovers in relativ großer Öffentlichkeit geführter Diskussion – scheinbar in eine Phase der didaktischen Beruhigung eingetreten.

Oberflächlich herrscht der Eindruck, daß sich die Ausgangspositionen wieder angenähert haben. Konservative Bildungspolitiker können sich ihre Schule nicht ohne ausgleichende musische Freuden, Anhänger po-

241

167   Geschmacksbildung (Handbuch der Kunst- und Werkerziehung, 1953)

litisch-ästhetischer Erziehung können sich Lernen nicht mehr ohne sinnlich-praktisches, gestaltendes Tun vorstellen. Aber der Schein trügt. Man muß, um die Fachgegenwart in ihrer doppeldeutigen Situation zu verstehen, nur die unmittelbare Vergangenheit aufrollen. Dann werden die unversöhnten Gegensätze wieder sichtbar.

Innerlichkeit, Versenkung und Vergessen waren Motiv und Bedürfnis jener Träger der Kunsterziehungsidee nach 1945, die sich anschickten, von ihr zu retten oder wiederzubeleben, was einmal bewegend an ihr schien und als Erinnerung aus der eigenen Sozialisationsbiographie nicht wegzudenken war.

Die Grundlinie des ersten kunstpädagogischen Kongresses 1949 in Fulda wurde noch von der Sehnsucht nach einer musischen Erziehung – frei von politischen Bevormundungen – bestimmt. Man hoffte, die traumatischen Erfahrungen des Krieges

durch das glückhafte Kunsterlebnis ablösen zu können, und glaubte an die humanisierende Kraft einer erinnerungslos-naiven, ästhetischen Produktivität und Kreativität. Das erste ›Handbuch der Kunst- und Werkerziehung‹ stand noch ganz im Bann dieser Idee: »Im Begriff ›musisches Quadrivium‹ hat Otto Haase die Fächer der Bewegung, der Musik, der Muttersprache und die bildende Kunst zusammengefaßt (...). Das Musische ist dem Menschen eingeboren. Wir bezeichnen damit einmal die Kräfte, die aus Herz und Gemüt kommend, dem Sachdenken und dem bewußten Willen gegenüberstehen, zum anderen aber auch einen Zustand, in dem die musischen Kräfte ihre volle Wirksamkeit entfalten, eine Haltung, die auf einer völligen Harmonie aller seelischen Kraftquellen beruht.« (TRÜMPER 1953, S. 21)

»Freiheitlichkeit, Gelöstheit und innere Heiterkeit« sollten als »Hauch des musischen Geistes« die kunstpädagogische Praxis durchdringen. Das weitgehend undefinierbare Musische (vgl. SEIDENFADEN 1966) versprach, ein ganzheitliches Menschenbild zu verwirklichen und das Ich durch Unmittelbarkeit und kontemplative Übung aus seinen realen gesellschaftlichen Entfremdungszusammenhängen zu erlösen. Die bedeutende Rolle der sinnlichen Erkenntnisfähigkeit wurde zwar geahnt, aber in einer traditionell idealistischen Wendung verharmlost, aus dem materiellen historischen Lebensprozeß herausgenommen. Entsprechend bezog sich die musische Kunsterziehung auch auf einen gesellschaftlich nicht hinterfragten Kunstbegriff, auf ›zeitlose‹ Werte. Man ›begegnete‹ dem Kunstwerk ehrfürchtig und staunend, nicht bewußt wahrnehmend und fragend. Daneben wur-

242

den alte kulturpädagogische Funktionszusammenhänge des Fachunterrichts wie die Geschmackserziehung des Konsumenten wieder aktualisiert, sobald der industrielle Aufschwung sich abzeichnete (vgl. BETZLER 1953).

Der verschwommene musische Bildungsgedanke und die bequeme Verfügbarkeit des Fachs für gesellschaftliche Erfordernisse ohne Fragen nach deren Berechtigung lassen darauf schließen, daß nach 1945 weder bildungstheoretisch der Anschluß an die Weimarer Reformpädagogik gesucht, noch erziehungspraktisch der Versuch eines bewußten Eintritts in eine nachfaschistische Kulturentwicklung unternommen worden ist. Bis über die Mitte der sechziger Jahre hinaus hat keine ideologiekritische Auseinandersetzung mit dem geschichtslos gewordenen Begriff des Musischen stattgefunden. Sie begann – zunächst unbemerkt – von seiten der Musiksoziologie durch ADORNO (1956). Erst mit der Rezeption der ›Kritischen Theorie‹ durch einige Fachvertreter (vgl. z. B. MÖLLER 1967) rückte sie in das Blickfeld meist unwirsch reagierender Kunsterzieher.

168   Zeichensaal mit Kindern und Lehrer (OTT, 1949)

Sie hatten geglaubt, mit ihrem gestaltenden und kontemplativen Unterricht ins ›Wesentliche‹ vorzudringen, so wie es HAASEs Vorstellung war, daß nicht die demokratische, sondern die musische Erziehung das »Kernstück der Menschenbildung« sei.

Doch dem musischen Ganzheitsideal hafteten nicht nur die nationalsozialistischen Zusatzdeutungen als eine schwer tilgbare Belastung an. Es hätte durch die verdrängte Geschichte hindurch zum reformpädagogischen Ansatz der zwanziger Jahre zurückgefunden, und es hätte die Verwandlung des Subjekts in der sozialen Wirklichkeit nach 1945 erkannt werden müssen, um zu einer Revision der Kunsterziehungspraxis zu gelangen. Das wurde aber nicht versucht. Eine Vermittlung zwischen der propagierten Innerlichkeit des Kunsterlebens und der Wirklichkeitserfahrung des historischen Subjekts fand nicht statt. Die bildungsbürgerliche Erinnerung an einstige Funktionen der Kunst in der wesenhaften Selbstverwirklichung des genießenden Betrachters oder des dilettierenden Kunstproduzenten hielt die musischen Kunstpädagogen davon ab, die veränderte gesellschaftliche Landschaft wahrzunehmen. Dennoch blieb ihr Unterricht für Schüler attraktiv. Noch einmal gab es eine Welle des Schülerexpressionismus, während die im ›Dritten Reich‹ verfemten Künstler im Zuge kultureller Wiedergutmachung zu spätem Ruhm und Marktwert gelangten.

Sicher war die musische Kunsterziehung für Schüler aller Altersstufen weniger »zeitgemäßes Organ der Lebenshilfe« (HAASE 1951), als eine Gelegenheit, sich vom Schematismus der unverändert gebliebenen Lern- und Leistungsschule periodisch zu befreien. Man erfuhr in diesem Unterricht nicht sel-

243

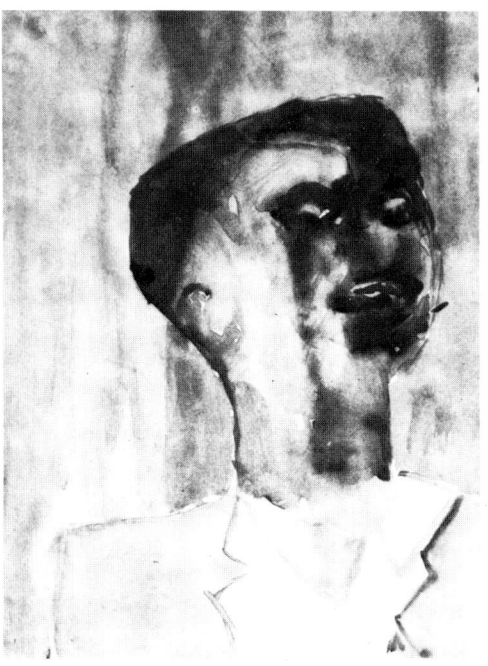

169 Expressive Malerei eines Sechzehnjährigen (OTT)

Bildungszielen notwendig gewesen wäre, gab es nur die Orientierung am diffusen und ideologisch belasteten Begriff des Musischen. Zwar wurde die Tradition der Entwicklungspsychologie der Kinderzeichnung (vgl. MÜHLE 1955) aktualisiert, aber in der Praxis orientierte man sich an der Stufenlehre nach BRITSCH/KORNMANN oder erfreute sich an zupackenden, ›naiven‹ Schülerprodukten. Auch die seit den dreißiger Jahren geläufige Verbindung des Volkskunst- und Kinderkunstgedankens und das Wiedererkennen eigener künstlerischer Normen und dumpfer Ideale in der expressiven oder dekorativen Schülerpraxis (vgl. MEYERS 1951) verhinderten eine kritische Modernisierung der Kunsterziehungsbewegung.

Vereinzelt gab es sensible Interpreten individueller Gestaltungsfähigkeit wie RICHARD OTT (1949), der die Gültigkeit eines starren psychogenetischen Grundgesetzes, dem die kindlichen und jugendlichen Ausdrucksformen beim Zeichnen und Malen zu folgen hätten, bereits bestritt. Alles in allem mußte der erste Versuch einer kritischen Versachlichung des Unterrichts wie ein uner-

ten ermutigende Zuwendung des Lehrers und war als Schüler eine ernstgenommene Person mit individueller Ausdrucksfähigkeit und einer anerkannten Identität. Das Fach ›Kunst und Werken‹ (hier waren noch zahlreiche sinnlich-gegenständliche Tätigkeiten traditionsgemäß vereint) wurde zu einem Raum für zugelassene Emotionalität und produktive Sebstvergewisserung nicht nur bei Schülern im Grundschulalter, sondern auch bei solchen in der Pubertät und in der Adoleszenz.

Trotz aller Blindheit der Theorie entsprach die Praxis dieser Kunsterziehung also latenten Bedürfnissen. Doch statt einer sich an der historischen Wirklichkeit abarbeitenden Didaktik, die zur Präzisierung von

170 ›Verregneter Dampferausflug‹, Zeichnung eines achtjährigen Kindes (Handbuch für Kunst- und Werkerziehung, 1961)

244

171a/b Flächige und räumliche Ordnungsübungen (PFENNIG, 1967)

warteter Donnerschlag in die musische Provinz fahren.

Für diese unverhofft, definierte die fachdidaktische Theorie einen neuen Lehrauftrag, nach dem der Unterricht in seinen Zielen und Lernschritten rational geplant und vollständig kontrollierbar werden sollte – ein Unding für jemand, der der Emotionalität der Kunsterziehung huldigte.

Als das Wort von der »Bildungskatastrophe« (PICHT 1964) die Runde machte und zu befürchten stand, die Bundesrepublik werde aufgrund veralteter Ausbildungsstrukturen den technologischen Wettlauf der Industriemächte nicht mehr bestehen, versuchten Vertreter des ›Formalen Kunstunterrichts‹ den Nachweis zu führen, daß

nicht irgendein »gegenwärtiges Glück des Kindes« (OTT) das didaktische Interesse der Kunstpädagogen leiten dürfte. Vielmehr sei im Fach ein lehr- und lernbares Problemlösungsverhalten durch gestalterische Übung zu vermitteln. Im Kunstunterricht galt es jetzt, erkennbare Qualifikationen zu erwerben und nachzuweisen.

Die »Erziehung zum bildnerischen Denken« (PFENNIG, ab 1959) war ein erster Versuch zur bewußten und umfassenden Lehre gestalterischer Fähigkeiten. OTTO (1964) deutete mit Schlüsselbegriffen wie Material, Experiment und Montage nicht nur die vollzogene Aneignung von Kategorien der aktuellen Kunst an, sondern ging auch davon aus, daß in solchen Übungen übertrag-

245

bare Fähigkeiten für »andere Disziplinen« vermittelt würden: »Sensibilität für unterschiedliche Materialien, Bereitschaft zum experimentellen Verhalten, Verständnis für technisch-künstlerische Verfahren verlangt das Leben keineswegs nur vom Künstler.« (S. 50)

Der Eintritt in die schon damals kontroverse Diskussion des zentralen Fachinhalts Kunst fand nicht zufällig in einer Phase statt, in der die Bundesrepublik wieder Anschluß an die internationale Kunstöffentlichkeit gefunden hatte. Die Abstrakten, Informel, Taschismus, action painting beherrschten die Ausstellungen. Der traditionelle Kunstbegriff hinter dem musischen Prinzip veraltete. Die auf »nichtartikulierte Sinnvermutung« und auf neue Techniken und Materialien gegründete »Erweiterung der gewohnten bildästhetischen Sinnlichkeit« (GEHLEN 1960) zum Beispiel in der modernen Malerei zwang auch die Kunstdidaktiker, ihre Konzeptionen zu aktualisieren, wollten sie nicht hinter der künstlerischen Entwicklung herhinken.

Erst GIFFHORN sprach vom »metaphysischen Idealismus, der der Aura von Kunst zugrundeliegt« (1974, S. 319) und zeichnete diesen Charakterzug kunstpädagogischen Denkens seit LANGBEHN und LICHTWARK nach, während MÖLLER bereits 1970 die »Ideologieverbundenheit von Kunstunterricht« (vgl. S. 18 f.) gerade in der scheinbaren Sachlichkeit ortete, mit der jener sich nun dem Unterrichtsgegenstand Kunst näherte.

Im Grunde war schon Mitte der sechziger Jahre abzusehen, daß ganz andere Sinneserfahrungen die Lebens- und Wahrnehmungswirklichkeit der Schüler bestimmten als etwa die künstlerische Gegenwartsproduktion.

172 Zeichenübung (RÖTTGER, 1964)

Viele Kunsterzieher sahen das Problem aber im Nicht-Verständlichwerden der Kunstwerke und blieben bei ihrer Praxis oft unsystematischer Vermittlungsversuche. Der ›Formale Kunstunterricht‹ schien sie methodisch besser auszurüsten und versprach meßbare Erfolge.

Alles, was seit dem Bauhaus an Objektivierungsversuchen gestalterisch-künstlerischen Verhaltens gegenüber dem Material existierte, erhielt nun besonderen Stellenwert. Das Zeitalter der bildnerischen ›Grammatiken‹ begann. »Bildnerisches Denken« (PFENNIG) oder »Das Spiel mit den bildnerischen Mitteln« (RÖTTGER, ab 1960) nahmen als methodische Entwürfe Bezug auf schon

246

historische Gestaltungslehren und gleichzeitig auf die Gegenwartskunst als Sache des Unterrichts. Sie sozialisierten auch auf neue Weise. Im Vordergrund des Unterrichtsgeschehens stand nun die vom Lehrer weit stärker als früher vorausdefinierte Herstellung eines Lernprodukts, das für diesen, oft auch für die Schüler, keine Überraschungen mehr barg. Man vollzog eine rationalisierte Aufgabe mit voraussehbarem Ergebnis oder spielte mit bildnerischen Elementen d. h. inhaltslosen Strukturen.

Für Schüler mußte dieser Produktionsprozeß sinnlicher Erfahrung um so belangloser werden, je vordringlicher es sich dabei um ›Schulaufgaben‹, um die Erledigung eines Auftrags handelte, bei dem es mehr um die Handhabung technisch-gestalterischer Mittel als um die Verwirklichung subjektiver Ausdrucksqualitäten am Material und emotionaler Beziehungen zum Gegenstand der gestaltenden Arbeit und tätigen Wahrnehmung ging.

Unter der Hand geriet der ›Formale Kunstunterricht‹ zu einem Abrichtungsinstrument für freischweifende Sinnlichkeit. Er gewöhnte die Schüler (die froh waren, in dieser Schule überhaupt noch etwas praktisch tun zu dürfen) an eine Form von objektivierter Erfahrungsleistung, die weitgehend austauschbar war.

Je mehr sich die ästhetische Produktion der Schüler im Unterricht vom subjektiven Ausdrucksbedürfnis entfernte, um so leichter wurde sie als Schulleistung meßbar. »Kunstunterricht« statt »Kunsterziehung« hieß die Fortschrittsparole, aber niemand nahm damals wahr, daß dieser Wechsel zu ›Sachbezügen‹ und ›Lernschritten‹ ein Produkt der Bildungsökonomie und ein Zeichen für den Einzug technokratischer Unterrichtsreformen auch in den Bereich der ästhetischen Erziehung war.

Die idealistisch-musische Kunsterziehungspraxis hatte beansprucht, alle Sinne und das Verhalten zu formen, auch über die Schule hinaus (vgl. z. B. bei OTTO 1974, S. 200). Den Beweis für das Gelingen war sie schuldig geblieben. Nun schienen Inhalte und Ziele des Fachs unter lerntheoretischen Gesichtspunkten endlich voll ›didaktisierbar‹. Der Kunstunterricht war als Lern- und Leistungsfach in den Fächerkanon der Schule integriert. Die »Aktualisierungskonzepte« (MATTHIES 1972) von PFENNIG und OTTO erweckten nicht nur den Eindruck, daß das Fach den Anschluß an die neuere künstlerische Entwicklung gefunden hatte. Kunstunterricht war nun vor allem ein ›disziplinorientiertes‹ Fach, in dem der Widerspruch zwischen freier Persönlichkeitsentfaltung und dem kontrollierbaren Erwerb für wichtig erklärter Kulturtechniken zugunsten dieses letzteren Ziels aufgelöst schien. Endlich wurde offensichtlich gelernt, was auch wirklich lehrbar und durch ein System von Lerninhalten und -zielen, ein Curriculum, bestimmbar war. Die Praxis zeigte sich zunächst irritiert. Vor allem OTTOs wissenschaftlich-pädagogische Diktion stieß auf Abneigung. Allerdings reichte der Zuwachs an didaktischer Rationalität nicht aus, eine fundierte kritische Funktionsanalyse der alten Kunsterziehung und zugleich der eigenen, neuen Reformtheorie und -praxis einzuleiten.

So geschah es, daß gerade der ›Formale Kunstunterricht‹ sich kritiklos jenem geheimen Lehrplan unterwarf, zu dem die musische Kunsterziehung quergelegen hatte – zum Prinzip der Unterordnung unter fremdbestimmte Kriterien formaler Leistungsfähigkeit. Mit dem Abbau der subjektorientierten musischen Praxis und der Einführung abstrakter Übungsreihen begann schließlich, was MAYRHOFER/ZACHARIAS (1976) die »Reglementierung der Sinne« nennen sollten. Diese Behinderung psychosinnlicher Bedürfnisäußerungen des Schülers herrscht noch heute an vielen Schulen in unterschiedlicher Aufgabengestalt.

Im Zeitalter der beginnenden Curriculumrevisionen (vgl. ROBINSOHN 1967) entsprachen die systematisierten Lehrgänge zur Einführung in die ›Strukturen‹ formalkünstlerischer Ordnungstätigkeit wie von selbst den neuen Forderungen nach Planbarkeit und Kontrolle des Unterrichts. Aktuelle Versuche, die Kunstwahrnehmung über ›exakte‹ informationsästhetische Modelle (vgl. RONGE 1969) zu erklären, kamen dieser Tendenz ebenfalls zustatten. Es kam zum bisher schlimmsten Rückfall in den geheimen Sozialisationsauftrag der alten Zeichenmethoden vor 1900. Unversehens schliff sich der Brauch ein, Phantasie, Sinnlichkeit und Vorerfahrung des Schülers einem Lehrgangsraster zu unterwerfen, in dem nichts außer sinnfreier Hand- und Augenfertigkeit geübt werden konnte. Bei RÖTTGER gab es für Studenten und Schüler wieder ›Diktate‹, mit bildnerischen ›Spielregeln‹ schmackhaft gemacht. Um Schülerarbeiten objektiv zensieren zu können, zählten die Lehrer schließlich Formvarianten und Farbabstufungen aus – die Inhalte waren belanglos, der Begriff der Aneignungs- und Entäußerungsleistung unbekannt.

Bei aller Zurückhaltung im Glauben an die Reichweite ästhetischer Erziehung in der Schule wird man davon ausgehen können, daß solcher Unterricht möglicherweise überall dort vergesellschaftende und sinn-

lich formende Wirkung entwickelt hat, wo eine allgemeine Sozialisationstendenz der Schule lediglich zu verstärken war. Man geht sicher nicht zu weit, wenn man dem ›Formalen Kunstunterricht‹ generell diese Hilfsfunktion unterstellt. Er paßte stilistisch-methodisch zur »Durchsetzung technologischer Rationalität unter Effizienzgesichtspunkten« (BECK 1970) und zu den objektivierten Leistungskontrollen, den Reformergebnissen dieser Epoche bundesdeutscher Schulgeschichte.

In den Sozialisationsprozeß des einzelnen Schülers konnte der ›Formale Kunstunterricht‹ nicht hilfreich eingreifen, weil er psychologisch nicht differenzierte, die Schülerlebenswirklichkeit negierte und das Bedürfnis nach individueller Aneignungs- und Entäußerungstätigkeit blockierte oder stark kanalisierte. In den gesellschaftlichen Lernprozeß reichte er nur insoweit hinein, als er die affirmative Tendenz des schulischen Leisten-Lernens verstärkte, statt gegen sie anzugehen.

Bei PFENNIG schritt man im Unterricht von »Grunderfahrungen« über »fundamentale Einsichten in bildnerische Probleme« zur künstlerischen Produktions- und Analysefähigkeit voran (vgl. 1964, S. 201 f.). Außerkünstlerische Wahrnehmungen machten Schüler offenbar nicht, Lebenserfahrungen wurden ihnen nicht abverlangt.

Zwar stellte OTTO schon 1964 fest, daß Kunst gegenwärtig nicht mehr die Leitideen, die in diesem Sinne ›zentralen‹ Bewußtseinsinhalte der Gesellschaft« (S. 47), formuliere. Der Fachdidaktik blieb jedoch die Tatsache verborgen, daß das einst im Kunsterlebnis auf der Suche nach seiner historischen Identität fündig gewordene bürgerliche Ich gar nicht mehr existierte und daß die moderne

248

173 Formale Flächenübung (RÖTTGER, 10. Auflage, 1971)

Kunst(markt)szene eher ökonomische Rätsel als kulturelle Orientierungshilfen anbot. Kunst blieb zentraler Inhalt ästhetischer Erziehung, das Erlernen künstlerischer Gestaltungsgrundlagen das zentrale Ziel. Das durchschnittliche Schülerprodukt sah immer irgendwie nach moderner Kunst aus, und außerdem glichen sich die Arbeiten in den Unterrichtsreihen oft zum Verwechseln. Gemessen an reformkunstpädagogischen Zielen aus der Fachgeschichte war dieser Unterricht deutlich verarmt. Solange die Fixierung auf den Nachvollzug formalkünstlerischer Strukturen die Wahrnehmung blockierte, konnte das Fach auch zu keiner grundlegenden Neudefinition seines Beitrags zu einer demokratischen Kultur der Sinne vorstoßen.

Der nachfolgende radikale Bruch (vgl. MÖLLER 1970) mußte um so mehr als Verrat an kunstdidaktischen Prinzipien erscheinen, als vielen Fachvertretern damals zugemutet wurde, ihre eigene Sozialisationsbiographie gleichsam zu vernichten. Ein Kunsterzieher ohne Beziehung zur Kunst war eben keiner mehr, ihm fehlte die gewohnte Legitimation seines pädagogischen Handelns. Die um 1969/70 beginnende Fachrevision hatte also nicht nur mit didaktischen Vorurteilen, sondern auch mit emotionalen Sperren bei der Mehrheit der Kunsterzieher fertig zu werden. Dennoch begann eine grundlegende, an der gesellschaftlichen Wirklichkeit orientierte Umstellung von Inhalten und Zielen des Fachs, die auch sozialisationstheoretischen Ansprüchen zu genügen schien.

Die veränderten Modellvorstellungen ästhetischer Erziehung entstanden vor dem Hintergrund der Kritischen Theorie, der Studentenbewegung und der Bildungsreformen, die damals noch erfolgverheißend waren. Die »systematische Ausbildung der Wahrnehmungsmöglichkeiten, des Wahrnehmungsgenusses und der Wahrnehmungskritik« mit dem Ziel der »Selbstbestätigung und Selbstbefreiung durch die Entdeckung eigener Wahrnehmungs-, Ausdrucks- und Wirkungsmöglichkeiten« (v. HENTIG 1969) stand zu Debatte.

KERBS (1970) entwarf ein theoretisches Modell der kritischen, utopischen, hedonistischen und pragmatischen Funktionen ästhetischer Erziehung und forderte, »nicht nur die Erscheinungen der Kunst, der Formgebung und der visuellen Kommunikation (...), sondern auch die Schönheit von Menschen, Landschaften und Naturobjekten« (vgl. in: OTTO 1975) einzubeziehen. ZIMMER (1970, in: SCHWENCKE 1972) schlug eine vergleichbare funktionale Differenzie-

249

rung der Aufgaben ästhetischer Erziehung vor. Er führte auch (1971) den Begriff der politischen Sozialisation in die ästhetische Erziehungstheorie ein. Im gleichen Jahr reflektierte GIFFHORN über »politische Erziehung im ästhetischen Bereich«. Damit begann eine Phase der theoretisch-didaktischen Postulate, in der zunächst kaum bemerkt wurde, daß die KEKS-Gruppe (KEKS = Kunst / Erziehung / Kybernetik / Soziologie) schon seit etwa 1968 ein aktionistisches Programm der ästhetischen Erziehungspraxis in einer Reihe von Experimenten zur außerschulischen Wahrnehmung und Erfahrung entwickelte (vgl. MANYFOLD PAED-AKTION 1970; KEKS-Dokumentation 1971). In diesen Versuchen konnten Kinder Ausschnitte der gegenständlichen, historischen und sozialen Umwelt handelnd entdecken und sich dabei mit Körper und Sinnen selber einbringen. So überlebten – obwohl zunächst die Theoriediskussion um die ›Visuelle Kommunikation‹ jede weitere Praxis zuzudecken schien – auch bedürfnisgerechte Lernformen, auf die beispielsweise das spätere Konzept ›Ästhetische Erziehung‹ von MAYRHOFER/ZACHARIAS und der Münchener PÄDAGOGISCHEN AKTION aufbauen konnte. Das war, wie sich ab 1976/77 herausstellen sollte, die wichtige und langfristig bedeutsame Sicherung reformkunstpädagogischer Traditionen oder der Grundstein zu ihrer Weiterentwicklung.

Denn neben der Praxis des ›Aktionistischen Kunstunterrichts‹ und gleichzeitig mit den Umrissen einer neuen Theorie der ästhetischen Erziehung, wie sie sich bei KERBS und ZIMMER abzeichneten, war ein Modellentwurf entstanden, der überhaupt nicht mehr in eine reformkunstpädagogische Tradition, ja nicht einmal mehr in

irgendein Fachdenken einzuordnen war, das Konzept ›Visuelle Kommunikation‹ mit seinen Schwerpunkten Massenkommunikation und Massenproduktkultur. Für dieses emanzipatorische Konzept (vgl. MÖLLER 1970; AD-HOC-GRUPPE VISUELLE KOMMUNIKATION 1970) forderte HARTWIG (1971) eine zentrale Stellung im Fächerkanon und einen neuen Typus des Fachlehrers. Es lag auf der Hand, daß weder irgendein Kunstunterricht, noch irgendeine Akademieausbildung das wissenschaftliche bzw. gesellschaftstheoretische Instrumentarium für eine neue, kritische Lernpraxis bereitstellen konnten. Bei reformaufgeschlossenen Kunsterziehern begann ein intensiver Lern- und Reflexionsprozeß mit der autodidaktischen Aneignung von Gesellschaftswissen und ideologiekritisch-hermeneutischen Methoden, ein Vorgang, der sich in EHMERs leitbildhafter Strukturanalyse einer DOORNKAAT-Reklame (1971) niedergeschlagen hat.

Mit optimistischen Vorstellungen vom emanzipatorischen Zugriff auf die Medien (vgl. ENZENSBERGER 1970), mit der anschwellenden Literatur zur Ideologie und Ökonomie des Mediensektors (vgl. HOLZER 1972), mit der nachgeholten MARX-Rezeption und der › Kritik der Warenästhetik‹ (HAUG 1971) entwickelte sich das Konzept ›Visuelle Kommunikation‹, durch einleuchtende sozialisationstheoretische Argumente gestützt, zum Reformmodell schlechthin, das auch Eingang in neue Rahmenrichtlinienentwürfe (z. B. Hessen 1972) fand. Massenmediale Vermittlung, Werbung und Warenästhetik wurden zu zentralen Gegenständen eines vor allem theoretisch-analytisch operierenden Unterrichts, nachdem das riesige Defizit an kritischer Lehre in diesen Bereichen erkannt worden war.

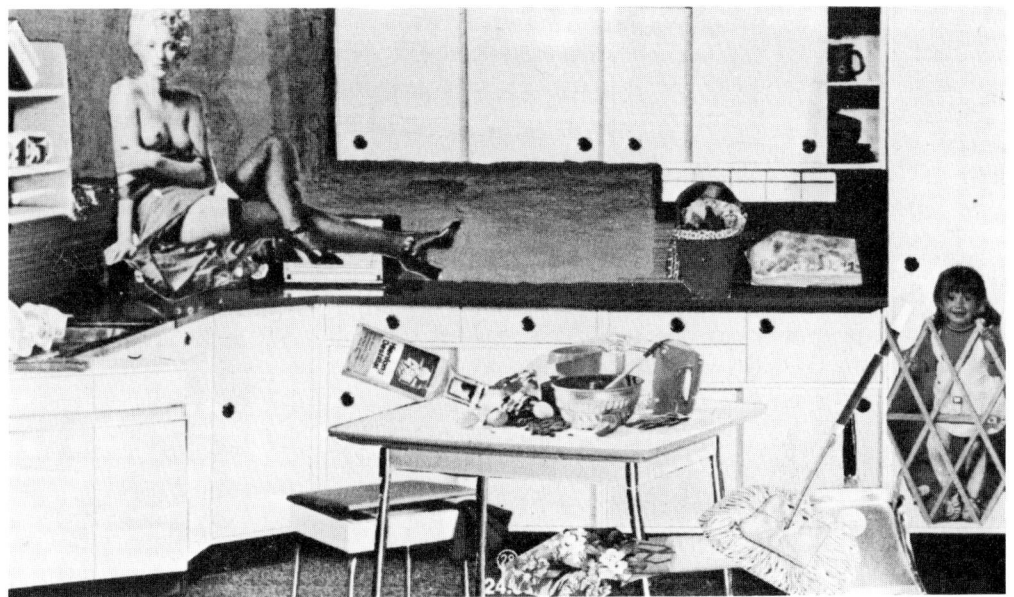

174 Collage zum Thema ›Rolle der Frau in unserer Gesellschaft‹, 8. Klasse einer Realschule (KUNST + UNTERRICHT, 1973)

Die massenkulturelle Wirklichkeit ließ sich jedoch ebensowenig wie das von der Sozialisationsbiographie des Schülers bestimmte Wahrnehmen und Handeln durch einen intellektualistisch gefärbten Aufklärungsunterricht beeinflussen. Ein großer Teil der Schüler langweilte sich und wurde nicht mit der erhofften Intensität erreicht. Viele Lehrer verweigerten sich auch dem Anspruch der neuen Fachdidaktik, verschreckt von politischer Rigidität.

Offensichtlich war der Begriff der emanzipatorischen Praxis noch kaum reflektiert worden. Denn die »Beseitigung des visuellen Analphabetismus« (MÖLLER 1970) über die schulische Auseinandersetzung mit den Gegenstandsbereichen Fotografie, Wer-

bung, Illustrierte, Film, Fernsehen und Comics gelang ebenso wenig wie die »kollektive und organisierte Unterwanderung der Schule« zur »Veränderung der Klassensituation Schule« (AD-HOC-GRUPPE 1970).

Gleichwohl stellte das Konzept ›Visuelle Kommunikation‹ die fällige und entschiedene Wendung zur politisch-ästhetischen Realität des Alltags in der Bundesrepublik dar. Vordringliches Ziel war die Bewußtmachung herrschaftsbedingter Abhängigkeit scheinbar freier Wahrnehmung und Verhaltensorientierung. Die damit verbundene Annahme, daß das ›Wissen‹ quasi automatisch zur Befreiung aus dem Manipulationszusammenhang führen werde, war jedoch sozialpsychologisch und sozialisationstheoretisch naiv.

251

Dieser Unterricht blieb daher weitgehend folgenlos, obwohl der Lehrplanrationalismus neue Blüten trieb und die Lehr-Lernziele aus dem Gesellschaftszusammenhang abgeleitet wurden. Die Schüler sollten unablässig etwas kritisch wahrnehmen und verstehen lernen (vgl. OTTO 1972, S. 135ff.). Der Grundirrtum war, daß eine Änderung des Sozialisationsinteresses und des Unterrichtsgegenstandes – verbunden mit dem Entwurf kognitiver d. h. analytischer Aneignungsprozesse – Sinnlichkeit und soziale Erfahrung der Schüler außer Kraft setzen, ja das Alltagsritual außerhalb der Schule aufbrechen könne. Der gesellschaftskritische Ansatz nach dem Modell der ›Visuellen Kommunikation‹ blieb blind gegenüber der Lebenssituation des Schülers, gegenüber seiner mitgebrachten (und im täglichen Sozialzusammenhang reproduzierten) Sinnlichkeit und seinen Bedürfnissen nach subjektivem Ausdruck und gegenständlich-praktischer Aneignungstätigkeit. Trotz aller theoretischen Beschwörung blieb der für die neue Didaktik fundamentale Situationsbegriff abstrakt. Die Lernzielableitungen erfolgten zwar aus der Einschätzung der objektiven gesellschaftlichen Lage, berücksichtigten aber die starke Einbindung der Psyche des Schülers in die Umfelder seines sozialen Alltags nicht. Auch die Eltern verstanden das alles nicht. Der Unterricht erreichte den Schüler nie an dem Ort und mitten in dem Prozeß, an dem seine Sinnlichkeit sich täglich formte.

Das pädagogische Vorgehen paßte zwar gut in die Landschaft zunehmend curriculumtheoretisch abgesicherten Lernens. Aber noch heute steht der Beweis für die These aus, daß es auf dem Wege einsichtig machender Aufklärung (das heißt ohne Vermittlung über Sinnlichkeit und Subjektivität) möglich sei, Schülererwartungen an »langfristigen gesellschaftlichen Interessen«, ja auch nur an der »Verwirklichung ihrer gemeinsamen langfristigen Interessen« (GIFFHORN 1974) auszurichten. Zur Küche der Verhaltensmuster dringt man offenbar nicht mit Hilfe einleuchtender Argumente vor. GIFFHORN und andere Theoretiker der politischen Didaktik ästhetischer Erziehung vergaßen, daß davor die Barriere der historisch-sozial produzierten Sinnlichkeit steht. Aus ihr heraus wird gehandelt, nicht aus dem ›Bewußtsein‹.

Schon MATTHIES (1972) hat daher mit Hinweisen auf die »entfaltete ästhetische Sensibilität als Korrektiv« kommender dogmatischer Verhärtungen Kritik an einer unvermittelt gesellschaftstheoretischen Lernzielbegründung angedeutet und für die Zukunft gefordert, daß ästhetische Erziehung »dem Begriff nach alle Bereiche der sinnlichen Wahrnehmung und Aktion« umfassen müsse (vgl. S. 53ff.).

Die dem Konzept ›Visuelle Kommunikation‹ eigene begriffliche Durchdringung des Unterrichtsgegenstandes entsprach einem Aneignungsstil, wie er gebildeten Erwachsenen oder allenfalls Schülern der Sekundarstufe II vertraut war. Aber nicht nur deshalb fand ›Visuelle Kommunikation‹ z. B. in der Hauptschule keinen Boden. Unter Bewußtsein wurde immer etwas verstanden, was von den Gegenständen und von den Erfahrungszusammenhängen außerhalb des Unterrichts abstrahierte, ja diese Erfahrungswelt als schlecht und falsch denunzierte, wenn sie überhaupt zur Kenntnis genommen wurde. Letztlich war dieser aufklärerische Unterricht ebenso moralisierend wie jene schon immer erfolglos prakti-

175 Aus einer Dokumentation von GRÜNEISL/MAYR-HOFER/ZACHARIAS, 1978

zierte reformbürgerliche Geschmackserziehung, die zum eisernen Bestand deutscher Kunstpädagogik gehörte. Dort war (und ist heute häufig noch) bewußtlos und minderwertig, wer ›Kitsch‹ konsumierte, nun war es der, der sich ›manipulieren‹ ließ.

Schon ZIMMER (1971) hat auf die »Scheinfreiheit« hingewiesen, die ein solcher Unterricht Lernenden vorspiegelt, die zu Hause nur die Wahl zwischen OMO und FAKT haben. Eine konsequente Kritik am historischen Konzept ›Visuelle Kommunikation‹ übten aber erst MAYRHOFER/ZACHARIAS (1976), die von einer »vergeblichen Alternative« zum Kunstunterricht sprachen und der ›Visuellen Kommunikation‹ »faktische Verhinderung der Emanzipation der Sinne« unterstellten. Es entsprach in der Tat weitgehend den Erfahrungen aus der Praxis, daß die »potentielle Teilpolitisierung« der Schüler durch »Entmündigung und Entaktivierung des primären Wahrnehmungsverhaltens« erkauft wurde (vgl. S. 234f.).

Praktisch wurde in diesem Unterricht entweder ›analysiert‹ (also bloß geredet) oder mit leicht zu beschaffenden Materialien wie Illustriertenausschnitten und Werbeprospekten in ›kritischer Absicht‹ collagiert. Das gesamte Qualifikationsprofil des sinnlich trainierten, in Gestaltungspraktiken versierten, psychologisch sensibilisierten Reformkunstpädagogen schien veraltet und unbrauchbar.

Für den Fachlehrer ergab sich eine merkwürdig gespaltene Situation. Er spürte den ungeheuren Nachholbedarf an bezugswissenschaftlicher Qualifikation von der Kommunikationstheorie über die Semiotik, die Hermeneutik bis hin zur Soziologie und politischen Ökonomie. Er nahm den Aufschwung der didaktischen Theorieproduktion in kaum überschaubaren Veröffentlichungen oft hilflos wahr. Im Anpassungsbemühen aber verarmte sein Unterricht zusehends, trocknete gegenständlich, emotional und methodisch aus.

253

176　Spiel- und Aktionsrequisiten bei MAYRHOFER/ZACHARIAS

Da blieb oft nur der Rückgriff auf bewährte Praktiken der musischen Kunsterziehung oder auf technisch interessante Aufgaben aus dem ›Formalen Kunstunterricht‹, um die Schüler in ihren Aktions- und Gestaltungsbedürfnissen anzusprechen. Hochschulabsolventen besannen sich in der zweiten Ausbildungsphase und in der anschließenden Praxis oft gegen ihre Überzeugung auf Erfahrungen aus der eigenen Schulzeit, weil die spröden Verfahren visuell-analytischer Erkenntnisgewinnung, die sie selber mißmutig, aber politisch bewußt im Studium vollzogen hatten, bei Schülern kaum Anklang fanden.

Im Laufe der letzten Jahre hat sich gezeigt, daß auf der Grundlage von überlieferten Erfahrungen mit dem ›Aktionistischen Kunstunterricht‹ ein alternatives Modell des emanzipatorischen Lernens denkbar geblieben und praktikabel geworden ist, das die subjektiven Bedürfnisse nicht zurückweist, aber auch nicht hinter den Erkenntnisstand der ›Visuellen Kommunikation‹ zurückfallen muß. Das Konzept ›Ästhetische Erziehung‹ in seiner vor allem von MAYRHOFER/ZACHARIAS (vgl. 1976; 1977) aktualisierten Form erlaubt wieder lustbetonte Wahrnehmungs- und Gestaltungspraxis. Es entspricht der späten Einsicht, daß »Sen-

254

sibilität, Phantasie, Spaß (...) zur Veränderung der Gesellschaft ebenso erforderlich (sind) wie Agitation, Verfremdung, konkrete Aktion« (SCHWENDTER 1979, S. 256). Nutznießer dieser offenen Form ästhetisch-praktischen Handlungslernens dürften gerade solche Kinder und Jugendliche sein, die vom Begriffsanspruch der ›Visuellen Kommunikation‹ überfordert oder abgestoßen wurden.

Eine Synthese von Realitätsprinzip und Lustprinzip in bestimmten sinnlich-sozialen, unauffällig kompetent machenden Lernformen deutete sich schon an, als die »Umwelt als Lernraum« (vgl. GRÜNEISL/MAYRHOFER/ZACHARIAS 1973) entdeckt worden war. Happenings, Verkleidungsaktionen, Veränderungen von Räumen durch eingreifendes Gestalten, spielerischer Umgang mit Materialien, lustvolle Selbstwahrnehmung und die Entdeckung der Reaktionen anderer auf das eigene Verhalten hatten bereits zum Repertoire des ›Aktionistischen Kunstunterrichts‹ Anfang der siebziger Jahre gehört. Zunehmend boten sich Experimentalräume zur Entwicklung sinnlicher Wahrnehmungs- und Erkenntnisfähigkeit vor allem im offenen Situationsrahmen kommunaler Ferien- und Freizeitveranstaltungen an.

Nach GRÜNEISL/MAYRHOFER/ZACHARIAS bedeutet das Konzept ›Ästhetische Erziehung‹ einen Versuch zum Ausgleich des Defizits »an Angeboten zu produktiver gegenständlicher Tätigkeit, zu sinnlicher Erfahrung, zu Eigenausdruck und Artikulation im ›Sozialisationsalltag‹ zwischen 0 und 20 Jahren – was die Familie, die Wohnung, die Umwelt, die Schule, die Freizeit und vor allem die nicht-bildungsbürgerlichen Schichten« (1978, S. 10) betrifft. Angesichts durchschnittlicher Sozialisationsverläufe von Kindern und Jugendlichen in der Bundesrepublik muß dieser Anspruch überzeugen. Allerdings sind damit die Probleme keineswegs gelöst.

MAYRHOFER/ZACHARIAS sind gleichsam in eine Marktlücke der Freizeitkulturpädagogik und der kommunalen Versorgungszwänge vor allem der Großstadtkinder und -jugendlichen aus abhängig arbeitenden Bevölkerungsschichten gestoßen, sicherlich zur Freude der Sozialpädagogen, deren Bedarf an Methoden und Organisationsmodellen kreativer Freizeitgestaltung wohl noch steigen wird. Die Übertragung dieses Mo-

177 ›Grabbelwand‹ auf einem Schulfest von Haupt- und Realschülern in Pattensen, 1979

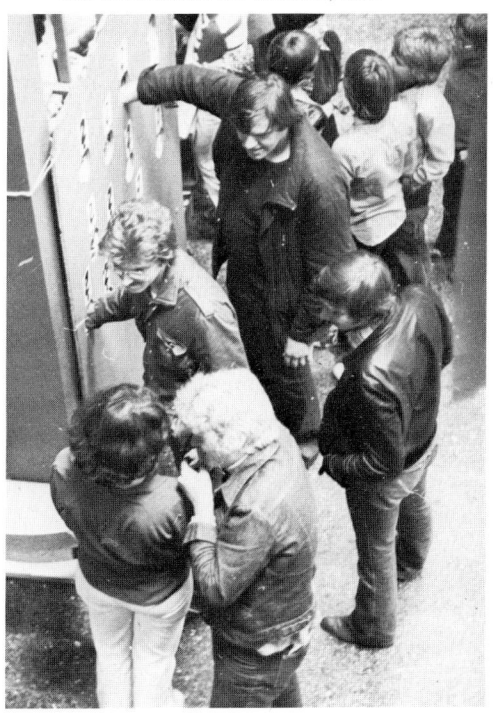

255

dells auf die Schule ist jedoch schwierig, abgesehen davon, daß es auch im außerschulischen Erfahrungsbereich rasch seine Grenzen findet. Denn sehr fraglich bleibt, ob in den Spielen und Materialschlachten der organisierten Gestaltungslust – das heißt in den immer wieder vom gesellschaftlichen Realzusammenhang sich ablösenden ›ästhetischen‹ Lernsituationen – nicht bloß ein vielversprechendes Freizeit- oder Ferienmilieu entsteht. Kinder und Jugendliche nehmen dies gewiß gern in Anspruch, werden aber womöglich so handlungsunfähig wie zuvor als Schüler oder Lehrlinge wieder in ihren Alltag entlassen. Die Unverdrossenheit des Spiels und die Erlebnisdichte des ästhetischen Handelns ändern noch nichts an der Arbeitswirklichkeit, an den Familienverhältnissen, am Sozialisationsprozeß. Das muß man sich realistisch vergegenwärtigen, wo immer man die »ästhetische Persönlichkeitsbildung« in und außerhalb der Schule »als Ausbildung der Fähigkeiten zum ästhetischen Erleben, Begreifen und Realisieren der real-praktischen Lebenszusammenhänge« (ROPOHL 1979, S. 134) interpretiert. Zwar können gegensozialisierende Erziehungschancen im außerschulischen Bereich ästhetischer Praxis und Jugendkulturarbeit wahrgenommen werden (vgl. die theoretischen Perspektiven bei ROPOHL und einige Beispiele bei HARTWIG 1980), aber man muß sich der Grenzen solcher sporadischen Erziehungsversuche an den Sinnen – eingedenk mancher Reformpleiten – immer bewußt bleiben.

178 Aus der Dokumentation einer Arbeitsplatzerkundung durch Braunschweiger Gesamtschüler, 1977

256

Das Abheben von der gesellschaftlichen Wirklichkeit ist ein Erbübel der ästhetischen Erziehung. Mangel an Unterrichtsforschung oder wissenschaftlicher Begleitung von Jugendkulturarbeit und die Schwierigkeiten einer Lernzielkontrolle in unzugänglichen psychischen Bereichen des ästhetischen Lernens verschärfen dieses Übel. Auch mancher direkte Handlungsauftrag hatte seine Tücken. Bei ZIMMER (1970) war noch von der »Störung« schulischer Lernrituale durch einen Typus des ästhetischen Erziehers die Rede, der als eine Art Guerillakämpfer der Emanzipation von Wahrnehmungs- und Verhaltenszwängen die Schule samt ihrer Sozialisationstendenz von innen aufbrechen sollte. Dieser Krieg hat nirgendwo stattgefunden. Denn die Schule konnte – ihrerseits verschärften Funktionalisierungstendenzen unterworfen – eine solche Aufweichung kaum zulassen. Wer eine unvermittelt aggressive oder auch bloß provokatorische ästhetische Erziehungspraxis begann, stieß rasch an die Grenzen der einst sprichwörtlichen Narrenfreiheit des Kunsterziehers.

Trotzdem bleibt festzuhalten, daß auch die schulische Praxis ästhetischer Erziehung bereichert worden ist und vor weiteren didaktischen Verdichtungen steht.

Die theoretische Grundlagendifferenzierung wurde in den letzten fünf Jahren vor allem im Bereich der drei Leitkategorien Aneignung, Identität und Regression geführt. Die HOLZKAMP-Rezeption lenkte die Aufmerksamkeit der Fachdidaktiker auf den komplexen Zusammenhang, der zwischen der Wahrnehmungsfähigkeit des einzelnen und der Geschichte der gesellschaftlichen Wahrnehmung von Gegenstandsbedeutungen besteht. Allen voran hat HART-WIG (vgl. 1975; 1976 a + b; 1977; 1978; 1980) in der Entfaltung des Aneignungsbegriffs nach den Motivationshintergründen besonders von Jugendlichen für das praktisch-ästhetische Tun gefragt und dabei die Funktionalität des Zeichnens im Zusammenhang von Realitätserfahrung und psychischer Verarbeitung in neuer Weise nachvollziehbar gemacht. Hier handelt es sich um einen Versuch, die psychologischen Erkenntnisse für eine neue subjektorientierte Praxis ästhetischer Erziehung konsequent zu verbessern. Dies geschieht im Sinne eines Subjektbegriffs, der aus der tatsächlichen Sozialstruktur und den darin angelegten Bedürfnisorientierungen und Brechungen der Sinnlichkeit und nicht aus der bildungs(klein)bürgerlichen Erinnerung des traditionellen Kunsterziehertypus abgeleitet wird. Dazu treten Überlegungen zu dem aus rollentheoretischen Sozialisationskonzepten vertrauten Identitätsbegriff (vgl. EHMER 1976) und zur Bedeutung subjektiver ästhetischer Praxis bzw. künstlerischer Arbeit (vgl. EHMER 1980).

Zwangsläufig muß nun mit alten und neuen Formen einer bedürfnisgerechten, individuellen und kollektiven Selbstdarstellungs-, Aneignungs- und Ausdruckspraxis experimentiert werden. Heute sind jedem Schüler gezielte Hilfen anzubieten, damit er seine Individualität erfahren und zugleich an ihr und in ihr seine soziale und historische Existenz zu Bewußtsein bringen, also die Balanceleistung zwischen persönlicher und sozialer Identität vollziehen kann. Hierfür erweist sich eine weitere psychologische Vertiefung der theoretischen Auseinandersetzung mit dem Subjekt als hilfreich, das im Vorstellungsbereich der dogmatischen Linken ebenso wenig existiert hatte

179 Wolfsburger Sonderschüler bauen ein Stadtmodell und installieren eine elektrische Beleuchtung, 1978

wie im orthodoxen Konzept der ›Visuellen Kommunikation‹. Der wiederum von HARTWIG (1977) in die fachdidaktische Diskussion eingeführte Regressionsbegriff deutet den Versuch an, den psychoanalytischen ›Individualansatz‹ mit dem aneignungstheoretischen ›Gesellschaftsansatz‹ zu versöhnen, und zwar mit dem Ziel, sowohl die Kenntnis der lebensgeschichtlich individuellen Verfaßtheit des Subjekts als auch dessen Bestimmtheit durch schichtenspezifische Enkulturation für eine emanzipatorische Praxis des ästhetischen Lernens zu nutzen.

HARTWIG spricht vom »massiven Bedürfnis nach vorsprachlichen Symbolisierungen und Verhaltensweisen« und davon, daß es »neben dem Bedürfnis nach adäquater Gegenstandserkenntnis gleichzeitig ein gesteigertes Interesse daran (gebe), die Gegenstände, Sprachsymbole, Gesten zu Mitteln der Rückerinnerung zu machen« (1977, S. 45). ›Rückfälle‹ in Phantasietätigkeit und affektive Übertreibung in der Pubertät, die seit je die Pädagogen beunruhigen, sind Grundlagen für den nachfolgenden Identitätsaufbau (vgl. HARTWIG 1980, S. 58f.). Auch bei RICHTER (1977) wird unter the-

258

rapeutischen Gesichtspunkten mit einem positiven Begriff von Regression gearbeitet. ZUR LIPPE (1978) spricht von »Körpererfahrungen« und »Körpergedächtnis« und schlägt Rückerinnerungsversuche in frühe

und früheste sinnliche Wahrnehmungszusammenhänge unter dem Aspekt eines »vernünftigen Rückgriffs auf die Arbeit der Sinne« ohne voreilige Kontrolle durch den Intellekt (vgl. S. 150 ff.) vor, in der Annahme,

180a/b Lebensgroße Selbstbildnisse Braunschweiger Studentinnen, 1980

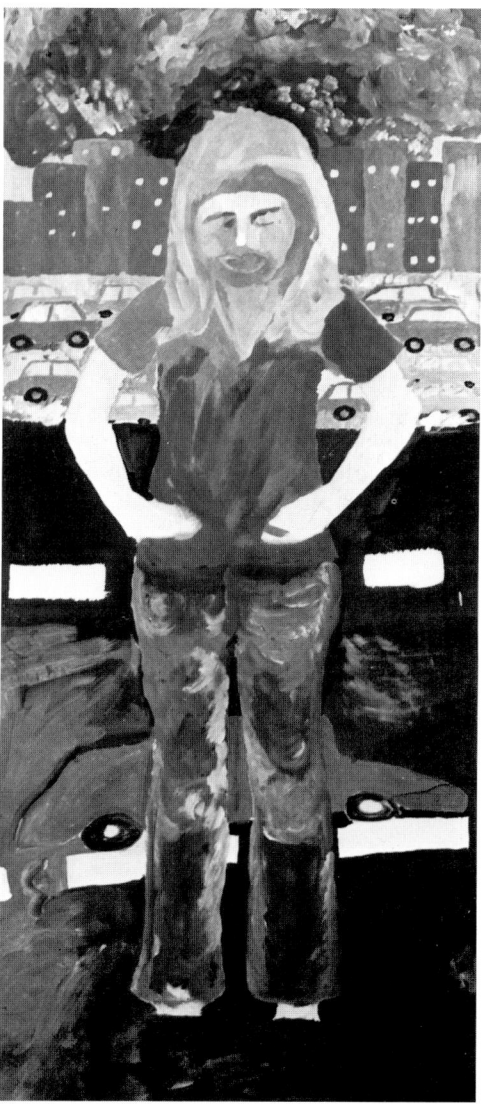

daß »die sinnliche Ebene erlaubt, etwas zusammenzubringen, was auf der Ebene der Verstandesbegriffe und der intellektuell kontrollierten Wortsprache nicht zusammen kann und darf« (S. 153).

Regression kann Rückbesinnung auf frühe Stufen der Wahrnehmung, eine zeitweilige Rückkehr zu unmittelbarem sinnlichen Erleben, zu ›nichtkultivierten‹ Verhaltensweisen gegenüber sich selbst und seiner sozialen Umwelt bedeuten.

Ein Lernen, das regressive Schritte zuläßt und zum Aufbau eines stärkeren Ich nutzt, provoziert »Rückgriffe auf Aktionssprache, Reaktivierung der Körpersprache gegenüber (. . .) verbal vermittelter Kommunikation, Verschmelzungswünsche (. . .)« (HARTWIG 1980). Das heißt, solche ästhetische Praxis ist jeweils an die sinnliche Biographie des Lernenden und Handelnden gebunden. Sie führt womöglich in die kindliche Erinnerung oder an frühe Erfahrungen der Sinne zurück und aktualisiert diese, wobei Wunschprojektionen, zum Beispiel das Bedürfnis, aus einem entfremdeten Leben zu sich selbst zu kommen, ein Motiv des Handelns sein können. In den Mal- und Töpferkursen der Volkshochschule zum Beispiel ist diese ästhetische Praxis für Erwachsene sicher mehr als nur ein musischer Zeitvertreib. Ebenso ist die geradezu körperliche Vereinigung von Jugendlichen mit ›ihrer‹ Musik sicher nicht bloß fremdbestimmtes Ritual, sondern eine Form von Selbstvergewisserung. Auch in der dritten Kultur bilden sich regressive Bedürfnisse ab – sei es im Rückhaltsuchen in der Geborgenheit der Gruppe, sei es im Drang nach gestaltender Arbeit mit der Hand.

Wer die regressiven Wünsche auslebt, lebt aber nicht nur in der Erinnerung. Er kann dabei auch Utopie mitproduzieren, die Einheit von erinnerter Glücksempfindung und Gegenwart herzustellen versuchen, sie in die persönliche und gesellschaftliche Zukunft projizieren. Natürlich kann Regression Flucht aus der Gegenwart bedeuten. Aber über ihre Utopienähe und Symbolfähigkeit enthält sie auch – die dritte Kultur beweist dies immer wieder – ein aktivierendes politisches Element. Die subjektive Motivation der Selbstvergewisserung in vielen betont ästhetisch-regressiven Aktivitäten kann daher zu einem neuen Angelpunkt auch politisch verstandener ästhetischer Erziehungspraxis werden. Heute ist eine zweckfreie künstlerische Tätigkeit nicht mehr schlichtweg als falsche musische Praxis abzuwerten.

Womöglich spricht gerade der nach der subtilen Analyse von ZIEHE (1975) »dem Realitätsrisiko narzißtischer Kränkungen aus dem Weg gehende«, durch »Verweigerungsverhalten« gekennzeichnete »neue Sozialisationstyp«, dessen Adoleszenzverlauf von den einst traditionellen Reifungsprozessen des Ich abweicht, auf Praxisformen an, in denen die Anstrengung des Begriffs durch sinnliche Anmutung und Symbolproduktion ersetzt wird. Vielleicht lassen sich gerade über die »Brückenfunktion nichtverbaler, präsentativer d. h. künstlerischer Symbole« (vgl. ZIEHE, S. 239ff. und LORENZER 1972, S. 117) neue Formen der Handlungsbereitschaft erschließen.

Daß man nicht bloß im regressiven Verhalten steckenbleibt, ist freilich noch ein erzieherisches Problem. Die psychoanalytische Sozialisationstheorie ist noch lange nicht so für die Praxis handhabbar, daß ästhetische Erzieher sichere Lehren aus ihr ableiten könnten. Nicht jeder Unterricht, der

260

181 ›Prüfungskommission vor schwarz-rot-goldener Fahne‹, Wandbild im Treppenhaus der PH Braunschweig, 1979 von einer Gruppe von Studienanfängerinnen entworfen

es Schülern gestattet, ihre regressiven Wünsche gegenständlich werden lassen, zeigt auch ein Stück des Weges in die Zukunft des Ich. Die Praxis des Kunstunterrichts ist nach wie vor oft noch weit davon entfernt, einen kontrollierbaren Beitrag zur vorgreifenden Bewältigung von Lebensgeschichte zu leisten.

Trotz solcher Einschränkungen darf man jedoch behaupten, daß das kulturpädagogische Erkenntnisinteresse und damit auch die Theorie der ästhetischen Erziehung problembewußter und differenzierter geworden sind. Ein in gewissen Spielräumen erfolgversprechendes, partiell selbständigmachendes Lernen schließt weder den engeren Erfahrungsbereich der Wahrnehmung von Kunstwerken, noch ehemals ›musische‹ Tätigkeiten aus – sie werden vielmehr zunehmend in offene Lernverläufe funktional integrierbar. Das differenzierte Qualifikationsprofil des ehemaligen Kunsterziehers ist, um einige sozialpsychologische und politische Nuancen reicher, wieder gefragt. Die Auseinandersetzung mit der gesellschaftlichen Realität gewinnt Farbe, Subjektivität, Sinnlichkeit, Authentizität und Unmittelbarkeit zurück. Doch die ästhetische Erziehungspraxis ist weder in der Schule, noch in der Jugendarbeit oder in der Erwachsenenbildung auf derartige Qualitätsgewinne hinreichend vorbereitet.

Die Professionalisierung des ästhetischen Erziehers beruht mehr oder weniger auf der Reaktionsfähigkeit, die er – selbst mitlernend – in der Teilnahme am Lernprozeß derjenigen hervorzubringen und anzuwenden in der Lage ist, für die und mit denen er arbeitet. Diese Reaktionsfähigkeit ist wenig entwickelt. Kaum einer fühlt sich darin ausreichend kompetent und stark. Fast immer ist der ästhetische Erzieher in der Defensive, nicht zuletzt gegen die oft unbeweglichen Bedürfnisse seiner ›Klienten‹, die durch ihre Perspektivelosigkeit ermüden können, oder gegen die Institution.

In der Schule war ästhetische Erziehung schon immer zu Randaktivitäten verurteilt, dazu in einzelne ›Fächer‹ aufgeteilt. Den ›ästhetischen Erzieher‹ gibt es eigentlich gar nicht, bloß den Fachlehrer, und selbst um dessen Ausbildung ist es schlecht bestellt. Dabei konzentrieren sich nahezu alle Forderungen der ästhetischen Erziehung auf den ›Kunstlehrer‹. Seine Ausbildung in den üblichen Studiengängen wird der inhaltlichen Breite seines Faches, die heute von der Medienpraxis bis zum Spiel, von der Auseinandersetzung mit Kunst bis zur Umweltgestalt reicht, selten gerecht. Außerdem sind seine Arbeitsbedingungen in der Schule mit die schlechtesten.

Gerade im Randbereich der ästhetischen Erziehungsfächer ließen sich aktuelle bildungsökonomische Zwänge durch Stundenkürzungen auflösen – eine Entwicklung, die, wie TEBBEN (1979, S. 60ff.) nachweist, mit der ›Saarbrücker Rahmenvereinbarung‹ der Kultusministerkonferenz von 1960 begann. Sinnlichkeit, Phantasie, Subjektivität waren entbehrlich. Ästhetische Erziehung, gleichgültig in welcher Form, stand in keinem unmittelbaren Verhältnis zu Qualifikationserfordernissen des Produktionssystems. Sie war im Grunde ein überflüssiges, traditionelles Bildungselement mit harmonisierender Funktion, ein Mittel zur zeitweisen Ruhigstellung und Erholung des gestreßten Schülers, auf das man notfalls auch verzichten konnte.

Das hat sich in einer langen Tradition der Einschätzung des Faches ›Kunst‹ durch die

182

rungsbegriff, der sich auf die Alltagsumwelt und Lebenswirklichkeit der Lernenden bezieht (vgl. NYKRIN 1978).

Immerhin kann heute eine therapeutische, entlastende, ich-stabilisierende Gestaltungspraxis betrieben werden. Dies geschieht zum Beispiel, wenn Schüler Gelegenheit erhalten, persönliche Probleme (mit der eigenen Sexualität, mit der Autorität der Eltern, mit den Lehrern usw.) in der symbolisch-gestalthaften Verarbeitung zu äußern, sei es über das Rollenspiel, sei es über die

Schule selbst niedergeschlagen. Jeder Kunstpädagoge kennt die Reaktion von Schulleitern, Kollegen und Eltern, sobald man im Unterricht andere Ansprüche als die eines unverbindlichen ästhetischen Kur- und Kulturbetriebs an den Tag legt. Dennoch gibt es heute Anzeichen dafür, daß die seit 1968/70 erfolgten theoretisch-inhaltlichen Neubestimmungen und die revidierten Praxismethoden des Faches ›Kunst‹ tatsächlich eine gewisse Breitenwirkung erzielen konnten. Sogar die traditionell eher konservative Musikdidaktik diskutiert heute einen Erfah-

183 Zeichnung eines Zehnjährigen

184 Protestplakat einer Schülergruppe gegen das Verbot zum Betreten des Lehrerzimmers an einer Wolfsburger Gesamtschule, 1978

Produktion bildhafter Zeichen, die sonst im Untergrund der anonymen Subkommunikation von Kritzelei oder einfach in der unerlösten Aggressivität versteckt bleiben. Oft ist das Fach Kunst auch der einzige Ort in der Schule, an dem eine Selbstdarstellung gelingt, wie sie von den ›Leistungsfächern‹ nie erwartet, vom Schüler aber als subjektiv enormer Fortschritt eigener Identitätsbil-

263

dung empfunden werden kann. Es ist ein Ort, an dem Sinnlichkeit noch ernstgenommen, ja produziert werden kann, wenn etwas Greifbares, Sichtbares und Wirkliches entsteht. Gerade in diesem Fach können heute (noch) Versuche mit dem selbstorganisierten, entdeckenden, ästhetischen Erfahrungslernen gelingen, wie sie in der reformpädagogischen Tradition verankert sind, beispielsweise wenn Schülergruppen mit Kamera, Kassettenrecorder und Zeichenstift eine Erkundungspraxis in realen Erfahrungsfeldern betreiben und die Schule zum Ort der Aufarbeitung, Durchgestaltung und dokumentarischen Visualisierung

ihrer gemeinsamen Erfahrungen machen. Es können sogar Akte des solidarischen Widerstandshandelns und Versuche zur Erweiterung der kommunikativen Kompetenz gelingen, wo – über ›künstlerische‹ Medien vermittelt – ein Freiraum verteidigt, eine Erlaubnis erstritten, ein Verhalten kritisiert, eine gemeinsame Aktion vorbereitet wird. Nach einer Definition von GRÜNEISL/MAYRHOFER/ZACHARIAS (1978) vollzieht sich ästhetisches Lernen »in der Wechselwirkung zwischen aktivem Wahrnehmungsverhalten und gegenständlichen, in die Wirklichkeit der konkreten Situationen eingreifenden Tätigkeiten«.

185 Einer Grundschulklasse in Peine gelingt ein Fest, das deutsche und türkische Eltern zusammenführt, 1978

264

186 Orientierungsstufen-Schüler in Meine spielen ihren Eltern realistisch das eigene Familienleben vor, 1978

Gerade hierzu gibt das ständig enger werdende Lebensgelände der Schule vielfach alltägliche Anlässe, sei es, daß Schüler sich gegen Übergriffe der Institution Schule zur Wehr setzen, sei es, daß sie Spiel- und Aktionsräume außerhalb erhalten oder erweitern wollen. Hier ist auch eine direkte Nahtstelle zur dritten Kultur und zu den Jugend-Subkulturen, zu allem, was außerhalb der Schule ›illegal‹, das heißt unter den Merkmalen subversiver Sinnlichkeit geschieht und Schüler als Beispiel beeindrucken kann. Doch wie frei sich Schüler im selbständigmachenden ästhetischen Erfahrungslernen üben dürfen, hängt nicht nur von der ›Institution‹, sondern auch von allen darin arbeitenden Lehrern ab, d. h. inwieweit sie bereit und fähig sind, selbst ein wenig in die Rolle des ästhetischen Erziehers zu schlüpfen – bespielsweise indem sie ein alternatives, ein sinnliches Lernen zulassen.

Studium und Ausbildung der Lehrer in der Bundesrepublik vermitteln aber in der Regel keinen Eindruck von den Möglichkeiten, den speziellen Arbeitsformen und letztlich von der Notwendigkeit ästhetischer Erziehung, obwohl jeder Lehrer später ständig mit der Wahrnehmung und den sinnlichen Bedürfnissen von Schülern zu tun be-

265

kommt, gleichgültig, welche Fächer er unterrichtet. Selbst der Kunsterzieher steht den Verweigerungsformen, den vorsprachlichen Signalen des Verstörtseins, der Motivationslosigkeit, den Aggressionen seiner Schüler oft hilflos gegenüber oder bleibt auf seine im Studium bloß begrifflich vermittelte Parteilichkeit beschränkt.

Für beide – für den ›Kunstlehrer‹ wie für jeden anderen Lehrer – wird heute ein Professionalisierungsprozeß bedeutsam, der mit der Aufarbeitung der Geschichte der Kunstpädagogik begann und bis zur (Wieder)Entdeckung und Vertiefung psychologischer Einsichten in die sinnlich-praktische, gestaltende Erfahrungstätigkeit reicht. Zwar kann von ästhetischer Erziehung »als Wissenschaft« (vgl. DAUCHER/SPRINKART 1979) keine Rede sein. Die ästhetische Erziehung folgt in der Praxis den handhabbarer werdenden Modellen des pädagogischen Handelns, wie sie aus der Weiterarbeit an den Konzepten ›Visuelle Kommunikation‹ und ›Ästhetische Erziehung‹ herauswachsen. Sie wird auch in Zukunft ›Theorienehmerin‹ aus unterschiedlichen Wissenschaftsdisziplinen bleiben müssen. Aber grundlegende wissenschaftliche Defizite im Bereich ästhetischer Erziehungstheorie und -praxis zeichnen sich heute immerhin so deutlich ab, daß man nicht mehr blind jedem Irrtum aufsitzen muß.

Während die Integration psychoanalytischer und aneignungstheoretischer Erkenntnisse in den pädagogischen Handlungszusammenhang offensichtlich Fortschritte gemacht hat, irritieren vor allem zwei Schwachstellen der wissenschaftlichen Durchdringung des gesamten Handlungsfeldes.

Einmal fehlt es an zureichender empirischer Kontrolle dessen, was tatsächlich geleistet wird, sowohl dort, wo, wie im Umkreis der Münchener PÄDAGOGISCHEN AKTION, Kinder- und Jugendkulturarbeit außerhalb der Schule betrieben, als auch dort, wo ganz gewöhnlicher Kunstunterricht zur Ausgangsbasis einer ästhetisch-kulturellen Sozialisationsarbeit gemacht wird. Zum anderen fehlt es an soziologischen Präzisierungsversuchen des kulturpädagogischen Handlungsinteresses. Die Erkenntnis, daß schichtentypische Aneignungs- und Ausdrucksformen berücksichtigt und kulturpädagogisch nutzbar gemacht werden müssen, war ein großer Fortschritt für die Praxis parteinehmender ästhetischer Erziehung. Aber die Wertung und übergangslose Ausgrenzung von ›Unterschichten‹- bzw. ›Mittelschichten‹-Verhaltensstilen geht oft gerade ästhetischen Erziehern und Erziehungstheoretikern allzu glatt von der Hand. Der Schritt von der Analyse zur Moral ist dann klein, die Parteilichkeit des Erziehungshandelns billig gewonnen.

Darf man wirklich nur »proletarische Jugendkulturarbeit« (ROPOHL) treiben, oder leistet man sich daneben unbemerkt ein soziologisches (und politisches) blackout? Wir halten die Notwendigkeit dagegen, auch und gerade Kulturarbeit am ›neuen Kleinbürgertum‹ zu betreiben, ja dies sehr bewußt und durchaus parteilich zu tun. Wir würden es für unverantwortlich halten, wenn die kulturelle Handlungs(un)fähigkeit real existierender Mehrheiten unberücksichtigt bliebe. Mit anderen Worten, wir plädieren für eine intensive Arbeit an den Sinnen, den Mentalitätsfiguren und der Handlungsbereitschaft jener zahlreichen Kinder und Jugendlichen, die aus Abhängigkeitsverhältnissen heran- und in diese wiederum hineinwachsen, die man nicht im eindeutig

187 Foto aus der kritischen Bestandsaufnahme einer Wohnumgebung (10. Klasse IGS Braunschweig, 1980)

proletarischen Lebens- und Kulturzusammenhang sehen kann. Dies nicht nur, weil auch diese Schichten ein Recht auf Hilfe bei der Emanzipation der Sinne und Bedürfnisse hätten, sondern auch und vor allem, weil es politisch sehr unvernünftig wäre, sich gerade hier *nicht* kulturpädagogisch zu engagieren.

Solche Kulturarbeit wäre schon einmal – vor 1933 – notwendig gewesen. Man sollte sie nicht wieder vernachlässigen. Natürlich gibt es Arbeiterkinder und -jugendliche, Lehrlinge, junge Arbeitslose mit ihren spezifischen Bedürfnissen und Sozialisationsbiographien. Für sie und mit ihnen muß Kulturarbeit geleistet werden – dies um so mehr, je weniger die Kultur der Bundesrepublik für sie leistet. Aber da sind noch andere Bedürftige. Und da ist ein gesellschaftlicher Prozeß, in dem sich einst klassenspezifische Verhaltensorientierungen auflösen oder annähern.

188 Entwurf eines alternativen Wohnhauses (Schülergruppe einer 6. Klasse der IGS Braunschweig, 1978)

Wir mißtrauen daher grundsätzlich (trotz eigener Neigung zur einfachen Parteilichkeit) jedem Modell, das die ästhetische Erziehung als sinnlich, geistig und handelnd selbständigmachendes Instrument monopolisieren will. Die Politisierung der ästhetischen Erziehung ist unausweichlich und richtig überall dort, wo auf dem Wege einer soziologisch differenziert entwickelten Kulturdidaktik versucht wird, das selbständigmachende ästhetische Lernen von unten zu fördern. Bloß würden wir das – weniger anspruchsvoll – nicht gleich als proletarische Praxis bezeichnen wollen. Daß »Erkenntnis (. . .) in einer sinnlichen Dimension verankert bleiben« muß (HARTWIG 1980), gilt sicher nicht nur für Arbeiterjugendliche. Das gilt nicht zuletzt auch für den Studententypus, der das Fach Kunst wählt und der in

aller Regel ein ›kleinbürgerlicher‹ Sozialisationstyp ist.

Die Analyse der ›objektiven Klassensituation‹ allein verschafft dem ästhetischen Erzieher keineswegs hinreichende Klarheit über Angemessenheit und Nützlichkeit seines Tuns. Für seine Praxis ist das vorfindliche kulturelle Verhalten entscheidend. Parteilichkeit kann sich für ihn daher nicht im schlichten Bekenntnis zu ›den Unterschichten‹ erschöpfen. Er muß seine Arbeit an den Sinnen vielmehr auch an solchen Bedürfnissen festzumachen lernen, die nicht im Einklang mit klassentheoretischen Erwartungen stehen. Dabei mögen ihm durchaus Entdeckungen gelingen, auf die er seine Hilfen für das Lernen von unten aufbauen kann. Denn natürlich gibt es nicht *die* Unterschichtensinnlichkeit oder *die* Mittel-

268

schichtenmentalität, genausowenig wie es *die* entsprechende Kindheit oder Jugend gibt. Es gibt schichten- und gruppenspezifische Charaktermerkmale der Wahrnehmung und des Handelns. Aber sie treten in unterschiedlichen Situationen mit unterschiedlicher Färbung und Tiefe auf. Darauf müssen ästhetische Erzieher und Kulturpädagogen in der Praxis spontan reagieren. Wenn es »bei der therapeutischen Funktion ästhetischer Prozesse um die Unterstützung einer Persönlichkeitsentwicklung geht, die aus der Blindheit ihrer individuellen, unbe-

189a Mit Nägeln gespickte Marionette eines ›schwierigen‹ Schülers (Orientierungsstufe in Braunschweig)

griffenen Lebensgeschichte in die Bewußtheit einer begriffenen sozialen Identität geführt werden soll« (HARTWIG 1980, S. 358), so müssen sich die ästhetischen Erzieher, voran ihre Theorieproduzenten, auch eingestehen, daß sie selbst von dieser Identität mehr ahnen als wissen.

Neben die hier notwendige Einfühlungsfähigkeit müßte noch eine andere Qualifikation treten, eine Art ›Organ‹ für die dritte Kultur und das, was in ihr sich symbolisch in neuen Identitätsentwürfen niederschlägt. Nicht zuletzt die dritte Kultur trägt neue politische Elemente über die starke »Wunschdynamik« (HOFFMANN-AXTHELM 1979) alternativer Lebensentwürfe auch in die Schule und die Hochschule hinein. Diese Wunschdynamik äußert sich traditionell in den Spielräumen des Faches Kunst, verwirklicht sich aber auch außerhalb der Institution im Freizeitbereich oder im unmittelbaren Beteiligtsein an ›ästhetischen‹ Aktionen. Jemand beginnt sein Wohnumfeld zu fotografieren. Eine Studentengruppe plant zusammen mit Gastarbeiterjugendlichen eine Video-Dokumentation. Andere machen bei einer Stadtteilzeitung mit oder helfen Hütten bei Gorleben bauen. Gefragt ist der ästhetische Erzieher hier nicht als Vormund oder Lehrer, sondern vielleicht als Organisator, vielleicht als Experte im Umgang mit einer Technik, vielleicht bloß als ›nützlicher Idiot‹, der einer freien Bedürfnisentwicklung Schutz bietet, vielleicht als vorsichtig steuernder Komplize bei Versuchen der Verselbständigung.

Dabei lernt auch er. Der Erfolg solcher Aktionen ist nicht immer entscheidend für die Qualität des Lernerlebnisses bei allen Beteiligten. Selbst wenn das ›Freie Wendland‹ längst geräumt, die Zeitung einge-

269

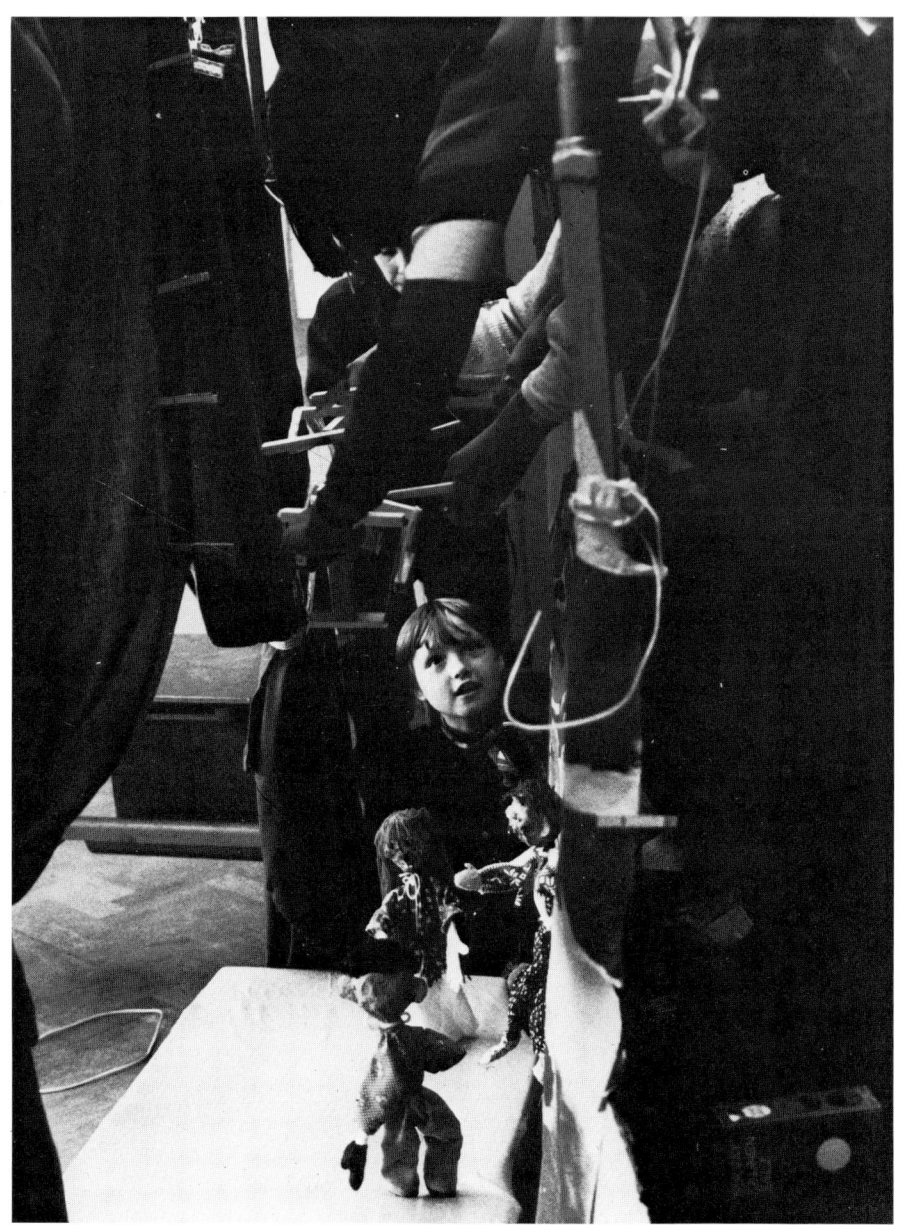

189b Szenenprobe mit selbstgebauten Marionetten zu einem selbstgeschriebenen Stück (Orientierungsstufe in Braunschweig, 1980)

gangen ist – die Erinnerung an die gemeinsame Erfahrung bleibt, und sie ist in der Regel nicht nur negativ. Die Wunschdynamik des sinnlich-sozialen und ästhetischen Veränderungsdenkens entwickelt sich auf dieser Erfahrungsbasis weiter und findet zu neuen Ausdrucks- und Verwirklichungsformen. Gerade die utopischen und hedonistischen Grundierungen ästhetischer Praxis haben ihre politische Brisanz. Die Phantasie ist nirgends an der Macht, aber sie arbeitet. Diese Arbeit mit in Gang zu halten, ist eine wichtige Aufgabe der ästhetischen Erziehung. Eine andere ist es, regressive Tendenzen fruchtbar zu machen. Eine dritte besteht darin, die bloße Flucht in die Entlastung aufzuhalten, die neue Subjektivität deutlicher ins Gesellschaftliche zu wenden.

Vielleicht war der Reichtum an Zielperspektiven, Funktionen, aber auch an methodischer Differenzierungsfähigkeit in der ästhetischen Erziehung noch nie so groß wie im Augenblick. Der anhaltende gesellschaftliche Bedarf nach diesem inzwischen brauchbarer gewordenen kulturpädagogischen Instrument kann nicht bestritten werden. Andererseits darf sich niemand darüber täuschen, daß es in der Bundesrepublik größerer Anstrengungen als je zuvor bedarf, die Utopie ästhetischer Erziehung im Kulturalltag konkret und ausdauernd zu machen.

3 Hat die ästhetische Erziehung in der Bundesrepublik eine Zukunft?

Im Ziel der selbstbestimmten sinnlichen Wahrnehmung und der bedürfnisorientierten Aneignung gesellschaftlicher Wirklichkeit schwingt heute die kulturpädagogische Hoffnung auf Fortschritte im politisch-ästhetischen Sozialisationsbereich der Schule, der Jugendarbeit und der Erwachsenenbildung mit. Beträchtliche Teile der didaktischen Theorie und ein quantitativ noch unbestimmbarer Teil heutiger Erziehungspraxis sind auf dieses Ziel gerichtet. Gleichzeitig ist das Wissen um die Verstörtheit sinnlich-gegenständlicher und sozialer Erfahrung in einer gesellschaftlichen Wirklichkeit, die nur bestimmte Wahrnehmungen und Erfahrungen zuläßt und in der die Schule und die Freizeit kaum noch Schonräume darstellen, kompakter geworden.

Das Grundversprechen der ästhetischen Erziehung, die Lust an der individuellen Gestaltungsfähigkeit oder am kollektiven ästhetischen Tun erlebbar zu machen, wird wieder häufiger eingelöst. Die Zeit der unduldsamen theoretischen Frontalangriffe auf massenkulturelle Verhaltenskomplexe scheint vorbei. Engagierte ästhetische Erzieher helfen in vielen sozial- und schulpädagogischen Arbeitsbereichen mit, nichtunterdrückbare Bedürfnisse nach sinnlicher Selbstvergewisserung zu verwirklichen. TEBBEN (1979) glaubt, daß die kunstpädagogische Unterrichtspraxis sich »von einem stark lehrerorientierten sach- und gegenstandsbezogenen zu einem stärker schülerorientierten situations- und prozeßbezogenen Verständnis« gewandelt habe. Für Teile der

271

190   Wunschbild einer Braunschweiger Pädagogikstudentin vom menschlicheren Lernen, 1979

Praxis mag dies eine zutreffende Trendbeobachtung sein.

Ästhetische Erziehung wird heute im Prinzip nicht nur kritisch-gesellschaftsfunktional interpretiert wie im Aufbruch zu ihrer Politisierung um 1970. Sie wird zunehmend auch wieder ichfunktional verwendbar, sie ist insgesamt also vielschichtiger in ihrem kulturpädagogischen Gebrauchswert geworden. Man kann sich dieses Instrument sowohl zu einem fächerübergreifenden Prinzip des sinnlich anteilnehmenden Lernens und der Wirklichkeitserkenntnis erweitert, als auch zu einem Medium der psychisch-geistigen und sinnlich-körperlichen Entfaltung des Subjekts verdichtet vorstellen. Dabei ist das ›Wie‹, der Weg des Ler-

nens, so entscheidend wie das ›Was‹, das Ziel.

Ästhetische Erziehung kann helfen, die »durch die allgemeine Wissenschaftslehre nur negativ definierte Erfahrung mit dem eigenen Ich, dem Körper, der Aisthesis« (v. HENTIG 1978) zu einem positiven, stabilisierenden Erlebnis zu machen. Sie kann auch dazu beitragen, daß kollektive sinnliche Aneignungsformen entwickelt oder solche wiederentdeckt werden, die unterdrückt worden sind. Einerseits ließe sich eine neue Kultur des Lernens aus ihr hervorbringen, andererseits eine ›Therapie‹ des Subjekts und seiner verstörten Bedürfnisse, und dies womöglich in ein und demselben Vorgang. Ästhetisches Lernen im Rahmen

272

191 Ein Braunschweiger Sonderschüler baut ein Haus aus Ton und entwickelt dabei Fähigkeiten, die niemand von ihm erwartet hat, 1980

solcher Erziehung hieße einerseits Arbeit *an* den Sinnen, am Selbst, an der Identität des Subjekts. Andererseits würde dieses Lernen auch Arbeit *mit* den Sinnen bedeuten und damit einen Gewinn an praktischer Methodenvielfalt der sinnlichen Erkenntnis und der gegenständlich-kulturellen Aneignung. Beide Elemente des produktiven Lernens im Rahmen ästhetischer Erziehung weisen auf eine reformpädagogische Tradition. Das Wiederanknüpfen an diese Tradition in einer Zeit, in der schon das Fach Kunst für sich ums bloße Überleben kämpft, ist eine Utopie. Doch selbst wer besorgt um die Erhaltung dieses Faches zurückhaltend argumentiert und zu Recht auf die Unersetzbarkeit der diesem Fach spezifisch zuzuordnenden ästhetischen Erziehungsziele pocht, muß zugeben, daß der umfassende historische Auftrag ästhetischer Erziehung das Korsett fachlicher Curricula immer wieder sprengen muß und sprengen wird. In ihrem historisch gewachsenen Entwurf ist ästhetische Erziehung längst über eine Praxis hinausgewachsen, die sich im Kunstunterricht allein bewältigen ließe.

Einmal mehr und mit immer dringenderen Argumenten könnte man daher fordern, daß ästhetische Erziehung schon über die strukturelle Eigenartigkeit der in ihr angelegten Lernprozesse zum zentralen Bildungsmittel der modernen demokratischen Schule erklärt werden müßte.

Aber wo und in welchem Umfang geschieht dies in der Schule der Bundesrepublik? Ist ästhetische Erziehung wirklich ein »Prinzip« geworden, das den »Gesamtbereich des erziehenden Unterrichts« durchdringt, »von der Kinderstube bis zur Universität einschließlich« (BRANDI 1901)? Ist an die Stelle der Lernschule eine »alle Sinne

192

und Fähigkeiten fördernde Arbeitsschule« getreten, in der etwa der Kunstunterricht die Aufgabe erfüllt, »die Sinnesorgane der Kinder zu öffnen, Auge, Ohr und Tastgefühl und den ganzen Körper zu Vermittlern des Lebens und der Welt zu machen«, wie es F. HILKER als Mitglied des BUNDES ENTSCHIEDENER SCHULREFORMER 1922 hoffte? Ja löst der landläufige Kunstunterricht heute überhaupt jene kompensatorischen und therapeutischen Versprechen ein, die ihm noch einen Randplatz im staatlichen Bildungssystem zu sichern scheinen?

Die erkennbaren Fortschritte in Theorie und Praxisteilen der ästhetischen Erziehung stehen im ungelösten Widerspruch zur immer noch unbewegten, vorherrschenden Durchschnittspraxis und ihren veralteten didaktischen Denkmustern. Noch immer stehen empirische Untersuchungen der Lernprozeßdichte und -qualität sowohl im schul- als auch im sozialpädagogischen Bereich ästhetischer Erziehung aus. Niemand überblickt, was tatsächlich im Unterricht,

274

in den Freizeitangeboten und in den Volkshochschulen der Bundesrepublik getrieben wird. Man kann ungestraft behaupten, daß ein großer Teil der ästhetischen Erziehung noch immer blind, affirmativ, auch kulturpädagogisch weitgehend nutzlos oder didaktisch unlegitimiert abläuft.

Praxis im Sinne eines selbständigmachenden ästhetischen Erfahrungslernens muß in der Regel mühsam vom einzelnen Erzieher oder von kleineren Lehrergruppen geleistet und durchgesetzt werden, die es sich erlauben können, im Schulbetrieb als störend empfunden zu werden und die sich der Anstrengung unterziehen, Lernprozesse über die Fachgrenzen, ja über die Schule hinaus zu planen, zu organisieren und abzusichern. Oder solche Praxis basiert auf außerschulischen Angeboten und Aktionen (vgl. z. B. MAYRHOFER/ZACHARIAS 1977; ROPOHL

193 Teil einer (erfolgreichen) Auseinandersetzung von Wolfsburger Gesamtschülern mit ihrem Hausmeister (großes, öffentlich aufgehängtes Packpapierbild, 1978)

1979; HARTWIG 1980), die ein ebenso großes Maß an didaktischer Offenheit und Risikobereitschaft verlangen.

Lehrer und Erzieher müssen in der Regel auf eine meist außerhalb von Studium und Ausbildung (oder gegen deren Tendenz) erworbene soziale und psychologische Sensibilität zurückgreifen, sobald sie sich in Zielsetzung, Inhalt und Methode von den unverbindlichen Beschäftigungsformen im Fach ›Kunst‹ oder einer bloß kompensatorischen Freizeitpädagogik abheben wollen. Selbst die privilegierten Hochschullehrer des Fachs werden durch Prüfungs- und Studienordnungen heimlich diszipliniert.

Den ersten Zusammenstoß mit dem System Schule erleben Lehrerstudenten oft schon in den Praktika. Die Freiräume zum Experimentieren mit eigener und fremder Wahrnehmungsfähigkeit sind nicht nur in der zweiten Ausbildungsphase, sondern auch für den ›fertigen‹ Lehrer und Erzieher äußerst bescheiden, sei es, daß man als Fachlehrer am Ende doch wieder bloß Noten festlegen muß, sei es, daß man als Animateur in das Schußfeld kommunal- und parteipolitischer Auseinandersetzungen gerät.

Die Abgrenzung schulischer Lernprozesse von der Lebenswirklichkeit ist oft so zwanghaft, daß jeder Ansatz zu einer produktiven, polyästhetischen Selbst- und Sozialerfahrungspraxis schon daran zu scheitern droht, daß der lehrplanorientierte Fachunterricht Vorrang gegenüber jedem exemplarischen Lernprozeß in gesellschaftlichen Realsituationen beansprucht. Sollen aber gesellschaftliche Lernerfahrungen tatsächlich gelingen, so müßte der Unterricht nicht nur forschend in die sinnlich-alltäglichen Erfahrungs- und Verhaltensfelder vordringen oder sich direkt in ihnen ansiedeln, er

275

müßte in guter reformpädagogischer Tradition auch das Prinzip des selbständigmachenden Erfahrungs- und Handlungslernens zur Aneignungsform schlechthin erklären.

Das ist aber höchstens in Ausnahmesituationen der Fall. Entweder werden in der gesellschaftlichen Nische von Privatschulen (vgl. z. B. die auf parallele handwerkliche und intellektuelle Ausbildung angelegte Hiberniaschule) reformpädagogische Traditionen weitergeführt, oder es werden in abbruchgefährdeten Modellversuchen wie der Bielefelder Laborschule oder dem Glocksee-Versuch Lernformen entwickelt, die schülerbedürfnis- und gesellschaftsorientiert eine Einheit von sinnlicher Erfahrung und denkender Erkenntnis entwerfen. In der Regelschule herrscht der Anachronismus fachgebundener ästhetischer Erziehung in ihrer mageren Schrumpfgestalt, nämlich als Kunstunterricht. Ein fächerübergreifendes Erfahrungslernen findet allenfalls in sogenannten Projektwochen statt. Die Verbreitung des ›Formalen Kunstunterrichts‹ und selbst bestimmter Praktiken der ›Visuellen Kommunikation‹ ist auch darauf zurückzuführen, daß das Lerngeschehen sich solcherart an den Arbeitsplatz des Schülers fixieren und diszipliniert abwickeln läßt. Schon das traditionelle Fächersplitting im Kernbereich ästhetischer Erziehung (Kunst, Musik, Werken) macht das sinnlich-praktische Lernen mehr oder weniger eindimensional. Die Behauptung ist nicht übertrieben, daß ästhetische Erziehung in der Schule heute im Regelfall kaum über die eingeschränkten Ritualformen des Unterrichts hinausreicht. Die Tatsache aber wirkt wie ein geheimes Einverständnis von Erziehungsstil, Bildungspolitik und Bildungsökonomie.

Sobald Bildungspolitiker in den letzten Jahren zur Frage der ästhetischen Erziehung Stellung bezogen, mußte man zweifeln, ob sie eine demokratisch-ästhetische Erziehung überhaupt wollten. Die Parteizugehörigkeit spielt dabei eine geringe Rolle. Ein politiköffentliches Geschichtsbewußtsein gegenüber dem Phänomen des ästhetischen Lernens und der Kultur der Sinne existiert hierzulande offenbar nicht. Es fehlt nicht nur die Einsicht, daß Ideologie schon in den Wahrnehmungsformen des individuellen und gesellschaftlichen Seins stecken kann. Es fehlt auch das Bewußtsein, daß Alltagskultur und die darin angelegten Formen und Inhalte von Politik etwas mit der Formung des Sozialcharakters von Menschen zu tun haben könnten. In Fragen der ästhetischen Erziehung verharren Bund und Länder im Zustand der Konzeptionslosigkeit. Das Begriffsverständnis der meisten Bildungspolitiker ist unterentwickelt.

Sie haben die Revisionsprozesse und Präzisierungen des selbstdefinierten Auftrags ästhetischer Erziehung, die seit 1969 bis heute intensiv stattgefunden haben, offensichtlich nicht zur Kenntnis genommen, sondern nur auf gesellschaftliche Bedarfssituationen, zum Beispiel auf den Zwang zur Jugend-Freizeitversorgung reagiert, oder an Stundentafeln manipuliert, um den sich verändernden bildungsökonomischen Erfordernissen Rechnung zu tragen.

Die Geringschätzung und der Abbau beispielsweise des ökonomisch unnützen Kunstunterrichts sind nicht nur von seiten des BUNDES DEUTSCHER KUNSTERZIEHER seit

194 Aus der Dokumentation einer Arbeitsplatzerkundung durch Schüler der IGS Braunschweig, 1978

276

Anfang der sechziger Jahre heftig beklagt oder in kritischen Stellungnahmen immer wieder veröffentlicht (vgl. KERBS 1971; KUNST+UNTERRICHT 1971), sondern sogar von der Bund-Länder-Kommission (1977) bestätigt worden. In einer jüngeren Analyse der Auswirkungen der Bildungsreformen auf das Fach Kunst (TEBBEN 1979) ist die Entwicklung noch einmal übersichtlich dargestellt.

Sogar der traditionell randständige Kunstunterricht wurde also immer mehr eingeschränkt. Von inhaltlichen Ausweitungen konnten zwar die Fachreformer reden, aber sie machten die Rechnung ohne den Wirt. Bildungsökonomisch war eine zentrale Stellung ästhetischer Erziehung im schulischen Curriculum irreal, politisch standen die Forderungen auf dem geduldigen Papier von Rahmenrichtlinienentwürfen, die der ›Tendenzwende‹ früh zum Opfer fielen.

Um dem notorischen Mangel an Fachlehrern abzuhelfen, Ausbildungskosten zu sparen und den kunstpädagogischen Bereich aus dem rationalisierten Lehrplan der Schule auszugrenzen, schlugen bereits die ›Empfehlungen des Deutschen Bildungsrats‹ von 1974 für die Sekundarstufe II einen »Lernort Studio« außerhalb der Schule vor. Hier sollten freiberufliche Künstler Jugendliche bei ästhetischen Aktivitäten im engeren Sinne betreuen.

Auch wenn ein Modellversuch des Bundes und der Länder wie »Künstler und Schüler« (ab 1976) in einer kooperativen Praxis nicht ohne Sinn und Berechtigung schien, wurde doch immer deutlicher, daß ästhetische Erziehung lediglich noch unter kompensatorischen Gesichtspunkten eine bildungspolitische Rolle spielte. Der 1976–79 vom Bundesminister für Bildung und

277

Wissenschaft geförderte Modellversuch in Nordrhein-Westfalen, »Die Jugendkunstschule – Modell sozialer Kulturarbeit«, belegt diese Tendenz deutlich.

Niemand kann bestreiten, daß offene Freizeitangebote »zwischen traditionellem Kunstunterricht und emanzipatorischer Sozialpädagogik« (BMBW-Werkstattbericht 20, 1979) als Ersatz für den schon vielfach abgebauten Kunst- und Musikunterricht in der Schule attraktiv und (jeder Sozialpädagoge weiß das vorab) besser als gar nichts sind. Bemerkenswert war vielmehr die naive Legitimation des Modellversuchs: »Wir alle wollen, daß unsere Kinder wieder mehr singen, malen, Theater spielen, Spaß und Freude an Kunst und Spiel haben (. . .). Wir wünschen uns für sie Freiräume, Bereiche, die den Zwängen unserer weitgehend durchorganisierten und reglementierten Welt verschlossen bleiben (. . .). Denn zur musischen Bildung unserer Kinder gibt es keine Alternative.« (Staatssekretär ENGHOLM im BMBW-Werkstattbericht 20)

Bemerkenswert war auch die Einführung des Begriffs der »musisch-kulturellen Bildung« (vgl. BUND-LÄNDER-KOMMISSION 1977), obwohl die Geschichte drastisch lehrt, daß dieses veraltete, ideologisch vorbelastete Bildungsverständnis alles andere als politisch tragfähig und demokratiewürdig ist.

In der Einleitung zum ›Ergänzungsplan zum Bildungsgesamtplan‹ (1977) heißt es: »In dem Maße, wie eigenschöpferische und emotionale Fähigkeiten und Wünsche in der Arbeitswelt nicht zur Geltung gebracht werden können, wächst die Bedeutung musisch-kultureller Bildung als Inhalt von Freizeit.« Der Ergänzungsplan fordert daher eine Strukturverbesserung der musischen Angebote, eine effektivere Ausnutzung vor-

handener Einrichtungen und mehr Personal für die Freizeitbetreuung in musikalischen und bildkünstlerischen Bereichen.

Ein kultur- und bildungspolitisches Konzept? Eher ein Plan, der die Rote-Kreuz-Funktion musischer Freizeitpädagogik offen eingesteht. Zwischen belastender Arbeitskultur und entlastender Freizeitkultur wird säuberlich unterschieden. Freizeit wird als Sanatorium der Sinne und Bedürfnisse verstanden, in das man die beschädigte Wahrnehmung und Emotionalität zu Kuren mit musischer Beschäftigungstherapie verschickt, damit sie hiernach wieder die Arbeits- und Lebensumwelt aushalten können. Gegenüber den ersten Ansätzen bei Eintritt in die Reformära vor mehr als zehn Jahren ist dies eine ungeheure Verdrängungsleistung. Was damals schon unter ästhetischer Erziehung im gesellschaftspolitischen Zusammenhang verstanden werden konnte, beweisen Thesen, die einmal mit dem Erziehungsprogramm der Gesamtschule diskutiert wurden. H. v. HENTIG schrieb 1969, über die bloß künstlerische Erziehung hinaus in den Raum der Gesellschaft vordringend: »Wenn man Kunst nicht als Summe der anerkannten Kunstwerke (. . .) auffaßt, wenn man sie vielmehr schon mit den Wahrnehmungsprozessen beginnen und bis in die elementaren Ausdrucksmöglichkeiten bis hin zur Mode, zur Reklame, zur politischen Symbolik, zur Stilisierung oder Variation der sozialen Verhaltensformen reichen läßt, dann wird deutlich, welche großen und wichtigen Bereiche unseres Lebens wir dem Zufall oder der Gewohnheit oder der Manipula-

195 Aneignung von Bildern einer Horst-Janssen-Ausstellung durch Nachahmung (8. Klasse Realschule Weyhausen, 1980)

278

wer nicht auf FACTS hören will ist ein Arsch mit Ohren. setz FACTS

Wer nicht auf FACTS hören will ist ein
ARSCHMITOHREN

196 Realschüler starten eine Kampagne für die Altstadterhaltung in Bad Münder, 1978

tion oder der Verödung überlassen: daß unsere ästhetische Erziehung in einem grotesken Mißverhältnis zu unserer ästhetischen Beanspruchung steht.« (1971, K+U-Sonderteil)

Die gegenwärtige Bildungspolitik schickt sich an, dieses Mißverhältnis zu verewigen, obwohl in den ästhetischen Bildungsbereichen selbst eine lange theoretische und praktische Erfahrungstradition existiert, wie man in Schule und sozialer Kulturarbeit gesellschaftliche Wahrnehmung und handelndes Lernen üben kann. Verlängert man die politische Vision der »musisch-kulturellen Bildung« in die denkbare Zukunft, so

erhält man eine absurde Version von HUXLEYs Bild der ›Schönen Neuen Welt‹: alle tun eine vollständige sinnentleerte Arbeit im verkürzten Produktionsalltag, aber in der vermehrten Freizeit ist jeder ein richtiger Künstler, der sich in einer imaginären Welt der musischen Freuden das ›Soma‹, die Droge verschafft, die ihm das abhängige Leben erträglich macht.

Mit dieser Vision der sinnlich abgespaltenen Kompensation und der ästhetischen Ausflüchte wird mit Gewißheit eine falsche Antwort auf die gesellschaftliche Situation und auf die Bedürfnisentwicklung gegeben. Mit dieser Antwort finden sich daher viele

280

Kulturpädagogen und ästhetische Erzieher nicht ab. Sie treiben vereinzelt, von Parteipolitikern und Kultusbürokratien beargwöhnt, voran, was in einem demokratischen Staat ganz normale Kulturarbeit an den Sinnen zu nennen wäre: den Versuch mit der »Entwicklung einer neuen Sinnlichkeit, d. h. neuer Erfahrungs-, Wahrnehmungs- und Vorstellungshorizonte in der sinnlich-tätigen Verarbeitung und Umarbeitung der Alltagsrealität der Kinder« (SCHULVERSUCH GLOCKSEE 1976). Es gibt auch Lehrer, die sich der Meinung des GEW-Hauptvorstandes (1979) anschließen können, daß die ästhetische Erziehung »alle Gebiete der sinnlichen Wahrnehmung und Aktion (umfaßt). Sie ist deshalb auch nicht auf ein oder mehrere Unterrichtsfächer beschränkt, sondern in allen Lernprozessen möglich. Ästhetische Erziehung entwickelt die Wahrnehmungsfähigkeit, die Voraussetzung für menschliche Erkenntnis und damit für Bewußtseinsbildung und gestaltendes Handeln ist.« HARTWIG (1980) spricht von der »Wiedervereinigung aller Sinne durch kollektive Aktionen« und deutet damit an, daß die reformpädagogische und die politische Tradition ästhetischer Erziehung zu einer neuen Einheit verschmolzen werden können.

Auch dieser Begriff ästhetischer Erziehung ist – wie die »musisch-kulturelle Bildung« – ein Produkt deutscher Nachkriegsgeschichte, aber er *ist* die demokratische »Alternative«, die dem Staatssekretär ENGHOLM und anderen schon 1979 nicht mehr geläufig war. In diesem Begriff ästhetischer Erziehung konkretisiert sich ein kulturpädagogisch und politisch vorausschauendes Denken und kein Überfliegen der Wirklichkeit. Womöglich gelingen – trotz Behinderung – mehr Versuche zum Beginn mit einer neuen Kultur der Sinne, als davon zur Zeit geschrieben und berichtet wird.

Utopisches Denken ist schnell denunziert von denen, die vom Bestand der herrschenden Verhältnisse Nutzen ziehen. Aber Utopien sind im Gegensatz zu Rechtfertigungslehren (Ideologien) die *wirklicheren* Ideen. Vom Ende jener im Einzelfall immer wieder neu zu konkretisierenden Utopie des kulturpädagogischen Handelns zu reden, die sich am Bild des aufrechtgehenden Menschen und seiner sinnlich-sozialen Selbstgestaltungsfähigkeit ausrichtet, halten wir wirklich für verfrüht.

Zwar beobachtet man auf der einen Seite den staatlich geförderten Schrumpfungsprozeß der ästhetischen Erziehungspraxis auf künstlerische Teilbereiche im Zusammenhang mit einem roll back in längst überholt geglaubte Positionen des fachdidaktischen Denkens. Auf der anderen Seite verstärkt sich aber die Gewißheit, daß ästhetische Erziehung nicht als Fach oder Freizeitaktivität reduziert, sondern als durchgehendes Prinzip einer genußvollen, fächer- und institutionenübergreifenden sinnlichen, zugleich politischen Erfahrungspraxis in und an Bereichen der gesellschaftlichen Alltagswirklichkeit, unmittelbar in den Prozeß der Sozialwerdung der Sinne und des Ich eingebunden, betrieben werden muß. Darauf und auf keine andere ästhetische Erziehung führt unsere historische Analyse zwangsläufig hin. Dazu gibt es keine Alternative.

Die in dieser Interpretation erneuerte und konkretisierte Utopie erfährt ihre politische Berechtigung jeden Tag. Heute geht es um den Ausbau jener bereits in den siebziger Jahren konkretisierten Tradition, die – in aller Konsequenz aktualisiert – ein ästhetisches Lernen vorschlägt, das mit der ganzen Sinnlichkeit arbeitet, das die Vorerfahrungen der Sozialbiographien nutzt, das die darin angelegten Interessen und Bedürfnisse mobilisiert und das die künstlerisch-ästhetischen mit den sinnlich-sozialen und den politischen Erfahrungs- und Aktionsebenen verbindet.

Freilich ist Nüchternheit geboten. Das föderalistische Prinzip und die unterschiedlichen politischen Mehrheiten bei Bund und Ländern lassen nicht zu, daß derart vorgreifend verfaßte Konzepte ästhetischer Erziehung parlamentarisch durchgesetzt werden können. Schon insoweit sind Hoffnungen auf ›den Staat‹ – selbst unter günstigeren Reformvoraussetzungen – unrealistisch, zumal auch niemand ein Interesse an einem von oben kommenden, zentralistisch verordneten Gesamtlehrplan haben kann, wie er beispielsweise seit 1972/73 für die ›sozialistische‹ Kunsterziehung und Kulturpädagogik in der allgemeinbildenden zehn- bzw. zwölfklassigen polytechnischen Oberschule der DDR erfüllt werden muß.

Ebenso unrealistisch wäre die Erwartung, daß sich heute oder in naher Zukunft die Vorherrschaft der Bildungsökonomie über die Bildungspolitik aufheben oder daß sich dieses Verhältnis gar umkehren ließe.

Dennoch wäre von der Bundesregierung und von den SPD-regierten Ländern zu fordern, daß mehr Modellversuche eingerichtet werden, in denen Ansätze einer gesellschaftsorientierten ästhetischen Erziehungspraxis erprobt und erweitert werden können. Dazu gehört auch die Unterstützung und Einrichtung von Forschungsvorhaben, weil neuartige Sozialisations- und Erziehungskonzepte nicht nur der politischen Legitimation, sondern auch der wissenschaftlich-theoretischen Durchdringung bedürfen. Zu fordern ist mindestens von einer sozialdemokratischen Bildungspolitik, daß sie Initiativgruppen, die sich unter großen Schwierigkeiten selbstorganisiert auf die Entwicklungs- und Forschungsarbeit in diesem Bereich eingelassen haben, tatkräftig unterstützt. Wozu gibt es beispielsweise in Bonn eine KULTURPOLITISCHE GESELLSCHAFT?

Alles andere ist in den Bereichen der ästhetischen Erziehung von den darin Handelnden selbst zu leisten. Sie selbst müssen vor allem dazu beitragen, daß in der Lehrer- und Erzieherausbildung manchmal bei Sinnen studiert, in der Schule manchmal bei Sinnen gelernt werden kann und daß in den Feldern der Freizeitanimation und Erwachsenenbildung statt bloß musischer Entlastung mehr als bisher ein an die dritte Kultur sich anlehnendes, tätig-widerstandsfähigmachendes ästhetisches Lernen betrieben werden kann.

Dazu gehören nicht nur Geduld und Phantasie. Es gehört dazu auch die Bereitschaft, nach langen didaktisch-theoretischen Abgrenzungskämpfen eine zunehmend solidarische, offene, Lehrer und Erzieher selbst wahrnehmungsfähigermachende Praxis zu betreiben. Es gehört dazu die neuerliche Anstrengung einer Suche nach dem handelnden Subjekt – also auch die nüchtern-vorurteilsfreie Wahrnehmung und Analyse des in der mehr als dreißigjährigen Geschichte der Bundesrepublik gewachsenen Sozialcharakters breiter Schichten, die sich nicht mehr in ein Schema traditioneller Verhaltensklassen fügen. Herrn Abschaffels Nachkommen sind nicht die Proletarierkinder von einst. Es sind Lohnabhängige in einer veränderten Umwelt und Kultur, die sie mitschaffen, und sie sind als Subjekte in

197 Braunschweiger Studenten spielen mit Kindern Theater, 1980

ihrer psychosozialen Potenz noch weitgehend unentdeckt. Zur realistischen Wende der ästhetischen Erziehung gehört daher auch eine Entkrampfung des parteinehmenden Sozialisations- und Erziehungsinteresses. Diese Wende würde – auf möglichst breiter Front politisch und pädagogisch vollzogen – die ästhetische Erziehungspraxis noch gesellschaftsnäher und bedeutsamer für eine demokratische Kultur der Sinne in der Zukunft machen.

Denn weder ein Rückfall in Träume der bildungsbürgerlichen Kunsterziehungsbewegung, noch ein Restaurationsversuch an der in Deutschland gründlich zerstörten Ar-

beiterkulturtradition verbessern die Durchsetzungschancen ästhetischer Erziehungsentwürfe für schweigende Mehrheiten von heute und morgen. Wenn ästhetische Erziehung hier ihren Beitrag zur historisch fälligen Freisetzung von Sinnlichkeit und zur Neubildung von Identität leisten kann, dann nur unter der Bedingung, daß sie nicht vor den wirklichen Menschen rückwärts oder nach vorn flieht. Eine Chance auf Weiterentwicklung und Erfolg hat sie hierzulande nur in Form einer realistisch-politischen Praxis und durch Vermittlung auseinanderfallender didaktischer Grundpositionen, die sich an augenblicklichen und zukünftigen

283

sozialen Bedürfnissen ausrichten muß. Ohne Verrat an der konkreten Utopie, aber auch illusionslos müssen die an der Durchsetzung der Prinzipien ästhetisch-politischer Erziehung Interessierten einen bildungspolitischen und kulturpädagogischen Basiskompromiß erzielen, der möglichst viele Lehrer und Erzieher überzeugt und der zur Grundlage einer in der täglichen Arbeit stückweise realisierbaren Praxis werden kann.

Noch wissen viel zu wenige Lehrer und Erzieher, was ästhetische Erziehung war, ist, will und kann. Es bedarf also weiterhin der gezielten Aufklärung einer immer breiteren professionellen Öffentlichkeit. Es bedarf auch – trotz aller Einschränkungstendenzen – einer neu einsetzenden inneren Reform der Lehrerausbildung ganz allgemein (und nicht nur in den traditionellen Kernfächern für ästhetische Erziehung), damit eine Voraussetzung zur Veränderung der Lehr- und Lernpraxis in der Schule geschaffen wird. Selten waren Schule und Hochschule so weit von Reformvorstellungen entfernt wie heute, aber dies nicht nur aus dem gern vorgeschobenen Grund der Herrschaft von Sachzwängen. Wir behaupten, daß es auch eine Frage von Einstellung, Wissen und Fähigkeiten ist, ob jemand so oder so lehrt, diese oder jene Zielsetzung verfolgt, sein professionelles Selbstverständnis einschränkt oder erweitert. Um so bedenklicher ist es, wenn Leitfiguren wie H. v. HENTIG auf dem kunstpädagogischen Kongreß in Köln 1980 früher vertretene Positionen widerrufen und die bescheidene Einkehr in das Reich der Künste fordern. Gewiß sind auf diesem Gebiet Entdeckungen zu machen. Die fachspezifisch orientierte ästhetische Erziehungspraxis fördert solche Entdeckungsarbeit zu Recht. Aber jede Form des Verzichts auf eine

erweiterte Funktion ästhetischer Erziehung schränkt die Möglichkeit ein, mit Hilfe dieses historischen Entwurfs die erstarrte Leistungsschule wieder ein wenig in Bewegung zu bringen und durch neue Impulse die zunehmend organisierte Freizeit-Ersatzkultur wirklich zu einer Kulturbewegung von unten zu machen. Hier sind nicht Widerrufe, sondern beharrliche Verbreiterungen einer bereits beträchtlichen Erfahrungsbasis mit dem ästhetischen Lernen vonnöten.

Wenn man den Stand der Entwicklung distanziert und nüchtern betrachtet, zeichnen sich zwei Ebenen der Auseinandersetzung um Wert und Funktion der ästhetischen Erziehung in der Bundesrepublik deutlich ab. Die eine Ebene ist die Diskussion um das Fach Kunst, um dessen Existenz schon viele Scheingefechte ausgetragen worden sind. Scheingefechte deshalb, weil wenig Phantasie dazu gehört, trotz aller Rationalisierungsbedrohung der Weiterexistenz dieses Faches an den Schulen gute Chancen einzuräumen. Die Bildungspolitiker gleich welcher Partei werden sich hüten, angesichts aktueller Entlastungszwänge der Lern- und Leistungsschule und angesichts des herrschenden Traditionalismus im deutschen Bildungssystem dieses 1- bis 2-Stunden-Fach gänzlich abzuschaffen, in dem sich ästhetische Erziehung als Alibi so schön ›unterbringen‹ läßt. Dieser fachspezifischen Ebene der Auseinandersetzung übergeordnet gibt es die Diskussion um die gleichsam als freischwebende Idee einer alle Bildungsinstitutionen durchdringen wollenden ästhetischen Erziehung, die zwar in der Theorie relativ weit entwickelt, aber viel weniger praktisch geworden und noch kaum institutionalisiert worden ist – jedenfalls kaum in der Schule, aber auch im außerschulischen Bereich erst ansatzweise. Sie ist allerdings auch schwerer zu verwirklichen als alle fachspezifischen Bildungsziele; dazu ist und bleibt sie Stein des politischen Anstoßes, wo immer sie in Praxis umgesetzt wird. Auch das trägt dazu bei, daß man eher einem reformierten Fach Kunst (das kleingehalten werden kann) eine bildungspolitische Zukunft ausrechnen darf als dieser Idee einer umfassenden ästhetisch-politischen Erziehung. Lediglich dort, wo sie sich – wie in der auch von der offiziellen Bildungspolitik als unumgänglich anerkannten Jugendkulturarbeit – an institutionalisierten Aktivitäten festmachen kann, hat sie eine unmittelbare Chance relativ ungestört praktischer Verwirklichung. Wo sie sich eindeutig subkulturell, sozusagen im emanzipatorischen Widerstand, in Verbindung mit außer-, ja gegeninstitutionellen Kräften artikuliert oder in diesen aufgeht, wird sie hingegen immer wieder unter den Verdacht des Radikalismus geraten. Wo immer ästhetische Aktivitäten von unten den unterdrückten Gruppen oder Minderheiten zur Sicherung ihrer Identität und zur Einlösung ihrer Bedürfnisse gedient haben, waren diese Aktivitäten nicht nur verdächtig, sie wurden auch nicht verstanden und fanden meist keine oder die falsche politische Antwort. Gorleben war ein solcher Komplex ästhetischer *und* politischer Handlungsformen und Befreiungsakte. Die Hütten des ›Freien Wendland‹ waren die fortschrittlichste Architektur der Bundesrepublik. Man hat sie mit Bulldozern abgeräumt. Die Sozial- und Verkehrsformen der Bauplatzbesetzer waren die menschlichsten. Man hat sie polizeilich beseitigt.

Das Dilemma der ästhetisch-politischen Erziehung mit ihren weitreichenden gesellschaftlichen Ansprüchen ist, daß sie nur zu-

gelassen und gefördert wird, wo sie Bestehendes nicht gefährdet, daß sie aber Bestehendes gefährden *muß*. Zugespitzt könnte man die Reaktion so darstellen: Ästhetische Sinnvermittlung, Beschäftigung, Ruhigstellung ja! Aber auf keinen Fall Unterstützung, am besten sofortige Sanktionen, sobald etwa Jugendliche eine eigene aggressive Ästhetik des Handelns entwickeln. Daß ein existenzielles Lebens- und Sinnbedürfnis in solchen Aktivitäten aufgeht, hat beispielsweise auch die offizielle Schweiz angesichts ihrer Zürcher ›Krawalle‹ noch nicht begriffen; wie weit die Berliner ›Hausinstandbesetzungen‹ auch eine neue ästhetische Komponente beinhalten, müßte man näher untersuchen. Der Grundgedanke einer umfassenden, selbständigmachenden ästhetisch-politischen Erziehung (wegen des Primats der Sinnlichkeit ist die Reihenfolge der beiden Bezeichnungen hier im letzten Kapitel mit Bedacht gewählt) wird in den nächsten Jahren sicher nicht die Bildungsinstitutionen durchdringen. Es werden eher die im engeren Verständnis ästhetischen Bezüge als die politischen sein, die eine Chance zur Vertiefung oder Verbreiterung haben. Und vermutlich wird dies in den außerschulischen Bereichen noch eher gelingen als in der Schule, die sich ihre ästhetische Erziehung ja immer wieder zum Fach diszipliniert. Ein Trost dabei zu wissen, daß die Kultur der Sinne nicht bloß durch ›Erziehung‹ entsteht und sich verändert, sondern sich viel anhaltender und sogar aussichtsreicher dort entwickelt, wo Menschen zusammen alltäglich wahrnehmen und handeln, z. B. in den Subkulturen.

Manchmal scheint es, als wolle die ästhetische Erziehung als emanzipatorisches Instrument wieder im Sozialisationsprozeß aufgehen wie einst in der Frühgeschichte des bürgerlichen Subjekts, das sich seine Identität und seine Persönlichkeitsrechte zu einer Zeit ›ästhetisch‹ wahrnehmend und produzierend sicherte, als die Aussicht auf politische Freiheit noch äußerst gering war. Auch heute geschieht dies vor allem in der Gegensozialisation zu den bestehenden Werten und Verhältnissen. Daneben freilich lassen sich die Chancen zur Einführung und Verallgemeinerung der ästhetisch-politischen Erziehungsidee auch in dem Maße vergrößern, in dem sich Theorie und Praxis einander näher kommen. Im Augenblick ist es noch üblich, daß eine in Schwierigkeiten bis zum Hals steckende Praxis die vorauseilende Theorie für ihre Misere verantwortlich macht und umgekehrt die Theorie eine langsame Praxis als rückständig denunziert. Natürlich sind die Theoretiker der ästhetischen Erziehung nicht für die gegenwärtig immer zwanghafter sich entwickelnde Schul-

und Freizeitwirklichkeit verantwortlich, ebenso wie die praktizierenden Lehrer und Erzieher nicht einfach ihre von allen Seiten eingeengte Praxis umstülpen können. Aber es zeigt sich heute doch, daß mindestens eine Chance zur besseren Verwirklichung einer ästhetisch-politischen Erziehung in der Praxis noch nicht genügend genutzt worden ist. Das ist die zukünftig notwendige, in vielen Fällen und Situationen auch besser machbare, engere Zusammenarbeit aller Beteiligten und Interessierten aus Schule, Hochschule, Jugendarbeit und Erwachsenenbildung in einer mühseligen täglichen Erziehungspraxis, die Sinnlichkeit, Bewußtsein und demokratische Formen mitproduziert, und zwar auch bei denjenigen, die Vermittler und Träger dieser Erziehungsarbeit sein wollen. Aus dieser Praxis heraus wird neues Handlungswissen in Gestalt von Erfahrung und Theorie gewonnen werden.

286

Literaturverzeichnis

Die nachfolgende Liste geht über die im Text zitierten oder genannten Quellen hinaus. Sie soll den Leser als Materialsammlung in die Lage versetzen, die aus Raumgründen oder unter Gesichtspunkten der Dramaturgie eines einführenden Paperbacks vernachlässigten Sachverhalte vertiefend aufzuarbeiten.
Das Material ist wie folgt gegliedert:

A   **Grundlagenliteratur** (Sozialisation, Wahrnehmung, ästhetisches Lernen, Verhalten) wobei hier die Mehrzahl der im Buch verwendeten, nicht nur die in der Einleitung zitierten Werke zusammengefaßt worden sind.

B   **Quellenmaterial und Sekundärliteratur zur Geschichte des Alltags und der ästhetischen Erziehung**, wobei dieser Teil der Liste entsprechend den vier großen Kapiteln in folgende Abschnitte gegliedert ist:

I (1790–1870)   **Sinnlichkeit und Produktion**
II (1870–1918)   **Alltag der Nachgründerzeit und die Vergesellschaftung im Klassenstaat**
III (1918–1945)   **Kultur der Sinne als Hebel der Politik**
IV (1945 bis heute)   **Der Lernraum Bundesrepublik**

A   Grundlagenliteratur
(Sozialisation, Wahrnehmung, ästhetisches Lernen, Verhalten etc.)

Adorno, Th. W./Frenkel-Brunswik, E. u. a., The authoritarian personality, New York 1950

Argyle, M., Soziale Interaktion, Köln 1972

Ariès, Ph., Geschichte der Kindheit, München/Wien 1975

Baldwin, A. L., Theorien primärer Sozialisationsprozesse, Weinheim/Basel 1974

Bayer-Katte, W. v., Sozialisation im politischen Verhalten, in: Graumann, Sozialpsychologie, a.a.O.

Brim, O./Wheeler, S., Erwachsenen-Sozialisation. Sozialisation nach Abschluß der Kindheit, Stuttgart 1974

Bronfenbrenner, U., Ökologische Sozialisationsforschung, Stuttgart 1976

Claessens, D. u. K., Kapitalismus als Kultur. Entstehung und Grundlagen der bürgerlichen Gesellschaft, Düsseldorf 1973

Elias, N., Über den Prozeß der Zivilisation, Bd. 2, Bern 1969

Eyferth, K./Kreppner, K., Entstehung, Konstanz und Wandel von Einstellungen, in: Graumann, Sozialpsychologie, a.a.O.

Fend, H., Sozialisierung und Erziehung. Eine Einführung in die Sozialisationsforschung, Weinheim/Berlin/Basel 1970

Feuerbach, L., Wider den Dualismus von Leib und Seele, Fleisch und Geist, in: Feuerbach, Gesammelte Werke, Bd. 10, Berlin (DDR) 1971

287

Frey, H.-P., Theorie der Sozialisation. Integration von system- und rollentheoretischen Aussagen in einem mikrosoziologischen Ansatz, Diss. Erlangen 1973

Geulen, D./Hurrelmann, K., Zur Programmatik einer umfassenden Sozialisationstheorie, in: Hurrelmann, K./Ulich, D. (Hrsg.), Handbuch der Sozialisationsforschung, a. a. O.

Gibson, J. D., Die Sinne und der Prozeß der Wahrnehmung, Bern 1973

Görlitz, A., Politische Sozialisationsforschung, Stuttgart 1977

Götz, B., Sozialisation oder Erziehung. Eine Einführung in die Aufgaben interdisziplinärer Sozialisationsforschung, Freiburg/Basel/Wien 1978

Gottschalch, W., Vatermutterkind. Deutsches Familienleben zwischen Kulturromantik und sozialer Revolution, Berlin 1979

Gottschalch, W./Neumann-Schönwetter, M./Soukup, G., Sozialisationsforschung. Materialien, Probleme, Kritik, Frankfurt 1971

Graumann, C.-F., Interaktion und Kommunikation, in: Graumann, Sozialpsychologie, a. a. O.

Graumann, C.-F. (Hrsg.), Sozialpsychologie. 2. Halbband des Handbuchs der Psychologie (Bd. 7), Göttingen 1972

Graumann, C.-F./Heckhausen, H. (Hrsg.), Pädagogische Psychologie Bd. 1, Entwicklung und Sozialisation, Frankfurt 1973

Griese, H. M. (Hrsg.), Sozialisation im Erwachsenenalter. Ein Reader zur Einführung in ihre theoretischen und empirischen Grundlagen, Weinheim/Basel 1979

Griese, H. M., Identitäts- und Verhaltensänderungen bei Erwachsenen, in: Griese, Sozialisation im Erwachsenenalter, a. a. O.

Habermas, J., Stichworte zur Theorie der Sozialisation, in: Habermas, Kultur und Kritik, Frankfurt 1973

Hagemann-White, C./Wolff, R., Lebensumstände und Erziehung. Grundfragen der Sozialisationsforschung, Frankfurt 1975

Hartmann, H., Die Sozialisation von Erwachsenen als soziales und soziologisches Problem, in: Brim/Wheeler, Erwachsenensozialisation, a. a. O.

Holzkamp, K., Sinnliche Erkenntnis – historischer Ursprung und gesellschaftliche Funktion der Wahrnehmung, Frankfurt 1973

Holzkamp, K., Soziale Kognition, in: Graumann, Sozialpsychologie, a. a. O.

Huch, K. J., Einübung in die Klassengesellschaft. Über den Zusammenhang von Sozialstruktur und Sozialisation, Frankfurt 1972

Hurrelmann, K., Gesellschaft, Sozialisation, Lebenslauf. Zum theoretischen Stand der sozialwissenschaftlichen Sozialisationsforschung, in: Hurrelmann, Sozialisation und Lebenslauf, a. a. O.

Hurrelmann, K. (Hrsg.), Sozialisation und Lebenslauf. Empirie und Methodik sozialwissenschaftlicher Persönlichkeitsforschung, Reinbek 1976

Hurrelmann, K./Ulich, D. (Hrsg.), Handbuch der Sozialisationsforschung, Weinheim/Basel 1980

Ittelson, W. H./Proshansky, H. M./Rivlin, L. G./Winkel, G. H., Einführung in die Umweltpsychologie, Stuttgart 1977

Kerbs, D., Thesen zur ästhetischen Erziehung in historisch-politischer Perspektive, in: Schwencke, Ästhetische Erziehung und Kommunikation, a. a. O.

Kohli, M., Sozialisation und Lebenslauf – Eine neue Perspektive für die Sozialisationsforschung (1974), in: Griese, Sozialisation im Erwachsenenalter, a. a. O.

König, R., Soziologische Orientierungen, Köln/Berlin 1965

Krappmann, L., Soziologische Dimensionen der Identität, Stuttgart 1975

Kussmann, Th. (Hrsg.), Bewußtsein und Handlung. Probleme und Ergebnisse der sowjetischen Psychologie, Bern 1971

Leontjew, A. N., Probleme der Entwicklung des Psychischen, Frankfurt 1973

Lippe, R. z., Am eigenen Leibe. Zur Ökonomie des Lebens, Frankfurt 1978

Lorenzer, A., Zur Begründung einer materialistischen Sozialisationstheorie, Frankfurt 1972

Marx, K., Grundrisse der Kritik der politischen Ökonomie (Rohentwurf 1857–1858), in: Marx, Texte zu Methode und Praxis III, hrsg. von G. Hillmann, Reinbek 1967

Marx, K., Texte zu Methode und Praxis II. Pariser Manuskripte 1844, hrsg. von G. Hillmann, Reinbek 1968

Millhoffer, P., Familie und Klasse. Ein Beitrag zu den politischen Konsequenzen familialer Sozialisation, Frankfurt 1977

Müller, H., Sozialisation und Individualität, München 1977

Negt, O./Kluge, A., Öffentlichkeit und Erfahrung. Zur Organisationsanalyse von bürgerlicher und proletarischer Öffentlichkeit, Frankfurt 1973

Neidhardt, F., Die Familie in Dtschld., Opladen 1975

Neidhardt, F. (Hrsg.), Frühkindliche Sozialisation, Stuttgart 1975

Pazzini, K. J., Alltägliche Gebrauchsgegenstände in der Sozialisation, Vortrag zum ›Kölner Symposium zur Kunstpsychologie‹ 1978, Typoskript

Pazzini, K. J., Was lernen Kinder an alltäglichen Gebrauchsgegenständen?, in: Sturm, H. (Hrsg.), Ästhetik und Umwelt, Tübingen 1978

Pressel, A., Sozialisation, in: Beck, J./Clemenz, M. u. a., Erziehung in der Klassengesellschaft. Einführung in die Soziologie der Erziehung, München 1971

Ronneberger, F. (Hrsg.), Sozialisation durch Massenkommunikation, Stuttgart 1971

Schwencke, O. (Hrsg.), Ästhetische Erziehung und Kommunikation, Frankfurt 1972

Schwonke, M., Sozialisation und Sozialstruktur, Stuttgart 1977

Thomae, H., Familie und Sozialisation, in: Graumann, Sozialpsychologie, a. a. O.

Thomae, H., Kulturelle Systeme als Sozialisationsvariablen, in: Graumann, Sozialpsychologie, a. a. O.

Thomae, H., Soziale Schichten als Sozialisationsvariablen, in: Graumann, Sozialpsychologie, a. a. O.

Ulich, D., Zur Methodik der Sozialisationsforschung, in: Hurrelmann, K., Sozialisation und Lebenslauf, a. a. O.

Vernon, M. D., Wahrnehmung und Erfahrung, Köln 1974

Walter, H. (Hrsg.), Sozialisationsforschung. (Bd. 1: Erwartungen, Probleme, Theorieschwerpunkte. Bd. 2: Sozialisationsinstanzen, Sozialisationseffekte. Bd. 3: Sozialökologie), Stuttgart-Bad Cannstadt 1973–1975

Werder, L. v., Sozialisation für Pädagogen, in: paed. extra 24/1974

Ziehe, Th., Pubertät und Narzißmus. Sind Jugendliche entpolitisiert?, Frankfurt 1975

Zimmer, J., Zum Verhältnis von politischer Sozialisation und aktionistischem Kunstunterricht, in: Schwencke, O., Ästhetische Erziehung und Kommunikation, a. a. O.

B Quellenmaterial und Sekundärliteratur zur Geschichte des Alltags und der ästhetischen Erziehung

I (1790–1870)
Sinnlichkeit und Produktion

Aubin, H./Zorn, W. (Hrsg.), Handbuch der deutschen Wirtschafts- und Sozialgeschichte Bd. 2 (Das 19. und 20. Jahrhundert), Stuttgart 1976

Balet, L./Gerhard, E., Die Verbürgerlichung der deutschen Kunst, Literatur und Musik im 18. Jahrhundert, Frankfurt 1973

Böhme, H., Prolegomena zu einer Sozial- und Wirtschaftsgeschichte Deutschlands im 19. und 20. Jahrhundert, Frankfurt 1973

Born, K. E., Der soziale und wirtschaftliche Strukturwandel Deutschlands am Ende des 19. Jahrhunderts, in: Wehler, H.-U., Moderne deutsche Sozialgeschichte, a. a. O.

Dischner, G., Bettina von Arnim: Eine weibliche Sozialbiographie aus dem 19. Jahrhundert, Berlin 1978

Emmerich, W. (Hrsg.), Proletarische Lebensläufe. Autobiographische Dokumente zur Entstehung der Zweiten Kultur in Deutschland, 2 Bde., Reinbek 1976

Fontane, Th., Wanderungen durch die Mark Brandenburg (1861), München o. J.

Freytag, G., Soll und Haben. Ges. Werke Bd. 2, Leipzig 1912

Friedenthal, R., Goethe. Sein Leben und seine Zeit. Stuttgart/Hamburg 1963

Fuchs, E., Illustrierte Sittengeschichte vom Mittelalter bis zur Gegenwart. 3. Bd.: Das bürgerliche Zeitalter, München 1912

Gleichen-Russwurm, A. v., Geselligkeit, Sitten und Gebräuche der europäischen Welt 1789–1900, Stuttgart 1909

Gutzkow, K., Lebenserinnerungen (1852), in: Gutzkow, Werke Bd. 10, Leipzig o. J.

Habermas, J., Strukturwandel der Öffentlichkeit, Neuwied/Berlin 1962

Haltern, U., Die Londoner Weltausstellung von 1851. Ein Beitrag zur Geschichte der bürgerlich-industriellen Gesellschaft im 19. Jahrhundert, Münster 1971

Hauser, A., Sozialgeschichte der Kunst und Literatur (einbändige Sonderausgabe), München 1967

Hermann, G., Das Biedermeier im Spiegel seiner Zeit, Berlin 1913

Kemp, W., »... einen wahrhaft bildenden Zeichenunterricht überall einzuführen«. Zeichnen und Zeichenunterricht der Laien 1500–1870. Ein Handbuch, Frankfurt 1979

Kerbs, D., Die ästhetische Erziehung und das »niedere Volk«, Sonderdruck aus: Zeitschr. für Pädagogik Nr. 5/1978

Köllmann, W., Friedrich Harkort, Düsseldorf 1964

Kügelgen, W. v., Jugenderinnerungen eines alten Mannes, Frankfurt 1963 (Leipzig 1899)

Laube, H., Reise durch das Biedermeier, Hamburg 1965

Mann, Th., Buddenbrooks, Berlin 1911 (55. Aufl.)

Marcuse, H., Kultur und Gesellschaft I, Frankfurt 1970

Matschoß, C., Ein Jahrhundert deutscher Maschinenbau. Von der mechanischen Werkstätte bis zur deutschen Maschinenfabrik. 1819–1919, Berlin 1919

Mayer, H., Georg Büchner und seine Zeit, Frankfurt 1972

Menze, C., Die Rolle der Ästhetik in Wilhelm von Humboldts Theorie der Bildung, in: Gegenwart und Tradition. Eine Festschrift für Bernhard Lakebrink, Freiburg 1969

Menze, C., Der Übergang von der ästhetisch-politischen zur literarisch-musischen Erziehung. Erörterungen über den Wandel des Bildungsdenkens zu Beginn des 19. Jahrhunderts, in: Vierteljahresschrift f. wissenschaftl. Pädagogik, 47. Jg. 1971, Heft 1

Moritz, K. Ph., Anton Reiser, Heilbronn 1886

Müllensiefen, P. E., Ein deutsches Bürgerleben vor 100 Jahren, hrsg. von F. v. Oppeln-Bronikowski, Berlin 1931

Nitsche, R./Kröber, W., Grundbuch zur bürgerlichen Gesellschaft 1, Darmstadt/Neuwied 1979

Petrat, G., Schulunterricht. Seine Sozialgeschichte in Deutschland 1750–1850, München 1979

Retter, H., Spielzeug. Handbuch zur Geschichte und Pädagogik der Spielmittel, Weinheim/Basel 1979

Richter, L., Lebenserinnerungen eines deutschen Malers, Leipzig 1909

Schiller, F., Über die ästhetische Erziehung des Menschen, in einer Reihe von Briefen, Tübingen 1795; München 1966 (Gesamtausgabe Bd. 19)

Treue, W., Deutsche Geschichte, Stuttgart 1978

Weber-Kellermann, I., Die Deutsche Familie. Versuch einer Sozialgeschichte, Frankfurt 1974

Wehler, H. U. (Hrsg.), Moderne deutsche Sozialgeschichte, Köln 1976

Zunkel, F., Industriebürgertum in Westdeutschland, in: Wehler, Moderne deutsche Sozialgeschichte, a.a.O.

II (1870–1918)

Alltag der Nachgründerzeit und die Vergesellschaftung im Klassenstaat

Abendroth, W., Sozialgeschichte der europäischen Arbeiterbewegung, Frankfurt 1968

Achten, U., Illustrierte Geschichte des 1. Mai, Oberhausen 1979

Altpeter, W., Zur Geschichte der Lebensreform, Berlin/Bad Homburg/Hamburg 1964

Behrens, P., Feste des Lebens und der Kunst. Eine Betrachtung des Theaters als höchsten Kultursymbols, Leipzig 1900

Benjamin, W., Louis-Philippe oder das Interieur, in: Benjamin, Schriften Bd. 1, Frankfurt 1955

Bromme, M. Th. W., Lebensgeschichte eines modernen Fabrikarbeiters, hrsg. von P. Göhre (1905), Frankfurt 1971

Chamberlain, H. St., Die Grundlagen des 19. Jahrhunderts, München 1900

Conze, W., Sozialgeschichte 1850–1918, in: Aubin/Zorn, Handbuch a.a.O.

290

Conze, W., Die Zeit Wilhelms II. und die Weimarer Republik. Deutsche Geschichte 1890–1933, Tübingen 1964

Dahrendorf, R., Gesellschaft und Demokratie in Deutschland, München 1965

Das Buch vom Kinde. 2 Bde., hrsg. von A. Schreiber, Leipzig 1907

Das Kind als Künstler, hrsg. von der Lehrervereinigung für die Pflege der künstlerischen Bildung, Hamburg 1898

Der Kaiser, die Kultur und die Kunst. Betrachtungen über die Zukunft des deutschen Volkes, aus den Papieren eines Unverantwortlichen, München/Leipzig 1904

Die Durchgeistigung der deutschen Arbeit. Wege und Ziele im Zusammenhang von Industrie, Handwerk und Kunst, Jena 1912

Die Kunst im Leben des Kindes. Kat., Berlin 1901

Die künstlerische Gestaltung des Arbeiter-Wohnhauses, 14. Konferenz der Centralstelle für Arbeiter- und Wohlfahrtseinrichtungen am 5. und 6. Juni in Hagen, Berlin 1906

Die Veredelung der gewerblichen Arbeit im Zusammenwirken von Kunst, Industrie und Handwerk. Verhandlungen des Deutschen Werkbundes in München 11. und 12. 7. 1908, Leipzig o. J.

Die wirtschaftliche Lage der deutschen Handlungsgehilfen, Hamburg 1910

Eckert, G. (Hrsg.), Aus den Lebensberichten deutscher Fabrikarbeiter. Zur Sozialgeschichte des ausgehenden Jahrhunderts, Braunschweig 1963

Ein Dokument Deutscher Kunst 1901–1976. Kat. 5 Bde., Darmstadt 1976

Eitelberger v. Edelberg, R., Die Aufgaben des Zeichenunterrichts, Wien 1884

Emmerich, W. (Hrsg.), Proletarische Lebensläufe. Autobiographische Dokumente zur Entstehung der Zweiten Kultur in Deutschland, Bd. 1, Reinbek 1974

Engelsing, R., Zur Sozialgeschichte deutscher Mittel- und Unterschichten, Göttingen 1973

Erler, J., Ludwig Richter, der Maler des deutschen Hauses. Die erzieherische Bedeutung Ludwig Richters in seinem Lebensbilde und in seinen Werken, Leipzig 1897

Fabrikzeitalter. Dokumente zur Geschichte der Industrialisierung am Beispiel Rüsselsheim, Gießen 1976

Feidel-Mertz, H. (Hrsg.), Zur Geschichte der Arbeiterbildung, Bad Heilbrunn 1968

Fischer, K., Denkwürdigkeiten und Erinnerungen eines Arbeiters, hrsg. von P. Göhre, Jena/Leipzig 1904

Flinzer, F., Lehrbuch des Zeichenunterrichts an deutschen Schulen, Bielefeld/Leipzig 1876

Frecot, J., Die Lebensreformbewegung, in: Vondung (Hrsg.), Das wilhelminische Bildungsbürgertum, a. a. O.

Frecot, J./Geist, J. F./Kerbs, D., Fidus, 1868–1948. Zur ästhetischen Praxis bürgerlicher Fluchtbewegungen, München 1973

Friedell, E., Kulturgeschichte der Neuzeit, Bd. 3, o. O. 1948 (22. Aufl.)

Fürth, H., Ein mittelbürgerliches Budget, Jena 1907

Fürstenberg, H., Carl Fürstenberg. Die Lebensgeschichte eines deutschen Bankiers, Wiesbaden 1961

Geschichte der Erziehung, Berlin (DDR) 1973 (11. Aufl.)

Göhre, P., Das Warenhaus, in: Die Gesellschaft, Bd. 12, hrsg. von M. Buber, Frankfurt 1907

Götze, C., Das Kind als Künstler. Ausstellung von freien Kinderzeichnungen in der Kunsthalle Hamburg, Hamburg 1898

Götze, C., Bedeutung des Zeichenunterrichts in den Volksschulen, Hannover/Berlin 1903

Grebing, H., Geschichte der deutschen Arbeiterbewegung, München 1977 (8. Aufl.)

Greiffenhagen, M. u. S., Deutschland – ein schwieriges Vaterland. Zur politischen Kultur Deutschlands, München 1979

Günther, S., Arbeitermöbel. Architektenentwürfe zu Arbeitermöbeln in Deutschland vor der Jahrhundertwende bis zum Beginn des ersten Weltkrieges, in: Zeitschr. Werk und Zeit 5/1976

Hagedorn, O./Winkler, I., Der Wandel des Kunstunterrichts zur Zeit des 1. Weltkrieges, in: Kat. Kind und Kunst, a. a. O.

Hamann, R./Hermand, J., Deutsche Kunst und Kultur von der Gründerzeit bis zum Expressionismus, Berlin 1967

Hampe, P., Sozioökonomische und psychische Hintergründe der bildungsbürgerlichen Imperialbegeisterung, in: Vondung (Hrsg.), Das wilhelminische Bildungsbürgertum, a. a. O.

Hartmann, K./Nyssen, F./Waldeyer, H. (Hrsg.), Schule und Staat im 18. und 19. Jahrhundert. Zur Sozialgeschichte der Schule in Deutschland, Frankfurt 1974

Helwig, W., Die blaue Blume des Wandervogel. Vom Aufstieg, Glanz und Sinn einer Jugendbewegung, Gütersloh 1960

Henning, F.-W., Humanisierung und Technisierung der Arbeitswelt. Über den Einfluß der Industrialisierung auf die Arbeitsbedingungen im 19. Jahrhundert, in: Reulecke/Weber (Hrsg.), Fabrik, Familie, Feierabend, a. a. O.

Henning, U., Ein mißglückter Versuch ästhetischer Erziehung von Arbeitern im wilhelminischen Berlin?, unveröffentl. Manuskript 1978

Heuß, Th., Erinnerungen 1905–1933, Tübingen 1963

Hirth, G., Die Volksschule im Dienste der künstlerischen Erziehung des deutschen Volkes, Leipzig 1897

Hirth, G., Ideen über Zeichenunterricht und künstlerische Berufsbildung, München/Leipzig 1887

Jessen, P., Der Werkbund und die Großmächte der Deutschen Arbeit, in: Jahrbuch des Deutschen Werkbundes, Jena 1912

Jessen, P., Der Handfertigkeitsunterricht und die volkswirtschaftliche Entwicklung unserer Zeit, Karlsruhe 1899

Jessen, P., Die Schülerwerkstätten als Erziehungsmittel für Handwerk und Kunst, Berlin 1897

Joeriszen, P., Kunsterziehung und Kunstwissenschaft im wilhelminischen Deutschland 1871–1918, Diss. Köln 1979

Kemp, W., Die Geschichte des Zeichenunterrichts vor 1870 als Geschichte seiner Methoden, in: Kat. Kind und Kunst, a. a. O.

Kerbs, D., Historische Kunstpädagogik. Quellenlage, Forschungsstand, Dokumentation, Köln 1976

Kerbs, D./Lagerstein, E./Sonnemann, U., Der Zeichenunterricht im Zeitalter der Weltausstellungen (seit 1872), in: Kat. Kind und Kunst, a. a. O.

Kerschensteiner, G., Die Entwicklung der zeichnerischen Begabung, München, 1905

Kerschensteiner, G., Die gewerbliche Erziehung der deutschen Jugend, Darmstadt 1901

Key, E., Das Jahrhundert des Kindes. Studien, Berlin 1902

Kind und Kunst. Zur Geschichte des Zeichen- und Kunstunterrichts (Kat.), hrsg. vom Bund Deutscher Kunsterzieher in Verbindung mit dem Werkbund-Archiv und der Arbeitsstelle für historische und vergleichende Kunstpädagogik an der Pädagogischen Hochschule Berlin, Berlin 1976

Krabbe, W. R., Gesellschaftsveränderung durch Lebensreform. Strukturmerkmale einer sozialreformerischen Bewegung im Deutschland der Industrialisierungsperiode, Studien zum Wandel von Gesellschaft und Bildung im 19. Jahrhundert, Bd. 14, Göttingen 1974

Kratzsch, G., Kunstwart und Dürerbund. Ein Beitrag zur Geschichte der Gebildeten im Zeitalter des Imperialismus, Göttingen 1969

Krötzsch, W., Rhythmus und Form in der freien Kinderzeichnung, Leipzig 1917

Kuhlmann, F., Neue Wege des Zeichenunterrichts, Stuttgart 1902

Kunsterziehung: Ergebnisse und Anregungen des Kunsterziehungstages in Dresden am 28. und 29. September 1901, Leipzig 1902

Kunsterziehung: Ergebnisse und Anregungen des 2. Kunsterziehungstages in Weimar am 9., 10., 11. Oktober 1903, Leipzig 1904

Kunsterziehung: Ergebnisse und Anregungen des 3. Kunsterziehungstages in Hamburg am 13., 14., 15. Oktober 1905, Leipzig 1906

Kunst und Alltag um 1900. Drittes Jahrbuch des Werkbund-Archivs, hrsg. von E. Siepmann, Gießen 1978

Kursbuch Nr. 42/1975 (Dossier ›Unsere Bourgeoisie – Beschreibung einer Lücke‹)

Langbehn, J., Rembrandt als Erzieher. Von einem Deutschen, Leipzig 1903 (46. Aufl.)

Lange, K., Die künstlerische Erziehung der deutschen Jugend, Darmstadt 1893

Legler, W., Die Dr. Stuhlmannsche Zeichenmethode und die Bildung der Phantasie, in: Kunst + Unterricht 60/1980

Leixner, O. v., Geschichte der deutschen Litteratur, Leipzig 1897

Leixner, O. v., Soziale Briefe aus Berlin, Berlin 1894

Lessing, Th., Die Landerziehungsheime, in: Das Buch vom Kinde, a. a. O.

Levinstein, S., Das Kind als Künstler, Leipzig 1905

Levinstein, S., Kinderzeichnungen bis zum 14. Lebensjahr, Leipzig 1905

Lichtwark, A., Übungen in der Betrachtung von Kunstwerken. Nach Versuchen mit einer Schulklasse, Hamburg 1897

Lichtwark, A., Kunst in der Schule. Die Reorganisation der Hamburger Kunsthalle, Hamburg 1887

Lichtwark, A., Die Bedeutung der Amateurphotographie, Halle 1894

Lichtwark, A., Die Grundlagen der künstlerischen Bildung. Der Deutsche der Zukunft, Berlin 1905

Liebknecht, W., Wissen ist Macht – Macht ist Wissen (1872), in: Feidel-Mertz (Hrsg.), Zur Geschichte der Arbeiterbildung, a. a. O.

Liedtke, M., »Für Kaiser, Gott und Vaterland«, in: Kat. Kind und Kunst, a. a. O.

Lietz, H., Unterricht und Kunst in deutschen Land-erziehungsheimen, Berlin 1903

Linde, E., Persönlichkeits-Pädagogik, Leipzig 1897

Lindemann, F., Das künstlerisch gestaltete Schulhaus, Leipzig 1904

Linse, U., Die Jugendkulturbewegung, in: Vondung (Hrsg.), Das wilhelminische Bildungsbürgertum, a. a. O.

Luckow, H., Illustrierter Lehrstoff für den Zeichenunterricht in der Volksschule, Berlin 1914 (5. Aufl.)

Lux, J. A., Der Geschmack im Alltag, Dresden 1910

Lux, J. A., Die Geschichte des modernen Kunstgewerbes in Deutschland, Leipzig 1908

Mann, H., Der Untertan, Hamburg 1964 (4. Aufl.)

Matthaei, A., Didaktik und Methode des Zeichenunterrichts und der künstlerischen Erziehung in höheren Schulen, München 1895

Mehl, K., Der Zeichenunterricht in der Bürger- und Volksschule, Magdeburg 1833

Möhl, F., Kunst und soziale Bewegung, München 1901

Möller, H., Altdeutsch. Ideologie, Stereotyp, Verhalten, o. O. 1966

Morris, W., Kunde von Nirgendwo (Vorwort von W. Liebknecht), in: Die Neue Zeit, 11. Jg. 1892/93, 1. Bd., Neuaufl. Reutlingen 1980

Morris, W., Kunsthoffnungen und Kunstsorgen, Leipzig 1902

Muthesius, H., Die Zukunft der deutschen Form, in: Der Deutsche Krieg – politische Flugschriften, Heft 50, hrsg. von E. Jäckh, Stuttgart/Berlin 1915

Muthesius, H., Kultur und Kunst, Leipzig/Jena 1904

Muthesius, H., Wohnungskultur. Dritte Flugschrift zur ästhetischen Kultur, hrsg. vom Dürerbund, München 1906

Natorp, P., Sozialpädagogik, Stuttgart 1904

Naumann, F., Kunst und Volkswirtschaft (Vortrag), in: Die Hilfe 27/1912

Naumann, F., Werkbund und Weltwirtschaft. Der Werkbundgedanke in den germanischen Ländern, Jena 1914

Naumann, F., Der deutsche Stil, Hellerau/Dresden/München o. J. (1915)

Naumann, M., Bildung und Gehorsam. Zur ästhetischen Ideologie des Bildungsbürgertums, in: Vondung (Hrsg.), Das wilhelminische Bildungsbürgertum, a. a. O.

Nestriepke, S., Geschichte der Volksbühne Berlin, 2 Bde., Berlin 1930

Neukäter-Haynal, I., Ideologische Wurzeln der Kunsterziehung. Herausbildung von irrationalen Tendenzen und ihre Wirkung, Kastellaun 1977

Niethammer, L./Brüggemeier, F., Wie wohnten Arbeiter im Kaiserreich? in: Archiv f. Sozialgeschichte Bd. 16, Bonn 1976

Nissen, M. B., Der Rembrandtdeutsche Julius Langbehn, Freiburg 1926

Nordau, M., Entartung, Berlin 1893

Odenbach, K., Die deutsche Arbeitsschule, Braunschweig 1963

Olbrich, J. M., Unsere nächste Arbeit, in: Deutsche Kunst und Dekoration Bd. 6/1900

Pabst, A., Die Knabenhandarbeit in der heutigen Erziehung, Leipzig 1907

Pallat, L., Schule und Kunst in Amerika, Leipzig/Berlin 1906

Popert, H., Helmut Harringa, Dresden 1912

Popp, A., Die Jugendgeschichte einer Arbeiterin, von ihr selbst erzählt. Mit einführenden Worten von August Bebel, München 1909 (Bad Godesberg 1977)

Popp, J., Deutsches Warenbuch. Kriegsausgabe, hrsg. von der Dürerbund-Werkbund-Genossenschaft, Hellerau 1915

Portig, G., Die nationale Bedeutung des Kunstgewerbes, Berlin 1883

Prangs Lehrgang für die künstlerische Erziehung, hrsg. vom Verein deutscher Zeichenlehrer, Dresden 1902

Pudor, H., Die neue Erziehung. Essays über die Erziehung zur Kunst und zum Leben, Leipzig 1902

Pudor, H., Erziehung zum Kunstgewerbe, Berlin 1906

Puppe, Fibel, Schießgewehr. Das Kind im kaiserlichen Deutschland (Kat.), hrsg. von der Akademie der Künste, Berlin 1977

Rehbein, F., Das Leben eines Landarbeiters, hrsg. von P. Göhre, Jena 1911

Reich, E., Die bürgerliche Kunst und die besitzlosen Volksklassen, Leipzig 1892

Rein, W. (Hrsg.), Encyklopädisches Handbuch der Pädagogik, Langensalza 1899

Rein, W., Bildende Kunst und Schule, Dresden 1902

Reuleaux, F., Briefe aus Philadelphia, Braunschweig 1877

Reulecke, J./Weber, W. (Hrsg.), Fabrik, Familie, Feierabend. Beiträge zur Sozialgeschichte des Alltags im Industriezeitalter, Wuppertal 1978

Ricci, C., Kinderkunst, Leipzig 1906 (ital. 1887)

Richter, J., Die Entwicklung des kunsterzieherischen Gedankens, Leipzig 1909

Riemerschmid, R., Grundriß und Aussehen, Innenausbau und Einrichtung des Arbeiterwohnhauses, in: Die künstlerische Gestaltung des Arbeiter-Wohnhauses, a. a. O.

Ritter, G. A., Arbeiterbewegung, Parteien und Parlamentarismus. Aufsätze zur deutschen Sozial- und Verfassungsgeschichte des 19. und 20. Jahrhunderts, Göttingen 1976

Rudorff, E., Heimatschutz, Leipzig / Berlin 1901

Rühle, O., Illustrierte Kultur- und Sittengeschichte des Proletariats, Berlin 1930

Scharrelmann, H., Das Malen und Zeichnen zur Belebung des Elementarunterrichts und der häuslichen Beschäftigung der Kinder, Braunschweig / Berlin / Hamburg (1913), 3. Aufl. 1928

Scheibe, W., Die Reformpädagogische Bewegung. Eine einführende Darstellung. Weinheim / Basel 1978 (6. Aufl.)

Schultze-Naumburg, P., Das Bauernhaus in seiner vorbildlichen Bedeutung, in: Die künstlerische Gestaltung der Arbeiter-Wohnhauses, a. a. O.

Schultze-Naumburg, P., Die Kultur des weiblichen Körpers als Grundlage der Frauenkleidung, Leipzig 1901

Schultze-Naumburg, P., Kulturarbeiten, 10 Bde., München 1901–1917

Schwindrazheim, O., Studien aus Deutschhausen, Leipzig / Berlin 1902

Seinig, O., Zeichnen als Sprache, Halle / Berlin 1914

Selle, G., Zwischen Kunsthandwerk, Manufaktur und Industrie – Rolle und Funktion des Künstler-Entwerfers um 1898 bis 1908, in: G. Bott (Hrsg.), Von Morris zum Bauhaus. Eine Kunst gegründet auf Einfachheit, Hanau 1977

Selle, G., Über bürgerliche Reformversuche der Produktkultur zwischen 1898 und 1912, in: Kunst und Alltag um 1900, a. a. O.

Spanier, M., Künstlerischer Bilderschmuck für Schulen, Hamburg 1897

Stilkunst um 1900 in Deutschland (Kat.), hrsg. von den Staatl. Museen zu Berlin, Berlin (DDR) 1972

Stuhlmann, A., Der Zeichenunterricht in der Volks- und Mittelschule. Ein methodisch geordneter Lehrgang. Hamburg 1875

Stuhlmann, A., Leitfaden für den Zeichenunterricht in den preußischen Volksschulen, Berlin / Stuttgart 1898

Sully, J., Untersuchungen über die Kindheit. Psychologische Abhandlungen für Lehrer und gebildete Eltern, Leipzig 1898

Tadd, L. J., Neue Wege zur künstlerischen Erziehung der Jugend, hrsg. von der Lehrervereinigung für die Pflege der künstlerischen Bildung in Hamburg, Leipzig 1900

Tews, J., Die erziehliche Knabenarbeit in ihrer Bedeutung für die deutsche Volkswirtschaft, Leipzig 1911

Tittel, L., Das Niederwalddenkmal 1871–1883, Hildesheim 1978

Troschel, H., Über Peter Schmid, G. Schadow und die Brüder Dupuis (Zur Geschichte des Zeichenunterrichts), in: Monatsblätter zur Förderung des Zeichenunterrichts an Schulen, 1. Jg., Nr. 1, Berlin 1865

Tschampke, I., Vom Zeichenunterricht zur künstlerischen Erziehung, in: Kat. Kind und Kunst, a. a. O.

Versuche und Ergebnisse der Lehrervereinigung für die Pflege der künstlerischen Bildung in Hamburg, Hamburg 1901

Volkelt, J., Ästhetische Zeitfragen, München 1895

Vondung, K. (Hrsg.), Das wilhelminische Bildungsbürgertum. Zur Sozialgeschichte seiner Ideen. Göttingen 1976

Waentig, H., Wirtschaft und Kunst. Eine Untersuchung über Geschichte und Theorie der modernen Kunstgewerbebewegung, Jena 1909

Wehler, H.-U., Das Deutsche Kaiserreich 1871–1918, Göttingen 1975

Wolgast, H., Die Bedeutung der Kunst für die Erziehung (Vortrag auf der Deutschen Lehrerversammlung in Chemnitz Pfingsten 1902), Leipzig 1903

Wunderlich, Th., Illustrierter Grundriss der geschichtlichen Entwicklung des Unterrichts im Freien Zeichnen, Stuttgart 1892

Wurm, E., Die Lebenshaltung der deutschen Arbeiter, Dresden 1892

Ziemer, G. / Wolf, H., Wandervogel-Bildatlas, Bad Godesberg 1963

Zwischen Kunst und Industrie, Der Deutsche Werkbund (Kat.), Die Neue Sammlung (Hrsg.), München 1975

294

III (1918–1945)
Die Kultur der Sinne als Hebel der Politik

Abenstein, E., Alle Tage ist kein Alltag. Massenunterhaltung zwischen Kommerz und Kreativität, in: Kat. ›Wem gehört die Welt‹, a. a. O.

Arbeiterjugendbewegung in Frankfurt 1904–1945. Material zu einer verschütteten Kulturgeschichte (Kat.), Gießen 1978

Arbeitsrat für Kunst (Hrsg.), Ja! Stimmen des Arbeitsrates für Kunst in Berlin, Berlin 1919

Beckers, E. / Richter, E., Kommentierte Bibliographie zur Reformpädagogik, Sankt Augustin 1979

Benjamin, W., Angelus Novus, Frankfurt 1966

Benze, R., Erziehung im großdeutschen Reich, Frankfurt 1943

Berg, P., Deutschland und Amerika 1918–1929. Über das deutsche Amerikabild der zwanziger Jahre, Lübeck / Hamburg 1963

Bergemann-Könitzer, M., Über plastischen Gestaltungsunterricht, Leipzig 1921

Bergemann-Könitzer, M., Plastisches Gestalten als Ausgang für die Werktätigkeit in der Schule, Wien / Leipzig 1929

Bergemann-Könitzer, M., Das plastische Gestalten des Kleinkindes, Weimar 1930

Bettelheim, C., Die deutsche Wirtschaft unter dem Nationalsozialismus, München 1974

Betzler, E. / Groth, H. / Lohse, E. / Raasch, H. / Semm, H. / Stiehler, G., Zeichen- und Kunstunterricht. Geschichte, Lehre, Beispiel für die Volks- und Mittelschule sowie für die Unterstufe der höheren Schule (Textband und Bildermappe) in der Reihe ›Der Bücherschatz des Lehrers‹, Osterwiek / Leipzig 1931

Billeter, E. (Hrsg.), Die Zwanziger Jahre. Kontraste eines Jahrzehnts, Bern 1973

Böttcher, R., Kunst und Erziehung im neuen Reich, Breslau 1933

Böttcher, R., Zeichenschule, Berlin 1943

Bracher, K. D., Die Auflösung der Weimarer Republik, Stuttgart / Düsseldorf 1955

Bracher, K. D., Die deutsche Diktatur. Entstehung, Struktur, Folgen des Nationalsozialismus, Köln 1972

Brandecker, F., Notizen zur Sozialisation des Arbeiter-Kindes in der Weimarer Republik, in: Heinemann, Sozialisation und Bildungswesen, a. a. O.

Brandecker, F., Erziehung durch die Klasse für die Klasse. Zur Pädagogik der Kinderfreundebewegung in Deutschland 1919–1933, in: Heinemann, Sozialisation und Bildungswesen, a. a. O.

Brenner, H., Die Kunstpolitik des Nationalsozialismus, Reinbek 1963

Britsch, G., Theorie der bildenden Kunst, hrsg. von E. Kornmann, Starnberg 1952 (3. Aufl.)

Broszat, M., Der Staat Hitlers. Grundlegung und Entwicklung seiner inneren Verfassung, München 1969

Brückner, P. / Ricke, G., Über die ästhetische Erziehung des Menschen in der Arbeiterbewegung, in: Bezzel, C. / Brückner, P. u. a., Das Unvermögen der Realität, Berlin 1974

Brückner, P., Das Abseits als sicherer Ort. Kindheit und Jugend zwischen 1933 und 1945, Berlin 1980

Bühnemann, M. / Thomas, F., Zur Geschichte der Buchgemeinschaften in der Weimarer Republik, in: ›Wem gehört die Welt‹, a. a. O.

Daiber, W., Das Eigengestalten des Kindes im Zeichnen, München 1932

Dallinger, K., Über den Zusammenhang der Entwicklung des Ich-Bewußtseins und dem kindlichen Zeichnen, Langensalza 1928

Damerius, H., Über zehn Meere zum Mittelpunkt der Welt – Erinnerungen an die ›Kolonne links‹, Berlin (DDR) 1977

Das Taschenbuch Schönheit der Arbeit, hrsg. vom Amt Schönheit der Arbeit, Berlin 1938

Dexel, W., Arbeitsinhalt und Arbeitsweise des Kindes, in: Das neue Frankfurt Jg. 4 / Nr. 1 / 1930

Dexel, W., Zur Problematik des Gestaltungsunterrichts in der Volksschule, in: Die Form, Zeitschrift für gestaltende Arbeit Jg. 7 / Nr. 4 / 1932

Die Form ohne Ornament – Werkbundausstellung 1924 (Kat.), hrsg. von W. Riezler, Berlin / Leipzig 1924

Diel, A., Die Kunsterziehung im 3. Reich – Geschichte und Analyse, Diss. München 1969

Dobers, E. / Higelke, K. (Hrsg.), Rassenpolitische Unterrichtspraxis. Der Rassengedanke in der Unterrichtsgestaltung der Volksschulfächer, Leipzig 1940

Dovifat, E., Die Publizistik der Weimarer Zeit. Presse, Rundfunk, Film, in: Reinisch (Hrsg.), Die Zeit ohne Eigenschaften, a. a. O.

Dreiack, E., Ein Weg zum zeitgemäßen Zeichenunterricht, Goslar 1927

Dreyer, E. A., Deutsche Kultur im Neuen Reich –

Wesen, Aufgaben und Ziele der Reichskulturkammer, Bd. 7 der Schlieffenbücherei, Potsdam 1934

Durus, Das Arbeiterkind als Gestalter, in: Eulenspiegel Jg. 4/Nr. 1/1931

Egerland, H. (Hrsg.), Unsterbliche Volkskunst, München 1932

Ehrhardt, A., Gestaltungslehre. Die Praxis eines zeitgemäßen Kunst- und Werkunterrichts, Weimar 1932

Eng, H., Kinderzeichnen. Beiheft 39 zur Zeitschrift für angewandte Psychologie, Leipzig 1927

Eyck, E., Geschichte der Weimarer Republik, 2 Bde., Zürich/Stuttgart 1956

Fallada, H., Damals bei uns daheim, Gütersloh 1958

Fallada, H., Kleiner Mann, was nun?, Berlin (1932) 1937

Fegeler-Felkendorf, P., Neudeutsche Kunsterziehung. Ein Grundriß der geistigen Erneuerung und der Aufgabe von Kunst und Kunstunterricht im nationalsozialistischen Staat, Breslau 1930

Feidel-Mertz, H., Zur Ideologie der Arbeiterbildung, Frankfurt 1972

Fischer, R./Heimann, F., Deutsche Kinderfibel, Berlin 1933

Fischer, W., Deutsche Wirtschaftspolitik 1918–1945, Opladen 1968

Fleisser, M., Eine Zierde für den Verein. Roman vom Rauchen, Sporteln, Lieben und Verkaufen (1931), in: Fleisser, Gesammelte Werke Bd. 2, Frankfurt 1972

Fliether, P., Kunst und Kunsterziehung. Einführungsrede an der Kunsthochschule Dresden, Dresden 1942

Flitner, W./Kudritzki, G. (Hrsg.), Die deutsche Reformpädagogik, 2 Bde., München/Düsseldorf 1961/62

Franck, Ph., Das schaffende Kind, Berlin 1928

Gamm, H.-J., Führung und Verführung. Pädagogik des Nationalsozialismus, München 1964

Garbe, H., Rassische Kunsterziehung, in: Nationalsozialistisches Bildungswesen Jg. 3/Nr. 11/1938

Geiger, Th., Die soziale Schichtung des deutschen Volkes, Stuttgart 1932

Geist, H.-F., Die Wiedergeburt des Künstlerischen aus dem Volk, Leipzig 1934

Geist, H.-F., Die neuen Bildungsaufgaben der Volksschule, in: Das neue Frankfurt Jg. 5/Nr. 10/1931

Giese, F., Girlkultur. Vergleiche zwischen amerikanischem und europäischem Rhythmus und Lebensgefühl, München 1925

Giffhorn, H., Ein Versuch, Merkmale gegenwärtiger Kunstpädagogik historisch zu erklären, in: BDK-Mitteilungen 2/3, 1974

Gillen, E., Die Sachlichkeit der Revolutionäre. Die Bedeutung des ›Verismus‹, ›Konstruktivismus‹ und ›Neuer Sachlichkeit‹ für die revolutionäre Kunst der 20er Jahre in Deutschland und in der Sowjetunion, in: ›Wem gehört die Welt‹, a.a.O.

Grune, H.-J., Dein Auftritt, Genosse! Das Agitproptheater – eine proletarische Massenbewegung, in: ›Wem gehört die Welt‹, a.a.O.

Günther, H. F. K., Adel und Rasse, München 1926

Happel, R./Michaelis, M., Wem gehört die Welt? Filme der Arbeiterbewegung in der Weimarer Republik, in: Korte (Hrsg.), Film und Realität in der Weimarer Republik, a.a.O.

Hartlaub, G. F., Der Genius im Kinde, Breslau 1922

Hartwich, H. H., Staatskrise, Wirtschaftskrise, Reich. Die Staats- und Wirtschaftskrise des Deutschen Reiches 1929–33, Stuttgart 1967

Hasler, B., Aufbau und Aufgaben des heutigen Zeichenunterrichts, in: Päd. Zentralblatt Jg. 10/1930

Heinemann, M. (Hrsg.), Sozialisation und Bildungswesen in der Weimarer Republik (Veröffentlichungen der Historischen Kommission der Deutschen Gesellschaft für Erziehungswissenschaft Bd. 1), Stuttgart 1976

Herding, K./Mittig, H.-E., Kunst und Alltag im NS-System. Albert Speers Berliner Straßenlaternen, Gießen 1975

Hilker, F., Kunst und Schule, in: Hilker (Hrsg.), Kunst und Schule (Entschiedene Schulreform IV), Wege und Ziele schöpferischer Gestaltung, festgelegt auf der Kunsttagung des Bundes entschiedener Schulreformer in Lankwitz (1921), Berlin 1922

Hinkel, H., Zur Funktion des Bildes im deutschen Faschismus. Bildbeispiele, Analysen, didaktische Vorschläge, Steinbach 1975

Hinz, B./Mittig, H.-E. u. a. (Hrsg.), Die Dekoration der Gewalt. Kunst und Medien im Faschismus, Gießen 1979

Hinz, B., ›Zweierlei Kunst in Deutschland‹, in: ›Wem gehört die Welt‹, a.a.O.

Hitler, A., Mein Kampf, München 1933 (1925)

Hoernle, E., Grundfragen der proletarischen Erziehung, Berlin 1929

Hoffmann, H., Das braune Heer. 100 Bilddokumente. Leben, Kampf und Sieg der SA und SS, Berlin 1934 (1932)

Hüter, K.-H., Das Bauhaus in Weimar, Berlin (DDR) 1976

296

Hirsch, H., Experimente in Demokratie. Zur Geschichte der Weimarer Republik, Wuppertal 1972

Huse, N., Neues Bauen 1918 bis 1933. Moderne Architektur in der Weimarer Republik, München 1975

Itten, J., Mein Vorkurs am Bauhaus. Gestaltungs- und Formenlehre, Ravensburg 1963

Josewski, E., Musik, in: Dobers/Higelke (Hrsg.), Rassenpolitische Unterrichtspraxis, a.a.O.

Kadritzke, N., Arbeiterbewegung und Faschismus. Warum die antifaschistische Einheitsfront nicht zustandekam, in: ›Wem gehört die Welt‹, a.a.O.

Kanitz, O. F., Das proletarische Kind in der bürgerlichen Gesellschaft, Jena 1925

Kerbs, D. (Hrsg.), ... gegen Kind und Kunst. Eine Dokumentation aus dem Jahr 1927, mit Kinderzeichnungen und Fotos der zerstörten Barkenhoff-Fresken von Heinrich Vogeler, Fernwald 1974

Kind und Kunst. Zur Geschichte des Zeichen- und Kunstunterrichts, hrsg. vom BDK in Verbindung mit dem Werkbund-Archiv und der Arbeitsstelle für historische und vergleichende Kunstpädagogik an der PH Berlin, Berlin 1976

Kircher, W., Musische Nationalerziehung, Dortmund/Breslau/München 1938

Klages, L., Der Geist als Widersacher der Seele, 3 Bde. Leipzig 1929

Klatt, F., Die schöpferische Pause, Jena 1926

Klönne, A., Hitlerjugend. Die Jugend und ihre Organisation im dritten Reich, Hannover/Frankfurt 1955

Knoop, D./Wallbaum, K., Sozialgeschichtliche und schulpolitische Bedingungen des Zeichenunterrichts in den ersten Jahren der Weimarer Republik, in: Kat. Kind und Kunst, a.a.O.

Kolb, G., Bildhaftes Gestalten als Aufgabe der Volkserziehung, 2 Bde. Stuttgart 1926–27

Kornmann, E., Die Theorie von Gustav Britsch als Grundlage der Kunsterziehung, Düsseldorf 1931

Korte, H. (Hrsg.), Film und Realität in der Weimarer Republik. Mit Analysen von ›Kuhle Wampe‹ und ›Mutter Krausens Fahrt ins Glück‹, München/Wien 1978

Kossolapow, L., Musische Erziehung zwischen Kunst und Kreativität, Frankfurt 1975

Kracauer, S., Das Ornament der Masse. Essays, Frankfurt 1963

Kracauer, S., Die Angestellten. Aus dem neuesten Deutschland, Frankfurt 1974 (1929)

Kracauer, S., Von Caligari bis Hitler. Ein Beitrag zur Geschichte des deutschen Films, Hamburg 1958

Kramer, F., Werkkatalog 1923–1974, hrsg. von J. Jourdan, Schriftenreihe 3 der Architektenkammer Hessen, Frankfurt o. J.

Kramer, J., Die Assoziation Revolutionärer Bildender Künstler Deutschlands (ARBKD), in: ›Wem gehört die Welt‹, a.a.O.

Krieck, E., Musische Erziehung, Leipzig 1933

Krieck, E., Erziehung im nationalsozialistischen Staat, Berlin/Wien 1938

Kroh, O., Subjektive Anschauungsbilder bei Jugendlichen, Göttingen 1922

Krovoza, A./Oestmann, A., Kleinbürger in Deutschland. Soziale und politische Konturen einer »verhinderten Klasse«, in: Kursbuch Nr. 45/1976

Kühnl, R., Formen bürgerlicher Herrschaft. Liberalismus – Faschismus, Reinbek 1971

Kühnl, R. (Hrsg.), Der deutsche Faschismus in Quellen und Dokumenten, Köln 1975

Kunert, H., Deutsche Reformpädagogik und Faschismus, Hannover 1973

Kunst im 3. Reich. Dokumente der Unterwerfung, hrsg. vom Frankfurter Kunstverein, Frankfurt 1974/75

Kunstpädagogik »vom Kinde aus«. Grundpositionen in der Kunsterziehungsliteratur der zwanziger Jahre, Textmontage in Kat. Kind und Kunst, a.a.O.

Lamszus, W., Probleme und Problematik der neuen Schulversuche, in: Die Entfaltung der schöpferischen Kräfte im Kinde, Bericht der Dritten Internationalen Pädagogischen Konferenz des Internationalen Arbeitskreises für Erneuerung der Erziehung in Heidelberg vom 2. bis 15. August 1925, hrsg. von E. Rotten, Gotha 1926

Lederer, E./Marschak, J., Der neue Mittelstand, in: Grundriß der Sozialökonomik, IX. Abt. Das soziale System des Kapitalismus, I. Teil: Die gesellschaftliche Schichtung im Kapitalismus, Tübingen 1926

Leonard, Y., Die verdoppelte Illusion. Der proletarische Film zwischen Traumfabrik und Wirklichkeit, in: ›Wem gehört die Welt‹, a.a.O.

Leppert-Fögen, A., Die deklassierte Klasse. Studien zur Geschichte und Ideologie des Kleinbürgertums, Frankfurt 1974

Lethen, H., Neue Sachlichkeit 1924–1932. Studien zur Literatur des »weißen Sozialismus«, Stuttgart 1970

Lichtwark, A., Der Deutsche der Zukunft. (Schlußwort auf dem 1. Kunsterziehungstag in Dresden 1901), in: Lichtwark, Das Bild des Deutschen, Weinheim 1962

Lützeler, H. u. M., Unser Heim, Bonn 1939

Maenz, P., Art Deco 1920–1940, Köln 1974

Meinhold, K., Ein Bild sagt mehr als tausend Worte. Ein Beitrag zu den Anfängen der Arbeiterfotografie in Leipzig, in: ›Wem gehört die Welt‹, a. a. O.

Merkel, J./Richter, D. (Hrsg.), Carl Dantz, ›Peter Stoll‹. Ein Kinderleben (1925), München 1978

Meyer, H., Bauhaus Dessau 1927–30. Erfahrungen einer polytechnischen Erziehung, in: C. Schnaidt, Hannes Meyer – Bauten, Projekte und Schriften, Teufen 1965

Middeldorf, A., Bauhaus und Kunstunterricht, in: Kat. Kind und Kunst, a. a. O.

Mitscherlich, A., Auf dem Wege zur vaterlosen Gesellschaft, München 1976 (11. Aufl.)

Moeller van den Bruck, A., Das dritte Reich, Berlin 1923

Mohler, A., Die konservative Revolution in Deutschland 1918–1932. Ein Handbuch, Darmstadt 1972

Mühlhaupt, F., Verelendung, Revolution und Kunst. Aspekte zur Entwicklung und Problematik proletarisch-revolutionärer Kunst in der Weimarer Republik, in: ›Wem gehört die Welt‹, a. a. O.

Natter, Ch., Künstlerische Erziehung aus eigengesetzlicher Kraft, Gotha 1924

Nohl, H., Die ästhetische Wirklichkeit, Frankfurt 1934

Oestreich, P., Die elastische Einheitsschule. Lebens- und Produktionsschule, in: Die Lebensschule, Schriftenfolge des Bundes entschiedener Schulreformer, Heft 4, Berlin 1921

Olbrich, J. (Hrsg.), Arbeiterbildung in der Weimarer Zeit. Konzeption und Praxis, Braunschweig 1977

Pallat, L., Die Entwicklung des Zeichenunterrichts in Preußen, in: Päd. Zentralblatt Jg. 10/1930

Pallat, L., Zeichen- und Werkunterricht, nebst einer Sammlung der Bestimmungen über Ausbildung, Prüfung usw., Berlin 1927

Pallat, L., Die Kunsterziehung/die Werkerziehung, in: Nohl/Pallat, Handbuch der Pädagogik Bd. 3, Langensalza 1930

Parnitzke, E., Bildhaftes Gestalten. Sonderdruck aus dem Handbuch der deutschen Lehrerbildung, München 1933

Parnitzke, E., Bildnerische Erziehung, in: Dobers/Higelke, Rassenpolitische Unterrichtspraxis, a. a. O.

Parnitzke, E., Freizeitschaffen, Weisungen zur volkstümlichen Holzarbeit. Tornisterschrift des Oberkommandos der deutschen Wehrmacht, Heft 28/1943

Parnitzke, E., Von der stets gegenwärtigen Bedeutung des ursprungsnahen Bildschaffens, in: Egerland, Unsterbliche Volkskunst, a. a. O.

Pfleiderer, W., Die Geburt des Bildes, Stuttgart 1930

Plessner, H., Die verspätete Nation, Stuttgart 1959

Plessner, H., Die Legende von den Zwanziger Jahren, in: Merkur Jg. 16, Nr. 167/1962

Rahl, M., Leo Weismantels Kunsterziehung »zur Schau der höchsten und letzten Werte«, in: Kat. Kind und Kunst, a. a. O.

Rave, P. O., Die Kunstdiktatur im Dritten Reich, Hamburg 1949

Reich, W., Die Massenpsychologie des Faschismus (1933), Köln/Berlin 1971

Reinisch, L. (Hrsg.), Die Zeit ohne Eigenschaften. Eine Bilanz der zwanziger Jahre, Stuttgart 1961

Reiss, W. A., Die Kunsterziehung in der Weimarer Republik. Geschichte und Ideologie. Diss. Kassel 1979

Reulecke, J./Weber, W. (Hrsg.), Fabrik, Familie, Feierabend. Beiträge zur Sozialgeschichte des Alltags im Industriezeitalter, Wuppertal 1978

Rochowansky, L. W., Die Wiener Jugendkunst. Franz Cizek und seine Pflegestätte, Wien 1946 (1928)

Roeßler, W., Schichtenspezifische Sozialisation in der Weimarer Republik, in: Heinemann, Sozialisation und Bildungswesen, a. a. O.

Rühle, O., Illustrierte Kultur- und Sittengeschichte des Proletariats, Frankfurt 1977 (Berlin 1930)

Ruttmann, W. J., Die Lehrpraxis der Volksschule, Nürnberg 1943

Sauer, J., Arbeiterfotografen schießen sich ein. Zum ›revolutionären Gebrauchswert‹ von Text/Bild-Montagen, in: ›Wem gehört die Welt‹, a. a. O.

Scheerer, H., Gestaltung im Dritten Reich, in: form, Zeitschrift für Gestaltung Nr. 69/1975; 70/1975; 71/1975

Scheibe, W., Die reformpädagogische Bewegung, Weinheim/Basel 1978 (6. Aufl.)

Schmidtchen, V., Arbeitersport – Erziehung zum sozialistischen Menschen. Leitwerte und Jugendarbeit in zwei Ruhrgebietsvereinen in der Weimarer Republik, in: Reulecke/Weber, Fabrik, Familie, Feierabend, a. a. O.

Schultze-Naumburg, P., Der Kampf um die Kunst, Nationalsozialistische Bibliothek Heft 36, München 1932

Schultze-Naumburg, P., Kunst und Rasse, München 1928

Schultze-Naumburg, P., Kunst aus Blut und Boden, Leipzig 1934

Schultze-Naumburg, P., Nordische Schönheit, München/Berlin 1943

Siepmann, E., Die Übung. Anmerkung zur Erotik der Musischen Nationalerziehung, in: Kat. Kind und Kunst, a.a.O.

Siepmann, E., Kämpfende Kinder. Eine Dokument-Collage zur außerschulischen ästhetischen Erziehung, in: Kat. Kind und Kunst, a.a.O.

Sohn-Rethel, A., Ökonomie und Klassenstruktur des deutschen Faschismus. Aufzeichnungen und Analysen, Frankfurt 1975

Sontheimer, K., Antidemokratisches Denken in der Weimarer Republik. Die politischen Ideen des deutschen Nationalismus zwischen 1918 und 1933, München 1962

Speer, A., Architektur-Arbeiten 1933–1942, Berlin 1979

Speer, A., Erinnerungen, Frankfurt/Berlin 1971 (9. Aufl.)

Stahl, G., Von der Hauswirtschaft zum Haushalt oder wie man vom Haus zur Wohnung kommt. Die Ökonomie des ganzen Hauses und die Ökonomisierung der Hausfrau, in: ›Wem gehört die Welt‹, a.a.O.

Stanic, D., »Bildhaftes Gestalten« oder »Die Wiedergeburt des Volkes aus der Anschauung«. Zur kunstpädagogischen Theorie Gustav Kolbs, in: Kat. Kind und Kunst, a.a.O.

Stanic, D., »Kunsterziehung ist völkische Notwendigkeit«. Musische Nationalerziehung und kunstpädagogische Praxis im Faschismus, in: Kat. Kind und Kunst, a.a.O.

Steinhöfer, D., Hans von Tschammer und Osten, Reichssportführer im Dritten Reich, Berlin 1973

Sternberg, F., Der Imperialismus, Berlin 1926

Stooss, T., Erobert den Film! oder ›Prometheus‹ gegen ›UFA‹ & Co. Zur Geschichte des proletarischen Films der Weimarer Republik, in: ›Wem gehört die Welt‹, a.a.O.

Stratmann, M., Wohnungsbaupolitik in der Weimarer Republik, in: ›Wem gehört die Welt‹, a.a.O.

Taut, B., Die neue Wohnung. Die Frau als Schöpferin, Leipzig 1925

Tendenzen der Zwanziger Jahre. 15. Europäische Kunstausstellung Berlin 1977 (Kat.), Berlin 1977

Teut, A., Architektur im Dritten Reich, 1933–1945, Frankfurt/Berlin 1965

Tucholsky, K., Deutschland, Deutschland über alles, montiert von John Heartfield. Faksimiledruck der Ausgabe von 1929, Hamburg 1964

Ueberhorst, H., Frisch, frei, stark und treu. Die Arbeitersportbewegung in Deutschland 1893–1933, Düsseldorf 1973

Wagner, H., Sport und Arbeitersport, Berlin 1931

Weimarer Republik, hrsg. vom Kunstamt Kreuzberg (Berlin) und dem Institut für Theaterwissenschaft der Universität Köln, Berlin/Hamburg 1977

›Wem gehört die Welt‹ – Kunst und Gesellschaft in der Weimarer Republik, hrsg. von der Neuen Gesellschaft für Bildende Kunst, Berlin 1977 (2. Aufl.)

Werder, L.v., Sozialistische Erziehung in Deutschland 1848–1973, Frankfurt 1974

Willrich, W., Säuberung des Kunsttempels – eine kunstpolitische Kampfschrift zur Gesundung deutscher Kunst im Geiste nordischer Art, Berlin 1937

Wingler, H.M., Das Bauhaus, Bramsche 1962

Wulff, J., Die bildenden Künste im Dritten Reich, Gütersloh 1963

Zorn, W., Sozialgeschichte 1918–1970, in: Aubin/Zorn (Hrsg.), Handbuch der deutschen Wirtschafts- und Sozialgeschichte, Stuttgart 1976

IV (1945 bis heute)
Der Lernraum Bundesrepublik

Abromeit, H., Das Politische in der Werbung. Wahlwerbung und Wirtschaftswerbung in der Bundesrepublik, Opladen 1972

Ad-hoc-Gruppe Visuelle Kommunikation, Visuelle Kommunikation – Zur gesellschaftlichen Begründung eines neuen Unterrichtsfaches, in: Ästhetik und Kommunikation, Beiträge zur politischen Erziehung Jg. 1/Nr. 1/1970

Adorno, Th.W., Kritik des Musikanten, in: Adorno, Dissonanzen, Göttingen 1956

Allgemeinbildung, Lehrplanwerk, Unterricht, Berlin (DDR) 1973

Altvater, E./Huisken, F. (Hrsg.), Materialien zur politischen Ökonomie des Ausbildungssektors, Erlangen 1971

Andritzky, M./Selle, G. (Hrsg.), Lernbereich Wohnen. Didaktisches Sachbuch zur Wohnumwelt vom Kinderzimmer bis zur Stadt. Grundlagen, Materialien, Lernbeispiele, 2 Bde., Reinbek 1979

Arbeitsorganisation – Ende des Taylorismus?, Themenheft Kursbuch Nr. 43/1976

Ausbildung. Taylorisierung der Schule?, Themenheft Ästhetik und Kommunikation Nr. 29/1977

Baacke, D., Sozialisation durch Massenmedien, in: Walter, H. (Hrsg.), Sozialisationsforschung, Stuttgart 1973

Barthes, R., Mythen des Alltags, Frankfurt 1970

Beck, J., Lernen in der Klassenschule. Untersuchungen für die Praxis, Reinbek 1974

Benjamin, W., Das Kunstwerk im Zeitalter seiner technischen Reproduzierbarkeit, Frankfurt 1970

Bernstein, B., Sprache und Lernen im Sozialprozeß, in: Bernstein, Aufsätze 1958–1970, Amsterdam 1970

Bernstein, B., Sozio-kulturelle Determinanten des Lernens, a. a. O.

Betzler, E. (Hrsg.), Probleme der Kunsterziehung, Ratingen 1953

Bischoff, J. (Hrsg.), Die Klassenstruktur der Bundesrepublik Deutschland. Ein Handbuch zum sozialen System der BRD, Berlin 1976

Borchardt, J./Dunkel, O./Stüber, J., Audiovisuelle Medien in der Schule. Zur politischen Ökonomie visueller Kommunikation, 2 Bde., Ravensburg 1973

Bourdieu, P., Zur Soziologie der symbolischen Formen, Frankfurt 1970

Breckoff, W./Kleinen, G. u. a., Musik aktuell. Information, Dokumente, Aufgaben, Kassel/Basel/Tours/London 1978 (8. Aufl.)

Breyer, H./Otto, G./Wienecke, G., Kunstunterricht. Planung bildnerischer Denkprozesse, Düsseldorf 1970

Brix, L., Die Krise der Musikpädagogik. Überlebensversuche eines Schulfachs, Regensburg 1977

Brög, H. (Hrsg.), Kunstpädagogik heute, Bd. 1, Düsseldorf 1980

Brock, B., Mode – Ein Lernenvironment zum Problem der Lebensinszenierung und Lebensorganisation. Dazu ein Vorschlag zur Anwendung der Aussagen im Sozio-Design, in: Mode, das inszenierte Leben (Kat.), hrsg. vom Internationalen Design Zentrum (IDZ), Berlin o. J. (1972)

Brückner, P., Versuch, uns und anderen die Bundesrepublik zu erklären, Berlin 1978

Brückner, P., Zur Sozialpsychologie des Kapitalismus, Frankfurt 1972

Bundesminister für Bildung und Wissenschaft (BMBW) (Hrsg.), Die Jugendkunstschule – Modell sozialer Kulturarbeit, Werkstattbericht 20, Bonn 1979

Bund-Länder-Kommission für Bildungsplanung und Forschungsförderung (Hrsg.), Musisch-kulturelle Bildung – Ergänzungsplan zum Bildungsgesamtplan, Stuttgart 1977

Bürgerinitiativen/Bürgerprotest – eine neue Vierte Gewalt? Themenheft Kursbuch Nr. 50/1977

Chombart de Lauwe, P.-H., Aneignung, Eigentum, Enteignung. Sozialpsychologie der Raumaneignung und Prozesse gesellschaftlicher Veränderung, in: Arch +, Nr. 34/1977

Claessens, D./Klönne, A./Tschoepe, A., Sozialkunde der Bundesrepublik, Düsseldorf/Köln 1978 (8. Aufl.)

Dahlmüller, G./Hund, W. D./Kommer, H., Kritik des Fernsehens. Handbuch gegen Manipulation, Darmstadt/Neuwied 1973

Daucher, H./Sprinkart, K.-P. (Hrsg.), Ästhetische Erziehung als Wissenschaft. Probleme, Positionen, Perspektiven, Köln 1979

Deutscher Bildungsrat (Hrsg.), Empfehlungen der Bildungskommission 1967–1969 (Sammelausgabe), Stuttgart 1970

Deutscher Bildungsrat (Hrsg.), Empfehlungen der Bildungskommission zur Neuordnung der Sekundarstufe II, Konzept für eine Verbindung von allgemeinem und beruflichem Lernen, Stuttgart 1974

Deutscher Bildungsrat (Hrsg.), Gutachten und Studien der Bildungskommission, Bd. 12, Stuttgart 1969

Dreidoppel, H., Zur Genese, Kontinuität und Diskontinuität des Zeichnens und Malens seit meiner Kindheit, in: Ästhetik und Kommunikation Nr. 30/1977

Dussa, I., DDR: Zeichnen/Kunsterziehung. Der »Klassenstandpunkt« im Lehrplanwerk der Polytechnischen Oberschule, dargestellt am Beispiel »Kunsterziehung«, in: Kunst + Unterricht Nr. 29/1975

Egen, H., Kinderzeichnung und Umwelt, Bonn 1977

Ehmer, H. K. (Hrsg.), Ästhetische Erziehung und Alltag, Bd. 1, Gießen 1979

Ehmer, H. K., Ästhetische Erziehung und Subjektivität, in: Kunst + Unterricht, Sonderheft 1980

Ehmer, H. K., Doornkaat-Werbung im Kunstunterricht, in: Kunst + Unterricht, Sonderheft 1970

Ehmer, H. K., Krise und Identität – Zur Kritik einiger

fachdidaktischer und fachpolitischer Kategorien, in: Hartwig, Sehen Lernen, a. a. O.

Ehmer, H. K. (Hrsg.), Kunst/Visuelle Kommunikation – Unterrichtsmodelle, Gießen 1973

Ehmer, H. K. (Hrsg.), Kunstunterricht und Gegenwart, Frankfurt/Berlin/Bonn/München 1967

Ehmer, H. K. (Hrsg.), Visuelle Kommunikation. Beiträge zur Kritik der Bewußtseinsindustrie, Köln 1971

Ehrhard, L., Wohlstand für alle, Düsseldorf 1957

Ehrhart, K./Peise-Seithe, M./Raske, P., Die Jugendkunstschule. Kulturpädagogik zwischen Spiel und Kunst, Regensburg 1980

Enzensberger, H. M., Baukasten zu einer Theorie der Medien, in: Kursbuch Nr. 20/1970

Enzensberger, H. M., Von der Unaufhaltsamkeit des Kleinbürgers. Eine soziologische Grille, in: Kursbuch Nr. 45/1976

Fecht, T., Musische Bildung nach 1945, in: Kat. Kind und Kunst, a. a. O.

Fecht, T., Wie entstehen kunstpädagogische Konzepte? Interview mit Hermann K. Ehmer und Gunter Otto, Hamburg, Juli 1976, in: Kat. Kind und Kunst, a. a. O.

Friedeburg, E. v., Bürgerliche Attrappen, in: Kursbuch 42/1975

Gehlen, A., Zeitbilder. Zur Soziologie und Ästhetik der modernen Malerei, Frankfurt/Bonn 1960

Genazino, W., Abschaffel. Die Vernichtung der Sorgen. Falsche Jahre, 3 Bde., Reinbek 1978/79

GEW-Hauptvorstand, Zur Sicherung Ästhetischer Erziehung in der Schule, in: BDK-Mitteilungen 1/1980

Giffhorn, H., Ein Versuch, Merkmale gegenwärtiger Kunstpädagogik historisch zu erklären, in: BDK-Mitteilungen Nr. 2/3, 1974

Giffhorn, H., Kritik der Kunstpädagogik. Zur gesellschaftlichen Funktion eines Schulfachs, Köln 1972 (aktualisierte Neuaufl. Köln 1979)

Giffhorn, H., Kunst, Visuelle Kommunikation, Design (Unterricht für die Sekundarstufe I), 4 Hefte, Stuttgart 1978

Giffhorn, H., Modeverhalten. Ästhetische Normen und politische Erziehung, Köln 1974

Giffhorn, H. (Hrsg.), Politische Erziehung im ästhetischen Bereich, Velber 1971

Giffhorn, H., Zur Entstehung, Einordnung und Kritik des kunstpädagogischen Konzepts ›Visuelle Kommunikation‹, in: BDK-Mitteilungen Nr. 4/1974

Gloy, K., Bernstein und die Folgen. Zur Rezeption der soziolinguistischen Defizithypothese in der BRD, in: Walter, Sozialisationsforschung, a. a. O.

Gorsen, P., Wider den Medienoptimismus, in: Kunst + Unterricht, Sonderheft 1974

Graudenz, K./Pappritz, E. v., Das Buch der Etikette, Marbach 1956

Grüneisl, G./Mayrhofer, H./Zacharias, W. (Hrsg.), Spielen in der Stadt, Nürnberg 1972

Grüneisl, G./Mayrhofer, H./Zacharias, W., Umwelt als Lernraum. Organisation von Spiel- und Lernsituationen. Projekte ästhetischer Erziehung, Köln 1973

Grüneisl, G./Mayrhofer, H./Zacharias, W., Pädagogische Aktion, in: BDK-Mitteilungen Nr. 2/1978

Günter, J., Leben in Eisenheim. Arbeit, Kommunikation und Sozialisation in einer Arbeitersiedlung, Weinheim/Basel 1980

Günter, R./Hasse, R., Handbuch für Bürgerinitiativen, Berlin 1976

Günter, R./Rutzen, R. J., Kulturkatalog. Alternative Kulturpraxis, Hamburg 1979

Haase, O., Musisches Leben, Hannover 1951

Habermas, J., Die Dialektik der Rationalisierung. Vom Pauperismus in Produktion und Konsum, in: Merkur Nr. 8/1954

Habermas, J., Notizen zum Mißverhältnis von Kultur und Konsum, in: Merkur Nr. 3/1956

Habermas, J., Protestbewegung und Hochschulreform, Frankfurt 1969

Habermas, J. (Hrsg.), Stichworte zur ›geistigen Situation der Zeit‹, Bd. 1: Nation und Republik, Bd. 2: Politik und Kultur, Frankfurt 1979

Handbuch Bürgerinitiativen in Frankfurt, hrsg. von I. Damian-Hesser u. M. Damian, Frankfurt 1978

Handbuch der Kunst- und Werkerziehung, 14 Bde., hrsg. von H. Trümper, fortgeführt von G. Otto, Berlin 1953–1975

Hartwig, H., Ästhetische Praxis als Gegenstand von Theorie und Erinnerung. Hinweise auf Symbolbegriff und Adoleszenzkonzept in Psychoanalyse und Aneignungstheorie, in: Ästhetik und Kommunikation Nr. 30/1977

Hartwig, H., Ein Vormittag in der Hauptschule, in: Ästhetik und Kommunikation Nr. 20/1975

Hartwig, H., Jugendkultur. Ästhetische Praxis in der Pubertät, Reinbek 1980

Hartwig, H., Kinderzeichnung, in: Bauer/Hengst (Hrsg.), Kritische Stichwörter – Kinderkultur, München 1978

Hartwig, H., Konstruktionsvorschlag für ein Curriculum, in: BDK-Mitteilungen Nr. 1/2, 1970

Hartwig, H. (Hrsg.), Sehen lernen. Kritik und Weiter-

301

arbeit am Konzept Visuelle Kommunikation, Köln 1976 (a)

Hartwig, H., Sehen lernen. Bildgebrauch und Zeichnen. Historische Rekonstruktion und didaktische Perspektiven, in: Hartwig, Sehen lernen, a. a. O.

Hartwig, H., Von Schiffen, Lehrherren und narzißtischen Psychoräumen, in: Kunst + Unterricht Nr. 51/1978

Hartwig, H., Zeichnen als Mittel zur Aneignung von Wirklichkeit, in: Kunst + Unterricht Nr. 36/1976 (b)

Haug, W. F., Kritik der Warenästhetik, Frankfurt 1971

Haug, W. F. (Hrsg.), Warenästhetik. Beiträge zur Diskussion, Weiterentwicklung und Vermittlung ihrer Kritik, Frankfurt 1975

Haug, W. F., Ideologie/Warenästhetik/Massenkultur. Entwürfe zu einer theoretischen Synthese, Berlin 1979

Hentig, H. v., Das Leben mit der Aisthesis, in: Deutscher Bildungsrat (Hrsg.), Gutachten und Studien der Bildungskommission, Bd. 12, Lernziele der Gesamtschule, Stuttgart 1969

Hentig, H. v., Lernziele im ästhetischen Bereich, in: Kunst + Unterricht Nr. 11/1971

Hentig, H. v., Brauchen wir eine neue Allgemeinbildung? Eine Antwort in 15 Thesen, in: Werk und Zeit Nr. 3/1978

Herzog, M., Als Akkordarbeiterin in der Metallindustrie, in: Kursbuch Nr. 43/1976

Hickethier, K./Lützen, W. D./Reiss, K. (Hrsg.), Das Deutsche Auto. Volkswagenwerbung und Volkskultur, Steinbach/Wißmar 1974

Hinkel, H., Zur Bedeutung und Funktion der Kinderzeichnung, in: Kunst + Unterricht Nr. 51/1978

Hoffmann-Axthelm, D., Kultur undsoweiter, in: Ästhetik und Kommunikation Nr. 35/1979

Holzer, H., Gescheiterte Aufklärung? Politik, Ökonomie und Kommunikation in der Bundesrepublik Deutschland, München 1972

Holzer, H., Jugend und Illustrierte. Zur Sozialisationsfunktion der Massenmedien, in: Gegenwartskunde Nr. 4/1967

Holzer, H., Theorie des Fernsehens. Fernseh-Kommunikation in der Bundesrepublik Deutschland, Hamburg 1975

Hradil, S., Soziale Schichtung in der Bundesrepublik, München 1977

Huster, E.-U./Kraiker, G. u. a., Determinanten der westdeutschen Restauration 1945–1972, Frankfurt 1972

Hüther, J., Sozialisation durch Massenmedien. Ziele, Methoden, Ergebnisse einer medienbezogenen Jugendkunde, Opladen 1975

Jaeggi, U., Drinnen und draußen, in: Habermas, Stichworte zur ›geistigen Situation der Zeit‹, a. a. O.

Junker, H. D., Neo-musische Bildung? in: Zeitschr. f. Kunstpädagogik Nr. 4/1977

Junker, H. D., Zur kunstpädagogischen ›Realismusdiskussion‹ und darüber hinaus – Zwischenergebnisse, Desiderate, in: BDK-Mitteilungen Nr. 1/1980

KEKS-Dokumentation, in: BDK-Mitteilungen Nr. 1/1971

Kerbs, D., Der Große Ausverkauf der Kunsterziehung, in: Kunst + Unterricht Nr. 11/1971

Kerbs, D., Design, Kosmetik, Mode, Werbung – manipulierte Sinnlichkeit ohne Sinn?, in: Haug (Hrsg.), Warenästhetik. Beiträge zur Diskussion, a. a. O.

Kerbs, D., Historische Kunstpädagogik. Quellenlage, Forschungsstand, Dokumentation, Köln 1976

Kerbs, D., Thesen zur ästhetischen Erziehung in historisch-politischer Perspektive, in: Schwencke (Hrsg.), Ästhetische Erziehung und Kommunikation, a. a. O.

Kerbs, D., Zum Begriff der ästhetischen Erziehung (1970/72), in: Otto (Hrsg.), Texte zur ästhetischen Erziehung, a. a. O.

Kern, H./Schumann, M., Industriearbeit und Arbeiterbewußtsein, Frankfurt 1970

Kind und Kunst. Zur Geschichte des Zeichen- und Kunstunterrichts (Kat.), hrsg. vom BDK in Verbindung mit dem Werkbund-Archiv und der Arbeitsstelle für historische u. vergleichende Kunstpädagogik an der PH Berlin, Berlin 1976

Knilli, F. (Hrsg.), Die Unterhaltung der deutschen Fernsehfamilie. Ideologiekritische Untersuchungen, München 1971

Kornmann, E., Grundprinzipien bildnerischer Erziehung, Wuppertal 1962

Kornmann, E., Die Theorie von Gustav Britsch als Grundlage der Kunsterziehung, Ratingen 1962

Kornmann, E., Über die Gesetzmäßigkeit und den Wert der Kinderzeichnung, Ratingen 1966

Krovoza, A., Produktion und Sozialisation, Frankfurt 1976

Kultur selbermachen. Kulturarbeit – Animation, Themenhefte Ästhetik und Kommunikation Nr. 35/1979

Kunde, W./Wawrzyn, L. (Hrsg.), Eingreifendes Fotografieren, Berlin 1979

Kunsterziehung/Unterrichtshilfen Kl. 5–9, (3 Bde.), Berlin (DDR) 1972

302

Kunst/Visuelle Kommunikation. Arbeitsmaterialien der Rahmen-Richtlinienfachgruppe Sekundarstufe, hrsg. vom Hessischen Kultusminister, Wiesbaden 1972

Kunczik, M., Brutalität aus zweiter Hand. Wie gefährlich sind Gewaltdarstellungen im Fernsehen? Köln/Wien 1978

Lang, N., Lehrer und Fernsehen. Überlegungen zur Rolle der öffentlichen Erziehung im Prozeß der Massenkommunikation, dargestellt am Beispiel Fernsehen. Diss. Konstanz 1977 (München 1978)

Langer-El Sayed, I., Frau und Illustrierte im Kapitalismus, Köln 1971

Leisewitz, A., Klassen in der Bundesrepublik Deutschland heute, Frankfurt 1976

Lippe, R. z., Am eigenen Leibe. Zur Ökonomie des Lebens, Frankfurt 1978

Mager, R. F., Lernziele und programmierter Unterricht, Weinheim 1969

Manyfold Paed-Aktion (Zusammenstellung Michael Popp), Nürnberg 1970

Mayrhofer, H./Zacharias, W., Ästhetische Erziehung. Lernorte für aktive Wahrnehmung und soziale Kreativität, Reinbek 1976

Mayrhofer, H./Zacharias, W., Projektbuch ästhetisches Lernen, Reinbek 1977

Meyers, H., 150 bildnerische Themen. Aufgabenkreise der Kunsterziehung. Überblick und Unterrichtsbeihilfen, Ravensburg 1966

Meyers, H., Erziehung zur Formkultur, Frankfurt 1966

Meyers, H., Fröhliche Kinderkunst in der Schule, München 1951

Meyers, H., Kind und bildnerisches Gestalten, München 1968

Meyers, H., Theorie der Kunsterziehung. Reflexion zur fachwissenschaftlichen und bezugswissenschaftlichen Grundlegung der Kunstdidaktik, Frankfurt 1973

Mode – das inszenierte Leben. Kleidung und Wohnung als Lernenvironment. (IDZ 4), Kat. hrsg. vom Internationalen Design Zentrum Berlin, Berlin o. J. (1974)

Möller, C., Gesellschaftliche Funktionen der Konsumwerbung, Stuttgart 1970

Möller, H. R., Gegen den Kunstunterricht. Versuche zur Neuorientierung, Ravensburg 1971 (aktualisierte Neuaufl. Ravensburg 1974)

Möller, H. R., Kunstunterricht und Visuelle Kommunikation. Zur Konzeption eines neuen Unterrichts-faches – sieben Arbeitsthesen, in: Ästhetik und Kommunikation Nr. 1/1970 und BDK-Mitteilungen Nr. 1/2, 1970

Möller, H. R., Musische Bildung – ein Beitrag zur Bildungsideologie des braven Deutschen, in: Ehmer (Hrsg.), Kunstunterricht und Gegenwart, a. a. O.

Möller, H. R., Zur Didaktik der Visuellen Kommunikation, in: Kunst + Unterricht Nr. 14/1971

Mommsen, W. J., »Wir sind wieder wer«. Wandlungen im politischen Selbstverständnis der Deutschen, in: Habermas, Stichworte zur ›Geistigen Situation der Zeit‹, a. a. O.

Mühle, G., Entwicklungspsychologie des zeichnerischen Gestaltens, München 1975 (4. Aufl.)

Negt, O., Soziologische Phantasie und exemplarisches Lernen, Frankfurt 1968

Neue Lebensformen. Wunsch und Praxis, Themenheft Ästhetik und Kommunikation Nr. 34/1978

Nykrin, R., Erfahrungserschließende Musikpädagogik. Konzept, Argumente, Bilder, Regensburg 1978

Oerter, R., Der entwicklungspsychologische Beitrag zur Kunstdidaktik, in: Handbuch der Kunst- und Werkerziehung Bd. 1, Berlin 1975

Oevermann, U., Schichtenspezifische Formen des Sprachverhaltens und ihr Einfluß auf die kognitiven Prozesse, in: Begabung und Lernen. Gutachten und Studien der Bildungskommission Bd. 4, Stuttgart 1969

Ott, R. (Hrsg.), Urbild der Seele. Malereien von Kindern, Bergen 1949

Otto, G., Anmerkungen zur Programmliteratur, zu Pseudotheorien und zu Rezensionsgewohnheiten in der Didaktik der Ästhetischen Erziehung, in: Daucher/Sprinkart (Hrsg.), Ästhetische Erziehung als Wissenschaft, a. a. O.

Otto, G., Das erneute Interesse der Kunstpädagogik an der Wahrnehmungstheorie, in: Kunst + Unterricht Nr. 40/1976

Otto, G., Didaktik der Ästhetischen Erziehung, Braunschweig 1974

Otto, G., Die Lust an sinnlicher Nähe, in: spielen und lernen Nr. 4/1980

Otto, G., Die Theorie der musischen Erziehung und ihr Verhältnis zur Realität, in: Westermanns Pädagogische Beiträge Jg. 11/1959

Otto, G., Kunst als Prozeß im Unterricht, Braunschweig 1964

Otto, G. (Hrsg.), Texte zur ästhetischen Erziehung, Braunschweig 1975

Pazzini, K. J., Gegenständliche und symbolische Aneignungsprozesse – Bemerkungen zur Brauchbarkeit von Klaus Holzkamps Theorie der sinnlichen Erkenntnis in der Diskussion um die Kunstdidaktik, in: Hartwig (Hrsg.), Sehen lernen, a.a.O.

Pfennig, R., Bildende Kunst – Analyse und Methode, Oldenburg 1959 (aktual. Aufl. bis 1970 unter dem Titel: Gegenwart der Bildenden Kunst – Erziehung zum bildnerischen Denken)

Picht, G., Die deutsche Bildungskatastrophe, Olten/Freiburg 1964

Planen, Bauen, Wohnen, Themenheft Kursbuch Nr. 27/1972

Popitz, H./Bahrdt, H. P. u. a., Das Gesellschaftsbild des Arbeiters. Soziologische Untersuchungen in der Hüttenindustrie (1957), Tübingen 1972 (4. Aufl.)

Projektgruppe Eisenheim, Rettet Eisenheim!, Berlin 1975 (3. Aufl.)

Projekt Wohnen: Lernziel Emanzipation (Dokumentation zur Arbeit der hessischen Curriculum-Kommission), in: betrifft: erziehung Nr. 7/1972

Prokop, D., Versuch über Massenkultur und Spontaneität, in: Prokop, Materialien zur Theorie des Films, München 1971

Protest: Im Zuge der technokratischen Schulreform wird der Kunstunterricht abgeschafft, in: Kunst + Unterricht Nr. 11/1971

Read, H., Erziehung durch Kunst, München 1962

Reiche, R., Die proletarische Familie, Frankfurt 1971

Rexroth, T., Warenästhetik – Produkte und Produzenten, Kronberg 1974

Richter, H.-G., Anfang und Entwicklung der zeichnerischen Symbolik, Kastellaun 1976

Richter, H.-G. (Hrsg.), Therapeutischer Kunstunterricht, Düsseldorf 1977

Robinsohn, S. B., Bildungsreform als Reform des Curriculum, Berlin/Neuwied 1969 (2. Aufl.)

Ronge, H. (Hrsg.), Kunst und Kybernetik. Ein Bericht über drei Kunsterziehungstagungen Recklinghausen 1965, 1966, 1977, Köln 1968

Ropohl, U., Ästhetische Erziehung in der Jugendarbeit. Zur Theorie und Praxis der politischen Jugendkulturarbeit, Weinheim/Basel 1979

Roscher, W., Polyästhetische Erziehung, Köln 1976

Röttger, E., Das Spiel mit den bildnerischen Mitteln (div. Bde.), Ravensburg, ab 1960

Schelsky, H., Auf der Suche nach Wirklichkeit, Köln 1965

Schmidt, E., Die verhinderte Neuordnung 1945–1952. Zur Auseinandersetzung um die Demokratisierung der Wirtschaft in den westlichen Besatzungszonen und in der Bundesrepublik Deutschland, Frankfurt 1970

Schorb, B./Mohn, E./Theunert, H., Sozialisation durch Massenmedien, in: Hurrelmann/Ulich (Hrsg.), Handbuch der Sozialisationsforschung, a.a.O.

Schulversuch Glocksee, Themenheft Ästhetik und Kommunikation 22/23, 1975/76

Schulversuch Glocksee, Zur Didaktik im Schulversuch. Konzeption und Planung, Typoskript Hannover 1976

Schwencke, O. (Hrsg.), Ästhetische Erziehung und Kommunikation, Frankfurt 1972

Schwendter, R., Theorie der Subkultur, Frankfurt 1978

Seidenfaden, F., Die musische Erziehung in der Gegenwart und ihre geschichtlichen Quellen, Ratingen 1966

Selle, G., Alltagskultur. Eine Alternative zur Geschmackserziehung und zur warenästhetischen Kritik, in: Kunst + Unterricht, Sonderheft 1977

Selle, G., Welche ästhetische Praxis brauchen wir in der Schule und in der Lehrerausbildung?, in: BDK-Mitteilungen 2/1977

Sinnlichkeiten, Themenheft Kursbuch Nr. 49/1977

Soika, J. A., Wozu musische Bildung in unserer Zeit?, in: Pädagogische Blätter Jg. 5/1964

Staguhn, K., Didaktik der Kunsterziehung, Frankfurt/Berlin/Bonn/München 1967

Tebben, M., Entwicklungen und Bedingungen von institutionellen Reformen für schulische Praxis im Bereich Kunstpädagogik, Diss. Oldenburg 1979

Theunissen, G. (Hrsg.), Ästhetische Erziehung bei Behinderten. 9 Beiträge zur Sozial- und Sonderpädagogik in Schule, Heim und Freizeit, Ravensburg 1980

Tränkle, M., Wohnkultur und Wohnweisen, Tübingen 1972

Trümper, H., Theoretische Grundlagen der Kunstpädagogik, in: Trümper (Hrsg.), Handbuch der Kunst- und Werkerziehung Bd. 1, Berlin 1953

Unsere Bourgeoisie, Themenheft Kursbuch Nr. 42/1975

Vinnai, G., Leibeserziehung als Ideologie, in: Vinnai (Hrsg.), Sport in der Klassengesellschaft, Frankfurt 1972

Vinnai, G., Sozialpsychologie der Arbeiter. Identitätszerstörung im Erziehungsprozeß, Reinbek 1973

Wawrzyn, L./Kramer, D., Wohnen darf nicht länger Ware sein, Darmstadt 1974

Wessels, B., Exkurs Formaler Kunstunterricht, in: Kat. Kind und Kunst, a.a.O.

Widlöcher, D., Was eine Kinderzeichnung verrät, München 1974

Wir Kleinbürger, Themenheft Kursbuch Nr. 45/1976

Zapf, W. (Hrsg.), Lebensbedingungen in der Bundesrepublik, Frankfurt 1977

Zapf, W., Wandlungen der deutschen Elite, München 1966

Ziehe, Th., Pubertät und Narzißmus. Sind Jugendliche entpolitisiert?, Frankfurt 1975

Ziehe, Th., Warum sich mir die Feder sträubt. Bedenken über den Zusammenhang Neue Lebensformen – Neuer Sozialisationstyp, in: Ästhetik und Kommunikation Nr. 34/1978

Zimmer, J., Hypothesen über die Funktion von Kunst und Kunstunterricht in einem revidierten Curriculum, in: Ästhetik und Kommunikation Nr. 1/1970

Zimmer, J., Lust- und Realitätsprinzip, in: Kunst + Unterricht Nr. 7/1970

Zimmer, J., Zum Verhältnis von politischer Sozialisation und aktionistischem Kunstunterricht, in: Kunst + Unterricht Nr. 12/1971

Zoll, R./Hennig, E., Massenmedien und Meinungsbildung. Angebot, Reichweite, Nutzung und Inhalt der Medien in der BRD, München 1970

Zur Sicherung Ästhetischer Erziehung in der Schule. Beschluß des GEW-Hauptvorstandes vom 8.9.1979, Beilage zu Kunst + Unterricht Nr. 57/1979 (auch in BDK-Mitteilungen 1/1980)

Fotonachweis

Abb. 1, 2, 8 Kunsthalle Bremen / 3 Kunstsammlungen zu Weimar, DDR / 4 Badisches Landesmuseum Karlsruhe / 5, 13 Borsig AG / 6 Kurpfälzisches Museum Heidelberg / 7, 114, 117, 124 ›Die Kunst im Deutschen Reich‹ (1943) / 9 ›Vom Fels zum Meer‹ (1888) / 10 ›Lindauer Kochbuch‹ (1865) / 11a, 11b Wilhelm-Lehmbruck-Museum Duisburg / 12, 28 ›Die Gartenlaube‹ / 14, 16, 27, 31a, 31b, 55 ›Brockhaus‹ (1894) / 15, 19, 24, 26, 44, 82 Ullstein Bilderdienst / 17, 18, 20, 32, 51, 54 ›Illustrierte Zeitung‹ (1890) / 21a, 21b, 25, 72 Kerschensteiner (1905) / 22 Claus-Peter Gross / 47 Akademie der Künste / 23, 33, 152 Archiv des Autors / 29, 30, 34–37, 39, 41, 45, 52a, 52b, 56 ›Deutsche Kunst und Dekoration‹ / 38 Lux (1910) / 40, 42, 43, 46, 68, 74, 76, 77, 79 Schreiber (1907) / 48a, 101, 116 Birkhäuser-Verlag / 48b Lotz (1930) / 49a, 49b ›Illustrierte Zeitung‹ (1848) / 50, 89 Udo Achten / 53 Friedrich-Ebert-Stiftung / 57 Stadtmuseum Einbeck / 58, 145 WDR, Jonas Geist und Joachim Krausse, Trickgrafik Franziska Scherer und Manfred Schulz / 59, 62, 63, 67 Stuhlmann (1897) / 60 Wunderlich (1892) / 61, 181 Anne Grigull / 64a, 64b Friese (1890) / 65, 66 Flinzer (1882) / 69, 70, 71 Tadd (1903) / 73 Kuhlmann (1902) / 75 Seinig (1914) / 78, 80 Luckow (1914) / 81 Heinrichsdorff (1909) / 83 ›Illustrierte Zeitung‹ (1924) / 84, 90, 93, 103, 119 Neue Gesellschaft für Bildende Kunst / 85, 110 ›Die Woche‹ (1933) / 86 Nationalgalerie Berlin / 87, 100, 144 Anabas-Verlag / 88 ›Magazin für alle‹ (1929) / 91, 106, 119 Elefanten Press / 92, 94a, 94b, 96 Rowohlt-Verlag / 95 Taut (1924) / 97, 98 Ferdinand Kramer / 99 Robert Bosch GmbH / 102 Galerie Uecker / 104, 107 Giese (1925) / 105 ›Die Dame‹ (1925) / 108, 111 ›Die Woche‹ (1930) / 109 ›Die Dame‹ (1930) / 112, 113 Verlag der Stern-Bücher / 114 Westdeutsche Kurzfilmtage / 118 Stiftung Deutsche Kinemathek / 120 Hoffmann (1934) / 121, 122 Schultze-Naumburg (1943) / 123 Benze (1943) / 125 ›Die Kunst im Deutschen Reich‹ (1942) / 126 ›Deutsche Technik‹ (1939) / 127, 129, 136a Hartlaub (1922) / 128, 135 Rochowansky (1927) / 130 Johannes Merkel und Dieter Richter (1978) / 131 Dreiack (1927) / 132, 136b Franck (1928) / 133 Wingler (1962) /

134 Geist (1934) / 137 Daiber (1932) / 138–142 Egerland (1936) / 143 Willrich (1937) / 146 Christian Ahlers und IDZ Berlin / 147a, 147b, 150b, 151 Margret Stender / 148, 167, 170 Rembrandt-Verlag / 149, 150a Maria Neyer / 153 Helga Golz / 154 Rat für Formgebung / 155 Thomas Höpker / 156, 157 Gustav Schickedanz KG / 158, 159 Volkswagenwerk AG / 160a, 160b, 161a, 161b Wilfried Dechau / 162 Deutscher Werkbund / 163, 164 Detlev Lunge / 165 Lothar Müller / 166, 197 Enno Podehl / 168, 169 Ott (1949) / 171a, 171b Verlag Isensee / 172, 173 Otto Maier Verlag / 174 Friedrich Verlag / 175 Gerd Grüneisl, Hans Mayrhofer und Wolfgang Zacharias / 176 Hans Mayrhofer und Wolfgang Zacharias / 177 Rolf Haase / 178, 180a, 180b, 188, 190, 194 Jutta Brüdern / 179 Barbara Meiser / 182, 183, 192 Ursula Rath / 184, 193 Maria Neyer und Ute Schülke / 185 Brigitte Koch / 186 Marion Schäffler, Anette Sträter / 187 Michael Vogt / 189a Antje Viereck und Ulrike Böwing / 189b Heike Büchner, Urte Klima und Franziska Reichert / 191 Elvira Lüdecke und Susanne Voigt / 195 Doris Wiebe / 196 Maria Zemelka.

Jutta Brüdern und Johanna Faist reproduzierten folgende Bilder nach den genannten Quellen: 10, 17, 18, 20, 21a, 21b, 25, 29, 30, 32, 36, 38, 40–46, 48b, 49a, 49b, 51, 52a, 52b, 54–56, 59, 60, 62–83, 85, 88, 95, 104, 105, 107, 108–111, 115, 117, 120–124, 126–129, 131, 132, 135–143, 167–173.

Originalobjekte bzw. Vorlagen für Repros stellten zur Verfügung: Werner Mose und Hilde Pitters (178, 194); Anna Pfeifer (187); Manfred Blohm (188); Urte Klima (190); Inge Petereit (180b).

Titelgrafik unter Verwendung eines Fotos aus dem Designstudio Inge Osswald, mit freundlicher Genehmigung der GUSTAV SCHICKEDANZ KG Fürth.

Innenseite: Foto Jutta Brüdern. Rückseite (oben): Hans Mayrhofer/Wolfgang Zacharias; Rückseite (unten): Klaus Spitzer (mit freundlicher Genehmigung des DEUTSCHEN WERKBUNDES e. V.)

Wir danken hier noch einmal allen Beteiligten für ihre Hilfe bei der Bildbeschaffung, Bildauswahl und Sicherung der Rechte.

307

Namenregister

312

Die Geschichte des Design
in Deutschland von 1870 bis heute

Entwicklung der industriellen Produktkultur

260 Seiten mit 10 farbigen und 146 einfarbigen Abbildungen, Auswahlbibliographie, Begriffslexikon, Namen- und Sachregister, Zeittafel, kartoniert (DuMont Dokumente)

»Jetzt liegt eine Einführung in die Geschichte des ›Industrial Design‹ vor, die eine zeitliche und inhaltliche Lücke schließen kann. Gert Selle hat mit dieser kulturgeschichtlichen Untersuchung die Design-Geschichte ein gutes Stück weitergebracht. Er möchte über die Theorie hinaus zu alternativen Produktentwürfen anregen.« *Die Zeit*

Visuelle Kommunikation

Beiträge zur Kritik der Bewußtseinsindustrie
Herausgegeben von Hermann K. Ehmer. 393
Seiten mit 4 farbigen und 107 einfarbigen Abbildungen und 25 Tabellen

»Aus den Beiträgen wird deutlich, welche Fülle
an Überlegungen und Maßnahmen anstehen,
wenn ein traditionsgeleitetes Fach in Richtung
auf neue Zielvorstellungen verändert werden
soll.«   *Mitteilungen des Bundes*
deutscher Kunsterzieher

Sehen lernen

Kritik und Weiterarbeit am Konzept ›Visuelle
Kommunikation‹
Herausgegeben von Helmut Hartwig. 344 Seiten mit 148 einfarbigen Abbildungen

»Ein Buch, das grundlegende Aspekte des gegenwärtigen Kunstunterrichts darstellt, diskutiert, verwirft und untersucht. Zahlreiche
fachkundige und praxisbezogene Autoren setzen sich ausführlich mit dem auseinander, was
heute parallel zur Vokabel ›Kunst‹ als ›Visuelle
Kommunikation‹ bezeichnet wird.«
Gießener Anzeiger

Bitte beachten Sie auch folgende Veröffentlichungen aus unserem Verlag:

Ästhetische Erziehung als Wissenschaft

Probleme – Positionen – Perspektiven
Herausgegeben von Hans Daucher und Karl-Peter Sprinkart. Unter Mitarbeit von: Axel von Criegern, Peter Gorsen, Rainer Grimm, Helmut Hartwig, Brigitte Hempel, Jörg-Dieter Jüttner, Diethart Kerbs, Klaus Kowalski, Rolf Niehoff, Gunter Otto, Gerolf Schülke, Ilsabe Schülke, Helmut Georg Schütz, Rudolf Seitz, Thomas Zacharias, Ludwig Zerull. 296 Seiten mit 4 Abbildungen und ausführlichen Literaturhinweisen (DuMont Dokumente)

»Die fachdidaktische Diskussion über die wesensmäßige Andersartigkeit ästhetischen Lernens im Vergleich zu einer auf schulische Leistungsmessung bezogene Didaktik in Gang zu bringen ist Ziel der Autoren. Die Beantwortung der Fragen, die dieses Buch stellt, dürfte darüber entscheiden, ob ›ästhetische Erziehung‹ in der Tat zu einem kritischen Korrektiv schulischer und außerschulischer Bildungsprozesse werden kann und ob es ihr gelingt, das bisherige Defizit an wissenschaftlicher Legitimierung abzubauen.«   *Wissenschaft und Literatur*

Informationstheorie und ästhetische Wahrnehmung

Von Abraham A. Moles. 283 Seiten mit 41 einfarbigen Abbildungen und Zeichnungen, 10 Schautafeln, Bibliographie und Index (DuMont Dokumente)

»Abraham Moles ist wesentlich an der Entwicklung der Informationsästhetik beteiligt und gehört zu den hervorragenden Begründern dieser Disziplin. Er muß als einer der originellsten und universellsten Forschertypen des heutigen Frankreich angesehen werden.«

Max Bense, Süddeutscher Rundfunk

Interaction of Color

Grundlegung einer Didaktik des Sehens
Von Josef Albers. Herausgegeben vom Institut für moderne Kunst Nürnberg. 121 Seiten mit 8 Farbtafeln und 14 Zeichnungen (DuMont Dokumente)

Anschauliches Denken

Zur Einheit von Bild und Begriff
Von Rudolf Arnheim. 322 Seiten mit 80 einfarbigen Abbildungen, Bibliographie, Index (DuMont Dokumente)

»Gleich in den ersten Zeilen erklärt Rudolf Arnheim, was ihn zur Abfassung des Buches bewogen habe, nämlich die Tatsache, daß im modernen Leben Denken und Wahrnehmung strikt getrennt sind und das letztere an den Rand geschoben ist, obwohl dem Schauen selbst schon Erkenntnischarakter innewohnt.«   *Die Gestalt, Düsseldorf*

Historische Kunstpädagogik

Quellenlage – Forschungsstand – Dokumentation
Von Diethart Kerbs. 256 Seiten mit 38 Faksimiles, Zeitschriften-Bibliographie, Zeittafel, Personen- und Sachregister

»Der Autor untersucht die kunstpädagogische Geschichtsschreibung und gibt damit zugleich einen Überblick über die historische Selbstreflexion der Kunstpädagogik im 19. und 20. Jahrhundert.«
Siegener Zeitung

Polyästhetische Erziehung

Klänge, Texte, Bilder, Szenen. Theorie und Modelle zur pädagogischen Praxis
Herausgegeben von Wolfgang Roscher. Mit Beiträgen von Hans-Jürgen Feurich, Hans A. Fischer-Barnicol, Ellen Maria Kienhorst, Claus Thomas, Franz Kumber, Henning Gutknecht, Heinrich Maiworm. 293 Seiten mit 23 farbigen und 47 einfarbigen Abbildungen, Register

»Ich möchte interessierten Lehrern, die sich nicht nur abstrakt um die lebensnotwendige ästhetische Erziehung sorgen, sondern auch willens sind, neue Wege der ästhetischen Bildung zu beschreiben, ans Herz legen, diese Modelle in ihrem Unterricht praktisch zu erproben.«
Ludwig Harig, Hessischer Rundfunk

Kritische Medienpraxis

Ziele – Methoden – Mittel. Untersuchungen über den pädagogischen Einsatz moderner Medien in den Bereichen: Schule, Berufsausbildung, Jugendfreizeitgestaltung und politische Erwachsenenbildung
Herausgegeben von Axel Diel. Mit Beiträgen von Manfred Hülsewede, Ludwig Zerull, Jürgen Kinter, Renke Maspfuhl, Axel Schönemann, Michael Rühl, Gisela Sellenriek, Henning Wiesinger, Eckhard Lange, Till-Matthias Jürgens, Joachim Peach und Hannelore Wolff. 300 Seiten mit 84 einfarbigen Abbildungen, Stichwörter zur Medientechnik und Register

»Neben theoretischen Erörterungen stehen die audiovisuellen Medien im Vordergrund des Interesses der Autoren, die sich im einzelnen mit dem Einsatz eben dieser Mittel in Schule, Berufsausbildung, Jugendfreizeitgestaltung und politischer Erwachsenenbildung beschäftigen. Zielgruppe des Buches ist eindeutig jener Kreis von Menschen, die in irgendeiner Form pädagogische Berufe ausüben.«
Bücherkommentare

Kritik der Kunstpädagogik

Chancen und Gefahren Ästhetischer Erziehung
Von Hans Giffhorn. 351 Seiten, Bibliographie, Register (DuMont Taschenbücher, Band 87)

DuMont Dokumente: Gesamtübersicht

Adriani, Götz
Deutsche Malerei im 17. Jahrhundert

Albers, Josef
Interaction of Color
Grundlegung einer Didaktik des Sehens

Arnheim, Rudolf
Anschauliches Denken
Zur Einheit von Bild und Begriff

Arnheim, Rudolf
Die Dynamik der architektonischen Form

Badt, Kurt
Eugène Delacroix
Werke und Ideale. Drei Abhandlungen

Baumgart, Fritz
DuMont's Kleine Kunstgeschichte

Baumgart, Fritz
Stilgeschichte der Architektur

Baumgart, Fritz
Vom Klassizismus zur Romantik 1750–1832

Brauneck, Manfred
Religiöse Volkskunst

Braunfels, Wolfgang
Abendländische Stadtbaukunst

Braunfels, Wolfgang
Abendländische Klosterbaukunst

Daucher, Hans / Sprinkart, Karl Peter (Hrsg.)
Ästhetische Erziehung als Wissenschaft
Probleme – Positionen – Perspektiven

Eckstein, Hans
Die Romanische Architektur

Grabar, Oleg
Die Alhambra

Grabar, Oleg
Die Entstehung der Islamischen Kunst

Gray, Camilla
Das große Experiment
Die russische Kunst 1863–1922

Grimme, Ernst Günther
Die Geschichte der abendländischen Buchmalerei

Hansmann, Wilfried
Baukunst des Barock

Hartmann, Richard P.
Malerei aus dem Bereich des Unbewußten
Künstler experimentieren unter LSD

Hofstätter, Hans H.
Geschichte der europäischen Jugendstilmalerei

Hofstätter, Hans H.
Symbolismus und die Kunst der Jahrhundertwende

Jähnig, Dieter
Welt-Geschichte : Kunst-Geschichte
Studien zum Verhältnis von Vergangenheitserkenntnis
und Veränderung

Klapheck, Anna
Vom Notbehelf zur Wohlstandskunst

Klee, Felix (Hrsg.)
Paul Klee   Tagebücher 1898–1918

Küppers, Harald
DuMont's FARBEN-ATLAS
Über 5500 Farbnuancen mit Kennzeichnung und
Mischanleitung

Kugler, Walter
Rudolf Steiner und die Anthroposophie
Wege zu einem neuen Menschen

Kultermann, Udo
Architekten der Dritten Welt

Kultermann, Udo
Die Architektur im 20. Jahrhundert

Lach, Friedhelm
Der Merz-Künstler Kurt Schwitters

Maenz, Paul
Art Deco 1920–1940

DuMont Dokumente: Gesamtübersicht

DuMont Dokumente: Gesamtübersicht